U0617789

权威·前沿·原创

皮书系列为
"十二五""十三五""十四五"时期国家重点出版物出版专项规划项目

BLUE BOOK

智库成果出版与传播平台

中国社会科学院创新工程学术出版资助项目

日本经济蓝皮书
BLUE BOOK OF JAPANESE ECONOMY

日本经济与中日经贸关系研究报告
（2023）

ANNUAL REPORT ON JAPANESE ECONOMY AND SINO-JAPANESE
ECONOMIC & TRADE RELATIONS (2023)

日本的"双碳"政策与实践

组织编写／全国日本经济学会
中国社会科学院日本研究所

主　　编／张季风
副 主 编／李清如　陈　祥

社会科学文献出版社
SOCIAL SCIENCES ACADEMIC PRESS（CHINA）

图书在版编目（CIP）数据

日本经济与中日经贸关系研究报告 . 2023：日本的
"双碳"政策与实践 / 张季风主编；李清如，陈祥副主
编 . --北京：社会科学文献出版社，2023.10
　（日本经济蓝皮书）
　ISBN 978-7-5228-2123-8

　Ⅰ.①日…　Ⅱ.①张…　②李…　③陈…　Ⅲ.①经济发
展-研究报告-日本-2023②对外经济关系-中日关系-
研究报告-2023　Ⅳ.①F131.34②F125.531.3

　中国国家版本馆 CIP 数据核字（2023）第 184095 号

日本经济蓝皮书

日本经济与中日经贸关系研究报告（2023）
——日本的"双碳"政策与实践

主　　编 / 张季风
副 主 编 / 李清如　陈　祥

出 版 人 / 冀祥德
组稿编辑 / 祝得彬
责任编辑 / 王晓卿
责任印制 / 王京美

出　　版 / 社会科学文献出版社·当代世界出版分社（010）59367004
　　　　　地址：北京市北三环中路甲 29 号院华龙大厦　邮编：100029
　　　　　网址：www.ssap.com.cn
发　　行 / 社会科学文献出版社（010）59367028
印　　装 / 三河市东方印刷有限公司

规　　格 / 开　本：787mm×1092mm　1/16
　　　　　印　张：25.25　字　数：381 千字
版　　次 / 2023 年 10 月第 1 版　2023 年 10 月第 1 次印刷
书　　号 / ISBN 978-7-5228-2123-8
定　　价 / 168.00 元

读者服务电话：4008918866

主编简介

张季风　男，1959 年 8 月出生，吉林人，1982 年毕业于东北师范大学外语系，1992 年获东北师范大学日本研究所硕士学位，1999 年获日本东北大学经济学博士学位。现为中国社会科学院日本研究所二级研究员、全国日本经济学会常务副会长。主要研究领域为日本经济、中日经济关系、区域经济等。代表性作品有《日本国土综合开发论》（专著，2004）、《挣脱萧条：1990~2006 年的日本经济》（专著，2006）、《中日友好交流三十年（经济卷）》（主编，2008）、《日本经济概论》（主编，2009）、《不断扩展的东亚产业协作》（主编，2010，日文版）、《日本能源文献选编：战略、计划、法律》（编译，2014）、《日本经济结构转型：经验、教训与启示》（国家智库报告，2016）、《日本平成经济通论》（专著，2017）、《少子老龄化社会与家庭——中日政策与实践比较》（主编，2021）、《日本泡沫经济再考》（合著，2022），其他有关日本经济与中日经济关系学术论文 150 余篇。

李清如　女，1986 年 5 月出生，山东人，2007 年毕业于山东大学管理学院，2010 年获山东大学管理学院管理学硕士学位，2014 年获对外经济贸易大学国际经济贸易学院经济学博士学位。现为中国社会科学院日本研究所副研究员、全国日本经济学会理事。主要研究领域为日本经济、国际贸易、区域经济等。代表性作品有《中日对"一带一路"沿线国家贸易隐含碳的测算及影响因素分析》（载于《现代日本经济》2017 年第 4 期）、《日本对印度的经济布局：演变、动向及启示》（载于《东北亚学刊》2018 年第 1

期）、《日本强化与中东欧经贸关系的动因、布局及影响》（载于《日本学刊》2021 年第 1 期）、《日本消费税改革研究》（专著，2021）等。

陈　祥　男，1980 年 10 月出生，福建人，2003 年毕业于山西财经大学经贸外语学院，2006 年获北京师范大学历史学院世界史硕士学位，2011 年获日本新潟大学现代社会文化研究科文学博士学位。现为中国社会科学院日本研究所副研究员、《日本学刊》编辑部副主任。主要研究领域为日本问题、环境史及日本侵华史研究等。代表性作品有《环境史学在日本发展情况的研究》（载于《学术研究》2013 年第 4 期）、《日本的南太平洋外交战略演变与太平洋岛国峰会——从环境外交到海洋外交》（载于《太平洋学报》2019 年第 5 期）、《日本对老年认知症的国家战略性探索》（载于《日本问题研究》2020 年第 2 期）、《日本"里山"研究的环境史追问》（载于《史学理论研究》2020 年第 6 期）、《日本学界侵华战争研究的环境史脉络刍议》（载于《史学理论研究》2022 年第 6 期）。

摘　要

　　本书回顾并展望了 2022~2023 年度日本宏观经济的运行状况。2022 年，日本经济复苏乏力、举步维艰。虽然继续保持恢复基调，但仍未达到疫情前的水平。受全球通胀高企和日元贬值等因素的影响，日本国内物价显著上涨，对居民消费和企业投资形成较大压力；由于进口价格大幅上升，对外贸易持续逆差，并带动经常利润明显缩水；就业形势有所改善，居民名义工资收入增加，但工资涨幅低于物价上涨幅度。展望日本经济走势，从短期来看，随着经济社会生活正常化，日本经济持续缓慢复苏的可能性较大，但国际政治经济形势给日本经济恢复造成很大的不确定性。从中长期来看，外部经济环境趋于改善，日本国内也在做出适应性调整，但是，日本经济和社会的深层次结构性问题难以解决，长期慢性衰退的局面难以扭转。

　　本书以"日本的'双碳'政策与实践"为专题，设有"总报告"、"分报告"与"日本的'双碳'政策与实践"三个栏目。本书以总报告为基础，对曲折震荡的日本财政金融、复杂多变的日本产业、劳动力市场以及变化莫测的对外经济关系的动态、面临的问题、未来走势进行了全方位分析，在此基础上，本书还重点分析了中日经贸合作的现状和机遇、RCEP 对供应链合作和贸易发展的积极影响等热点问题。同时，本书对日本实现碳达峰的经验与教训、实现碳中和战略目标的路径、"GX 基本方针"与核电发展、海上风电、氢能、蓄电池与新能源汽车的发展、煤炭的高效利用、CCUS 与生态系统碳汇能力、绿色物流、低碳住宅等课题进行了具体、深入的探讨，以期为中国实现碳达峰和碳中和战略目标提供一定的借鉴。中日经贸合作在众多

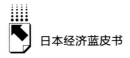

领域都有广阔的发展空间，加强中日两国在"双碳"以及各经济领域的合作对于改善中日关系、促进日本经济复苏具有重要意义，对中国经济高质量发展也具有现实意义。

关键词： 日本经济　中日经贸关系　碳达峰　碳中和　"双碳"政策

目 录 ↖↘

I　总报告

II　分报告

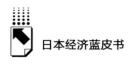
Ⅲ 日本的"双碳"政策与实践

皮书数据库阅读**使用指南**

总 报 告

General Report

B.1

2022年的日本经济：复苏乏力、
举步维艰

李清如　张季风*

摘　要： 2022年，日本经济复苏乏力、举步维艰。虽然宏观经济继续保持恢复基调，但复苏的速度比较缓慢，实际国内生产总值仍未达到疫情前水平。受全球通胀高企和日元贬值等因素的影响，日本国内物价显著上涨，对居民消费和企业投资形成较大压力；由于进口价格大幅上升，对外贸易持续逆差，并带动经常利润明显缩水；就业形势有所改善，居民名义工资收入增加，但工资涨幅低于物价上涨幅度。岸田政府对于其提出的日式"新资本主义"经济政策不断进行调整，更加强调使日本全面实现经济复苏、走上经济增长轨道，并提出要重点在绿色转型、数字化转型、创新

---

* 李清如，经济学博士，中国社会科学院日本研究所副研究员、全国日本经济学会理事，主要研究领域为日本经济、国际贸易、区域经济等。张季风，经济学博士，中国社会科学院日本研究所二级研究员、全国日本经济学会常务副会长，主要研究领域为日本经济、中日经济关系、区域经济等。

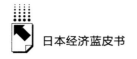

领域加大投资力度，培育初创企业。展望日本经济走势，从短期来看，随着经济社会生活正常化，日本经济持续缓慢复苏的可能性较大，但国际政治经济形势给日本经济恢复造成很大的不确定性。从中长期来看，外部经济环境趋于改善，日本国内也在做出适应性调整，但是，日本经济和社会的深层次结构性问题难以解决，机遇与挑战并存。加强中日经贸合作对日本促进经济复苏具有特殊意义，对中国经济高质量发展也具有重要意义。

关键词： 日本经济　通货膨胀　对外贸易　日元汇率　经济政策

　　2022年，日本经济整体有所恢复，但复苏乏力。受世界经济增速减缓、国际政治局势动荡以及新冠疫情的持续影响，2022年日本经济恢复程度低于原来的预期，仅为1.0%。在美欧央行纷纷收紧货币政策、进入加息轨道的情况下，日本央行坚守超宽松货币政策，导致日元汇率大幅波动，日元在一段时间内迅速贬值，叠加俄乌冲突带来的供应链混乱、资源价格大幅上升的影响，日本国内物价显著上涨，严重挤压居民消费。基于经济形势的恶化，岸田政府在2022年内两次实施经济刺激政策，同时对其提出的所谓日式"新资本主义"不断进行调整，更加强调使日本全面实现经济复苏，走上经济增长轨道。展望日本经济的未来走势，机遇与挑战并存，经济社会活动正常化带来的需求改善、入境条件放宽带来的游客消费增加、中国经济高质量发展带来的外需扩大均可为日本经济复苏提供机遇，但同时，国际政治局势紧张、全球供应链震荡、美联储货币政策不明、美国乃至世界经济衰退的可能性增加等因素也会对日本经济复苏造成较大压力。日本是世界第三大经济体，也是中国重要的经贸合作伙伴，日本经济的走向对世界经济、中国经济都有可能产生一定影响。基于此，本文拟对日本经济形势、日本政府经济政策重点方面以及后疫情时代的日本经济走向做一探讨。

一 日本经济的现状与课题

在新冠疫情持续、国际政治经济形势不确定性加剧的复杂环境下，日本经济受到多重冲击，承压趋重。从 2020 年初疫情在日本发生以来到 2023 年初，日本经历八波疫情，前几波疫情高峰期时，日本政府采取要求居民外出"自肃"、经营场所关闭或者缩短营业时间、取消社会集会活动等措施，但到了 2022 年末至 2023 年初第八波疫情时，日本政府已经不再对经济社会活动进行任何限制，以尽量减少疫情对经济的冲击。即便如此，疫情的长期化仍然对日本经济造成深刻影响，再加上俄乌冲突的爆发进一步加深全球供应链的混乱和世界经济走势的不确定性，导致能源、粮食等国际大宗商品价格上涨，全球通货膨胀高企。在内外因素冲击下，日本宏观经济复苏缓慢，难以进入稳定增长轨道，内需和外贸均面临挑战，物价上涨给企业生产和居民生活带来压力，日本长期坚持的超宽松货币政策的副作用也逐渐显现。

（一）缓慢复苏，仍未达到疫情前水平

总体来看，2022 年，日本经济出现恢复迹象。根据日本内阁府发布的 GDP 统计数据，2022 年全年日本实际 GDP 增长率为 1.0%，在 2019 年和 2020 年连续两年负增长之后，2021 年和 2022 年连续两年正增长（如图 1 所示），说明日本经济在疫情下逐渐复苏，全球经济进入正常化轨道为日本经济恢复提供了外部环境。但是，这一复苏的力度仍然较弱，不仅较 2021 年的增长速度有所放缓，与日本政府的原本预期也有差距。2022 年 1 月，日本政府在《令和 4 年度经济预测和经济财政运行的基本态度》中预计 2022 年度①日本实际 GDP 增长率能够达到 3.2% 的较高水平，在 7 月的"内阁府年中测算"中下调为 2.0%，在 2023 年 1 月的《令和 5 年度经济预测和经

---

① 年度是指日本财政年度，自当年 4 月 1 日至次年 3 月 31 日。

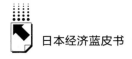

济财政运行的基本态度》中再次下调为 1.7%。① 从国际组织的预测来看，国际货币基金组织在 2022 年 4 月的《世界经济展望报告》中预计日本 2022 年的经济增长率为 2.4%，在 10 月的报告中将其下调为 1.7%。② 可以看出，日本政府和国际组织对于日本经济的增长率均在逐渐下调，说明日本经济虽然在复苏，但状态并不理想。

从 GDP 来看，2022 年日本实际 GDP 为 545.8 万亿日元，还没有恢复至疫情前 2019 年 552.5 万亿日元的水平。受日元贬值的影响，按美元换算的日本实际 GDP 有可能进一步减少。根据《日本经济新闻》测算，按照年均汇率计算，以美元计价的日本名义 GDP 为 4.23 万亿美元，而德国为 4.06 万亿美元，两者仅相差 1700 亿美元。而在 2020 年，两国的差距是 1.15 万亿美元，2021 年是 6700 亿美元，说明差距在逐渐缩小。③ 同时，作为发展中国家的印度的经济保持高速增长，在逐渐追赶日本，日本的世界第三大经济体的地位岌岌可危。

再看一下日本实际 GDP 的季度变化情况。如图 2 所示，2019 年第四季度以来，日本各季度实际 GDP 增长率围绕 0 上下波动。2019 年第四季度，受消费税增税的影响，个人消费大幅萎缩，实际 GDP 换算为年率下降 10.5%。进入 2020 年之后，新冠疫情的蔓延对日本经济造成严重冲击，各季度经济增长率大起大落。其中，2020 年第二季度出现断崖式下降，换算为年率达到 -28.2%；第三季度出现恢复性增长，换算为年率则达到 24.5%。到 2021 年，疫情已经持续一段时间，随着日本国内疫苗接种范围扩大，接种率提高，疫情的冲击有所减缓，各季度经济增长率没有像 2020 年那样大幅波动。进入 2022 年，岸田政府进一步推行应对疫情和促进经济复苏的举措，经济社会活动逐步正常化，但各季度实际 GDP 仍难以保持连

---

① 内閣府「政府経済見通し」、https：//www5.cao.go.jp/keizai1/mitoshi/mitoshi.html。

② International Monetary Fund，"World Economic Outlook," https：//www.imf.org/en/publications/weo.

③ 「日本の名目 GDP、ドイツが肉薄 世界 3 位危うく」、『日本経済新聞』、2023 年 2 月 19 日。

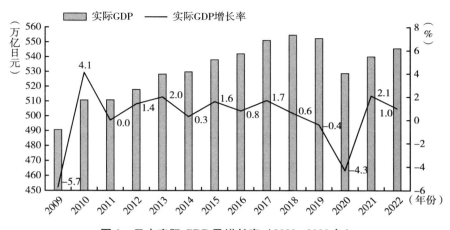

图1　日本实际GDP及增长率（2009~2022年）

资料来源：内閣府「四半期別GDP速報　2022年10~12月期・2次速報（2023年3月9日）」、https：//www.esri.cao.go.jp/jp/sna/data/data_list/sokuhou/files/2022/qe224_2/gdemenuja.html。

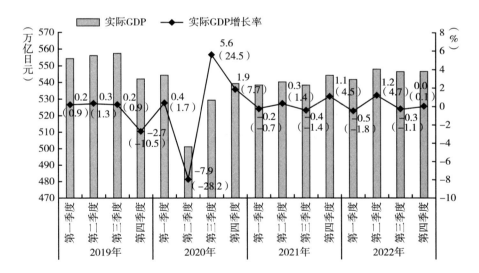

图2　日本各季度实际GDP及增长率（2019~2022年）

注：实际GDP为季节调整值，增长率为环比增长率，括号中的增长率为按年率换算的增长率。

资料来源：内閣府「四半期別GDP速報　2022年10~12月期・2次速報（2023年3月9日）」、https：//www.esri.cao.go.jp/jp/sna/data/data_list/sokuhou/files/2022/qe224_2/gdemenuja.html。

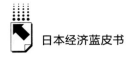
续正增长。特别是 2022 年第三、第四季度，此前市场普遍预期实际 GDP 应为正增长，从而与第二季度形成连续三个季度的正增长，表明经济整体已经进入稳定恢复状态。但是，2022 年第三、第四季度，实际 GDP 环比增长率分别仅为-0.3% 和 0，实际 GDP 呈现负增长和零增长状态，说明经济稳定复苏的步伐没有持续。这反映出国际政治经济形势紧张以及日本国内第七、八波疫情对日本经济造成的冲击，更进一步说，这是日本经济的结构性问题在特定危机环境下的集中显现。

2022 年第一、二、三、四季度，日本实际 GDP 季节调整值分别为541.8 万亿日元、548.1 万亿日元、546.6 万亿日元、546.7 万亿日元。在疫情前的 2019 年，除去第四季度由于消费税增税而造成的实际 GDP 大幅下降之外，其余三个季度的实际 GDP 季节调整值均在 550 万亿日元以上。这说明日本经济还没有恢复到疫情前水平，而同期世界主要经济体的经济大多已经超越疫情前水平，这给日本经济复苏和日本政府实施经济政策造成很大压力。

（二）物价上涨挤压居民消费和企业投资

私人消费和企业设备投资是日本内需的两大支撑，在日本实际 GDP 中的占比分别在 55% 和 15% 左右。2022 年，日本私人消费和企业设备投资都有一定恢复。随着日本政府不再对经济社会活动设置限制措施，并且为国内旅游、市场流通提供支持政策，此前受到疫情严重冲击的旅游、交通、餐饮、住宿和娱乐等服务业消费逐渐恢复，从而带动私人消费增长。2022 年第一、二、三、四季度，私人消费环比增长率分别为-0.9%、1.6%、0、0.3%，全年增长率为 2.1%，对实际 GDP 增长率的贡献度为 1.1%。企业设备投资也有所增加，第一、二、三、四季度的环比增长率分别为-0.3%、2.1%、1.5%、-0.5%，全年增长率为 1.8%，对实际 GDP 增长率的贡献度为 0.3%。① 日本企业为适应疫情下经济社会变化的趋势，在数字化、省力

---

① 内閣府「四半期別 GDP 速報　2022 年 10～12 月期・2 次速報（2023 年 3 月 9 日）」，https：//www.esri.cao.go.jp/jp/sna/data/data_ list/sokuhou/files/2022/qe224_ 2/gdemenuja.html。

化方面进行投资的动力增强。

可以看出，随着日本国内经济社会活动的逐渐放开，内需有所恢复，但日本市场期待的大规模反弹并未出现。这一方面是由于经济预期的不确定性对居民和企业需求起到一定抑制作用，另一方面是由于物价上涨挤压居民消费和企业投资。根据日本总务省统计数据，2012年末安倍上台后，2013年1月，日本政府和央行发表联合声明设定消费者物价指数（CPI）同比上涨2%的物价目标，但此后，除了2014年消费税增税时CPI短暂上升以外，一直到2022年3月，CPI同比增长率并未达到2%，其中大部分月份在1%以下，甚至出现过负增长（见图3）。2022年3月之后，受俄乌冲突和日元贬值的影响，日本消费者物价指数迅速攀升，如图3所示，剔除价格波动较大的生鲜食品之后的综合指数同比增长率从2022年1~3月不到1%，到4~8月上升至2.1%~2.8%，9~11月上升至3.0%~3.7%，12月达到4.0%，2023年1月则达到4.2%，创41年以来的最高水平。

物价走高打击消费者的购买力，对企业生产和居民生活造成压力。对于企业来说，由于原材料和零部件的进货成本增加，企业面临收益恶化的困境，设备投资的动力也会不足。成本的上升将从上游企业向下游企业传递，中小企业和处于产业链下游的企业将承受更大的压力。对于居民来说，消费是承担物价上涨后果的最终环节，特别是日常消费占家庭消费比例较高的中低收入家庭承受较大的压力。根据日本智库测算，2022年度，日本家庭生活支出平均增加8万日元。① 从私人消费相关的心理指标来看，日本银行的统计数据显示，消费者态度指数受物价上升的影响在2022年出现持续恶化的倾向。② 从供求关系指标来看，日本内阁府的统计数据显示，

---

① 「止まらぬ円安、家計や企業に痛み　生活費は年8万円増も」、『日本経済新聞』、2022年10月15日。

② 日本銀行「経済・物価情勢の展望（2023年1月）」、https：//www.boj.or.jp/mopo/outlook/gor2301b.pdf。

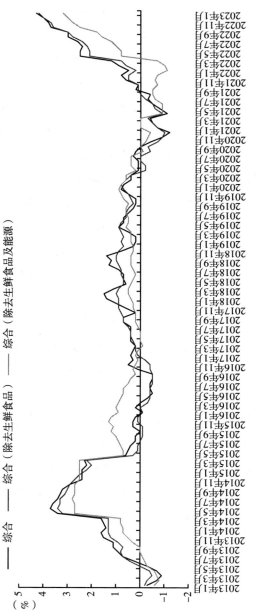

图 3 日本消费者物价指数（CPI）的变化（2013 年 1 月至 2023 年 1 月）

注：图中数据为与上年同期相比的增长率。

资料来源：総務省統計局「2020 年基準 消費者物価指数 全国 2023 年（令和 5 年）1 月分（2023 年 2 月 24 日公表）」，https://www.stat.go.jp/data/cpi/sokuhou/tsuki/index-z.html。

用于表示日本经济需求与潜在供给之差的供需缺口（GDP Gap）指标，从2019年第四季度到2022年第四季度连续13个季度为负值，反映出总需求持续在潜在总供给下方徘徊，其成为制约经济增长的重要因素。①

（三）贸易逆差猛增，拖累经常收支盈余

受国际大宗商品价格上涨和日元贬值的影响，日本对外贸易进口价格大幅上升。根据日本银行统计数据，2022年1~12月，日本企业进口物价指数同比增长率月均值达到39.1%。其中，2022年4~10月，日本企业进口物价指数连续7个月同比增长率超过40%。②进口价格上涨带动进口额大幅增加，2022年1~12月，与上年同期相比，日本对外商品贸易进口增长率月均值达到39.6%，其中，2022年5~10月，连续6个月进口增长率超过45%（见图4）。2022年全年，日本对外商品贸易出口额为98.2万亿日元，出口增长率为18.2%，进口额为118.1万亿日元，进口增长率为39.2%，进口增长幅度显著超过出口增长幅度。2021年8月至2022年12月，日本对外商品贸易连续17个月处于逆差状态。2022年全年，日本对外商品贸易逆差额合计达到20万亿日元，刷新自1979年以来的最大逆差值。

近年来，日本主要依靠海外投资收益保持经常收支顺差。根据日本财务省统计数据，2016~2019年，日本每年经常收支顺差在20万亿日元左右，2020年，受新冠疫情影响，经常收支顺差有所减少，但仍然达到15.8万亿日元，2021年则增至21.6万亿日元。由于贸易逆差迅速扩大，2022年日本经常收支明显恶化，顺差额降至11.4万亿日元，较上年减少10.1万亿日元。这主要是由商品和服务贸易逆差所致。但是，也应注意到，由于日元贬值和资源价格上升，日本海外子公司收益扩大，在经常收支中，表示海外投

---

① 内閣府「2022年10~12月期GDP1次速報後のGDPギャップの推計結果について（2023年3月8日）」、https://www5.cao.go.jp/keizai3/shihyo/2023/0308/1300.pdf。

② 日本銀行「企業物価指数（2023年2月速報）（2023年3月10日）」、https://www.boj.or.jp/statistics/pi/cgpi_ release/cgpi2302.pdf。

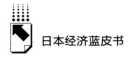

资收益的"第一次所得收支"为 35.3 万亿日元，达到自 1996 年以来的最高水平，这也是日本经常收支能够保持顺差的原因。①

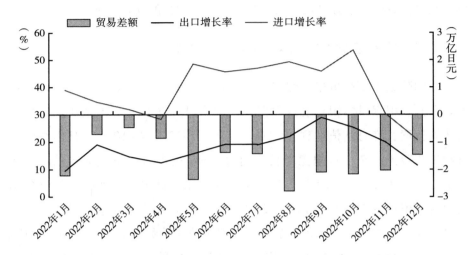

图 4　日本对外商品贸易出口增长率、进口增长率及贸易差额（2022 年 1~12 月）

注：增长率为与上年同期相比的增长率。

资料来源：财务省「報道発表　令和 4 年分（確々報）（令和 5 年 3 月 10 日）」、https：//www. customs. go. jp/toukei/shinbun/trade-st/2022/202228g. xml。

同时，旅游业受到疫情冲击，外国游客消费减少，导致服务出口受到严重影响。近年来，访日外国游客数量迅速增加，由 2011 年的 622 万人逐年上升至 2015 年的 1974 万人，又继续逐年上升至 2019 年的 3188 万人，成为支撑日本旅游业的重要来源。但是，新冠疫情发生后，访日外国游客数量骤减，2020 年降至 412 万人，2021 年更是降至 25 万人，较 2019 年减少 99.2%。2022 年下半年，随着出入境限制的放宽，日本旅游业有所恢复，2022 年 12 月，外国游客数量恢复至疫情前同期（2019 年 12 月）的 54.2%。2022 年全年，日本外国游客数量为 383 万人，依然低于 2020 年的水平，是 2019 年的 12.0%。②

---

① 财务省「国際収支の推移」、https：//www. mof. go. jp/policy/international_ policy/reference/balance_ of_ payments/bpnet. htm。

② 観光庁「訪日外国人旅行者数・出国日本人数」、https：//www. mlit. go. jp/kankocho/siryou/toukei/in_ out. html。

跨境旅游消费是日本服务出口的重要部分。2019 年，访日外国人在日本的消费总额达到 48135 亿日元，接近当年日本 GDP 的 1%。但是，由于游客减少，2020 年，访日外国人在日本的消费总额仅为 7446 亿日元，2021 年则为 1208 亿日元，还不到 2019 年的 3%。根据日本观光厅的测算，2022 年访日外国人消费有所恢复，消费总额约为 8991 亿日元，为 2019 年的 18.7%。[①]

（四）就业环境虽有改善，但实际工资依旧减少

2022 年，日本就业环境整体上缓慢改善。从就业人数来看，疫情发生以来，日本政府采取一系列促进就业的措施，并为企业提供雇佣补贴，鼓励企业尽力维持雇佣关系，避免由于业绩不佳而解雇员工。正式员工的就业数量虽然有所波动，但总体高于疫情前 2019 年的水平，且以劳动力缺口较大的医疗、社会福利和信息通信业为中心呈现缓慢增加的趋势。非正式员工受疫情冲击较大，2020 年以来就业数量大幅下降，2022 年则有一定改善，非正式员工以面对面型服务业和医疗、福利行业为中心，也呈现缓慢增加的趋势，但与疫情前 2019 年的水平还有不小差距。[②] 从劳动供求关系来看，自 2010 年以来，日本完全失业率一直呈现下降趋势，从 2010 年的 5.1% 降至 2019 年的 2.4%。疫情之后，日本失业率有所上升，2020 年下半年为 3.0% 左右，2021 年则平均为 2.8%。2022 年，随着就业环境改善，失业率进一步下降，平均为 2.6%。[③]

从工资收入来看，人均名义工资呈现缓慢增加的趋势，反映出经济活动整体好转。其中，"规定内工资"，即规定劳动时间内发放的一般工资持续缓慢增加，这主要是受劳动力缺口扩大、面对面型服务业需求好转以及最低工资上涨的影响；"规定外工资"，即超过规定劳动时间支付的加班补贴、

---

① 観光庁「訪日外国人消費動向調査」、https：//www.mlit.go.jp/kankocho/siryou/toukei/syouhityousa.html。

② 日本銀行「経済・物価情勢の展望（2023 年 1 月）」、https：//www.boj.or.jp/mopo/outlook/gor2301b.pdf。

③ 総務省統計局「労働力調査（詳細集計）2022 年（令和 4 年）平均結果」、https：//www.stat.go.jp/data/roudou/sokuhou/nen/dt/index.html。

假日劳动补贴、深夜补贴等，也有所回升，反映出经济好转的基调；"特别工资"，即年终奖金、期末补贴等也有所增加，反映出企业业绩的改善。[①]虽然名义工资出现增加的趋势，但是，实际工资受物价上涨的影响仍然在下降。根据日本厚生劳动省统计数据，2022 年，日本名义平均工资比上年上升 2.0%，但去除物价因素后的实际平均工资比上年下降 1.0%，说明居民家庭可支配收入进一步减少。[②]

（五）日元汇率震荡起伏，YCC 政策副作用凸显

在各国央行纷纷收紧货币政策、美联储加快进入加息轨道的背景下，日本央行继续维持收益率曲线控制（YCC）政策，日美利率差在短时间内迅速拉大，成为日元贬值的直接诱因。2022 年 4 月 27~28 日，在美欧央行已经明确加息计划的情况下，日本央行召开金融政策决定会议并做出不加息的明确表态，继续维持将长期利率降至约 0、短期利率降至−0.1%的以长短期利率操作为核心的宽松货币政策，并决定在每个交易日实施以固定利率无限量买入国债的市场操作，以确保实现收益率曲线控制目标。此后，2022 年 6月 16~17 日、7 月 20~21 日、9 月 21~22 日、10 月 27~28 日，日本央行数次召开金融政策决定会议，结果均为继续坚持实施大规模宽松货币政策。从2022 年 3 月初到 10 月中下旬，日元汇率不断下跌，日元经历大幅贬值的过程。根据日本央行统计数据，美元兑日元汇率从 3 月初的 1 美元兑 115 日元左右，到 4 月末处于 130 日元左右区间，9 月 2 日突破 140 日元，10 月 20日突破 150 日元（见图 5），日元成为国际上贬值幅度最大的一种主要货币。进入 2022 年 11 月之后，受益于美元疲软，日元升值，美元兑日元汇率有所回落，至 2022 年末回落至 1 美元兑 133 日元左右。

日本央行之所以在全球加息浪潮中仍然维持超宽松货币政策，主要原因

---

① 日本银行「経済・物価情勢の展望（2023 年 1 月）」、https：//www. boj. or. jp/mopo/outlook/gor2301b. pdf。

② 厚生労働省「毎月勤労統計調査　令和 4 年分結果確報（令和 5 年 2 月 24 日）」、https：//www. mhlw. go. jp/toukei/itiran/roudou/monthly/r04/22cr/22cr. html。

是日本经济严重依赖低利率政策环境。如前文分析的那样，在世界主要经济体的经济大多已经超越疫情前水平的情况下，日本经济仍然没有恢复，需求不振，消费低迷。虽然消费者物价指数（CPI）不断上涨，并且已经超过日本央行设定的2%的通胀目标，但这主要是由成本上升所致，并没有实现日本政府期望的工资协同上涨的良性循环，实际平均工资仍然负增长。因此，日本央行仍需要超宽松货币政策托底个人消费和企业投资，刺激需求增加，带动就业环境改善和工资上涨。

自2012年末安倍上台、2013年4月日本央行推出"量化与质化金融宽松政策"以来，日本实施超宽松货币政策已经十年，且其间多次调整，不断加大宽松力度。然而，在内外冲击下，日本长期实施超宽松货币政策的副作用日益凸显。这主要表现在，一方面，如前文所述，除国际形势紧张导致能源原材料价格上涨并向供应链传导外，长期量化宽松、日美利差扩大导致的日元贬值成为加剧物价上涨、引发输入型通胀的关键因素。另一方面，日本金融市场波动性和脆弱性不断加剧。为维持收益率曲线控制目标，日本央行大量购买国债，国债购入额连创新高。截至2022年9月末，日本央行在日本政府全部发行的国债中的持有份额超过50.3%，首次超过半数，12月末则进一步增至52.0%，刷新过去最高值。[1] 这不仅严重削弱国债市场的流动性和价格发现机制，当利率波动时，日本央行持有的国债市值也会波动。事实上，2022年12月日本央行上调收益率曲线控制区间之后，日本国债市值下跌，日本央行资产负债表中出现大量"浮亏"，2022年12月末累计"浮亏"金额约为9万亿日元，是2022年9月末的10倍以上。[2] 同时，在长期超宽松货币政策下，日本央行通过长短期利率操作压低商业银行贷款利率，以促进企业增加融资和投资。而银行主要业务利润来自银行支付的存款利息和收取的贷款利息之差，贷款利率下降意味着贷款利息减少，也就进一

---

[1] 日本銀行「資金循環統計（速報）（2022年第4四半期）（2023年3月17日）」、https://www.boj.or.jp/statistics/sj/sj.htm。

[2] 「日銀の保有国債含み損、昨年末9兆円 資金統計から試算」、『日本経済新聞』、2023年3月17日。

步意味着利润减少，导致商业银行等金融机构的经营环境日益严峻。2022年12月末，日本地方银行计入的包括国债在内的减值损失累计达到 1.46 万亿日元。①

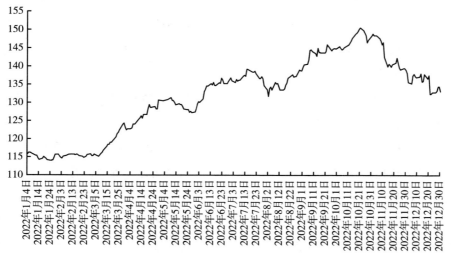

图 5 美元兑日元汇率的变化（东京市场，每日最高值）

资料来源：日本銀行「各種マーケット関連統計　外国為替市況（日次）」、https://www. boj. or. jp/statistics/market/forex/fxdaily/index. htm/。

二　日本经济政策的重点及走向

基于经济形势的恶化，2022 年 4 月和 10 月，岸田政府连续两次实施经济刺激政策，财政支出规模合计达到 45. 2 万亿日元。同时，2021 年 10 月上台后，岸田政府一直以构建日式"新资本主义"、推动"经济增长与分配的良性循环"为核心政策。2022 年以来，在内外经济压力下，岸田政府对"新资本主义"的内涵和实施重点不断进行调整，更加强调使日本全面实现经济复苏、走上经济增长轨道，并在 2022 年 6 月出台的《"新资本主义"

---

① 「地銀も生保も国債で含み損、経営への影響は?」、『日本経済新聞』、2023 年 2 月 18 日。

的总体设计及实施计划》中，划定"对人的投资和分配""科技创新重点投资""培育初创企业及推进开放式创新""绿色转型与数字化转型投资"四大重点投资领域。

（一）应对物价上涨、促进经济复苏的经济政策

2022年，在物价高涨、经济低迷的状态下，日本政府两次实施经济刺激政策，分别是2022年4月出台的"应对新冠疫情下原油价格上升、物价高涨"的综合紧急对策和2022年10月出台的"克服物价上涨、实现经济复苏"的综合经济对策。从财政支出规模来看，后者的规模更大，内容更多，说明日本经济面临的压力逐渐加大。

1. "应对新冠疫情下原油价格上升、物价高涨"的综合紧急对策

2022年4月，面对物价开始上涨、疫情影响仍然持续的局面，日本政府出台名为"应对新冠疫情下原油价格上升、物价高涨"的综合紧急对策，以"应对原油价格高涨""保障能源、原材料、食品等稳定供给""帮助中小企业适应新价格体系""对生活困难群体的支援""面向未来的准备"五大领域为重点，财政支出为6.2万亿日元，预计总资金规模为13.2万亿日元。

如表1所示，第一个重点领域是"应对原油价格高涨"，对渔业、农林业、运输业和生活服务业等受能源价格上涨影响较大的行业进行支援，防止油价暴涨成为疫情下阻碍日本经济复苏的主要因素，尽量缓解国际形势紧张对居民生活和经济活动造成的影响。这一领域财政支出和预计总资金规模均为1.5万亿日元。主要包括两个方面。其一是原油价格高涨对策。主要内容是，向炼油企业等提供补贴，从而将汽油平均价格控制在一定水平内，防止油价高涨加重居民和企业的经济负担；除汽油、煤油、轻油、重油以外，将飞机燃料列入补贴对象。其二是重点行业对策。主要内容是，充分利用补助金，对渔业、农林业、运输业和生活服务业经营者进行支援，构筑生产经营安全网，鼓励经营者导入有助于强化竞争力的机械设备和节能技术，强化生产基地建设，促进产业成长。

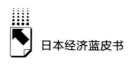

日本经济蓝皮书

表1　2022年4月综合紧急对策的主要内容

单位：万亿日元

	财政支出	预计总资金规模
Ⅰ.应对原油价格高涨	1.5	1.5
Ⅱ.保障能源、原材料、食品等稳定供给	0.5	2.4
Ⅲ.帮助中小企业适应新价格体系	1.3	6.5
Ⅳ.对生活困难群体的支援	1.3	1.3
Ⅴ.面向未来的准备	1.5	1.5
合　计	6.2	13.2

资料来源：内閣府「コロナ禍における「原油価格・物価高騰等総合緊急対策」（令和4年4月26日原油価格・物価高騰等に関する関係閣僚会議決定）」、https：//www5.cao.go.jp/keizai1/keizaitaisaku/2022/20220426_ taisaku.pdf。

　　第二个重点领域是"保障能源、原材料、食品等稳定供给"，确保战略物资和能源的稳定供给，推进供应链的强韧化。这一领域财政支出为0.5万亿日元，预计总资金规模为2.4万亿日元。主要包括四个方面。其一是能源稳定供给对策。主要内容是，推进节能减排计划，促进节能建筑物和新能源汽车的普及，加大对未来型住宅的支持力度，增加对次世代汽车开发、机械化和自动化设备导入的支援；向石油和液化天然气供应链上游的开发环节提供风险投资资金支持，在关键能源采购中强化政府参与的方向性；促进对稀土资源的投资和采购来源多样化。其二是原材料稳定供给对策。主要内容是，对于半导体制造用的关键原材料，如特种气体、钯金等，增强日本国内的生产能力并导入再循环回收设备。其三是食物等农林水产品稳定供给对策。主要内容是，对于小麦、肥料、饲料等食物原料和农业用品，鼓励采购来源多样化和国产替代，确保粮食安全；对于进口价格大幅上涨的小麦，根据之前的国际市场价格，设定政府出售价，缓解小麦价格上涨产生的影响；增加日本国内木材产量，促进国产木材的进口替代；促进水产品原材料采购的顺畅化。其四是其他方面。主要内容是，强化网络安全对策；对旅游业经营者进行支援，推进环保型绿色旅游。

　　第三个重点领域是"帮助中小企业适应新价格体系"，在物价上涨的情况下，对中小企业进行支援，使中小企业能够顺利进行价格转嫁，并对人才进行投资，提高员工工资。这一领域财政支出为1.3万亿日元，预计总资金规模为6.5万亿日元。主要包括两个方面。其一是鼓励中小企业提高工资，顺利进行价格转嫁。主要内容是，加大支持力度，向致力于提高工资和进行人才投资的中小企业提供税收优惠；对即使在亏损状态下仍然提高工资的中小企业进行补贴并增加补贴额度；规范大企业与中小企业的分包和承包制度，为中小企业创造公平合理的交易条件，通过与大企业建立伙伴关系创造价值。其二是向中小企业提供资金周转支援。主要内容是，加强对政府系金融机构的资金周转支援，对受疫情和国际政治局势紧张影响的经营者进一步降低贷款利息，延长提供实质无利息、无担保融资的时间。

第四个重点领域是"对生活困难群体的支援"，对受疫情和物价上涨影响而面临生活困难的育儿家庭和低收入家庭进行支援。这一领域财政支出和预计总资金规模均为1.3万亿日元。主要包括三个方面。其一是对生活困难者和低收入育儿家庭进行支援。主要内容是，向生活困难者提供紧急小额资金特例贷款、新冠病毒感染症生活困难者自立支援金等资金支援；加强对生活困难者的生活重建指导和就业辅导；向低收入育儿家庭提供补助金；放宽生活困难者申请自立支援金的就职条件。其二是对感到孤独、孤立的居民进行支援。主要内容是，构筑地方官民合作支援平台，支持非营利组织（NPO）开展支援活动。其三是支持地方公共团体实施支援政策。主要内容是，进行应对疫情的地方创生临时拨款，以用于支援生活困难者、减轻学校伙食费，并对农林水产业、交通运输业等行业的中小企业经营者进行支援。

第五个重点领域是"面向未来的准备"，主要是用于增加"新冠疫情及原油价格和物价高涨对策预备费"的额度等。这一领域财政支出和预计总资金规模均为1.5万亿日元。

2. "克服物价上涨、实现经济复苏"的综合经济对策

2022年下半年，日元汇率波动幅度增大，物价上涨对于经济和民生的压力越来越大。为拉动经济增长，应对新冠疫情、日元贬值、物价上涨等多重因素对日本经济和社会造成的冲击，2022年10月，岸田政府出台名为"克服物价上涨、实现经济复苏"的综合经济对策，以"应对物价上涨和提

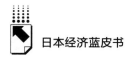
高工资收入""借日元贬值之机增强企业盈利能力""加速推进'新资本主义'""确保国民安全和放心""面向未来的准备"五大领域为重点,财政支出为39.0万亿日元,预计总资金规模达到71.6万亿日元。

如表2所示,第一个重点领域是"应对物价上涨和提高工资收入",在物价上涨的情况下,提高居民收入变成非常紧迫的问题,因此,应提高工资、增强劳动力市场的流动性、促进对人的投资综合考虑,进行一体化改革。这一领域财政支出为12.2万亿日元,预计总资金规模为37.5万亿日元。主要包括三个方面。其一是向因能源、食品等价格上涨而处于困难状况的企业和居民提供支援。主要内容是,对电费、燃气费和汽油价格上涨提供补贴,减轻居民和企业的负担;向生活困难的群众和儿童提供免费食品。其二是构筑危机应对型能源供给体制和食品供给体制。主要内容是,强化液化天然气稳定供给体制;在今后三年内对企业导入节能机器和设备进行集中补贴,促进住宅节能改造和零排放电源的应用;促进肥料和饲料的国产化以及大豆和小麦的国内生产转移。其三是促进工资持续增长,扶持中小企业。主要内容是,积极提高工资以抵消物价上涨的影响,大幅加大对行业中坚企业、中小企业等的支援力度,提供补贴以帮助企业进行经营模式转换和提高生产效率,为企业提高工资创造条件。

表2　2022年10月综合经济对策的主要内容

单位：万亿日元

	财政支出	预计总资金规模
Ⅰ. 应对物价上涨和提高工资收入	12.2	37.5
Ⅱ. 借日元贬值之机增强企业盈利能力	4.8	8.9
Ⅲ. 加速推进"新资本主义"	6.7	9.8
Ⅳ. 确保国民安全和放心	10.6	10.7
Ⅴ. 面向未来的准备	4.7	4.7
合　计	39.0	71.6

资料来源：内閣府「物価高克服・経済再生実現のための総合経済対策(令和4年10月28日閣議決定)」、https：//www5.cao.go.jp/keizai1/keizaitaisaku/2022-2/20221028_taisaku.pdf。

第二个重点领域是"借日元贬值之机增强企业盈利能力"，日元贬值对于促进出口、增加跨境旅游消费、提高企业收益具有一定的推动作用，但同时成本的增加也对企业生产经营造成压力，因此，应将日元贬值的积极方面发挥出来，并以此为契机促进企业盈利能力的增强。这一领域财政支出为 4.8 万亿日元，预计总资金规模为 8.9 万亿日元。主要包括两个方面。其一是激发市场活力，促进需求恢复。主要内容是，重振旅游业，制订新的"观光立国推进基本计划"，快速实现年入境消费额超过 5 万亿日元的目标；提振地方活力，刺激需求，开发娱乐和购物设施，开展文化艺术活动和体育健康活动；强化农业生产区、畜牧业和渔业等生产基地，增强木材工业国际竞争力；完善地方基础设施，促进城乡平衡发展。其二是利用日元贬值之机强化经济结构。主要内容是，强化重要物资的国内生产能力并扩大出口，日美共同开发新一代半导体技术，在尖端半导体等重要尖端技术领域通过国际合作扩大投资；支持供应链中断风险较大的重要产品、原材料和零部件回归国内生产基地，扩大对内直接投资；扩大中小企业和农林水产品的出口。

第三个重点领域是"加速推进'新资本主义'"。这一领域财政支出为 6.7 万亿日元，预计总资金规模为 9.8 万亿日元。主要包括三个方面。其一是推进薪资提升、劳动力自由流动、对人投资的一体化改革。其二是对科技创新、加速创业、脱碳与数字化转型等重点领域进行大胆投资。其三是构建包容性社会。主要内容是，扩充少子化对策，强化对育儿家庭和儿童的支援；促进女性活跃，培养女性数字人才和创业者；向感受到孤独和孤立的居民提供支援，向失业者、残疾人等弱势群体提供支持。

第四个重点领域是"确保国民安全和放心"。这一领域财政支出为 10.6 万亿日元，预计总资金规模为 10.7 万亿日元。主要包括五个方面。其一是强化传染病应对机制。主要内容是，完善医疗保健体制，确保病床和疗养设施充足；完善疫苗接种体制，加快研发疫苗和治疗药物，加强与国际机构的合作。其二是强化灾害应对机制，推进国土强韧化。其三是加快自然灾害后的恢复和重振。其四是强化经济安全和食品安全。主要内容是，重点发展量

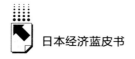

子、AI 等尖端重要技术；打造重要物资的韧性供应链，设置专项基金，根据物资的特性向生产、供给、储备、替代物资等提供支持；强化食品安全保障。其五是确保安全和放心。主要内容是，推进"儿童安心·安全对策支援体系"，如为校车安装和改造安全装置等；加大对消费者权益的保护力度。

第五个重点领域是"面向未来的准备"，主要是用于增加"新冠疫情及原油价格和物价高涨对策预备费"的额度等。这一领域财政支出和预计总资金规模均为 4.7 万亿日元。

（二）"新资本主义"的重点投资领域

2022 年 6 月，岸田政府公布《"新资本主义"的总体设计及实施计划》，相当于日式"新资本主义"的顶层设计。在这一文件中，岸田政府提出，"新资本主义"的总体目标是要打破收入分配僵局，进一步实现经济增长，促进技术革新和官民合作，有计划、有重点地进行投资，推动经济和社会协调发展。为实现这一目标，"新资本主义"设定四大重点投资领域，将在这些领域通过官民合作加大投资力度，这四大领域分别是"对人的投资和分配""科技创新重点投资""培育初创企业及推进开放式创新""绿色转型与数字化转型投资"。2023 年 1 月，岸田在国会施政演说中，再一次强调"新资本主义"要应对物价高攀、促进结构性涨薪，并在绿色转型、数字化转型、创新、培育初创企业方面进行投资和改革。这一方面说明岸田政府根据经济形势对"新资本主义"的理念和内容进行调整，并逐步具体化；另一方面说明其继承前任菅义伟政府的绿色转型和数字化转型的方针，将脱碳、数字化作为创造经济新增长点的重要因素。

如图 6 所示，"对人的投资和分配"主要包括六个方面。其一是提高劳动者工资水平。主要内容是，利用税收优惠措施鼓励企业提高工资；规范大企业与中小企业之间的业务分包和承包制度，促进大企业与中小企业进行合作；着力改善护理人员、社会福利工作人员、保育员等的工资待遇。其二是提高劳动技能、提升劳动力市场的流动性。主要内容是，健全终身学习、职业培训、兼职和再就业支援制度，提高全体劳动者的数字技术水平；对年轻人和科研人员进行支援，建立起允许初期失败并追求长期成果的研究开发援助制度；培养数字专业人才，积累专业能力，提升附加价值；扩大副业和兼职范围，推进多种工作方式。其三是制订从储蓄到投资转换的"资产收入倍增计划"。主要内容是，促进居民个人金融资产从以存款、现金方式为主的储蓄转移到投资，实现家庭收支的良性循环。其四是构建儿童、劳动年龄人口、老龄人口等各年龄层都包含在内的活跃社会。主要内容是，创立"儿童家庭厅"，推进幼儿园和保育所的均等化；充实保育和课后儿童看护机制，减轻年轻父母的负担；加大奖学金支援力度，确保奖学金制度更加规范、灵活；改善育儿家庭的居住条件，对育儿家庭购置和租赁住宅进行支援；减轻家庭护理负担，增强对认知障碍症的预防和应对，防止年轻人因为护理老人而失业。其五是促进工作方式多样性、推动就业选择具有灵活性。主要内容是，彻底推行同工同酬，导入多样化的就业方式；规定企业有义务就男女工资差距的相关信息进行披露，提高管理层中的女性比例，详细评估制约女性就业的因素；实现劳动者全部加入社会保险，完善社会保障制度；推动工作方式改革，保障居家办公和远程办公的顺利开展，落实男职工陪产假。其六是强化人力资本投资等非财务信息的公开和披露。

"科技创新重点投资"主要包括六个方面。其一是量子技术领域。主要内容是，促进量子计算机大规模化和高功能化的研究开发，与半导体和Beyond 5G 等其他技术领域相互融合；与世界先进国家合作，强化下一代半导体的设计、制造能力；推进量子技术的社会应用。其二是 AI 应用领域。主要内容是，促进 AI 技术的产业化，根据企业的实际需求推进 AI 技术的开发和应用；将日本优势产业与 AI 技术相融合，提高产品和服务的竞争力。其三是生物制造领域。主要内容是，通过生物制造技术的开发，在解决海洋污染、粮食与资源不足等全球性社会问题的同时促进经济增长；将大规模生产、社会应用纳入视野，推进对基础技术的开发支援、制造基地培育和人才培养。其四是再生医疗、细胞医疗、基因治疗领域。主要内容是，推进再生医疗、细胞医疗、基因治疗的临床研究和临床试验，加强对新医疗技术的研究开发，注重医疗专业人才培养，加快推进医疗技术的产品化和实用化；推动基因治疗的发展；强化治疗药物和疫苗的开发。其五是推进大学教育改革。主要内容是，促进对科技领域的人才培养和年轻科研人员的培养，打造世界顶尖水平的研究型大学；培养超越文理科框架的综合、高端人才，促进理科女生的活跃；促进研究与管理运营的分离。其六是将 2025 年大阪世博会作为"未来社会的实验场"、新技术的橱窗和唤起未来希望的起爆剂，展示日本最新技术对社会的贡献。

"培育初创企业及推进开放式创新"主要包括两个方面。第一是制订"初创企业培育 5 年计划"，通过公共资本投资、人才支持体系、完善规则机制、打造创业基地等方式向初创企业提供支持，改善初创企业的创新环境。主要内容是，利用政府采购，加大对初创企业的支援力度；增加公共资本对风险资本的投资，包括海外风险投资；引导个人金融资产和日本政府养老金投资基金（GPIF）等长期运营资金流向风险投资；完善对具有优秀思想和技能的青年人才的支持体系；打造创业者聚集的全球性创业园区；进行规则修订，简化担保程序；实施 IPO 流程改革；向实现商业化需要时间的初创企业成长提供股票期权等相关支持；向致力于解决社会问题的初创企业提供支持，改善法律和制度环境，并考虑创建新的企业形式，在私营部门发挥公共作用；建立公平交易的法律制度；完善非上市股票二级市场建设；打造海外创业人才培育基地；强化企业家教育和知识产权战略。第二是促进开放式创新，推动大企业与科技初创企业共同进行研发，提高企业国际竞争力和议价能力，避免短期利益、过度竞争影响长期发展，从长远角度营造有利于企业进行投资的环境。

"绿色转型与数字化转型投资"主要包括两个方面。其一是促进绿色转型投资，重点投资氢能和氨能、海上风力等可再生能源、碳捕获与封存、碳循环利用、新能源汽车、节能住宅和建筑物、省电性能优良的半导体、蓄电池等。具体措施有，设置绿色经济转型政府专项债；建立新的制度框架，在加强监管措施的同时，提高企业盈利能力和投资可预见性；在拓展绿色金融的同时，结合创新金融等新型金融方式向企业脱碳投资提供融资支持；通过实现"亚洲零排放共同体"构想，强化与亚洲各国的脱碳合作机制，同时推进与美国等发达国家在清洁能源领域的创新合作。其二是促进数字化转型投资，重点是推进面向后 5G 时代和 6G 时代的研究开发、改善数字市场环境、推动数字健康的普及和医疗数字化、通过数字化转型提高中小企业的生产率和竞争力、促进城市数字化、强化网络安全等。

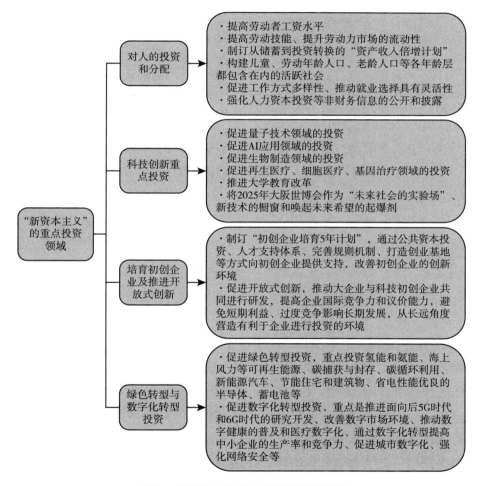

图 6 "新资本主义"的重点投资领域

资料来源：内阁官房「新しい資本主義のグランドデザイン及び実行計画（令和 4 年 6 月 7 日）」、https：//www.cas.go.jp/jp/seisaku/atarashii_ sihonsyugi/pdf/ap2022.pdf。

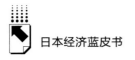

三　日本经济展望

国际货币基金组织（IMF）在 2023 年 1 月公布的《世界经济展望报告》中预测 2023 年日本实际 GDP 增长率为 1.8%，呈逐渐复苏态势。① 从内部环境来看，随着日本逐渐放宽社会活动限制和入境限制，促进经济社会活动正常化，受疫情影响被抑制的内需有可能迸发出来，数字经济和绿色经济可能成为日本经济的新增长点。但是，少子老龄化、市场缺乏活力、政府债务不断膨胀、潜在增长率下降等制约经济发展的长期结构性问题仍在不断加剧，日本经济恢复的速度将保持比较缓慢的状态。从外部环境来看，中国经济增长和区域供应链稳健发展能够促进外需增加，日本企业的商品和服务出口以及海外投资收益都能得到改善。但是，国际政治经济局势紧张、能源价格高涨给日本经济恢复造成很大的不确定性。美联储激进加息导致全球金融市场动荡，造成新兴国家外债偿还负担增加，并且其以进口物价上涨的形式打击受到通胀困扰的各国经济，进而推升世界性的经济减速和债务危机风险，这对于外向型特征明显的日本经济来说将形成无法忽视的压力。

（一）日本经济短期走势

尽管存在各种变数，但未来一两年内，随着疫情的影响慢慢趋于缓和，需求逐渐恢复，宽松的金融环境以及日本政府的经济政策会发挥一定作用，在这些因素的支撑下，预计日本经济将呈现逐渐改善的趋势。日本政府和日本央行对日本经济走势的看法比较乐观。2023 年 1 月 18 日，日本央行发布的《经济和物价形势展望报告》指出，虽然面临资源价格高涨和全球经济减速的压力，但在疫情和供给制约的影响缓和的基础上，预计日本经济将逐渐恢复，同时，在政府应对物价上涨的各项政策支撑下，物价上涨的幅度将

---

① IMF, "World Economic Outlook Update: Inflation Peaking Amid Low Growth," https://www.imf.org/en/Publications/WEO/Issues/2023/01/31/world-economic-outlook-update-january-2023.

在 2023 年中期有所收缩。此后，随着从收入到支出的良性循环机制逐渐增强，日本经济有望实现持续超过潜在增长率的增长。从经济增长率预测来看，日本银行预计，2023 年度日本实际 GDP 增长率在 1.7% 左右，2024 年度则在 1.1% 左右。[1] 2023 年 1 月 23 日，日本内阁府发布的《令和 5 年度经济预测和经济财政运行的基本态度》提出，在克服物价上涨的同时，官民合作加大对"新资本主义"重点领域的投资力度，有望推动日本经济进入以民间需求为主导的可持续增长道路。从经济增长率预测来看，内阁府预计，2023 年度日本实际 GDP 增长率在 1.5% 左右，名义 GDP 增长率在 2.1% 左右，其中，民间需求将成为经济增长的引擎。[2]

从影响宏观经济的因素来看，在私人消费方面，随着经济形势有所好转、疫情的影响逐渐减弱，旅游、餐饮、住宿、娱乐等面对面型服务业逐渐恢复，就业环境和居民收入预计可以得到改善，私人消费有望增加，并成为拉动经济增长的主要动力。在疫情下由于外出和社会活动限制而积累的过剩储蓄，有望转化为实际消费。同时，随着日元贬值和资源价格上涨导致的进口成本增加的影响逐渐减弱，物价上升速度放缓，对私人消费造成的压力也将有一定程度的减轻，并且，日本政府对汽油、电力、城市煤气费的负担缓和政策和全国旅游支援政策等将为私人消费提供一定支持。

在企业设备投资方面，在金融缓和政策的支撑下，随着需求的增加和经济活动的改善，再加上原材料和零部件供给不足的问题逐渐缓解，出口和生产规模有望扩大，企业收益可以得到改善。在此基础上，企业设备投资有望增加，特别是为应对人手不足和促进省力化的相关投资、新能源汽车相关投资、数字化和数字经济相关投资、绿色转型和碳中和相关投资等将逐渐增加。从投资计划和先行指标来看，一些行业的企业设备投资已经出现明显回

---

① 日本銀行「経済・物価情勢の展望（2023 年 1 月）」、https：//www.boj.or.jp/mopo/outlook/gor2301a.pdf。

② 内閣府「令和 5 年度の経済見通しと経済財政運営の基本的態度（令和 5 年 1 月 23 日閣議決定）」、https：//www5.cao.go.jp/keizai1/mitoshi/mitoshi.html。

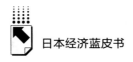

暖的趋势。根据 2022 年 12 月日本银行的调查，2022 年度日本制造业企业的设备投资计划增加 20.3%，非制造业增加 12.1%，全产业增加 15.1%，出现明显好转，说明企业正在积极制订增加设备投资计划。①

在进出口贸易方面，基于外需的增加趋势，日本出口有可能会继续增加。在进口方面，2022 年，在日元贬值和国际资源价格大幅上升的背景下，受进口价格大幅上升影响，日本商品贸易进口增长率接近 40%，而出口增长率不到 20%，可见两者差距非常大。并且，2022 年各个月份，进口同比增长率均显著超过出口同比增长率。但是，可以观察到，2022 年 11 月和 12 月，进口同比增长率已经出现回落的趋势。预计未来进口和出口之间的差距可能不会像 2022 年那么大，贸易逆差的额度将有所回落。此外，作为服务出口的入境游客消费将随着入境限制的放宽而有望增加，服务贸易成为推动贸易增加的主要动力。

在就业和收入环境方面，随着经济社会活动不再受到疫情限制，服务业逐渐恢复，除正式员工就业数量继续增加以外，非正式员工就业数量也会呈现逐渐增加的趋势。再加上，由于人手不足和劳动力短缺现象的加剧以及物价的持续上升，预计工资增长的速度将加快。根据日本智库预测，2023 年"春斗"将达成 3%左右的加薪幅度。②

但是，地缘政治局势紧张、全球经济减速、资源价格上涨、世界通胀压力增加、美欧央行加息等复杂因素对日本经济复苏产生较大压力，民间消费和投资动向、物价走势、对外贸易、居民收入和就业形势都面临不确定性。虽然随着经济社会活动的正常化，私人消费有望恢复，但是，根据日本智库预测，以 2015~2019 年的家庭储蓄变动趋势为基准，2020 年 1 月至 2022 年 12 月，日本家庭累积的过剩储蓄达到 47.3 万亿日元。这些过剩储蓄，不仅

---

① 日本銀行「全国企業短期経済観測調査（2022 年 12 月）」、https：//www.boj.or.jp/statistics/tk/gaiyo/2021/tka2212.pdf。
② 三菱総合研究所「ウィズコロナ下の世界・日本経済の展望—インフレ抑制と成長の両立を模索する世界経済—（2023 年 2 月 15 日）」、https：//www.mri.co.jp/knowledge/insight/ecooutlook/2022/dia6ou000003ybgf-att/nr20220216pec_all.pdf。

是由疫情下外出和社会活动限制造成的，更基于居民对未来的不确定和不安感。① 因此，即使社会活动恢复，私人消费也很难出现迅速扩大的趋势。当前，世界范围内通货膨胀压力仍在持续，国际商品市场和汇率市场均出现急剧波动，美联储货币政策前景并不明朗，因此物价的波动幅度仍有可能较大。物价持续上涨降低家庭的购买力，再加上实际收入的低迷和对未来不安感的高涨，家庭普遍提高节约意识，私人消费面临较大的下行风险。

在企业部门，以急速金融紧缩为背景的美国经济有可能陷入衰退，能源不足和大幅加息导致欧洲经济增长减速，美国对华围堵加剧全球和区域供应链的割裂风险，新兴市场国家面临资本流出和债务危机风险，这不仅对从事出口业务的日本企业造成影响，对日本整体经济复苏来说也是不利因素。国际大宗商品价格的上涨波及进口价格，从而推高企业生产经营成本，企业在做出投资决策时将更加谨慎。出于对全球经济不确定性的预期，企业可能会出现控制或减少投资的动向，出口和生产的减少对企业设备投资也会产生不利影响。在收益前景不明朗的情况下，企业对于提高工资的动力不足。虽然岸田政府将工资增长作为施政的核心政策之一，但是企业加薪的动向并没有预想得那么强烈。根据日本厚生劳动省统计数据，2023 年 1 月和 2 月，日本实际平均工资同比增长率分别为-4.1%和-2.6%。② 在工资上涨无法跟上物价上涨步伐的情况下，作为内需支柱的私人消费的恢复可能受到阻碍，日本经济陷入衰退的风险将上升。

（二）中长期日本经济展望

对于中长期日本经济的展望需要考虑以下几个影响因素：其一是日本经济发展的外部环境即世界经济的发展趋势；其二是日本潜在经济增长率能否提高，亦即困扰日本经济发展的长期痼疾能否治愈或缓解。

---

① 大和総研「日本経済見通し：2023 年 2 月」、https：//www. dir. co. jp/report/research/economics/outlook/20230222_ 023645. pdf。

② 厚生労働省「毎月勤労統計調査　令和 5 年 2 月分結果速報等（令和 5 年 4 月 7 日）」、https：//www. mhlw. go. jp/toukei/itiran/roudou/monthly/r05/2302p/2302p. html。

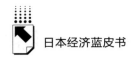

从日本经济发展的外部环境来看，随着疫情的影响逐渐平息，世界经济进入复苏和增长轨道，特别是中国经济中高速增长还将持续较长时间，这是促进日本经济中长期发展的利好因素。而且，日本自身在积极适应全球经济发展的新变化，在区域经济合作方面取得显著进展，相继完成 CPTPP、日欧 EPA、日英 EPA、RCEP 等自贸协定的签署，并推动 CPTPP 扩容进入实质性阶段，对于数字经济、绿色经济引领的全球经济变革也在积极进行准备。但同时，疫情的影响仍可能长期化，地缘政治局势紧张也会给国际环境带来变数，美国霸权主义政策严重破坏长期以来支撑世界经济增长的全球化潮流，中美之间的博弈改变了全球经济结构和供应链布局，这对于非常依赖外部环境的日本经济来说，均会造成不小的挑战。

从日本国内经济环境来看，形势仍然十分严峻，制约经济发展的长期痼疾几乎无一得到解决，有些甚至越来越严重。

其一是人口少子老龄化问题。从 20 世纪 70 年代中期开始，日本每年出生人口数量逐渐下降，总和生育率一直低于人口置换率，少子化问题已经开始显现。20 世纪 90 年代，总和生育率下降的问题引发日本全社会的关注。此后，生育率继续下降，每年新出生人口持续减少。自 2016 年起，日本每年新出生人口跌破 100 万人，自 2019 年起跌破 90 万人。2021 年，新出生人口继续下降，至 81.2 万人，总和生育率仅为 1.30。① 根据日本厚生劳动省在 2023 年 2 月的统计速报值，2022 年，日本新出生人口为 79.97 万人，自 1899 年有记录以来首次降至 80 万人以下。② 根据日本总务省发布的《2022 年版高龄社会白皮书》，2021 年 10 月，日本 65 岁以上老龄人口数量已经达到 3621 万人，老龄化率（65 岁以上老龄人口占总人口的比例）已经达到 28.9%。预计到 2065 年，日本老龄化率将继续上升至 38.4%，每 2.6 人中就有 1 人超过 65 岁，每 3.9 人中就有 1 人超过 75 岁，总人口由 2021

---

① 総務省統計局「人口動態調査」、https：//www.e-stat.go.jp/stat-search/files？page=1&toukei=00450011&tstat=000001028897。
② 「22 年の出生数、初の 80 万人割れ　想定より 11 年早く」、『日本経済新聞』、2023 年 2 月 28 日。

年的 1.26 亿人左右减少至 0.88 亿人左右。① 随着少子老龄化迅速发展，劳动年龄人口和总人口减少，劳动力不足、国内市场萎缩等问题将逐渐显性化。另外，政府在年金、医疗、护理等社会保障方面的支出持续增长，导致社会保障费用膨胀，财政面临巨大压力。在 2023 年度财政预算中，社会保障支出占财政总支出的比重达到 32.3%，即接近 1/3 的财政支出被用于社会保障相关方面。②

其二是长期债务问题与超宽松货币政策的隐患。从日本国内经济发展环境来看，到 2018 年 10 月，付出巨大政策代价的战后第二长经济景气期已经结束，"安倍经济学"的所谓"三支箭"已经将货币政策和财政政策几乎用至穷尽。更为严重的是，由于疫情的冲击，日本央行不得不采取更大力度的宽松政策，这样做的结果就是距离退出异常的超宽松货币政策的"出口"越来越远。虽然 2023 年 4 月经济学家植田和男接替已任职十年的黑田东彦出任新一任央行行长后，日本货币政策的走向可能会有一定调整，但是，由于长期量化宽松政策的副作用不断累积，政策容错率很低，货币政策的调整并非易事。从财政政策来看，为应对疫情，日本政府多次出台超大规模刺激经济的政策，这就造成财政收支差距扩大，政府债务余额持续攀升，实现基础财政平衡转为盈余的财政健全化目标遥遥无期。日本国债余额由 2010 年度的 636 万亿日元增长至 2015 年度的 805 万亿日元，继续增长至 2020 年度的 947 万亿日元，2022 年度，日本国债余额已经突破 1000 万亿日元；包括中央政府、地方政府和社会保障基金在内的一般政府债务余额与 GDP 之比，在 2022 年已经达到 263.9%，在主要发达国家中最高，超过美国（122.1%）的两倍，大大超出德国（71.1%）、法国（111.8%）、英国（87.0%）的水平。③ 同时，日本政府部门由于积累了巨额债务，也难以承受较高利率。如

---

① 内閣府「令和 4 年版高齢社会白書（全体版）」、https：//www8. cao. go. jp/kourei/whitepaper/w-2022/html/zenbun/index. html。
② 財務省「令和 5 年度予算政府案」、https：//www. mof. go. jp/policy/budget/budger _ workflow/budget/fy2023/seifuan2023/index. html。
③ 財務省「我が国の財政事情（令和 5 年度予算政府案）（令和 4 年 12 月）」、https：//www. mof. go. jp/policy/budget/budger_ workflow/budget/fy2023/seifuan2023/04. pdf。

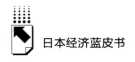
果收缩货币政策、利率上升，巨额国债所产生的利息将激增，财政可持续性面临危机，这就对日本超宽松货币政策的调整提出更严峻的挑战。

其三是创新能力增速趋缓。近年来，日本科技创新实力、显性科技创新成果数量的增速相对趋缓。在一些创新指标方面，中国开始超越日本。根据世界知识产权组织（WIPO）发布的《全球创新指数报告》，2007 年日本创新指数排名全球第 3 位，但是之后便趋于下滑。2019 年，中国在全球的创新指数排名首次超过日本，排名第 14 位，日本排名第 15 位；2020 年，中国继续保持第 14 位，而日本则降至第 16 位；2021 年，日本排名有所回升，升至第 13 位，中国则继续上升至第 12 位；2022 年，中国继续上升至第 11 位，日本仍为第 13 位。① 根据日本科学技术政策研究所（NISTEP）发布的《科学技术指标 2022》统计，与 2008~2010 年相比，2018~2020 年日本发表论文的平均数量的国际排名有所下降，高质量论文数量（排名前 10% 的高被引论文数量）的排名则显著下降，居全球第 12 位。但是，日本的研发投入持续增加，大学与私营企业的合作项目数量、研发经费不断增长，产学研合作愈加深化。在过去十年，日本在专利家族（在两个或两个以上国家/地区申请的专利）数量上保持世界第一的地位。② 可见其科技成果受国际认可度较高，科学技术实力仍不容小觑。

其四是潜在经济增长率持续下降。据日本银行的测算，自泡沫经济后的 20 世纪 90 年代初以来，日本潜在经济增长率基本呈下降趋势，在第二次安倍内阁上台后的 2013 年以后有所回升，最高点出现在 2015 年前后，为 1% 左右，但此后又开始下降，到 2020 年已经降至 0~0.1% 的低水平，2021 年和 2022 年有所恢复，但仍为 0.2%~0.3% 的水平。③ 今后，随着疫情的影响慢慢弱化，数字化转型逐渐推进以及资源分配更加有效率性，日本 TFP 增

① 《全球创新指数报告》（2007~2022 年），参见 https：//www.wipo.int/global_ innovation_ index/zh/。
② 日本科学技术·学术政策研究所「科学技术指标 2022」、https：//www.nistep.go.jp/ research/science-and-technology-indicators-and-scientometrics/indicators。
③ 日本银行「需給ギャップと潜在成長率」、https：//www.boj.or.jp/research/research_ data/ gap/index.htm。

长率有望持续缓慢上升；劳动时间减少的趋势将逐渐缓和，资本存量增长率也可能循环性提高。在这些因素支持下，潜在经济增长率有望缓慢回升。但是，包括应对数字化和气候变化在内，面向后疫情时期的经济和产业结构调整、企业革新和生产要素流动等在目前仍处于缓慢推进或者停滞状态，对于未来推动 TFP 增长率上升的因素，如创新和资源优化配置等，也具有很大的不确定性。因此，未来日本潜在经济增长率将在一段时间内处于较低水平，能否持续回升仍有待观察。

总体来看，中长期的日本经济也是机遇与挑战并存，后疫情时代世界经济的恢复和增长给日本经济带来机遇，而且日本为适应全球经济复苏、区域经济深度发展的新形势，加速自贸区战略的实施并取得实际进展，为日本经济与东亚、亚太、欧洲、北美区域经济的深度融合打下基础。但是，日本国内经济环境并不乐观，深层次的结构性问题难以解决。受国内市场狭窄所限，个人消费难以大规模提高；人口深度老龄化趋势基本无法逆转，社会保障基金的缺口会越来越大，经济活力减弱，整个社会的不安感也在增强。在财政金融领域，日本的财政状况是世界主要经济体中最差的，政府长期债务负担早已成为高悬在日本政府头上的"达摩克利斯之剑"，疫情以来增发的数以百万亿日元的巨额国债，使财政状况进一步恶化。而超宽松的货币政策措施集中于短期纾困目标，现有政策在微观上对企业的长期可持续发展的支撑作用有限；在宏观上，政策工具失效，可能遭遇潜在经济风险显性化问题。再加上地方经济不振、创新能力减弱、潜在经济增长率下降等难题的长期困扰，日本经济恐怕难以摆脱长期低迷的命运。

四　结语

日本当前最重要的任务是促进经济恢复。日本经济是外需主导型经济，出口对日本经济至关重要。从战后日本经济发展的经验来看，经济景气循环一般是遵循"出口扩大→生产扩大→设备投资扩大→雇佣扩大→收入扩大→个人消费扩大"的路径完成的，反之亦然。扩大出口是日本实现经济

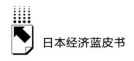

复苏的突破口。中国是日本重要的贸易伙伴和投资伙伴。2022 年，中国在日本出口总额和进口总额中所占的份额分别达到 19.4%和 21.0%。① 加强中日经贸合作对日本促进经济复苏具有特殊意义，对中国经济高质量发展同样具有重要意义。

中日经贸合作在众多领域都有广大的发展空间。从双边贸易来看，根据中国海关总署的统计，近年来，对日本出口额在中国出口总额中所占的比重逐渐下降，到 2022 年仅有 4.8%，自日本进口额在中国进口总额中所占的比重只有 6.8%，中日贸易仍有潜力可挖掘。② 从双向投资来看，近几年，日本对华直接投资年均为 30 多亿美元，尚不足高峰年 2012 年 73.5 亿美元的一半；③ 中国对日本直接投资各年流量仍处于较低水平，截至 2021 年末，累计总额仅有约 74 亿美元，可以说尚处于起步阶段，双向投资可以继续增加。④ 从主要合作领域来看，应重点加强中日两国在产业链完善、科技创新、节能环保、医疗康养、数字经济以及第三方市场的合作。从区域经济合作来看，在全球疫情形势依然严峻的情况下，单边主义、贸易保护主义的影响犹存，世界经济的不确定性依旧，区域供应链的重要性更加凸显，RCEP 的签署和生效为中日经贸合作开辟更广阔的空间。在 RCEP 框架下，中日之间首次建立起双边自贸关系，有利于促进中日供应链深度融合，共同维护区域供应链稳定。因此，双方可充分利用 RCEP 等区域合作平台，推动中日韩 FTA 谈判进程，提升中日经济合作的质量与水平，促进中日两国经济的发展，为引领全球经济复苏做出贡献。

① 財務省「報道発表 令和 4 年分(確々報)(令和 5 年 3 月 10 日)」、https：//www. customs. go. jp/toukei/shinbun/trade-st/2022/202228g. xml。
② 《(2) 2022 年 12 月进出口商品国别(地区)总值表(美元值)》，中华人民共和国海关总署网站，http：//www. customs. gov. cn/customs/302249/zfxxgk/2799825/302274/302277/302276/4807727/index. html。
③ 《中国投资指南》，中华人民共和国商务部网站，https：//fdi. mofcom. gov. cn/come-data tongji-list. html？comeID = 2。
④ 日本貿易振興機構「直接投資統計」、https：//www. jetro. go. jp/world/japan/stats/fdi。

分 报 告
Situation Reports

B . 2

2022年的日本财政金融：曲折震荡

刘　瑞[*]

摘　要： 2022年，在最初预算之外，日本政府两次出台经济刺激对策和
补充预算案，应对日元贬值和物价上涨，并全力推进"新资本
主义"。为熨平金融市场大幅波动，日本银行与政府实施应对
日元贬值的大规模外汇干预，并于2022年底对收益率曲线控
制（YCC）政策进行了微调。2023年植田和男出任日本银行新
行长，预计未来日本银行在进行政策退出战略准备的同时，在
短期内或将继续维持货币政策的宽松基调，同时或将继续小幅
进行政策调整。

关键词： 财政预算　补充预算　货币政策　植田和男

---

[*] 刘瑞，经济学博士，中国社会科学院日本研究所研究员，全国日本经济学会秘书长，主要研
究领域为日本经济、日本金融。

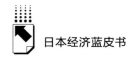

2022 年，新冠疫情仍多次反复，全球经济呈现低迷态势，各国出台大规模经济刺激政策。加之俄乌冲突爆发，全球资源、粮食供给受到制约，美欧等发达经济体与新兴经济体通胀风险加剧。2022 年 3 月，美联储率先开启加息步伐，欧洲央行、英国央行等纷纷收紧货币政策。在日美利差不断扩大影响下，日元大幅贬值，日本进口物价高涨，消费价格攀升。在此背景下，日本政府两次出台经济刺激对策和补充预算案，日本银行（央行）在与政府共同实施应对日元贬值的大规模外汇干预的同时，也对金融市场调控方针进行了调整。

一　2022年度日本财政预算概要

（一）2022年度最初预算

2022 年 3 月，日本国会批准执行 2022 年度（2022 年 4 月至 2023 年 3 月）财政预算案。预算案由日本政府于 2021 年 12 月制定，总规模为 107.6 万亿日元，比 2021 年度预算增加 9867 亿日元，[①] 连续十年创出新高。

2022 年度一般财政支出增加 4723 亿日元，达 67.37 万亿日元。一方面，为应对新冠疫情进一步扩散，与 2021 年度一致，日本政府继续留下 5 万亿日元预备费。另一方面，为实现"经济增长与分配的良性循环"的"新资本主义"，社保相关费用增加 4393 亿日元，达 36.27 万亿日元，科技振兴费为 1.38 万亿日元，均为历史新高水平。同时首次设置 5.4 万亿日元的防卫费，以用于导弹防御和强化宇宙、网络、电磁波等新领域的开发和应用能力。

2022 年度财政收入约为 65.24 万亿日元，为弥补收支缺口，日本政府新发 36.93 万亿日元国债，虽然低于 2021 年度的 37.26 万亿日元，但仍处于高水准。

（二）2022年度第一次补充预算

2022 年 2 月，俄乌冲突增加了全球经济不确定性，原油、谷物等大宗

---

①　日本财务省「平成 4 年度予算政府案」、2021 年 12 月 24 日、https：//www. mof. go. jp/policy/budget/budger_ workflow/budget/fy2022/seifuan2022/index. html。

商品的国际价格上涨，日元贬值，日本进口商品价格攀升，企业生产成本增加，对实体经济复苏形成阻碍。2022年4月，日本政府出台"应对新冠疫情下原油价格上升、物价高涨"的综合紧急对策（以下简称"紧急对策"），①主要分为五大支柱："应对原油价格高涨""保障能源、原材料、食品等稳定供给""帮助中小企业适应新价格体系""对生活困难群体的支援""面向未来的准备"。紧急对策预计总资金规模为13.2万亿日元，其中财政支出为6.2万亿日元，财源一部分通过预备费等进行补充，其余约2.7万亿日元则需制定补充预算弥补。

2022年5月17日，日本政府通过2022年度第一次补充预算案，②以用于落实和推进紧急对策，2.7万亿日元的财政支出全部通过发行特别国债筹集。2022年5月31日，补充预算案获得国会批准。

（三）2022年度第二次补充预算

2022年7月日本参议院选举，执政党大获全胜。岸田政府在全力推行"新资本主义"的同时，面临日元大幅贬值、物价上涨的现实问题。从2021年8月起，日本核心消费者物价指数（CPI）持续上涨，2022年10月21日日元汇率跌至1美元兑151.94日元，创32年以来最低值。10月28日，日本政府推出"克服物价上涨、实现经济复苏"的综合经济对策（以下简称"综合对策"），③预计总资金规模为71.6万亿日元，其中财政支出为39万亿日元。这是2021年岸田执政以来第二次出台大规模经济刺激对策，日本政府预计此项对策可至少压低综合CPI约1.2%，并直接将实际GDP拉高4.6%。④

---

① 日本内阁府「コロナ禍における「原油価格・物価高騰等総合緊急対策」」、2022年4月26日、https：//www5. cao. go. jp/keizai1/keizaitaisaku/2022/20220426_ taisaku. pdf。
② 日本财务省「令和4年度補正予算」、2022年5月17日、https：//www. mof. go. jp/policy/budget/budger_ workflow/budget/fy2022/hosei0517. html。
③ 日本内阁府「物価高克服・経済再生実現のための　総合経済対策」、2022年10月28日、https：//www5. cao. go. jp/keizai1/keizaitaisaku/2022-2/20221028_ taisaku. pdf。
④ 日本内阁府「物価高克服・経済再生実現のための　総合経済対策の効果」、2022年10月28日、https：//www5. cao. go. jp/keizai1/keizaitaisaku/2022-2/20221028_ taisaku_ kouka. pdf。

2022 年 11 月 8 日，为实施综合对策，日本政府制定 2022 年度第二次补充预算案，并在 12 月 2 日获得国会通过。第二次补充预算一般会计支出为 29.09 万亿日元，① 加之计入国债整理基金特别会计及削减既定经费，以及财政收入增加，如税收及税外收入增长、前一年度剩余金结转等，追加发行国债的规模为 22.85 万亿日元。

综上所述，经过两次补充预算，日本 2022 年度财政支出高达 139.2196 万亿日元，比最初预算增长近 30%（见表 1）。国债发行规模从 36.93 万亿日元增至 62.48 万亿日元，增加近 7 成，国债依存度从最初的 34.3% 升至 44.9%。

表 1　日本 2022 年度总体预算框架（包括两次补充预算）

单位：亿日元

	项目	2022 年度最初预算	2022 年度最终预算	变化状况
财政支出	一般支出	673746	976345	302599
	地方交付税资金	158825	175134	16308
	国债费	243393	240717	-2676
	国债本金偿还	156325	163231	6906
	利息	82472	72880	-9593
	支出合计	1075964	1392196	316231
财政收入	税收	652350	683590	31240
	其他收入	54354	83817	29462
	国债发行	369260	624789	255529
	用于债务偿还	156325	163231	6906
	用于支付利息	82472	72880	-9593
	用于弥补财政赤字	130462	388678	258216
	收入合计	1075964	1392196	316231

资料来源：日本财务省「令和 4 年度 2 次補正後予算フレーム」、https：//www.mof.go.jp/policy/budget/budger_ workflow/budget/fy2022/hosei221108d. pdf。

---

① 日本财务省「令和 4 年度補正予算（第 2 号）の概要」、2022 年 11 月 8 日、https：//www.mof.go.jp/policy/budget/budger_ workflow/budget/fy2022/hosei221108b. pdf。

二　2022年日本金融政策运行及调整

受全球金融市场波动影响，日本金融市场出现剧烈震荡，债券市场功能弱化；企业发债环境受阻，银行收益减少。对此，日本银行对收益率曲线控制（YCC）政策进行调整，但此举并未改变量化质化宽松政策性质。外汇市场方面，日元急速贬值，对经济负面冲击加大，日本银行与日本财务省联合实施大规模外汇干预。在实体经济领域，为应对疫情冲击，日本银行延长中小企业资金支持特别措施结束期限，为企业融资提供宽松环境。

（一）调整金融市场调控方针

2016年9月，日本银行推出"长短期利率操作的量化质化宽松政策"，通过YCC政策调控金融市场。[①] 其中在短期利率体系，对金融机构在日本银行经常账户的政策利率余额实施负利率政策。对具有代表性的长期利率——10年期国债利率实施零利率，以购买长期国债。2021年3月，日本银行在验证宽松货币政策基础上，将长期利率变动幅度从0扩大至±0.25%，并出台"连续指定利率操作制度"，[②] 以控制长期利率上限。

2022年12月，日本银行调整YCC政策区间，将长期利率变动幅度从±0.25%扩大至±0.5%，长期利率上限升至0.5%。[③] 同时，为抑制市场波动，日本银行从二级市场购买的国债规模从每月7.3万亿日元上调至9万亿日元。[④]

---

① 日本银行「金融緩和強化のための新しい枠組み：「長短金利操作付き量的·質的金融緩和」」、2016年9月21日、https://www.boj.or.jp/mopo/mpmdeci/mpr_2016/k160921a.pdf。

② 日本银行「より効果的で持続的な金融緩和について」、2021年3月19日、https://www.boj.or.jp/mopo/mpmdeci/state_2021/k210319a.htm。

③ 日本银行「当面の金融政策運営について」、2022年12月20日、https://www.boj.or.jp/mopo/mpmdeci/mpr_2022/k221220a.pdf。

④ 日本银行「長期国債買入れの買入金額の増額等について」、2022年12月20日、https://www.boj.or.jp/mopo/mpmdeci/mpr_2022/rel221220e.pdf。

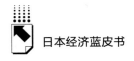

日本银行可在每个营业日以 0.5% 的利率标准，对 10 年期国债实施指定利率操作的购买。为提升收益率曲线整体效果，日本银行对各期限国债灵活采取增加购买规模、指定利率操作等举措。

（二）继续维持超宽松金融环境

从表面上看，长期利率调整在一定程度上意味着加息，但究其实质，日本银行长期实施的量化质化超宽松政策框架并未改变，主要体现在以下三个方面。

一是继续坚持 2% 物价目标。2013 年 4 月，黑田东彦就任日本银行行长后，提出两年内尽快实现消费者物价指数（CPI）2% 的通胀目标，并出台"量化质化宽松政策"。[①] 为此日本银行不断加大政策力度，但仍未达到政策目标。虽然 2022 年物价大幅上涨，但日本银行认为主要在于能源价格上涨、日元贬值等因素，而并非形成日本银行预期的工资上涨、物价持续稳定上升的良性循环。因此在金融政策运营过程中，仍坚持以实现 2% 的物价稳定目标为前提，维持 YCC 政策框架下的超宽松货币政策。[②]

二是继续维持负利率和零利率政策。2016 年 1 月，日本银行导入负利率政策，对金融机构在日本银行经常账户部分资金加征 0.1% 的利息，[③] 即通过负利率政策促进金融机构为企业和居民部门融资，提振实体经济。2022年，一方面，日本银行对短期政策利率仍实行-0.1% 的标准；另一方面，在YCC 政策框架下，虽然长期利率目标区间有所扩大，但其诱导目标仍为 0左右。黑田强调，提高长期利率上限并不意味着加息或政策收紧，[④] 超宽松货币环境可以助推工资上涨，抵御全球经济减速、新冠疫情蔓延等引发的经

① 日本银行「「量的・質的金融緩和」の導入について」、2013 年 4 月 4 日、https：// www. boj. or. jp/mopo/mpmdeci/mpr_ 2013/k130404a. pdf。
② 日本银行「経済・物価情勢の展望」、2023 年 1 月、https：//www. boj. or. jp/mopo/outlook/ gor2301b. pdf。
③ 日本银行「「マイナス金利付き量的・質的金融緩和」の導入」、2016 年 1 月 29 日、 https：//www. boj. or. jp/mopo/mpmdeci/mpr_ 2016/k160129a. pdf。
④ 日本银行「総裁記者会見」、2022 年 12 月 21 日、https：//www. boj. or. jp/about/press/ kaiken_ 2022/kk221221a. pdf。

济下行风险。

三是继续实行大规模风险资产购买计划。在推出量化质化宽松政策时，为支持证券和房地产市场，日本银行调整了资产结构。作为应对疫情的临时举措，原本应于 2021 年 3 月结束的每年 12 万亿日元交易型开放式指数基金（ETF）购买计划仍继续实施。2022 年，日本银行继续以每年 12 万亿日元和 1800 亿日元的增量为上限，在二级市场购买 ETF 和不动产投资信托基金（J-REIT）等风险资产。

（三）实施外汇干预，应对日元过度贬值

面对日元急剧贬值，在日本政府指示下，日本财务省和日本银行多次实施大规模外汇干预，卖出美元买入日元。2022 年 9 月 22 日，日本投入 2.84 万亿日元（约合 190 亿美元）资金进行外汇干预，为 1998 年 6 月以来时隔 24 年实施抛售美元购买日元操作。[1]

此举并未遏制日元贬值势头。2022 年 10 月 21 日日元汇率跌至 1 美元兑 151.94 日元，创 32 年以来最低值。10 月 21 日和 24 日，日本政府与日本银行连续两个工作日联合实施非公开外汇干预，其规模分别为 5.62 万亿日元和 7296 亿日元，创买入日元卖出美元干预的单日和月度最高纪录。[2]

从日元汇率干预历史来看，日本政府更关注日元升值，一方面，卖出日元买入美元的干预为 319 次，但 2011 年 11 月以来并未实施。另一方面，防止日元贬值的操作仅为 32 次，最近一次出现在 1998 年 6 月，出于日元贬值引起亚洲货币贬值从而引发亚洲金融危机的担忧，日美两国联合实施买入日元卖出美元的干预行动，但 2.82 万亿日元干预规模仅为 2022 年 10 月的 44%。

（四）继续强化应对疫情资金支持特别措施

为减少疫情对企业经营的影响，2020 年 3 月，日本银行推出一项临时

---

① 财务省「為替介入実績（2022 年 8 月 30 日~9 月 28 日）」、2022 年 9 月 30 日。
② 「円買い介入、22 年 10 月に 2 日間、1 日で最大 5.6 兆円」、『日経経済新聞』、2023 年 2 月 7 日。

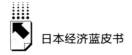
举措，即"为应对疫情而出台的企业资金支持特别措施"（以下简称"特别措施"）。① 2021 年 12 月，日本银行调整这一特别措施，对大企业和中小企业实施差别优惠制度，并延长贷款期限。② 2022 年 3 月末，面向大企业的优惠贷款结束后不再延期，特别措施贷款对象仅限于中小企业。自 2022 年 4 月起，日本银行购买企业发行证券规模从合计 20 万亿日元恢复至疫情前水平，即商业票据（CP）降至 2 万亿日元，企业债降至 3 万亿日元。

2022 年 9 月，日本银行再次调整此项特别措施，一方面根据疫情状况阶段性逐步退出这一临时举措，另一方面针对资金需求提供更为广泛的供给支持。③ 一是对于面向中小企业的无须担保或抵押的融资，贷款期限从 2022 年 9 月底延长至 2023 年 3 月底。二是对需要担保或抵押的制度型融资，贷款期限延长三个月至 2022 年 12 月 31 日。三是在"共同担保资金供给操作"制度下，不再设置 2 万亿日元的资金供给上限，以更加广泛的担保提供资金。

三 日本财政最新动向及政策课题

（一）2023 年度财政预算成立

2022 年 12 月 23 日，日本政府通过 2023 年度（2023 年 4 月至 2024 年 3 月）财政预算案，2023 年 3 月 28 日，国会批准预算案。2023 年度预算规模首次突破 110 万亿日元大关，达 114.38 万亿日元，比 2022 年度最初预算增

---

① 日本銀行「「新型コロナウイルス感染症にかかる企業金融支援特別オペレーション基本要領」の制定等について」、2020 年 3 月 16 日、https：//www.boj.or.jp/mopo/mpmdeci/mpr_ 2020/rel200316f.pdf。

② 日本銀行「当面の金融政策運営について」、2021 年 12 月 17 日、https：//www.boj.or.jp/announcements/release_ 2021/k211217a.pdf。

③ 日本銀行「「新型コロナウイルス感染症対応金融支援特別オペレーション基本要領」の一部改正等について」、2022 年 9 月 22 日、https：//www.boj.or.jp/mopo/mpmdeci/mpr_ 2022/rel220922a.pdf。

加6.8万亿日元,① 创历史最高纪录。

其中最令人关注的是防卫费的大幅增加。2022年12月，日本政府通过《国家防卫战略》，并出台《防卫能力整备计划》，提出2023年度至2027年度的五年期间，提供43万亿日元用于防卫相关领域。② 2023年度预算被冠以"防卫力彻底强化元年预算"。与2022年度最初预算相比，2023年度防卫费增加1.42万亿日元，连续11年呈增加趋势，6.79万亿日元超过日本GDP的1%，创历史最高水平。此外，此次新设"防卫力强化资金"，通过外汇资金特别会计支付3.38万亿日元（见图1），二者合计的防卫相关预算超过10万亿日元，约占财政支出预算的9%。

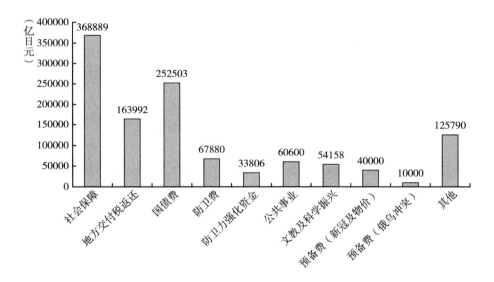

图1　2023年度财政支出明细

资料来源：根据日本财务省「令和5年度予算政府案」资料制作。

---

① 日本财务省「令和5年度予算政府案」、2022年12月、https：//www.mof.go.jp/policy/budget/budger_workflow/budget/fy2023/seifuan2023/index.html。

② 日本首相官邸「防衛力整備計画について」、2022年12月16日、https：//www.kantei.go.jp/jp/content/000120948.pdf。

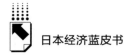

财政收入方面，在大型经济对策刺激下，日本政府预测 2023 财年名义 GDP 增长率为 2.1%左右，实际 GDP 增长 1.5%左右。[1] 伴随疫情好转，企业经营状况改善，以法人税为代表的税收增加，2023 年度税收比 2022 年度最初预算增加 4.2 万亿日元，至 69.4 万亿日元（见图 2）。

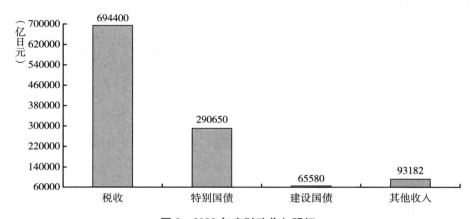

图 2　2023 年度财政收入明细

资料来源：根据日本财务省「令和 5 年度予算政府案」资料制作。

虽然税收增加，但仍无法弥补财政支出。2023 年度新发国债 35.6 万亿日元，其中 27.9 万亿日元为赤字国债。虽然总体比 2022 年度最初预算减少 1.3 万亿日元，但国债依存度仍处于 31.1%的高水准。

（二）财政政策面临课题

伴随不断深化的少子老龄化，日本潜在经济增长率长期低迷，财政状况严峻。

1. 刚性财政支出持续增加

从图 1 可以看出，2023 年度社会保障、国债费与地方交付税返还三项经费支出占日本财政支出总额的近七成。其中不断加剧的老龄化进程，导致

---

[1] 「令和 5 年度の経済見通しと経済財政運営の基本的態度」、2022 年 12 月 22 日、https：// www5. cao. go. jp/keizai1/mitoshi/2022/r041222mitoshi. pdf。

日本社保费用持续增加。2023年度突破历史最高值，达36.9万亿日元，约占年度财政支出的1/3。

国债费主要用于支付利息及偿还旧债，在大规模经济刺激对策下，日本政府通过大量发行国债弥补财政收支缺口，2023年度末普通国债发行余额将达1068万亿日元，是GDP的1.87倍；日本中央与地方政府长期债务余额高达1279万亿日元，是GDP的2.24倍，均为最高规模。与此同时，25.25万亿日元的国债费占年度财政支出的22%，创历史纪录。

日本政府虽然提出削减非刚性支出项目，但在严峻的经济社会结构性问题背景下，刚性支出需求难以缩减，财政刚性支出项目调整难度巨大，综合政策落实和推进的空间受到限制。

2. 财政重建仍然任重而道远

2022年6月，日本政府出台"经济财政运营与改革基本方针2022"（以下简称"基本方针"），① 以经济发展促进财政健全，即在发展经济的基础上，推动财政重建。基本方针表示财政重建的旗帜并未降下，按照既有的财政重建目标推进。

2018年6月，安倍政府明确了财政重建目标，② 即2025年度实现政府基础财政收支（Primary Balance，PB）盈余，债务余额占GDP的比重稳定下降等。与此同时，为达到财政重建目标，2022~2024年度，日本将为减少支出编制预算。

2023年度预算案的PB为-10.8万亿日元，比2022年度最初预算的赤字减少2.2万亿日元，但是国债余额、债务余额占GDP的比重仍不断突破新高，财政重建目标依旧遥远。

2023年1月，日本政府公布其对中长期经济财政前景的最新预测，③ 指

---

① 日本内閣府「経済財政運営と改革の基本方針2022」、2022年6月7日、https://www5.cao.go.jp/keizai-shimon/kaigi/cabinet/2022/decision0607.html。
② 日本内閣府「経済財政運営と改革の基本方針2018」、2018年6月15日、https://www5.cao.go.jp/keizai-shimon/kaigi/cabinet/2018/decision0615.html。
③ 日本内閣府「中長期の経済財政に関する試算」、2022年1月24日、https://www5.cao.go.jp/keizai2/keizai-syakai/shisan.html。

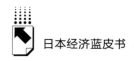

出在实现增长的场景下，即在实际 GDP 为 2%、名义 GDP 为 3%增长时，2025 年度 PB 仍为−1.5 万亿日元，2026 年度转为 2.5 万亿日元盈余。而如果保持现状，在此场景下，PB 赤字将继续存在。

日本政府虽然以财政重建为目标，但事实上财政支出不断增加，财政恶化风险加剧。尤其疫情下全球加大数字化和绿色脱碳投资力度，但由于日本政府大规模增加防卫费支出，这在一定程度上阻碍了资金流向生产率高的领域。

3. 依赖非常规宽松货币政策，财政脆弱性突出

2013 年 3 月至今，日本银行超宽松货币政策已实施十年之久，此间，其不断通过大量购买国债将市场利率维持在极低水准。2022 年 12 月末，日本银行持有国债规模达 564.1 万亿日元，是政策实施之初的 4.5 倍。按照市价计算，日本银行持有长期国债规模约为总量的 52%，[①] 连续两个季度占比过半，不断突破其在国债市场所占份额。这种情形降低了国债市场功能，严重弱化了国债的流动性和收益性。基于对金融市场与金融机构的评估，2022 年末，日本银行将长期利率上限扩充至 0.5%。

长期以来，日本财政恶化状况在全球非常突出，从全球金融危机后的 2009 年起，日本已连续 15 年新发国债超过 30 万亿日元。在长期超低利率背景下，日本银行形成事实上的财政赤字货币化，财政纪律功能弱化，财政重建难度加大。在偿还债务之际，日本财政脆弱性增大。据财务省测算，如果各期限国债利率提升 1 个百分点，2026 年度用于支付利息的国债费将达 33.4 万亿日元，比 2023 年度预算增加超过 30%即 8 万亿日元。

四 日本银行最新动向及政策课题

2023 年 4 月 8 日，日本银行行长黑田东彦任期届满。4 月 9 日，经济学

---

① 日本银行「資金循環統計（速報）（2022 年第 4 四半期）」、2023 年 3 月 17 日、https：//www. boj. or. jp/statistics/sj/sj. htm。

家植田和男担任第 32 任日本银行行长。4 月 10 日，植田举行就任后的首次记者会见，就实行十年之久的超宽松货币政策进行了评价。① 主要表现在四个方面：一是达成 2% 的物价稳定上涨目标不易；二是在当前的经济、物价、金融形势下，继续维持 YCC 政策框架；三是充分验证金融政策的效果和副作用；四是仅依赖货币政策难以实现经济增长。

从短期看，植田或许仍将维持超宽松货币政策基调，但究其根本，调整日本银行长期推行的非常规货币政策，需要面对诸多政策课题和风险挑战。

首先，货币政策正常化尚需时日。为克服长期通缩，2013 年日本银行设定了 2% 的物价目标，并以持续稳定的物价上涨作为非常规货币政策退出的前提条件。虽然日本银行表示日本已不再处于通缩状态，但这并不意味着彻底摆脱长期通缩困境。日本告别通缩的观察指标有四个，即反映居民消费情况的 CPI、反映综合物价动向的 GDP 平减指数、反映工资水平的单位劳动成本以及体现供需关系的 GDP 缺口。目前，前三项指标均转为正值，只有 GDP 缺口仍为负值——从 2020 年第二季度至 2022 年第四季度，连续 11 个季度负增长。虽然日本核心 CPI 持续上涨，但主要原因在于日元贬值、进口物价上涨导致输入型通胀压力加大，核心 CPI 尚未实现持续稳定的增长。据日本银行预测，2022 年度日本核心 CPI 高达 3.0%，但 2023 年度和 2024 年度分别降至 1.6%、1.8%。② 因此日本摆脱通缩仍然任重而道远。

其次，非常规货币政策退出难度加大。经过十年演变，日本超宽松政策不断深化，负面作用愈发显著。（1）在 YCC 政策框架下，虽然将长期利率压至 0.5% 以下，但债券市场功能低下，期限收益率扭曲。（2）负利率政策抑制了利率水平，但金融机构收益减少，年金投资运用渠道受阻。（3）十年间，日本银行购买 963 万亿日元国债，在压低长期利率的同时，日本银行成为国债持有主体，财政纪律松弛。（4）十年间，日本银行购买 37 万亿日

① 日本銀行「総裁・副総裁就任記者会見」、2023 年 4 月 11 日、https：//www.boj.or.jp/about/press/kaiken_ 2023/kk230411a.pdf。

② 日本銀行「経済・物価情勢の展望」、2023 年 1 月、https：//www.boj.or.jp/mopo/outlook/gor2301b.pdf。

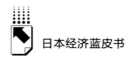

元 ETF，支撑股价，稳定投资者心理。但作为最大股东，日本银行退出将对股市造成冲击。

最后，日本银行自身财务或将受损。2022 年 12 月末，日本银行持有国债的账面计价为 564.1 万亿日元，但其市价仅为 555.3 万亿日元，账面浮动损失约为 8.8 万亿日元。[①] 日本银行决算报告显示，2022 年 4~9 月，日本银行持有国债出现 8749 亿日元账面损失，[②] 这是 2006 年 3 月末日本退出量化宽松政策以来时隔 16 年出现浮亏，也是 2013 年引入异次元量宽政策以来首次出现账面亏损，其规模为 1998 年以来最高值。但是截至 2022 年末，仅三个月损失便扩大 10 倍，其背景在于 2022 年 12 月日本银行提高长期利率变动幅度，以 10 年期国债为代表的各期限长期利率上升，国债价格降低。

虽然出现浮亏，但实际上日本银行会持有国债至到期日，不提前出售便不会出现实际损失，因此市价下跌并不意味着收益恶化。黑田指出，浮动损失的出现或扩大并不会影响期限损益。但是，伴随浮亏规模扩大，出于对日本银行财务状况的担忧，利率、汇率等金融市场或将产生波动，出现日元贬值、长期利率攀升等状况。而由于日本银行持有大量国债，如果加息就将无法避免浮亏进一步加剧。据测算，利率如果提升 1 个百分点，国债损失约为 28.6 万亿日元；提升 2 个百分点，则损失 52.7 万亿日元。[③]

五 结语

从日本现实来看，原本短期内作用于总需求的宏观经济政策，已不得不长期作为日本经济增长的支撑。尤其作为"安倍经济学"最重要的一支利箭，超宽松货币政策的效用已接近极限，其副作用愈发明显，如央行资产负

---

① 「日銀、保有国債の含み損 8.8 兆円」、『日本経済新聞』電子版、2023 年 2 月 3 日。
② 日本銀行「第 138 回事業年度（令和 4 年度）上半期財務諸表等について」、2022 年 11 月 28 日、https://www.boj.or.jp/about/account/zai2211a.htm。
③ 「日銀副総裁、金利 1% 上昇で含み損「28 兆円」」、『日本経済新聞』電子版、2022 年 12 月 2 日、https://www.nikkei.com/article/DGXZQOUB022RS0S2A201C2000000/。

债表恶化，日元大幅贬值，国债市场动荡，市场流动性降低，金融机构收益减少等。

与此同时，持续实施十年之久的非常规货币宽松政策降低了财政功能，政府债务不断膨胀，在与财政重建渐行渐远的同时，这影响日本政府长期推行的增长战略和结构改革的效果，压低了经济预期，日本经济潜在增长率长期低迷。

植田继任后，基于外部经济及日本自身现实，预计未来日本银行在注重进行政策退出战略准备的同时，在短期内或将继续维持货币政策的宽松基调，同时或将小幅进行部分政策调整，如在 YCC 框架下扩大利率区间，甚至可能取消 10 年期国债长期利率上限，但2%的物价目标以及超宽松货币政策基调或不会立刻改变。

从短期看，美欧等经济体面临通胀与经济增速放缓困境，日本面临的外部环境具有较大的不确定性。从长期看，依赖货币政策无法实现经济长期、稳定、可持续增长。一方面，在持续加速的少子老龄化进程中，日本政府如何解决经济社会的结构性问题，提升企业创新能力，提高员工劳动技能，提高劳动生产率，与日本银行能否回归常态利率操作的货币政策运营息息相关。另一方面，日本银行应强化货币政策与财政政策协调，为实施增长战略、进行结构改革及推行少子老龄化对策营造积极的政策环境。

B.3
2022年的日本产业：跌宕起伏[*]

田　正^{**}

摘　要： 2022年日本制造业呈现"复杂艰巨"的发展形势，生产用机械、电子零部件、汽车产业发展冲高回落，原材料与消费品产业持续低迷。随着疫情影响的逐步缓和，日本服务业发展有所恢复，生活性服务业呈现逐渐复苏的发展态势，生产性服务业恢复情况良好。2022年的日本产业发展面临俄乌冲突、国际大宗商品价格上涨等外部因素冲击，同时面临数字化转型与绿色转型的新挑战。日本政府推出《经济安全保障推进法》，注重确保供应链安全，持续加大社会经济数字化转型力度，不断推进产业绿色转型，创造日本产业新增长点。2023年的日本制造业发展仍面临诸多不确定性因素，而服务业则将实现进一步恢复。

关键词： 日本产业　通货膨胀　供应链安全　绿色转型　数字经济

2022年，在俄乌冲突以及国际大宗商品价格上涨背景下，日本制造业发展举步维艰，生产用机械、电子零部件、汽车等高附加值产业冲高回落。随着新冠疫情影响的逐渐缓解，日本服务业呈现逐步复苏的发展态势。2022年，日本产业发展面临内外部因素的诸多调整，日本政府出台一系列政策促进产

---

* 本文为国家社会科学基金一般项目"战后日本经济内外循环关系的历史、理论与政策研究"（项目编号：21BGJ057）的阶段性研究成果。
** 田正，博士，中国社会科学院日本研究所副研究员、中日经济研究中心秘书长、全国日本经济学会理事，主要研究领域为日本产业、日本经济。

业发展。本文基于日本政府公开数据，整体回顾 2022 年日本制造业、服务业的运行情况，探讨日本产业发展面临的主要问题，总结日本政府的主要政策。

一　2022年日本的产业形势

2022 年，虽然新冠疫情冲击有所缓解，但俄乌冲突、供应链断裂、原材料价格上涨等新问题涌现，阻碍日本产业发展。制造业走势先高后低，未来发展前景不容乐观。服务业逐渐恢复，有望恢复至新冠疫情前水平。

（一）日本制造业形势

2022 年，日本制造业发展情况艰难复杂。在供应链断裂、原材料价格上涨背景下，日本生产用机械、电子零部件、汽车产业走势先高后低，原材料与消费品产业艰难发展。

1.制造业整体情况

在俄乌冲突、新冠疫情反复以及居民消费意愿持续低迷等内外部因素影响下，2022 年，日本制造业运行反复震荡。2022 年第一季度，日本制造业延续了 2021 年第四季度以来的发展恢复态势，生产活动向好发展，设备投资、营业收入、经营利润均出现上涨趋势。如表 1 所示，2022 年第一季度，工矿业生产指数从 2021 年第四季度的 94.9 提升到 95.7，环比增长 0.8%；工矿业出货指数从 92.4 提升到 92.9，环比增长 0.5%。2022 年第一季度，制造业投资环比增长率为 2.6%，制造业营业收入环比增长率为 2.3%，制造业经常利润环比增长率为 6.7%。进入第二季度，受第六波新冠疫情影响，消费需求下降，工厂停工停产，制造业企业的生产经营活动受到严重影响。此外，俄乌冲突干扰了全球供应链的稳定性，导致半导体等关键零部件供应下降，影响日本制造业有序生产。2022 年第二季度，日本工矿业生产指数环比下降 2.7%，工矿业出货指数环比下降 1%，制造业营业收入环比增长率仅为 0.9%。2022 年第三季度，随着全球供应链运行的逐步恢复，日本零部件与原材料供应紧张的情况得到有效缓解，制造业发展再次出现恢复的局面。2022 年第三季度，日本工矿业生产指数环比增幅达 5.8%，工矿业出货指数环比增幅为 4.1%，制造业经常利润环比增长率达到 6.9%。2022 年第四季度，受到第七波新冠疫情影响，国内需求再次下降。受日元大幅贬值影响，日本进口能源、原材料的价格持续上涨，提升了日本制造业企业的生产成本，日本制造业的各项指标再次掉头向下。工矿业生产指数环比下降 3%，工矿业出货指数环比下降 2.7%，工矿业库存指数环比提升 0.3%，达到 2022 年以来的新高 122.3。截至 2022 年第四季度，日本工矿业生产指数为 95.5，尚未恢复至疫情前 2019 年第四季度 101.7 的水平。

表 1　2020 年第一季度至 2022 年第四季度日本制造业运行概况

	工矿业生产指数	工矿业出货指数	工矿业库存指数	制造业投资环比增长率（%）	制造业营业收入环比增长率（%）	制造业经常利润环比增长率（%）
2020 年第一季度	98	96.8	117.1	-0.3	-1.1	-12.9
2020 年第二季度	81.5	80.4	142.1	-7.7	-15.4	-50.5
2020 年第三季度	88.8	87.8	124	1.2	7.0	93.2
2020 年第四季度	93.9	93	114.6	-1.2	5.8	47.7
2021 年第一季度	96.3	94.5	109.7	1.5	2.7	11.2
2021 年第二季度	96.5	95.3	109.1	1.2	3.3	6.9
2021 年第三季度	94.7	92.2	114.2	0.2	-2.4	-8.6
2021 年第四季度	94.9	92.4	115.6	2.2	5.5	12.5
2022 年第一季度	95.7	92.9	118.2	2.6	2.3	6.7
2022 年第二季度	93.1	92	117.8	6.6	0.9	3.1
2022 年第三季度	98.5	95.8	121.9	-2.3	3.0	6.9
2022 年第四季度	95.5	93.2	122.3	——	——	——

注：2015 年为 100，下同。

资料来源：経済産業「鉱工業指数」、https：//www. meti. go. jp/statistics/tyo/iip/b2015_ result-2. html；财务省「法人企業統計」、https：//www. mof. go. jp/pri/reference/ssc/results/index. htm。

2. 生产用机械产业、电子零部件产业、汽车产业冲高回落

如表 2 所示，生产用机械产业的生产指数实现快速增长，从 2022 年第一季度的 180.8 增至第三季度的 250.1，创下近年新高，但在第四季度下跌至 197.4。在建设机械领域，受到国际建筑机械需求增长的影响，日本建设机械发展情况良好，出口额迅速增加，从第一季度的8220.6亿日元增至第四季度的9532.6亿日元。① 在机床领域，半导体以及汽车产业设备投资的持续增加，纯电动汽车和飞机等尖端产业的机床需求坚挺，使日本机床产业快速发展。2022年12月机床订单同比上涨1%，连续3个月实现正增长。2022年全年机床订单同比增长14.2%，达到1.76万亿日元，处于历史第二高的水平。② 随着全球产业自动化潮流的发展，北美、欧洲、中国等国家和地区对工业机器人的需求持续上升，日本工业机器人出货维持较高水平。2022年，日本工业机器人出货金额达8932.6亿日元，同比增长6.3%。③

表2　2020年第一季度至2022年第四季度生产用机械产业、电子零部件产业、
汽车产业生产指数变化情况

	生产用机械产业	电子零部件产业	汽车产业
2020年第一季度	133.1	98.1	99.3
2020年第二季度	140.8	91.6	58.2
2020年第三季度	129.8	96.6	87.8
2020年第四季度	139.7	98.4	98.4
2021年第一季度	159.1	107.7	91.4
2021年第二季度	167.4	111.3	93.6
2021年第三季度	187	111.9	78.8
2021年第四季度	194.5	110.6	80.3
2022年第一季度	180.8	117.9	81.6
2022年第二季度	188.8	112.3	81.2
2022年第三季度	250.1	103.5	90.5
2022年第四季度	197.4	97.4	87.6

注：表中数据为季节调整后的数值。
资料来源：经济产业「鉱工業指数」、https：//www.meti.go.jp/statistics/tyo/iip/b2015_result-2.html。

① 日本建設機械工業会「建設機械出荷・生産実績統計」、https：//www.cema.or.jp/general/statistics/index.html。
② 《日本2022年机床订单额增14% 历史第2高》，日经中文网，https：//cn.nikkei.com/industry/manufacturing/51144-2023-01-17-15-08-59.html。
③ 日本ロボット工業会「受注・生産・出荷（用途別）実績」、https：//www.jara.jp/data/dl/quarter/IR2022-10-12.pdf。

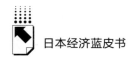

2022年下半年，智能手机、个人电脑等面向消费者的电子产品的需求下滑，半导体出现供应过剩情况。日本半导体产业的库存指数从第一季度的102.2提升到第四季度的142。由于半导体需求下降，半导体制造设备的投资被搁置，日本半导体制造设备发展开始恶化，2022年12月，日本半导体制造设备销售额为3065.9亿日元，环比下降8.6%。[①] 电子零部件产业生产指数在第一季度创下117.9的新高，但在此后呈现下降趋势，在第四季度降至97.4。在汽车产业方面，2022年上半年，受疫情影响，日本汽车零部件供应严重不足，导致日本国内汽车工厂停产。2022年6月，丰田汽车表示因零部件供应不足，日本国内4条生产线追加停产时间，使得2022年7月的汽车产量与计划相比下降5万辆。2022年下半年，虽然供应链混乱的情况有所缓解，但面向汽车产业的功率半导体与模拟半导体供应趋紧，使得日本汽车的生产周期变长，消费者转向购买二手车的情况较为明显。此外，在全球能源转型背景下，电动车取代传统汽车成为显著趋势，但与中美车企相比，日本车企在电动车领域缺乏竞争优势。2022年度，日本国内新车销售量降至420万辆左右，创1977年以来新低。[②]

3.原材料与消费品产业发展艰难

2022年，日本原材料与消费品产业发展步履维艰。如表3所示，2022年第四季度，化学、石油、塑料、造纸产业的生产指数分别为100.9、82.6、96.9、88.7，分别环比下降0.9%、2.9%、2.3%、2.0%。这些产业的发展面临绿色转型和生产成本上升等问题，未来增长空间有限。受俄乌冲突以及铁矿石、煤炭价格上涨影响，2022年，日本钢铁产业发展承压。钢铁产业生产指数从第一季度的91.6下滑到第四季度的89。2022年，日本粗钢产量为8923万吨，同比下降7.4%。[③] 在化学产业领域，受石油等原材料

---

① 日本半导体製造装置協会「販売高速報値」，https://www.seaj.or.jp/statistics/。
② 《日本2022年新车销量预计降至420万辆》，日经中文网，https://cn.nikkei.com/industry/icar/50966-2022-12-29-13-48-53.html。
③ 日本鉄鋼連盟「鉄鋼生産概況2022年暦年」，https://www.jisf.or.jp/data/seisan/month.html。

价格上涨以及欧洲地区化工产品需求缩减等因素的影响，日本化学产业并未显著增长。三菱化学、旭化成、住友化学、三井化学等日本大型化工企业纷纷下调了2022财年净利润预期。三菱化学计划在2023年将石油化工与焦炭业务进行拆分，以应对日本政府日益提高的碳中和、碳减排要求。[①] 受到日本国内需求下降以及碳减排计划的影响，日本石油产业发展面临的压力增大。日本引能仕公司表示，预计到2040年日本国内燃料的需求将下降40%，其计划在2023年关闭位于和歌山县的炼油厂。

表3 2020年第一季度至2022年第四季度日本原材料与消费品产业生产指数变化情况

	钢铁产业	化学产业	石油产业	塑料产业	造纸产业	食品产业	纺织产业
2020年第一季度	95	101.4	86	104.1	95.1	100.7	89.3
2020年第二季度	70.5	95.5	74.5	88.8	83.9	96.2	80.8
2020年第三季度	78.6	95.3	74.1	96.6	86	97.7	75.3
2020年第四季度	89.4	93.5	79	100.9	89.6	95.8	76.1
2021年第一季度	93.9	97.3	76.9	102.5	90.5	97.3	78.9
2021年第二季度	94.3	100.8	75.7	101.8	92.3	96.9	79.7
2021年第三季度	94.3	100.3	79.9	98.7	91.4	96.1	81.7
2021年第四季度	93.7	100.6	81.8	99.4	91.5	97	81.4
2022年第一季度	91.6	100.3	83.5	100.2	91.8	96.1	82.4
2022年第二季度	89.2	102	85.6	98.3	91.1	95.3	79.9
2022年第三季度	88.7	101.8	85.1	99.2	90.5	97.1	80.8
2022年第四季度	89	100.9	82.6	96.9	88.7	94.6	79.8

注：表中数据为季节调整后的数值。
资料来源：经济产业「鉱工業指数」、https：//www.meti.go.jp/statistics/tyo/iip/b2015_result-2.html。

此外，食品、纺织等消费品产业受到新冠疫情反复以及原材料价格上涨等因素的严重影响。如表3所示，2022年第四季度，食品、纺织产业的生产指数分别为94.6与79.8，分别环比下降2.6%与1.2%。受俄乌冲突影响，食品生产所需的食用油、面粉、肉类等价格持续上涨，日本食品生产企

① 《因中国等因素 日本6家化工企业下调业绩预期》，日经中文网，https：//cn.nikkei.com/industry/manufacturing/50458-2022-11-10-09-23-17.html。

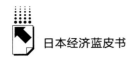

业不得不在 2022 年内多次提高食品价格。截至 2022 年 6 月，日本涨价的食品种类已经超过 1.7 万种，平均涨幅高达 13%。① 这虽然有助于改善食品企业的经营收益，但会带来客户流失等问题，不利于食品产业稳定发展。此外，新冠疫情的反复导致日本消费者的需求出现变化，加之日元贬值导致石油等原材料价格进一步上涨，日本纺织产业急需转型求变，需要进一步开发高功能纤维、高感性面料等，以创造新市场空间，维持竞争力。

（二）日本服务业形势

2022 年，日本服务业发展处于恢复的过程之中。随着新冠疫情影响趋于缓和，日本生活性服务业进一步复苏，而生产性服务业在积极探索新的业务模式、扩展销售市场，具有进一步发展的空间。

1. 服务业的整体情况

2022 年，日本服务业呈现总体有所恢复的态势。受到第六波新冠疫情的影响，日本政府实施"防止蔓延等重点措施"，降低了服务业的供给和需求，日本第三产业生产指数从 2021 年第四季度的 98 下降至 2022 年第一季度的 97。第二季度，日本政府全面解除了"防止蔓延等重点措施"，不再对餐饮、娱乐等服务业设置营业时间限制，提升了日本服务业的需求，第三产业生产指数恢复至 97.3。但是，进入第三季度，日本受到第七波新冠疫情的冲击，通胀与经济不确定性的增加也加大了对消费者的压力，导致日本服务业在第三季度再次下滑，第三产业生产指数降至 96.8。如表 4 所示，2022 年第三季度，日本服务业营业收入、经常利润均出现下降，环比增长率分别为 -0.1% 和 -13.3%。2022 年第四季度，日本大幅度放开边境防疫措施，取消单日入境人数限制，重启个人自由行，恢复针对 68 个国家的免签政策，从而实现入境旅游人数增长，带动日本服务业发展，第三产业生产指数恢复至 98.3。考虑到 2023 年将有更多游客入境日本，日本的服务业发展情况或进一步改善。2022

---

① 《日本 2022 年超 1 万种食品涨价》，日经中文网，https：//cn.nikkei.com/industry/tradingretail/48751-2022-06-02-10-29-39.html。

年12月，日本银行的"短观"调查显示，日本服务业大企业的经营信心指数为19，比上一期增加5个点，而服务业中小企业的经营信心指数则为6，比上一期增加4个点，反映出日本服务业企业对未来经营情况的乐观情绪。①

表4　2020年第一季度至2022年第四季度日本服务业运行概况

	第三产业生产指数	服务业投资环比增长率(%)	服务业营业收入环比增长率(%)	服务业经常利润环比增长率(%)
2020年第一季度	103.5	7.1	-2.1	-12.0
2020年第二季度	103.6	-10.1	-9.7	-42.8
2020年第三季度	104.4	0.4	4.5	62.5
2020年第四季度	101.2	0.7	3.4	7.7
2021年第一季度	100.1	0.9	-1.4	10.8
2021年第二季度	90	3.9	0.3	-5.7
2021年第三季度	95.8	-4.4	0.7	2.6
2021年第四季度	98	3.6	4.4	17.6
2022年第一季度	97	-1.5	1.9	-2.9
2022年第二季度	97.3	2.8	0.6	7.1
2022年第三季度	96.8	5.1	-0.1	-13.3
2022年第四季度	98.3	—	—	—

资料来源：经济产业省「第3次産業（サービス産業）活動指数」、https：//www.meti.go.jp/statistics/tyo/sanzi/result-2.html；财务省「法人企業統計」、https：//www.mof.go.jp/pri/reference/ssc/results/index.htm。

2. 生活性服务业持续复苏

2022年，日本生活性服务业呈现逐步复苏的态势。如表5所示，日本生活性服务业生产指数从2022年第一季度的80.6逐步增长至第四季度的88.7。在零售业领域，通货膨胀导致原材料价格持续上涨，食品、服装、家具等产品价格也持续上涨，削弱了日本消费者的购买意愿。日本零售企业通过调整业务形态以及进行经营业务重组，以应对挑战。例如，2021年末，日本全家便利店与伊藤忠商事合作设立广告子公司"GATEONE"，从事数字广告牌业务，创造收益新增长点。2022年3月，日本大型家居公司家迎

---

① 日本銀行「短観」、https：//www.boj.or.jp/statistics/tk/index.htm。

知宣布收购家具杂货公司东急手创馆，以扩充经营业务。① 受日本宽松货币政策的影响，金融机构对房地产业的融资不断增加，而日元贬值导致日本房地产的吸引力上升，外国投资者对日本房地产的热情持续高涨。日本房地产业生产指数从 2022 年第二季度的 99.9 上升到第四季度的 100.2。随着日本政府调整疫情防控政策，日本的饮食、住宿、旅游等服务业呈现恢复态势。受新冠疫情影响的外出就餐需求逐步恢复，而菜品提价也在客观上提升了客单价，使得日本饮食服务业营业收入开始恢复。2022 年 10 月，日本饮食服务业营业收入同比上涨 14.8%，首次超过疫情前的水平。② 2022 年末，日本政府推出"全国旅行支援"政策，对消费者的旅行费用给予 40% 的补贴，而随着日本口岸管理措施的放宽，访日外国游客数量在逐渐恢复。在这些利好因素的作用下，日本旅游业生产指数从 2022 年第一季度的 73.9 恢复至第四季度的 87.5。

表 5 2020 年第一季度至 2022 年第四季度日本生活性服务业生产指数变化情况

	生活性服务业	零售业	房地产业	饮食服务业	旅游业
2020 年第一季度	85.4	97.2	103.5	90.3	90.6
2020 年第二季度	57	88.5	99.5	47.9	49.5
2020 年第三季度	72.4	94.2	103.3	70.1	64
2020 年第四季度	81.1	96.8	103.1	77.3	76.6
2021 年第一季度	75.2	96.4	102.9	62.4	63.4
2021 年第二季度	74.3	94.4	102.4	62.4	65.1
2021 年第三季度	75.1	94.1	101.2	60.3	67.1
2021 年第四季度	80.7	94.1	101.5	79.2	76.3
2022 年第一季度	80.6	93.1	100.2	68.9	73.9
2022 年第二季度	82.2	91.5	99.9	81.8	83.6
2022 年第三季度	85.2	91.2	99.4	78.4	85.2
2022 年第四季度	88.7	91.1	100.2	86.2	87.5

注：表中数据为季节调整后的数值。

资料来源：经济产业省「第 3 次产业（サービス产业）活动指数」、https：//www.meti.go.jp/statistics/tyo/sanzi/result-2.html。

---

① 「カインズ、都心部に攻勢 東急ハンズ买収で客層拡大」、『日本経済新聞』、2021 年 12 月 22 日。

② 《日本餐饮业营收超过新冠疫情前》，日经中文网，https：//cn.nikkei.com/industry/tradingretail/50645-2022-11-28-10-50-24.html。

3. 生产性服务业持续恢复

2022年，日本生产性服务业恢复情况良好，发展情况好于生活性服务业。如表6所示，日本生产性服务业生产指数从2022年第一季度的104提升到第四季度的105.1。一方面，金融业和信息通信业的发展情况较好。面对复杂的外部因素影响，日本金融机构开始积极创新经营业务，以扩充收益来源。例如，2022年6月，三井住友银行与日本SBI证券合作，利用SBI证券的客户渠道资源，开拓智能手机金融服务业务，以提升金融服务效率。[①]瑞穗银行与LINE公司合作，共同设立LINE银行公司，开发移动支付业务。在数字化转型大背景下，电子商务、云计算、软件运营等需求持续扩大，日本信息通信业发展持续向好。在新冠疫情背景下，日本商品的线上销售比例已经从2018年的6%提升到2020年的8%。此外，预计日本国内云计算的市场规模将从2020年的2.8万亿日元提升到2026年的7.5万亿日元。[②] 在新冠疫情缓解、出行需求增加的影响下，日本运输业持续恢复，生产指数从2022年第一季度的93.8提升到第四季度的98.1。但是，受到俄乌冲突引发的供应制约以及日本国内大宗商品价格剧烈波动的影响，2022年，日本批发业发展面临阻力，其生产指数从第一季度的93.1下降至第四季度的91.1。

表6　2020年第一季度至2022年第四季度日本生产性服务业生产指数变化情况

	生产性服务业	金融业	信息通信业	运输业	批发业
2020年第一季度	106.4	104.1	99.9	99.9	97.2
2020年第二季度	97.8	101.7	98.7	81.9	88.5
2020年第三季度	100	102.3	101.4	89.2	94.2
2020年第四季度	100.8	103	102.6	91.1	96.8
2021年第一季度	101.7	103.3	104	91.3	96.4
2021年第二季度	102.4	104.9	105.4	91.7	94.4
2021年第三季度	102.9	104	104.9	90.5	94.1

---

① 「三井住友、SBIへ796億円出資発表　デジタル連携強化」、『日本経済新聞』、2022年6月23日。
② 株式会社MM総研「国内クラウドサービスの市場規模は3.5兆円に拡大」、https://www.m2ri.jp/release/detail.html？id＝549。

	生产性服务业	金融业	信息通信业	运输业	批发业
2021 年第四季度	102.1	105.4	106.8	92.7	94.1
2022 年第一季度	104	102.8	106.8	93.8	93.1
2022 年第二季度	105.9	106.7	111.6	96.5	91.5
2022 年第三季度	104.6	106.5	111.3	97.3	91.2
2022 年第四季度	105.1	106.7	115.1	98.1	91.1

注：表中数据为季节调整后的数值。

资料来源：经济产业省「第 3 次产业（サービス产业）活动指数」、https：//www. meti. go. jp/ statistics/tyo/sanzi/result-2. html。

二　2022年日本产业发展面临的主要问题

2022 年日本产业在发展中面临的主要问题包括俄乌冲突、国际大宗商品价格上涨、数字化转型压力、经济绿色转型挑战等。

（一）俄乌冲突与国际大宗商品价格上涨严重阻碍日本产业发展

首先，俄乌冲突的发生对日本产业发展造成重大打击。一方面，影响日本能源的稳定供给。俄罗斯是日本能源的重要来源国，2021 年，日本从俄罗斯进口的天然气、煤炭、原油总额分别为 3720 亿、2770 亿、2580 亿日元，分别占日本从世界进口的 7.4%、10.2%、3.7%。[①] 日本的三菱商事、三井物产等综合商社参与开发俄罗斯"萨哈林 2 号"油气项目。日本参与对俄制裁深刻影响日本的能源供应稳定，不利于日本产业发展。另一方面，影响日本关键矿产资源供应。俄乌两国是全球关键矿产资源的重要生产国。俄罗斯生产的钯、镍、海绵钛等占世界生产总额的比例分别为 37%、7.9%、12.9%，而乌克兰生产的氖、钛占世界生产总额的比例分别

---

① 日本贸易会「日本贸易の现状」、https：//www. jftc. or. jp/research/pdf/ForeignTrade2022/ForeignTrade2022. pdf。

为 35%、0.8%。57%的日本企业表示担忧氖、钯等半导体制造所需原材料的价格上涨。①

其次，2022 年以来，国际大宗商品价格持续上涨，而日元贬值进一步提升了日本进口原材料的成本，提高了日本燃料与工业原材料价格，推升了日本产业制造成本。截至 2022 年 6 月，日经 42 种商品指数达到 250.6，环比上涨 1.1%，连续 12 个月创出新高，其中化工、钢铁、食品、石油等产品的同比涨幅分别高达 35.5%、32.8%、32.1%、12.9%。② 受此影响，日本企业间交易的商品价格水平持续攀升，日本企业物价指数连续上涨。日本银行统计数据显示，2022 年日本企业物价指数达到 119.5，同比上涨 9.7%，其中电力、矿产、钢铁的同比涨幅分别为 52.3%、33.9%、20.9%。③

（二）数字化转型对日本产业发展造成压力

在国际政治经济形势复杂变化背景下，为促进日本产业发展，需要提升产业链整体的数字化水平，促进 5G、物联网、人工智能、大数据等新一代通信技术在产业链各个环节应用，提升数据的收集、分析与共享水平。2022 年 7 月，日本政府发布"数字化转型报告 2.2"，明确提出要进行产业整体的数字化变革。这是因为仅仅依靠企业开展数字化转型活动，难以应对迅速变化的市场需求，需要改变日本产业固有的一系列承包生产体系，形成共通的产品提供平台，借助新一代通信技术展开数据分析，产生新的价值。④ 但是，从实际情况看，日本产业数字化转型的进程并不理想。"中日韩竞争者"调查显示，仅有 22.4%的日本企业表示 2023 年在数字化领域增加的投资超过 10%，这一比例远远低于中国的 80%和韩国的 55.9%，这反映出日

---

① 《俄乌局势或影响半导体供应链》，日经中文网，https：//cn. nikkei. com/industry/itelectric-appliance/47767-2022-02-28-10-59-49. html? start=1。

② 「日経 42 種、12 カ月連続最高 6 月 1.1%上昇」、『日本経済新聞』、2022 年 7 月 1 日。

③ 日本銀行「企業物価指数（2022 年 12 月速報）」、https：//www. boj. or. jp/statistics/pi/cgpi_ release/cgpi2212. pdf。

④ 経済産業省「DX レポート 2.2」、https：//www. meti. go. jp/shingikai/mono_ info_ service/covid-19_ dgc/pdf/002_ 05_ 00. pdf。

本企业总体上对数字化转型领域投资的态度较为保守。① 瑞士洛桑国际管理发展学院发布的 2022 年全球数字竞争力排名显示，在 63 个国家和地区中，日本的排名为第 29 位，与上年相比下降 1 位，而美国居于第 2 位，韩国居于第 8 位。此外，日本产业数字化转型还面临数字化人才短缺的严重问题。日本总务省发布的《2022 年信息通信白皮书》显示，68% 的日本企业表示数字化人才紧缺，这一比例高于德国的 51% 和美国的 27%，更是有超过30% 的日本企业表示人工智能和数据分析领域的专业人才严重短缺。②

（三）经济绿色转型对日本产业发展造成新挑战

推动经济绿色转型已经成为世界性潮流，日本提出了实现碳中和的目标与计划。日本政府宣布到 2050 年实现碳中和，并在 2030 年实现温室气体排放较 2013 年下降 46%。岸田首相在第 26 届联合国气候变化大会表示，要最大限度地引入可再生能源，向清洁能源转型，创造脱碳社会。当前日本对于化石能源的依赖程度依然较高。日本"综合能源统计"显示，2021 年日本一次能源供给中 83.2% 来自化石能源，其中对石油、煤炭、天然气的依赖程度分别高达 36.3%、25.4%、21.5%。③ 日本可再生能源产业发展面临重重困难。光伏发电、海上风电的规模有限，输电网络未展开，核电发展面临民意阻力，"绿氢"生产成本居高不下。这些因素的存在阻碍日本可再生能源进一步发展。此外，日本制造业面临绿色转型的严峻压力。一方面，全球电动汽车市场迅速扩大对日本汽车产业形成巨大冲击。虽然日本汽车企业较早进入电动汽车产业，但迟迟未推出能够量产的车型，使得电动汽车销量远远小于中美汽车企业。由于电动汽车生产所需的零部件种类要少于燃油汽车，这使日本汽车产业的一系列承包体系优势无法得到有效

---

① 《增加数字化投资的日企比例远低于中韩》，日经中文网，https：//cn.nikkei.com/industry/management-strategy/51087-2023-01-12-09-53-36.html。

② 総務省「令和 4 年情報通信白書」，https：//www.soumu.go.jp/johotsusintokei/whitepaper/index.html。

③ 経済産業省「総合エネルギー統計」，https：//www.enecho.meti.go.jp/statistics/total_energy/results.html#headline1。

发挥，竞争优势逐渐丧失，与电动汽车发展密切相关的物联网、人工智能、云计算等也非日本的优势所在。另一方面，钢铁、化工、石油、塑料等在日本制造业中占据重要地位的原材料产业面临巨大的绿色转型压力，发展前景不容乐观。

三 2022年日本实施的主要产业政策

为应对2022年日本产业发展面临的挑战，日本政府加大了提升供应链安全的力度，提出"数字化田园都市国家构想综合战略"，推动产业数字化转型。日本还发布了《清洁能源战略中间报告》，明确了产业绿色转型方向。

（一）注重提升供应链安全

在俄乌冲突以及国际大宗商品价格上涨的背景下，日本将提升供应链安全提升到战略高度，将维护供应链安全作为首要课题。2022年公布的《"新资本主义"的总体设计及实施计划》指出，要强化半导体、重要矿产、蓄电池、药品等战略性物资等的供应稳定。[1] 一方面，强化国内关键零部件的生产。2022年3月，日本政府推出第三次国内投资促进对策，针对生产基地集中、供应链中断风险高的大中小企业给予设备投资、建筑建设等方面的补助金，总额为600亿日元。从结果来看，其共推动85家日本企业回归日本国内生产，涉及机械零部件、化工、半导体等产业。[2] 在日元贬值背景下，日本政府积极促进企业回归日本国内生产。在2022年10月实施的"综合经济对策"中分别投资2158亿、416亿、417亿日元，以用于促进重要矿物、机床、航空飞机零部件企业回归日本国内生产。另一方面，构建多元化

① 内閣官房「新しい資本主義のグランドデザイン及び実行計画」、2022年6月7日、https：//www.cas.go.jp/jp/seisaku/atarashii_ sihonsyugi/pdf/ap2022.pdf。

② 経済産業省「サプライチェーン対策のための国内投資促進事業費補助金」、https：//www.meti.go.jp/covid-19/supplychain/index.html。

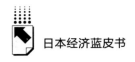

的海外供应链体系。2022 年，日本政府共实施两轮"海外供应链多元化支援"对策，给予生产半导体、机械零部件、工业原料的企业 1 亿~15 亿日元的补助金，推动其在泰国、越南、柬埔寨等东南亚国家调整供应链，共 17 家日企获得此项资助。①

此外，日本重视供应链安全将对日本的产业发展产生负面效应。例如，2022 年 5 月，日本追随美国正式推出《经济安全保障推进法》，试图对华实施半导体技术出口管制。2023 年 1 月，美日荷三国就限制对华出口半导体制造设备达成协议，日本将修改《外汇及对外贸易法》并于春季开始执行。② 中国是日本重要的半导体设备出口对象国，日本参与美国对华半导体出口管制，将对日本半导体产业发展产生严重负面影响。统计数据显示，2021 年，日本对华半导体制造设备出口额达 5890 亿日元，占日本对华出口总额的 10.2%。

（二）持续推动产业数字化转型

2022 年，日本政府致力于推动产业数字化转型。一方面，岸田政府在 2022 年 6 月提出"数字化田园都市国家构想综合战略"，持续加大社会经济数字化转型力度。一是强化数字化基础设施建设。提高无线网络覆盖范围，加快 5G 基站建设，推动地方数据中心和海底电缆的建设等。二是推动"个人编号卡"的普及和应用。简化"个人编号卡"办理手续，扩大其在行政手续办理、公共设施利用、商务活动中的应用范围。三是构建数据共享平台。推动供应链整体的数字化进程，以把握供需变化以及生产工序的变化。推动中小企业实现数据共享，提高支付方式、合同签署的便利性，创造新的商业经营模式。四是建设数字化能源基础设施。通过运用数字化手段预测用电需求，有效完善输送电网络，制定"蓄电池产业发展战略"，促进可再生

---

① 日本贸易振兴机構「海外サプライチェーン多元化等支援事業」、https：//www. jetro. go. jp/services/supplychain/。
② 《日本拟对尖端半导体技术出口实施管制》，共同网，https：//china. kyodonews. net/news/2023/02/d78e146de0b6. html？phrase＝半导体 &words＝半导体。

能源产业发展。① 另一方面，强化数字化人才培养。2022 年，经济产业省推出了"学习数字化转型支援"制度，提出数字化知识指南，提供讲座培训服务，帮助企业在职人员提升数字化知识水平。② 在日本研究生教育方面，日本政府积极推动复合型人才培养，促使其在掌握专业知识的同时，兼具数理分析、数据分析、人工智能等知识背景。同时，将一些职业技术学校设定为数字化人才培育后备学校，使其培养的人才具备数字化基础知识。③

（三）不断推进产业绿色转型

虽然绿色转型对日本产业发展形成压力，但日本政府认为需以此为契机，创造日本产业新增长点。岸田政府在继承菅政府"绿色成长战略"的基础上，提出通过以清洁能源发展带动产业绿色转型的新思路，并于 2022 年 5 月正式提出了《清洁能源战略中间报告》。一方面，要大力推动燃料氨、氢能、海上风电、蓄电池、核能、碳回收、低碳水泥、合成甲烷等绿色产业发展，同时推进钢铁产业的低碳化转型，促进电动汽车发展，普及节能型住宅，构建可持续发展的粮食供应链等。另一方面，促进日本企业根据自身在供应链中所处地位选择合适的绿色生产技术，减少对化石能源的消耗，提升对可再生能源的利用水平，日本政府为此给予税收、财政、规则方面的支持。④ 此外，日本政府还在 2022 年提出构建"绿色转型企业联盟"的构想，促进有志于实现低碳发展的企业开展合作与对话，共同探讨低碳社会发展前景以及所需要的支持措施，日本政府根据企业的意见，提供资金支持，着力提升日本企业主导绿色转型领域的规则制定能力。通过"绿色转型企业联盟"的带头示范作用，最终推动日本经济社会整体的绿色低碳转型。

---

① デジタル田園都市国家構想実現会議「デジタル田園都市国家構想総合戦略」、https：//www. cas. go. jp/jp/seisaku/digital_ denen/index. html。

② 経済産業省「マナビDXで何ができるの」、https：//manabi-dx. ipa. go. jp/what/。

③ 経済産業省「2022 年版ものづくり白書」、https：//www. meti. go. jp/report/whitepaper/mono/2022/index. html。

④ 経済産業省「クリーンエネルギー戦略中間整理」、https：//www. meti. go. jp/shingikai/sankoshin/sangyo_ gijutsu/green_ transformation/pdf/008_ 01_ 00. pdf。

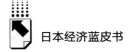

截至 2023 年 1 月，共有 679 家日本企业参与该联盟，涉及制造、服务、金融、批发、电力等行业。①

总之，2022 年的俄乌冲突、供应链断裂等问题对日本产业发展形成严峻挑战，日本政府出台一系列政策，推动日本产业发展。随着新冠疫情的缓解，预计 2023 年日本经济的消费、投资需求将持续释放，从而有利于日本企业增加设备投资，降低库存。2023 年 1 月 IMF 的《世界经济展望报告》显示，2023 年日本实际 GDP 将增长 1.8%，较 2022 年 11 月 1.6%的预测结果有所上调。② 但是，国际政治经济形势仍复杂多变，特别是日本持续推进经济安全保障政策，不利于日本出口扩大，对日本制造业发展造成负面影响。随着外国访日游客数量增加，日本国内的旅游业需求将得到恢复，这有利于日本服务业发展。

---

① 経済産業省「GX League」、https：//gx-league. go. jp/en/。
② IMF，"World Economic Outlook," https：//www. imf. org/en/Publications/WEO/Issues/2023/01/31/world-economic-outlook-update-january-2023.

B.4
2022年的日本对外经济关系：明暗相间

邓美薇*

摘　要： 受新冠疫情延宕反复及俄乌冲突等影响，2022年，日本在对外贸易、投资、企业海外生产经营及区域经济合作等方面喜忧参半。日本对外贸易总额再次反弹性增长，对各主要贸易对象的进出口额均有不同程度的提升，对外直接投资收益增加，企业海外盈利水平提升，调整供应链及推进经营当地化、脱碳化继续成为日本企业开展海外业务的重点。但是，日本对外直接投资流量下滑，俄乌冲突导致日俄经贸关系断崖式下滑，日本企业海外生产经营面临的地缘政治风险加剧。未来，尽管新冠疫情的影响减弱，但是，俄乌冲突、地缘政治风险及逆全球化等对日本对外经济关系的影响扩大，塑造稳定、安全、降低对华依赖的区域供应链依然是日本对外经济交往的重点。

关键词： 日本　对外贸易　对外直接投资　企业海外生产经营　区域合作

2022年，受新冠疫情延宕反复及俄乌冲突等影响，全球经济增长动力不足，增速下降。根据国际货币基金组织（IMF）在2022年10月发布

---

* 邓美薇，经济学博士，中国社会科学院日本研究所助理研究员，全国日本经济学会理事，主要研究领域为日本经济。

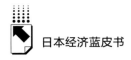
的《世界经济展望报告》，2022 年全球实际 GDP 增长率预计为 3.2%。①
但是，保护主义盛行，国际制裁升级，全球通胀水平持续攀升并处于几十年
来最高水平，全球资本市场动荡加剧，世界经济面临较大不确定性。受全球
日趋严峻的地缘政治及经济形势影响，2022 年日本对外贸易、投资、企业
海外生产经营及区域经济合作均出现一些新动向。

一　2022年日本对外贸易的动向

2022 年，日本对外贸易出口总额较 2021 年增长 18.2%，进口总额增长
39.2%，对外贸易连续两年出现反弹性增长，对主要贸易对象如美国、欧
盟、中国的贸易额也趋于增加②。其中，对华出口额和进口额占日本出口总
额和进口总额的比重分别为 19.4% 和 21%，对美出口额和进口额占日本出
口总额和进口总额的比重分别为 18.6% 和 9.9%，中国继续保持日本第一大
出口对象国和进口来源国的地位。但是，2022 年，日本贸易逆差大幅扩大，
高达 199782.2 亿日元，为 2010 年以来最大值。

（一）日本对外贸易整体情况

如表 1 所示，2010～2021 年，日本对外贸易进口总额震荡增加，除
2010 年及 2021 年增长率分别高达 18% 及 24.8% 之外，其他年份均在 15% 以
下，而且在部分年份甚至出现负增长。2022 年，日本进口总额为 1181573.2
亿日元，较 2021 年大幅增加，增长率高达 39.2%，远超疫情前 2019 年水
平，达到 2010 年以来最高水平。2010～2021 年，日本出口总额增长率除全
球金融危机后的 2010 年达到 24.4% 以及 2021 年达到 21.5% 以外，其余年份
均在 12% 以下，部分年份出现负增长。2022 年，日本对外贸易出口总额为

---

① International Monetary Fund, "World Economic Outlook," October 2022, https：//www.imf.org/
　 zh/Publications/WEO/Issues/2022/10/11/world-economic-outlook-october-2022.
② 若按美元计价，对于中日贸易额，中方统计下降 3.7%，日方统计下降 4.3%。

981860.2亿日元，较上年增长18.2%，超过疫情前水平。2022年，日本对外贸易出口总额和进口总额增长率均较高，反映出对外贸易出现较为强势的复苏。这一方面是由于2022年全球经济继续上行，世界各国经济社会活动继续恢复，生产及消费需求提升，全球供应链中断的情况有所缓解，对外贸易增加。另一方面，受俄乌冲突等影响，国际能源及粮食等市场动荡，全球通胀水平持续攀升，在一定程度上推高贸易额。在此影响下，2022年，日本对外贸易整体呈现逆差，进口总额大幅超过出口总额，逆差额为199713亿日元，为2010年以来最大值。

表1 2010~2022年日本对外贸易进出口贸易情况

单位：亿日元，%

年份	出口		进口		贸易差额
	金额	增长率	金额	增长率	
2010	673996.3	24.4	607649.6	18.0	66346.7
2011	655464.8	-2.7	681111.9	12.1	-25647.1
2012	637475.7	-2.7	706886.3	3.8	-69410.6
2013	697741.9	9.5	812425.5	14.9	-114683.5
2014	730930.3	4.8	859091.1	5.7	-128160.9
2015	756139.3	3.4	784055.4	-8.7	-27916.1
2016	700357.7	-7.4	660419.7	-15.8	39938.0
2017	782864.6	11.8	753792.3	14.1	29072.3
2018	814787.5	4.1	827033.0	9.7	-12245.5
2019	769316.7	-5.6	785995.1	-5.0	-16678.5
2020	683991.2	-11.1	680108.3	-13.5	3882.9
2021	830914.2	21.5	848750.5	24.8	-17836.2
2022	981860.2	18.2	1181642.2	39.2	-199782.2

注：贸易差额为出口金额减去进口金额，负数表示贸易逆差；因为保留小数点的缘故，计算结果可能与公布的数据略有差异。

资料来源：财务省「令和4年分贸易统计（速报）の概要」、https://www.customs.go.jp/toukei/shinbun/trade-st/gaiyo2022.pdf。

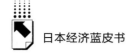
从 2022 年 1~12 月各月情况来看，与上年同期相比，日本对外贸易出口额与进口额均自 2021 年 1 月起连续 12 个月同比正增长，说明日本对外贸易的复苏在全年呈持续态势。其中，2022 年 8~11 月，出口额同比增长率在 20% 以上，最高为 9 月的 28.9%；除了 2022 年 4 月、12 月之外，进口额同比增长率在其他月份均在 30% 以上，5~10 月更是在 40% 以上，最高为 10 月的 53.7%。① 如果从价格的增长及数量的增长两个方面对贸易额增长情况进行分解，可以发现，无论是出口额的增长还是进口额的增长，大部分是由价格的增长产生的，特别是 2022 年 4 月之后，这在一定程度上说明，世界范围内的通货膨胀明显影响了日本的对外贸易，美联储加息导致美日两国利差扩大，日元大幅贬值也对日本对外贸易产生了重要影响。② 因此，2022 年，日本对外出口并不十分乐观，对外贸易情况仍有待改善。

（二）日本与主要贸易对象的贸易情况

2022 年，日本对各主要贸易对象的进出口额均有不同程度的提升，增长率基本上达到两位数。如表 2 所示，相较于 2021 年，亚洲在日本对外贸易出口总额及进口总额中所占比重有所下降，分别为 56.4% 与 45.1%，但是，亚洲仍是日本对外贸易最重要的地区。其中，中国继续保持 2020 年以来的日本第一大出口对象国及 2002 年以来的第一大进口来源国的地位。2022 年，日本对华出口额占日本出口总额的 19.4%，对华进口额占日本进口总额的 21%，相较于 2021 年均有所下滑。但是，日本与东盟的贸易额大幅增加，特别是日本对东盟进口增长率高达 41.8%，出口增长率达到 24.7%，均明显超过 2021 年水平。

---

① 财务省「報道発表　令和 4 年分（輸出確報；輸入速報（9 桁））」、https：//www. customs. go. jp/toukei/shinbun/trade-st/2022/2022_ 115. pdf.
② 财务省「報道発表　令和 4 年 12 月分貿易統計（輸出確報；輸入速報（9 桁））」、https：// www. customs. go. jp/toukei/shinbun/trade-st/2022/2022125. pdf.

表 2　2022 年日本与主要贸易对象的进出口贸易情况

单位：亿日元，%

贸易对象	出口			进口			贸易差额
	金额	增长率	份额	金额	增长率	份额	
总额	981860.0	18.2	100.0	1181642.2	39.2	100.0	-199782.2
亚洲	554106.8	15.1	56.4	533395.5	29.8	45.1	20711.3
中国	190066.2	5.7	19.4	248344.4	21.8	21.0	-58278.2
东盟	155446.3	24.7	15.8	177004.8	41.8	15.0	-21558.5
中国香港	43574.2	12.0	4.4	1341.5	11.6	0.1	42232.7
中国台湾	68577.4	14.5	7.0	50808.1	38.1	4.3	17769.3
韩国	71063.8	23.2	7.2	44151.1	25.4	3.7	26912.7
印度	18314.7	29.8	1.9	8525.3	26.4	0.7	9789.4
大洋洲	28158.2	28.3	2.9	126939.5	97.3	10.7	-98781.3
澳大利亚	21727.7	29.8	2.2	116245.0	102.0	9.8	-94517.3
北美洲	193906.4	23.1	19.8	139139.6	33.4	11.8	54767.8
美国	182586.6	23.1	18.6	117218.4	31.5	9.9	65368.1
加拿大	11319.8	23.5	1.2	21816.1	44.8	1.8	-10496.3
中南美洲	37373.8	21.1	3.8	48909.1	32.9	4.1	-11535.3
欧洲	107423.5	21.4	10.9	129422.0	19.2	11.0	-21998.5
中东	27814.9	35.5	2.8	154270.0	82.1	13.1	-126455.1
阿拉伯联合酋长国	11155.1	44.6	1.1	60232.5	102.3	5.1	-49077.4
非洲	12721.2	20.5	1.3	19824.0	29.5	1.7	-7102.8

注：份额为各贸易对象出口额或进口额占日本出口总额或进口总额的比重；贸易差额为出口金额减去进口金额，负数表示贸易逆差；因为保留小数点的缘故，各贸易对象的份额和贸易差额的计算结果可能与公布的数据略有差异。

资料来源：财务省「報道発表令和 4 年分（輸出確報；輸入速報（9 桁））」、https：//www.customs.go.jp/toukei/shinbun/trade-st/2022/2022_ 115.pdf。

2022 年，日本对美国的出口额和进口额在日本对外贸易出口总额和进口总额中分别占 18.6% 及 9.9%，与 2021 年水平差别不大，但是，对美出口增长率及进口增长率明显提升，分别为 23.1% 及 31.5%；对欧盟的出口额和进口额在日本对外贸易出口总额及进口总额中分别占 9.5% 及 9.6%，出

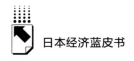

口额占比相较于2021年有些许提升，进口额占比则有所下滑，是日本在欧洲的主要贸易对象。中南美洲和非洲在日本对外贸易中所占份额仍比较低，日本在中南美洲的主要贸易对象是巴西、墨西哥和智利等，在非洲的主要贸易对象是南非等。日本对大洋洲、中东地区的出口额在日本对外贸易出口总额中的占比较低，均不到3%，但是，对其进口额在日本对外贸易进口总额中的占比明显提升，分别达到10.7%及13.1%，相较于2021年有所提升，对其贸易逆差也大幅扩大。

需要注意的是，2022年，日本对部分主要贸易对象的进口增长率大幅提升，这导致日本对其贸易逆差大幅扩大，特别是东盟、中东、澳大利亚、美国、加拿大等。这主要是因为，受俄乌冲突影响，国际能源、粮食市场动荡，日本能源及粮食自给率较低，依赖进口与投资，特别是，其99%以上的石油与天然气及97%以上的煤炭供给依赖海外市场，由于美西方国家对俄实施石油等能源价格上限与禁运等制裁举措，日本追随其后对俄能源资源进口锐减，导致其更加依赖从中东、东盟、澳大利亚等地区与国家进口能源资源，因此，日本对这些地区与国家的贸易逆差大幅扩大。例如，受俄乌冲突影响，日本对阿拉伯联合酋长国和沙特阿拉伯等中东国家的石油进口依赖度超过石油危机前的水平，在95%以上，日本希望以增加对俄石油进口来降低对中东地区石油进口依赖的计划落空。

（三）日本对外贸易行业结构

从行业构成来看，出口方面，2022年，化学制品出口额为11.8万亿日元，较上年增长11.8%，在日本对外贸易出口总额中所占比重为12%；按原料分类的制成品出口额为11.8万亿日元，较上年增长19%，在日本对外贸易出口总额中所占比重为12%；一般机械出口额为18.9万亿日元，较上年增长15.5%，在日本对外贸易出口总额中所占比重为19.3%；电气设备出口额为17.3万亿日元，较上年增长13.3%，在日本对外贸易出口总额中所占比重为17.7%；运输设备出口额为19.1万亿日元，较上年增长17.7%，在日本对外贸易出口总额中所占比重为19.4%。另外，尽管日本出口的矿物燃料的金额仅为 2.2 万亿日元，但是较 2021 年增长 121.8%。整体来看，在化学制品、按原料分类的制成品、一般机械等领域，日本的出口额不断增加，但是增长率有所下滑。汽车产业出口额在出口总额中的占比仍在 1/5 左右，增长率也有所提升，继续保持日本的支柱产业地位。受国际能源市场动荡影响，尽管日本的能源自给率较低，但是 2022 年矿物燃料出口额大幅增加。

进口方面，2022 年，日本矿物燃料进口额高达 33.5 万亿日元，较上年大幅增长 96.8%，在日本对外贸易进口总额中的占比高达 28.3%；化学制品进口额为 13.3 万亿日元，较上年增长 35.8%，占日本对外贸易进口总额的 11.2%；按原料分类的制成品进口额为 10.3 万亿日元，较 2021 年增长 24.1%，在日本对外贸易进口总额中的占比为 8.7%；一般机械进口额为 9.3 万亿日元，较上年增长 20.8%，在日本对外贸易进口总额中的占比为 7.9%；电气设备进口额为 17.3 万亿日元，较上年增长 26.5%，在日本对外贸易进口总额中的占比为 14.6%。可以看出，对于主要分类产品，日本的进口额均较上年明显增加，增长率基本在两位数以上。特别是，矿物燃料进口额大幅增加，不仅在日本进口总额中占到 1/4 以上，而且进口增长率高达 96.8%，其中，原油及粗油、石油制品、液化天然气、液化石油气、煤炭的进口增长率分别高达 91.5%、32.4%、97.5%、41.8%、178.1%，反映出国际能源市场动荡、美欧俄能源博弈持续等对日本对外能源贸易的巨大影响。[1]

二 2022年日本对外投资的动向

2021 年第一季度至第三季度，日本对外直接投资流量相较于上年同期出现一定下滑，但是投资收益有所增加，对外直接投资的主要目的地和投资收益来源仍然集中在亚洲、北美洲及欧洲。在复杂的国际局势背景下，2022年日本企业海外生产经营活动出现新动向。

---

[1] 财务省「報道発表　令和 4 年分（輸出確報；輸入速報（9 桁））」、https://www.customs.go.jp/toukei/shinbun/trade-st/2022/2022_115.pdf。因为保留小数点的缘故，各行业在出口总额或者进口总额中的份额的计算结果可能略有差异。

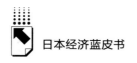

（一）日本对外直接投资流量情况

2022 年第一季度至第三季度，日本对外直接投资流量合计 107398 亿日元，较上年同期减少 20.4%，降幅较大。如表 3 所示，2022 年第一、二、三季度的对外直接投资流量分别为 17795 亿日元、34713 亿日元、54890 亿日元，与 2021 年第一、二、三季度相比，第一、二季度同比下降，第一季度降幅最大，第三季度同比有所提高。整体而言，相较于 2021 年日本对外直接投资流量大幅增加，2022 年第一季度至第三季度，日本的对外直接投资表现不佳。这也说明，地缘政治风险持续增加，全球经济前景具有不确定性和面临通胀压力等，不仅影响日本国内经济复苏步伐，也对其对外经济活动产生冲击。

表 3　2021 年第一季度至 2022 年第三季度日本对外直接投资流量及地区构成情况

单位：亿日元

投资对象	2021 年				2022 年			2022 年第一季度至第三季度合计
	第一季度	第二季度	第三季度	第四季度	第一季度	第二季度	第三季度	
世界	58980	35872	40120	35444	17795	34713	54890	107398
亚洲	18946	11313	6910	15048	4650	9150	14616	28416
北美洲	25492	7287	24838	12843	8169	14145	23731	46045
中南美洲	5291	3534	−991	1300	3060	259	4902	8221
大洋洲	505	830	−897	−1860	−378	1280	1388	2290
欧洲	8317	13107	10403	7290	1640	9597	10007	21244
中东	−52	−78	−194	178	−135	−6	167	26
非洲	481	−123	52	645	789	288	79	1156

资料来源：日本银行「業種別・地域別直接投資」、https：//www. boj. or. jp/statistics/br/bop_06/bpdata/index. htm/。

日本对外直接投资主要集中在亚洲、北美洲和欧洲。如表 3 所示，2022 年第一季度至第三季度，日本对亚洲、北美洲和欧洲的投资流量分别为 28416 亿日元、46045 亿日元和 21244 亿日元，对亚洲、北美洲和欧洲的投资流量均比上年同期明显减少，分别同比下降 23.5%、20.1% 及 33.3%，对亚洲、北美洲和欧洲的投资流量在日本对外直接投资总流量中分别占 26.5%、42.9%、

19.8%，合计占 89.2%，在亚洲、欧洲的投资流量的占比均低于上年同期，而且三个地区合计占比低于 2021 年同期的 94% 左右。对中南美洲、大洋洲、中东和非洲的投资流量占比较低，对大洋洲、中东在不同的季度出现投资收回大于投资流入的负流量情况。具体而言，在亚洲地区，2022 年第一季度至第三季度，日本对中国和东盟的投资流量分别为 7842 亿日元和 14289 亿日元，在日本对亚洲投资流量中的占比分别为 27.6% 和 50.3%，合计占比为 77.9%，合计占比有所下降，但是，中国及东盟仍然是日本在亚洲投资的主要目的地，相较于 2021 年同期，对中国的投资流量及占比均有所提升，而对东盟的投资流量及占比出现下滑；在北美洲地区，日本对美国的投资流量为 44333 亿日元，在日本对北美洲投资流量中的占比为 96.3%，美国是日本在北美洲投资的主要目的地，但是对美国的投资流量及其在北美洲投资流量中的占比均出现下滑；在欧洲地区，日本对欧盟的投资流量为 19136 亿日元，在日本对欧洲投资流量中的占比为 90.1%，其是日本在欧洲投资的主要目的地。

（二）日本对外直接投资收益情况

相较于 2021 年，2022 年第一、二、三季度，日本对外直接投资收益有所增加，分别为 41083 亿日元、50475 亿日元、77573 亿日元，较 2021 年同期分别增长 2.3%、13.7% 及 114.3%，特别是随着 2022 年第三季度日本对外直接投资流量增加，其投资收益大幅增长，2022 年第一、二、三季度，日本对外直接投资收益合计为 169131 亿日元，较上年同期增长 40.1%。

如表 4 所示，日本对外直接投资收益的主要来源仍然集中在亚洲、北美洲和欧洲。2022 年第一季度至第三季度，日本对亚洲、北美洲和欧洲的投资收益分别为 62913 亿日元、39886 亿日元和 42190 亿日元，在日本对外直接投资总收益中分别占 37.2%、23.6%、24.9%，合计占 85.7%，日本在亚洲、北美洲的对外直接投资收益占其总收益的比重均有所下滑，但是，在欧洲的对外直接投资收益的占比增加。日本对中南美洲和大洋洲的投资收益分别为 9244 亿日元和 13236 亿日元，在日本对外直接投资总收益中分别占 5.5% 和 7.8%，对中南美洲的投资收益占其总收益的比重下降，而对大洋洲

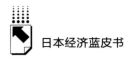
的投资收益的占比增加。日本对中东和非洲的投资收益相对较低,分别为
1117 亿日元、545 亿日元,但是在俄乌冲突背景下,日本更为重视进口中东
能源,在中东的投资流量及投资收益均大幅增加。具体而言,2022 年第一
季度至第三季度,日本对中国和东盟的投资收益分别为 25059 亿日元和
24367 亿日元,均较 2021 年同期有所增加,在日本对亚洲投资收益中的占
比分别为 39.8% 和 38.7%,两者合计占比为 78.5%,对中国的投资收益的
占比提升,而对东盟的投资收益的占比下滑,其是日本在亚洲投资收益的主
要来源地;对美国的投资收益为 38040 亿日元,在日本对北美洲投资收益中
的占比为 95.4%,其是日本在北美洲投资收益的主要来源地;对欧盟和英
国的投资收益分别为 19432 亿日元和 20447 亿日元,在日本对欧洲投资收益
中的占比分别为 46.1% 和 48.5%,合计占比为 94.6%,其是日本在欧洲投
资收益的主要来源地。如果结合投资流量进行分析,亚洲、北美洲和欧洲既
是日本对外直接投资的主要目的地,又是日本对外直接投资收益的主要来源
地,但占比有所不同。从投资流量来看,日本对亚洲和北美洲的投资流量占
日本对外直接投资总流量的比重分别为 26.5% 和 42.9%,对北美洲的投资
流量占比高出亚洲 16.4 个百分点,但是,从投资收益来看,日本对亚洲和
北美洲的投资收益占日本对外直接投资总收益的比重分别为 37.2% 和
23.6%,对亚洲的投资收益占比高出北美洲 13.6 个百分点,而且在亚洲,日
本对中国的投资流量占比及投资收益占比均有所提升,对东盟的投资流量占
比及投资收益占比则有所下滑;日本对欧洲的投资流量的占比仅为 19.8%,
但是投资收益的占比则达到 24.9%,超过对北美洲投资收益的占比。

表 4　2021 年第一季度至 2022 年第三季度日本对外直接投资收益及地区构成情况

单位:亿日元

投资对象	2021 年				2022 年			2022 年第一季度至第三季度合计
	第一季度	第二季度	第三季度	第四季度	第一季度	第二季度	第三季度	
世界	40168	44384	36204	30939	41083	50475	77573	169131
亚洲	12387	17837	17286	11660	11390	20697	30826	62913

投资对象	2021 年				2022 年			2022 年第一季度至第三季度合计
	第一季度	第二季度	第三季度	第四季度	第一季度	第二季度	第三季度	
北美洲	9834	11891	7021	8172	9233	10657	19996	39886
中南美洲	3397	3447	1951	1707	2386	2890	3968	9244
大洋洲	3016	2501	1197	772	1690	6784	4762	13236
欧洲	11497	8503	8537	8305	16258	9264	16668	42190
中东	−83	70	8	196	−39	78	1078	1117
非洲	121	135	205	128	166	105	274	545

资料来源：日本銀行「業種別・地域別直接投資」、https：//www. boj. or. jp/statistics/br/bop_06/bpdata/index. htm/。

（三）日本企业海外生产经营动向

在复杂国内外形势下，日本企业海外生产经营活动在 2022 年出现一些新动向。

第一，日本企业海外盈利水平持续复苏，预计盈利的企业的比例与 2019 年疫情前持平。日本贸易振兴机构的海外日系企业调查数据显示，2022 年，64.9%的日本企业预计海外经营盈利，相较于 2021 年提升 1.9 个百分点，与疫情前 2019 年的 65%的水平相近，预计亏损仅占 17.6%。分行业来看，受新冠疫情的持续影响，酒店、旅游、零售、饮食等行业企业的亏损比例依然较高，在制造业中，汽车零部件等企业的亏损比例较高。分地域来看，除了东北亚外，日本企业海外盈利水平有所改善。其中，日本企业在中国的盈利状况不佳，在中国内地的日本企业的盈利比例为 64.9%，相较于 2021 年下降 7.3 个百分点，在中国香港的日本企业的盈利比例为 62.9%，下降了 8.4 个百分点。但是，在东盟，日本企业的盈利比例超过 60%，在印度已超过 70%。日本国际协力银行的日本制造业企业海外经营情况调查数据显示，2022 年，日本制造业企业的海外经营继续复苏，其中，日本制造业企业的海外销售比例恢复至疫情前水平，海外生产比例预计在 2025 年前后恢复至疫情前水平。

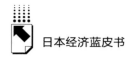

第二，对于未来海外业务发展，越来越多日本企业表示将扩张现有业务，但是，对象国及地区出现变化。日本国际协力银行的日本制造业企业海外经营情况调查数据显示，关于中期有可能开展业务的国家和地区，经济持续复苏的印度的得票率为40.3%，时隔三年重回榜首，受疫情影响，加之中美竞争持续加剧，中国的得票率为37.1%，相较于2021年下降近10个百分点，是自2007年调查以来的最低水平，但是仍居第二位。美国的得票率为32.2%，与2021年的32.8%相近。东盟各国排名的变化基本上不大。越南的得票率为28.9%，相较于2021年的30.4%有所下滑，但是仍居第四位。泰国和印度尼西亚的得票率分别为23.2%及21%，相较于上年有所提升，分别居第五、第六位。马来西亚的得票率则从2021年的7.8%增至8.4%，从2021年的第九位提升至2022年的第七位。

关于开展业务的理由和面临的问题，在选择有可能在中国开展业务的日本企业中，67.2%的企业认为开展业务的理由是当地市场的未来成长性，64.2%的企业认为是当地市场的现有规模，不同于上年情况，日本企业更看重中国市场的现有规模。对于在中国经营面临的问题，63.8%的企业认为面临的问题是劳动力成本上升，59.2%的企业认为是与其他企业竞争激烈，劳动力成本较高及同行竞争压力较大依然是日本企业在华经营面临的最重要的两个难题。选择有可能在印度开展业务的日本企业中，更多企业开展业务的理由是当地市场的未来成长性，比例高达85.5%，43.4%的企业认为是当地市场的现有规模，31%的企业认为是廉价的原材料等；对于在印度经营面临的问题，38.8%的企业认为面临的问题是法规运用不透明，37.3%的企业认为是与其他企业竞争激烈。在选择有可能在美国开展业务的日本企业中，73%的企业认为开展业务的理由是当地市场的现有规模，55.7%的企业认为是当地市场的未来成长性，37.4%的企业认为是当地完善的基础设施条件；对于在美国经营面临的问题，65%的企业认为面临的问题是劳动力成本上升，59%的企业认为是与其他企业竞争激烈，24%的企业认为是管理型人才难以保证等。在选择有可能在越南、泰国、印度尼西亚、马来西亚等东盟国家开展业务的日本企业中，开展业务的理由主要是市场的未来成长性、市场的现有规模、廉价劳动力、可作为加工组装和出口基地等，面临的问题主要是法规运用不透明、与其他企业竞争激烈、劳动力成本上升、管理型人才难以保证以及基础设施不完善等。

第三，调整供应链及推进经营当地化、脱碳化继续成为日本企业开展海外业务的重点。日本贸易振兴机构的海外日系企业调查和日本国际协力银行的日本制造业企业海外经营情况调查数据显示，新冠疫情以来，由于原材料成本上升、运输费用高涨等，日本企业更为重视重新评估供应链，六成左右的制造业企业将重新审视供应链限制，杜绝将供应风险纳入经营重点。而且，57.5%的企业对采购对象进行重新评估，这包括原材料、零部件的当地采购环节。在销售环节的评估中，强化面向当地市场的销售成为战略主轴。对于日本企业来说，重新审视采购战略的主要理由是原材料费用高涨，以及由物流迟滞、销售商停止经营等引起的供应链中断风险。重新审视销售战略的主要理由是物流费高涨，特别是在法国和荷兰。除此之外，日本企业有序推进脱碳化进程。根据日本贸易振兴机构的海外日系企业调查数据，2022年度，推进脱碳化的日本企业占比为42.4%，相较于上年提高近10个百分点。相较于中小企业，大企业推进脱碳化经营更为迅速，50.9%的大企业表示正处在脱碳化进程中。相较于非制造业企业，制造业企业在脱碳化经营中更为积极，特别是70%左右的汽车企业表示已经在努力推进脱碳化。相较于其他地区，在欧洲经营的日本企业更为重视推进脱碳化。日本国际协力银行的日本制造业企业海外经营情况调查数据显示，80%左右的被调查制造业企业在经营海外业务方面考虑可持续发展，强烈希望拓展海外业务的企业、重视地缘政治风险影响的企业更为关心可持续发展，对脱碳化更为关注，75%的被调查制造业企业表示已经开展脱碳化工作，而且，企业的脱碳化进程加快有助于提升其海外影响力，树立更好的形象。

三　2022年日本的区域经济合作动向

2022年，日本的区域经济合作及自贸区建设乏善可陈，在俄乌冲突、中美博弈等诸多因素影响下，日本对外经济交往受地缘政治影响加剧。

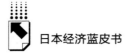

第一，俄乌冲突导致日俄经贸关系断崖式下滑。2014 年以来，俄罗斯与以美国为首的西方国家的博弈及对抗不断加剧。最初，这种俄罗斯与西方国家在制裁与反制裁中的博弈及对抗并没有深刻影响到日俄经贸关系。特别是，在美国与欧盟等对俄罗斯实施制裁与孤立政策的背景下，俄罗斯经济外交战略不断调整，由欧洲优先向亚太优先特别是以东亚地区为主转变，而由于领土争端问题，日本一直希望通过促进日俄经济交往以助力解决领土争议问题①。在此背景下，日俄经济合作关系在博弈中发展变化。2013 年 4 月，安倍晋三在第二次出任日本首相仅 4 个月后便正式访问俄罗斯，在此之前，日本首相对俄正式访问已中断十余年之久。安倍晋三表示日俄关系是"最有发展前景的双边关系之一"。2016 年 5 月，日俄两国首脑在索契举行会谈，普京表示日本是俄罗斯在亚太地区的重要合作伙伴，并希望保持高水平双边关系。在此背景下，日俄经贸活动得到一定促进，如 2016 年 12 月普京访日期间，日俄就能源等 8 项经济合作具体内容达成协议。俄罗斯对外贸易网数据显示，2021 年，日俄贸易额约为 198.7 亿美元，同比增长 20%以上。但是，随着 2022 年俄乌冲突加剧，日本在金融、贸易领域追随美欧等加大对俄制裁力度。在金融领域，阻止俄罗斯在 IMF、世界银行等主要多边金融机构获得融资，限制与俄罗斯中央银行的交易，冻结俄罗斯联邦储蓄银行等 11 家金融机构在日本的账户，参与将俄罗斯特定银行剔除出环球同业银行金融电讯协会管理的国际资金清算系统（SWIFT）及将俄罗斯从国际金融体系和世界经济中分离出去的措施，禁止俄罗斯政府在日本发行并流通新的主权债券，导入禁止向俄罗斯进行新投资的措施等；在贸易领域，取消其"最惠国待遇"，禁止从俄罗斯进口机械类产品、部分木材、伏特加等，禁止向俄出口基于国际协议的管制清单品种、半导体等通用产品、尖端产品、炼油设备等，降低对俄罗斯能源的依赖，分阶段减少或禁止从俄罗斯进口煤炭及石油等。日本松下、三菱、日立、丰田等诸多企业也停止向俄供货或退

---

① 张文锋、刁秀华：《俄罗斯"东向战略"下日俄经济外交和经济关系的调整》，《现代日本经济》2019 年第 1 期，第 67~78 页。

出当地业务。尽管日本在天然气、液化天然气方面难以与俄完全脱钩，但是日俄经贸关系已然断崖式下滑。

第二，日本对外经贸合作受地缘政治影响增多。特别是，随着中美博弈加剧，日本追随美国对华科技围堵的倾向愈加明显。无论是通过美日印澳"四边机制"，还是积极参与美国组建的"芯片四方联盟"（Chip4）、"印太经济框架"（IPEF）等，日本以实际举动如加强出口管制、重视与欧美等国科技合作及经贸交往等，不断追随美国的对外科技战略，在美国对华科技围堵中发挥愈加明显的作用。例如，2022 年 5 月，美日举行首脑会谈，在联合声明中指出，将加快在网络、航天及新兴技术领域的合作，并明确将设立新一代半导体开发的共同特别调查委员会和工作小组，促进经济安全保障合作等。2022 年 7 月，美日首次"经济版 2+2"（外长级与商务部长级官员）会谈在华盛顿召开，制订了包括强化新一代半导体、确保供应链安全等四项内容的行动计划。2022 年 10 月，日本与澳大利亚签署新的《日澳安全保障联合宣言》，表示将加强在网络、太空、重要新兴技术、电信等领域的合作，构建包容且透明的制度、规范及标准等，并将各自深化与美国的同盟关系，切实加强两国安全与防务合作等。2022 年 11 月，《日本经济新闻》对日本制造业企业进行问卷调查，结果显示，有一半以上的受访企业表示从中国采购零部件面临的风险有所提高，并表示将降低从中国采购原材料及零部件等的比例。从所属行业来看，表示减少自华采购的企业多集中在机械行业，汽车、化学行业，电机行业。另外，对于日本制造业企业来说，在华采购占比为 5%~20% 的企业最多，占被调查企业的 34%。尽管在被调查企业中，高达 38% 的企业对自华零部件、原材料等采购依赖度在八成以上，但是很多企业表示将逐步通过选择替代性供应商、采购替代性商品等降低对华供应链依赖①。日本国际协力银行的日本制造业企业海外经营情况调查数据显示，85% 的被调查企业认为地缘政治风险对其海外业务开展的影响"非常

---

① 「中国調達「下げる」5 割、代替先 9 割日本　100 社に聞く」、『日本経済新聞』、2022 年 12 月 1 日、https://www.nikkei.com/article/DGXZQOUC183B50Y2A111C2000000/。

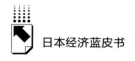
重要"或"重要",其中,大企业对地缘政治风险的敏感度更高。而且,与 2021 年相比,拓展在华业务的企业比例下降,而拓展在美业务的企业比例上升,日本企业从重视在华经营向重视在美经营转变。

四　日本对外经济关系展望

整体来看,2022 年,日本对外经济关系的表现明暗相间,在对外贸易方面的表现并不乐观,贸易逆差大幅增加,出现 2010 年以来的最大值;在对外投资方面,尽管基于累计投资量的投资收益有所增加,但是,2022 年前三季度,投资流量降幅明显,投资动力有待提升;在区域经济合作方面,日俄经贸关系断崖式下滑,受中美竞争加剧影响,日本企业在华经营出现消极动向,但是,日本企业拓展海外业务的积极性有所上升。随着世界各国经济社会活动的恢复,过去被压抑的市场需求得以释放,但是,全球通胀率或继续保持较高水平,加之俄乌冲突、中美博弈等地缘政治风险提升,日本对外经济发展仍存在一定不确定性。

在对外经济关系方面,尽管新冠疫情的影响逐渐减弱,但是俄乌冲突、地缘政治风险、逆全球化带来的负面影响不断扩大,短期来看,世界经济前景的不确定性提升,依赖国际市场的日本的对外经济发展受到一定影响。根据日本经济产业省的研究报告,未来日本对外经济政策方向主要是:在坚持加强与欧美、新兴国家及发展中国家合作,推动国际秩序、国际规则构建以及弹性应对外界风险的基本立场上,维护和强化多边贸易体制,加强与拥有共同价值观的志同道合国家的合作以促进解决气候变化、人权、数字化领域的课题,在 CPTPP、RCEP、IPEF 等框架下深化区域经济关系并推动采取经济安全保障举措等①。其中,塑造稳定、安全、降低对华依赖的区域供应链是日本对外经济交往的重点。一方面,日本积极推进与欧美及其他资源丰富

---

① 日本経済産業省「対外経済政策を巡る最近の動向通商政策局·貿易経済協力局~地殻変動が進む世界情勢と日本の立ち位置~」、https：//www.meti.go.jp/shingikai/sankoshin/ tsusho_ boeki/pdf/009_ 02_ 00. pdf。

的国家的经贸合作，以提高其全球供应链的稳定性及韧性。2022 年 7 月 20 日，美国、欧盟、英国、法国、德国、日本及韩国等 18 个经济体在召开"2022 年供应链部长级论坛"后发表《关于全球供应链合作的联合声明》，承诺共同应对近期的运输、物流和供应链中断及瓶颈问题，并提出基于透明度、多元化、安全及可持续性等原则加强供应链合作，提高供应链韧性。2022 年 12 月，美国、加拿大、澳大利亚、法国、德国、日本及英国 7 个国家联合发起"可持续关键矿物联盟"，旨在强化关键矿物供应链合作，在全球推动矿产开采可持续发展，建立具有社会包容性及负责任的关键矿物供应链。另一方面，随着中美博弈进一步深化，日本借助美国优势与中国争夺区域经济主导权的表现将更加突出，在中美科技竞争中站队美国的举动增多。对于日本来说，其更倾向于维持美国主导的世界经济体系，并在此基础上谋求更多的经济利益，尽管其科技实力依然强大，但是其国内对科技发展滞缓的担忧及批评不断，中国科技的快速发展也被其视为威胁自身世界经济地位的关键。为防范技术外流，日本追随美国加强出口管制。例如，在半导体领域，2022 年 10 月 7 日，美国发布对华出口管制新规，加强对中国半导体产业的遏制。根据此出口管制新规，美国厂商在没有政府许可的情况下禁止向华提供生产 14 纳米及以下节点芯片的设备，以及 18 纳米 DRAM 芯片及 128 层以上的 NAND 闪存芯片。2023 年 1 月底，根据彭博社、日本共同社等媒体报道，美国、日本及荷兰就限制对华出口先进芯片制造设备达成协议，将美对华芯片出口管制措施拓展至荷兰、日本的相关企业。三国并未公布协议内容，但该协议意义重大，意味着美国联合盟友对华科技围堵进一步落实。

总之，作为美国亚太地区最重要的盟国和中国周边地区最有影响力的国家，日本在中美关系互动中一直扮演重要角色，但是，日本的战略决策通常表现出浓重的机会主义和实用主义色彩，更希望化中美科技竞争带来的风险为机遇，实现自身利益最大化，这也意味着其对中美科技竞争中的"当局者"角色的考量更为复杂。

B.5
2022年的日本劳动力市场：震荡回暖[*]

许悦雷[**]

摘　要： 2022 年，日本劳动力市场总体呈现震荡回暖的特征，雇佣人数
持续增加，完全失业率继续下降，就业率震荡上升，但各行业的
就业恢复情况存在异质性。特别是受到疫情冲击之后，日本短期
劳动力市场表现出以正式雇佣和非正式雇佣共同承担劳动力市场
调节功能的特点。日本短期劳动力市场呈现的新特点表明日本劳
动力市场模式改变。此外，日本劳动力市场运行的底层逻辑在于
通过控制完全失业率的波动进而控制经济增长率的波动以保持经
济的相对平稳发展。从某种意义上说，新冠疫情是改变日本企业
雇佣惯例、提高劳动生产率的契机。日本劳动力市场的变化值得
持续关注与研究。

关键词： 正式雇佣　非正式雇佣　劳动力市场　日本　就业率

　　未来日本将迎来人口减少、老龄化更为严重的局面。据估计，到 2065
年日本总人口将跌破 9000 万人，老龄化率在 38% 左右，15～64 岁的劳动年
龄人口持续减少，日本劳动力供给将受到严重制约。[①] 伴随数字经济的发展

---

　　* 本文是基金项目 The Sumitomo Foundation Fiscal 2021 Grant for Japan-Related Research Projects
"Japan's Digital Economy, Labor Market and Policy Options" 的阶段性研究成果。
　　** 许悦雷，经济学博士，辽宁大学日本研究所副研究员，全国日本经济学会理事，主要研究
领域为经济改革与发展。
　　① 厚生労働省「令和 3 年版厚生労働白書」、https：//www.mhlw.go.jp/stf/wp/hakusyo/
kousei/20/。

与日本产业结构的变化，日本对于知识型人才、技术型人才、高端服务业人才的需求会越来越大。[1]

新冠疫情对劳动力市场造成了深远的影响。[2] 这种影响的主要表现在于就业率急剧下降、GDP 大幅下滑、非正式雇佣和受教育程度较低的劳动者受到的冲击更大[3]。新冠疫情对日本劳动力市场冲击最为严重的时期是 2020 年 4 月、5 月，所有类型企业的劳动时间都大幅减少，特别是零售、旅游和酒店业企业[4]。在此期间，劳动人口、就业人数和雇佣人数都大幅下降，非劳动力人数大幅增加，但总失业人数和总失业率没有明显增加或上升。此外，受到疫情的冲击，正式雇佣逐渐开始承担劳动力市场的调节功能。2022 年，日本劳动力市场总体呈现震荡回暖的特征，雇佣人数持续增加，完全失业率继续下降，就业率震荡上升，但各行业的就业恢复情况存在异质性。日本短期劳动力市场呈现的新特点值得深层次探究。

一　2022年日本劳动力市场的状况

2022 年，日本劳动力市场呈现震荡回暖的态势。2022 年 3 月日本疫情防控措施全部解除后，日本劳动力市场逐渐恢复。比起 2020 年新冠疫情对 2021 年日本劳动力市场造成的影响，此时没有那么严重，日本发布紧急事态宣言并实施相应措施，在一定程度上抑制了经济发展与社会活动，造成劳动力市场呈现反复波动、略有恢复的特征。与 2021 年相比，2022 年的日本

① みずほリサーチ&テクノロジーズ「IT 人材の最新動向と将来推計に関する調査/IT 人材に関する各国比較調査」，https：//www.mizuho - rt.co.jp/case/research/jinzai2016.html ［2023-02-24］。
② Coibion, Olivier, Yuriy Gorodnichenko, Michael Weber, "Labor Markets during the COVID - 19 Crisis: A Preliminary View," National Bureau of Economic Research, No. w27017, 2020.
③ Cortes, G. M., E. C. Forsythe, "The Heterogeneous Labor Market Impacts of the Covid - 19 Pandemic," Upjohn Working Papers and Journal Articles, 2020.
④ Bartik, Alexander W., Marianne Bertrand, Feng Lin, Jesse Rothstein, Matt Unrath, "Measuring the Labor Market at the Onset of the Covid-19 Crisis," NBER Working Paper Series, No. w27613, 2020.

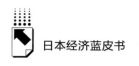

劳动力市场持续向好体现在如下几个方面。

一是日本劳动力市场逐渐恢复。2022 年日本劳动力市场的基本情况是雇佣人数为 6041 万人，比 2021 年增加 25 万人（见图 1）。其中男性为 3276 万人，比 2021 年减少 2 万人，女性为 2765 万人，比 2021 年增加 26 万人。2022 年，完全失业人数为 179 万人，比 2021 年减少 16 万人。其中男性为 107 万人，比 2021 年减少 10 万人，女性为 73 万人，比 2021 年减少 5 万人。2022 年，完全失业率为 2.6%，比 2021 年下降 0.2 个百分点（见图 2）。其中男性完全失业率为 2.8%，比 2021 年下降 0.3 个百分点，女性完全失业率为 2.4%，比 2021 年下降 0.1 个百分点。2021 年，劳动力市场呈现震荡且略有恢复的特征。2021 年完全失业率与 2020 年持平，为 2.8%，有效求人倍率同比下降 0.05，达到 1.13 倍。2021 年，日本经济有所恢复，社会活动逐渐增加，但仍然受到新冠疫情的影响。总体来看，2021 年劳动力总人口为 6907 万人（比上一年增加 5 万人），就业人数为 6713 万人（比上一年增加 3 万人），雇佣人数为 6016 万人（比上一年增加 11 万人），完全失业人数为 195 万人（比上一年增加 3 万人），非劳动力人数为 4171 万人（比上一年减少 26 万人），休业者人数为 208 万人（比上一年减少 50 万人）。从雇佣人员判断 D. I. 来看，无论是制造业还是非制造业，无论是大企业还是

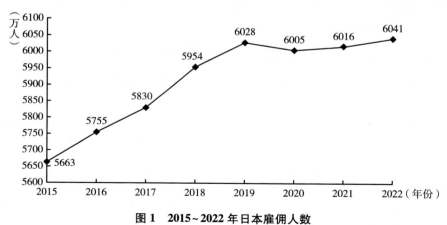

图 1　2015~2022 年日本雇佣人数

资料来源：総務省統計局「労働力調査（基本集計）2022 年」、https：//www.stat.go.jp/data/roudou/sokuhou/nen/ft/index.html。

中小企业都在 2022 年出现了人手不足的预期。这表明日本劳动力市场开始逐渐回暖，现有失业多为摩擦性失业。此外，根据日本总务省的《劳动力调查》，2021 年的就业者占 15 岁以上人口的比例为 60%，就业者当中大致 50% 为正式雇佣，30% 为非正式雇佣，剩下的为自营业主等。

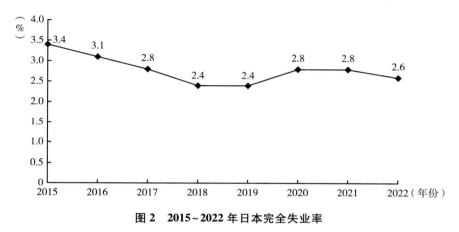

图 2　2015～2022 年日本完全失业率

资料来源：総務省統計局「労働力調査（基本集計）2022 年」、https：//www.stat.go.jp/data/roudou/sokuhou/nen/ft/index.html。

二是日本就业率震荡上升。从就业率来看，2022 年男女平均就业率为 60.9%，与 2021 年相比上升了 0.5 个百分点（见图 3）。分性别来看，男性就业率上升至 69.4%，女性就业率上升至 53.0%。15～64 岁年龄组的就业率平均为 78.4%，比 2021 年增加 0.7 个百分点。2019 年之前，所有年龄组的女性和 15～24 岁、60 岁以上年龄组的男性的劳动力就业率都呈上升趋势。当时的日本劳动力市场就业状况良好，产生了人手不足的问题。然而，受到新冠疫情的冲击，2020 年的劳动力就业率有所下降，特别是女性组。2021 年后半期，由于疫苗接种措施取得进展，劳动力就业率有所恢复。2021 年的劳动力就业率比上一年增加 0.1 个百分点，男性和女性平均就业率为 60.4%；按性别划分，男性就业率下降了 0.2 个百分点，为 69.1%，女性就业率增加了 0.4 个百分点，为 52.2%。比较而言，尽管新冠疫情对女性就业的冲击更为严重，但女性就业率的恢复速度快于男性。

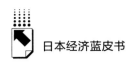

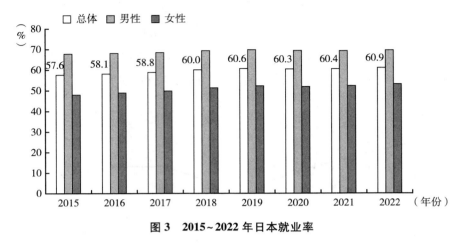

图 3   2015～2022 年日本就业率

资料来源：総務省統計局「労働力調査（基本集計）2022 年」、https：//www. stat. go. jp/ data/ roudou/ longtime/03roudou. html。

三是非劳动力人口继续减少，休业人数继续增加。疫情对日本劳动力市场的冲击主要反映为非正式雇佣的变化，另外，非劳动力人口的增加也反映出日本劳动力市场面对冲击的调整方式。自 2020 年 4 月日本发布第一次紧急事态宣言以来，非劳动力人口特别是女性非劳动力人口有所增加，但在 2020 年下半年呈下降趋势。2021 年，男性 25～34 岁年龄组和 35～44 岁年龄组的非劳动力人口出现增加趋势，但增长幅度低于 2020 年。总体来看，2021 年男性平均水平与 2020 年持平，女性平均水平低于 2020 年，65 岁以上年龄组呈现增加趋势。2022 年非劳动力人口比 2021 年减少 43 万人，达 4128 万人（见图 4）。受疫情冲击，日本非劳动力人口表现出持续下降的态势，冲击的对象以女性为主，基本集中在年轻者和高龄者年龄组。图 5 反映了日本休业总人数的变化。受到疫情的冲击，休业总人数变化较大。2022 年日本休业总人数达 213 万人，比 2021 年增加 5 万人。2021 年比 2020 年减少 50 万人，为 208 万人。分产业情况来看，2022 年休业人数变化较为明显的是"医疗福祉业"，增加 6 万人，为 34 万人；"制造业"增加 3 万人，为 23 万人；"住宿餐饮服务业"减少 9 万人，为 16 万人。

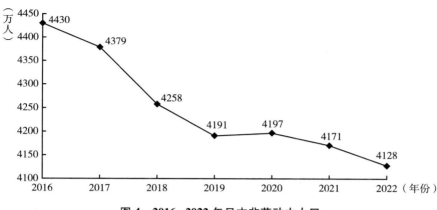

图4 2016~2022年日本非劳动力人口

资料来源：総務省統計局「労働力調査（基本集計）2022年」、https：//www.stat.go.jp/data/roudou/sokuhou/nen/ft/index.html。

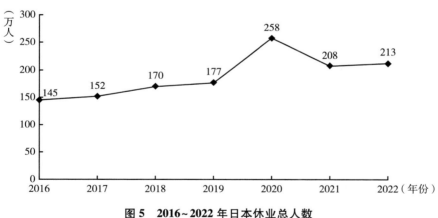

图5 2016~2022年日本休业总人数

资料来源：総務省統計局「労働力調査（基本集計）2022年」、https：//www.stat.go.jp/data/roudou/sokuhou/nen/ft/index.html。

　　四是各行业就业恢复情况呈现明显的异质性，"信息通信业"持续向好。分行业来看，一方面，"医疗福祉业"、"信息通信业"和"其他服务业"在2022年的就业人数增加明显。"医疗福祉业"在2022年的平均就业人数为908万人，与2021年相比增加了17万人；"信息通信业"为272万

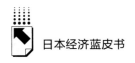

人，比 2021 年增加 14 万人；"其他服务业"为 463 万人，比 2021 年增加 11 万人。另一方面，"批发零售业"却出现了较为明显的就业人数减少情况。2021 年的就业情况是"建设业""为企事业单位服务业""信息通信业"就业状况不断改善，受到新冠疫情冲击最大的"住宿餐饮服务业"、"对个人服务业"以及"运输邮政业"受到断断续续的营业时间缩短以及行动限制的影响，就业状况持续低迷。

二 日本劳动力市场短期呈现的特点

受新冠疫情的冲击，日本劳动力市场短期呈现以正式雇佣和非正式雇佣共同承担劳动力市场调节功能的特点。也就是说，与之前的日本劳动力市场相比，现在的劳动力市场调整成本与代价不仅由非正式雇佣承担，也由正式雇佣承担。就这个角度而言，正式雇佣变得比之前更富有弹性，与非正式雇佣共同承担劳动力市场的调节功能。当然，相对而言，依旧是非正式雇佣承担的成本与代价更大。这也是新冠疫情中日本劳动力市场凸显出的一大特征。根据 NHK 和独立行政法人劳动政策研究·研修机构（JILPT）对 6.8 万名雇佣者实施的大规模全国调查，2020 年 4 月以后的约 7 个月内经历解雇和劳动时间锐减的情况是，正式雇佣占 16.7%，非正式雇佣占 33.0%。此外，从 2020 年 7~9 月的就业人数来看，非正式雇佣减少了 125 万人，而正式雇佣却增加了 45 万人，两极化倾向十分明显。这体现出正式雇佣与非正式雇佣共同调节市场但承担调节功能方式存在差异的特点。

（一）正式雇佣对劳动力市场功能调节的特点

一是，非自愿、非正式雇佣比例减少，不断降低正式雇佣劳动力市场的摩擦程度。疫情冲击之后，非自愿、非正式雇佣的比例呈继续下降的趋势。非自愿、非正式雇佣是指其从事目前工作的主要原因是没有找到合适的正式雇佣工作。这个指标在一定程度上可以反映日本正式雇佣劳动力市场的摩擦程度。自 2013 年起，日本非自愿、非正式雇佣比例呈现上升趋势，但疫情冲击之后，该比例从 2013 年第一季度的 19.9% 大幅下降至 2021 年第四季度的 10.6%，正式雇佣劳动力市场就业摩擦的情况得以改善。

二是，女性正式雇佣数量增加平缓，劳动力市场波动。自 2015 年起，女性正式雇佣数量持续增加。受到疫情冲击之后，2020 年，女性非正式雇佣数量的减少最为明显，但在 2021 年 3 月之后女性正式雇佣数量开始增加。2021 年男性正式雇佣数量增加 0.3%，女性正式雇佣数量增加 0.8%。2022 年正式雇佣有效求人倍率为 1.28 倍，比 2021 年有较大增长。2022 年正式雇佣数量平均为 3597 万人，与 2021 年相比增加了 1 万人。男性正式雇佣数量为 2348 万人，比 2021 年减少了 14 万人，减少幅度为 0.4%，女性正式雇佣数量为 1250 万人，比 2021 年增加了 16 万人，增加幅度为 0.2%。与 2019 年相比，2022 年女性正式雇佣比例由 20.7% 上升到 22.1%。新冠疫情之后，日本劳动力市场表现出女性正式雇佣的增加比例显著高于男性正式雇佣的特征。

三是，以基础工资变动幅度很小、临时工资和特别工资变动幅度较大的方式调节企业的劳动力成本。通常，日本劳动者的劳动时间分为基础劳动时间和临时劳动时间两个部分。基础工资是支付给劳动者的基本工资，在短时间内不会有大幅度的增减。但临时工资随着临时劳动时间的变动而增减，因此其可以在一定程度上反映企业的经济活动状况。此外，特别工资也能够在一定程度上反映企业的业绩及经营活动。特别工资一般是指奖金（夏季与冬季）、各种津贴以及由于突发理由而进行的工资支付。2013~2019 年，正式雇佣的临时劳动时间呈波动状态，基础劳动时间从 2018 年开始减少。2020 年，受到疫情冲击，正式雇佣的基础劳动时间和临时劳动时间都大幅减少。2021 年，新冠疫情对日本经济社会活动的影响趋弱，基础劳动时间和临时劳动时间都有所增加。从工资情况来看，正式雇佣的现金给付额在 2013~2019 年处于增加状态，主要原因是日本企业收益在这一段时间表现较好，特别工资增加。2014 年以后，尽管临时劳动时间有所减少，但临时工资并没有太大的增减。2020 年，受新冠疫情影响，基础工资小幅减少，临时工资大幅减少，具体数值为正式雇佣基础工资同比减少 0.2%，临时工资同比减少 8.7%，特别工资同比减少 5.7%。2021 年，正式雇佣基础工资同

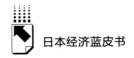

比增加 0.3%，临时工资同比增加 6.0%，特别工资同比减少 0.5%。2022年，所有类型的工资都呈现增加趋势，正式雇佣基础工资同比增加 1.9%，临时工资同比增加 2.8%，特别工资同比增加 7.6%。这表明，正式雇佣的临时工资与特别工资的变动幅度远大于基础工资。

（二）非正式雇佣对劳动力市场功能调节的特点

一是，通过不断增减确保劳动力市场的相对稳定，其中女性、年轻者和高龄者承担的市场调节功能更多。其一，从雇佣形态来看，疫情冲击前，男性和女性的非正式雇佣数量都在增加，女性的增幅尤其大。2020年，新冠疫情蔓延、经济增速放缓对非正式雇佣产生较大的冲击，导致男性和女性的非正式雇佣数量大幅减少。2021年，男性和女性的非正式雇佣数量减少了25万人，达到2075万人。2022年，非正式雇佣增加26万人，达2101万人。其中，男性为669万人，增加16万人；女性为1432万人，增加10万人。非正式雇佣正是通过这种不断增减以保持日本劳动力市场的相对稳定。女性是非正式雇佣的主要构成部分，占非正式雇佣的比例达68.2%。那么，女性选择非正式雇佣的原因是什么呢？根据日本总务省的《劳动力调查》，2021年"因为需要在自己方便的时候工作"而选择非正式雇佣的女性数量开始增加，"因为更容易平衡家务、育儿和护理"而选择非正式雇佣的女性数量减少。这表明，女性选择非正式雇佣的主要原因在于需要工作时间的灵活性和弹性，日本非正式雇佣劳动力市场不断朝着健康化方向发展。其二，年轻者和高龄者失业率相对明显。截至2018年，日本男性和女性的完全失业率都呈现下降趋势，尤其是15~24岁年龄组的完全失业率下降最为明显。2020年，由于新冠疫情的影响，男性完全失业率为3.0%，女性完全失业率为2.5%。女性完全失业率比男性低的主要原因是女性中有7万人转变为非劳动力人口，而男性极少转变为非劳动力人口。2021年，从年龄分组来看，男性34岁及以下年龄组、55~59岁年龄组和65~69岁年龄组的完全失业率上升明显，女性的情况是34岁及以下年龄组、55岁及以上年龄组的完全失业率上升明显。这反映出年轻和高龄失业者较多。从完全失业的原因来看，在2013~2019年的非自愿失业的原因中，"由于工作地点和事业"以及"退休年龄或就业合同到期"呈下降趋势，但2020年"由于工作地点和事业"的增加幅度明显。2021年，"由于工作地点和事业"以及"退休年龄或就业合同到期"导致的完全失业人数大致与2020年持平。这表明，受到疫情冲击，非自愿失业的主要原因在于企业方，非正式雇佣者会优先被企业调整或解聘，其承担劳动力市场相对较多的调节功能。

二是，以基础工资小幅上升、临时工资减少的方式调节企业的劳动力成本。从临时劳动时间来看，2013~2017年大致持平，但所谓"工作方式改革（同工同酬）"在2018年以后出现减少趋势。从基础劳动时间来看，2013年之后，非正式雇佣的基础劳动时间出现减少趋势，主要原因是这段时间内的劳动时间较短、月出勤日数较少的非正式雇佣高龄者大幅增加。2020年，受新冠疫情的冲击，非正式雇佣的基础劳动时间与临时劳动时间均大幅减少，特别是临时劳动时间的减少幅度更为显著，非正式雇佣群体的收入大幅下滑。JILPT于2020年8月进行的全国调查显示，收入锐减的人群中非正式雇佣、女性等群体的比例较高。具体而言，女性减少比例（11.8%）比男性减少比例（9%）高2.8个百分点，非正式雇佣减少比例（16.0%）比正式雇佣减少比例（8.1%）高7.9个百分点。另外，根据NHK和JILPT在2020年11月中旬前后进行的调查，"住宿餐饮服务业"的雇佣者收入下跌比例最高，达到13.1%。该行业中的大部分雇佣者为非正式雇佣女性，新冠疫情导致工资下降的主要压力集中在非正式雇佣女性身上。2021年的情况与2020年类似，非正式雇佣的基础劳动时间与临时劳动时间依旧减少。2022年，非正式雇佣的劳动时间大致与2021年保持一致。从非正式雇佣的现金给付额来看，2013~2019年呈现缓慢增加的态势。这期间现金给付额的变化主要来源于基础工资的变化，非正式雇佣的基础劳动时间有所减少，但基础工资增加，这在一定程度上反映出非正式雇佣的待遇有所改善。2020年，基础工资、临时工资都大幅减少；2021年，临时工资继续减少，基础工资增加，但非正式雇佣的现金给付额小于2020年。总体来看，非正式雇佣的基础工资小幅增加，临时工资仍具有减少的倾向。

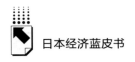
（三）以正式雇佣与非正式雇佣内部与之间相互流动的方式调节劳动力市场

无论何种雇佣形态，整体而言，日本的劳动力流动逐渐频繁。从劳动力流动的各种指标来看，女性、非正式雇佣离职人数呈现增加趋势，男性以及正式雇佣劳动力的流动逐渐活跃，并且学历较高的雇佣劳动力的流动相对更频繁。这表明，正式雇佣与非正式雇佣内部及之间相互流动的活跃度增加，以确保日本劳动力市场保持一定的弹性。

受新冠疫情的影响，日本劳动力流动表现出明显的异质性。其一，各年龄组表现出明显的差异性。从调转工作总人数来看，2012~2019 年处于上升趋势，2020~2021 年转为下降趋势。下降的原因在于，受疫情影响，劳动者变得相对保守以尽量维持已有工作。比如，因"要寻找更好的工作"而离职的人数在 2020 年和 2021 年都大幅减少。2022 年的劳动力流动水平大体与 2021 年一致。从年龄组来看，25~34 岁以及 35~44 岁年龄组的转职率在 2022 年以后开始有所提升。值得关注的是，近年来，45 岁以上的中年人的数量在转职者总人数中所占比例逐年提高，2021 年基本达到 40%[①]。其二，产业间劳动力流动差异明显。2019~2021 年，伴随整体劳动力流动数量的减少，除"信息通信业"以外的多数产业间的劳动力流动数量减少。具体而言，"制造业""住宿餐饮服务业"的减少幅度相对较大，"医疗福祉业""信息通信业"的减少幅度相对较小。从劳动力是相同产业间流动还是不同产业间流动来看，"医疗福祉业""制造业""住宿餐饮服务业"在同一产业间流动的比例较高，而"其他服务业""生活相关服务娱乐业""运输邮政业"在不同产业间的流动比例较高。对于正式雇佣，"零售业""生活相关服务娱乐业"等产业的劳动力流动总数减少，"信息通信业""社会保险、福祉、介护业"女性入职者增加。对于非正式雇佣，"信息通

---

① 「40～50 代の転職、増加傾向　即戦力、紹介サービス多様に」、日本时事通讯社、https：//www.jiji.com/jc/article？k=2023021100358&g=eco［2023-02-21］。

信业"的女性跳槽入职者大幅增加，"运输邮政业"的男性跳槽入职者大幅增加，"社会保险、福祉、介护业"的女性离职者增加。其三，企业规模不同，转职情况存在差异。企业规模越小，跳槽入职者比例就越高，当然，大企业也出现上升趋势。2020年，无论企业规模，跳槽入职者占入职者的比例达50%。其四，非正式雇佣的流动比例远高于正式雇佣。根据《全国就业实态面板调查2021》，非正式雇佣的转职经历的比例要高于正式雇佣，女性的转职经历要高于男性。伴随正式雇佣年数增加，女性转职经历的比例上升，正式雇佣年限在10~19年以及20年及以上的男性的转职比例相对较高。这在一定程度上表明，正式雇佣的转职者呈现增加趋势。另外，对于从非正式雇佣转为正式雇佣的情况，男性34岁以下、女性54岁以下年龄组近年来逐渐明显，即过去承担日本劳动力市场调节功能的青年男性与女性（主要是非正式雇佣者）逐渐开始转为正式雇佣者，由其所承担的劳动力市场调整的成本与代价逐渐减少。这也从侧面反映出日本劳动力市场改革取得一定成效，一些非正式雇佣者转变为正式雇佣者后，由过去的劳动力市场的主要调节者变成辅助调节者。

此外，值得一提的是，女性由于劳动条件或者家庭原因而转职的情况开始变多，从正式雇佣者转为非正式雇佣者的情况也较多；女性从非正式雇佣者转为正式雇佣者后的升职比例低于男性。但不论怎样，日本劳动力市场短期呈现如下特点：其一，能够进一步增强日本劳动力市场的弹性与韧性，保持日本劳动力市场的一定流动性，促进日本劳动力市场健康发展；其二，非正式雇佣待遇的逐渐提高，能够相对降低正式雇佣与非正式雇佣之间的不公平性，缓解正式雇佣与非正式雇佣之间的矛盾，防止日本社会贫富差距拉大；其三，可以在一定程度上缓解日本年轻人结婚率低下与少子化问题，减轻年轻人的生活压力。

三　日本劳动力市场的深层次原因分析

基于上述分析，本部分内容主要回答如下两个问题。一是为什么日本劳

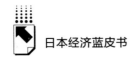

动力市场近期呈现上述特点，二是为什么日本劳动力市场的完全失业率总是
保持在较低水平。

（一）日本劳动力市场模式发生变化

日本劳动力市场之所以呈现上述特点，主要原因在于日本劳动力市场的
模式发生了转变，由原来的以非正式雇佣承担调节功能的内部劳动力市场模
式转变为以正式雇佣和非正式雇佣共同承担调节功能的外部劳动力市场模
式。根据《现代劳动关系辞典》，劳动力市场模式指由社会经济形式决定的
劳动力市场的形式。劳动力市场通常有三种模式——计划调节模式、计划与
市场共同调节模式、市场调节模式。综观日本劳动力市场模式的历史变化，
可以根据劳动力雇佣形态与调整方式将日本劳动力市场模式划分为三种类
型。第一种是企业内部劳动力市场模式，大致时间范围是二战后至日本经济
高速增长时期结束。第二种是非正式雇佣承担市场调节功能的内部劳动力市
场模式，时间范围为日本经济高速增长时期结束至 2019 年疫情发生之前。
第三种是非正式雇佣和正式雇佣共同承担市场调节功能的外部劳动力市场模
式。这种模式在日本劳动力市场受到新冠疫情冲击之后表现得更加明显。

1. 内部劳动力市场与外部劳动力市场理论

所谓内部劳动力市场是指存在于企业内部的劳动力市场，实际上是企业
内部的各种劳动合约与就业安排的制度总和①。内部劳动力市场理论是由美
国经济学家多林格尔（Doeringer）和皮奥雷（Piore）于 1971 年在著作《内
部劳动力市场与人力资源管理》中首次提出来的。他们指出，大工业中的
劳动力市场在初始雇佣时除了受到外部市场供求影响以外，其后有关劳动配
置、工资的决定等都在企业内部通过管理规则或惯例而进行，与外部劳动力
市场无关。内部劳动力市场理论的核心观点在于劳动力并不完全在外部劳动
力市场通过工资的竞争机制进行配置，内部劳动力市场本身属于一种管理单

---

① 张凤林、代英姿：《西方内部劳动力市场理论评述》，《经济学动态》2003 年第 7 期，第
69~73 页。

位，在运作时基于管理程序而非市场调节，最显著的特征是刚性。这种刚性具体表现为管理规则与惯例的强制性、雇佣关系的稳定性、工资决定以及晋升的原则性等①。就这个角度而言，内部劳动力市场的特征主要由企业的雇佣模式和惯性决定，劳动力的待遇基本由企业的规则制度决定，劳动力通常处于企业内部劳动力市场，所表现出来的形式就是劳动力流动较少，但都属于长期雇佣的范畴。

与之相对照，新古典经济学中论述的劳动力市场可以理解为外部劳动力市场。根据新古典经济学理论，劳动力资源的配置通过外部劳动力市场的竞争实现，当企业雇佣员工的边际生产力等于边际成本（工资）时，企业能够实现利润最大化。新古典经济学理论认为，在完全竞争的劳动力市场，劳动力供给与需求相等时，能够实现劳动力配置最佳效率。此时的工资率又被称为市场均衡工资率或市场出清工资率，也就是达到了帕累托最优。在市场出清状态下，从劳动力的需求方面看，工资等于边际劳动生产率；从供给方面看，工作和闲暇的边际替代率和工资相等，劳动生产率和工人的福利达到最大化，不需要通过重新配置劳动力而提高生产率，劳动者不需要改变就业情况而增加福利。但是，现实世界的劳动力市场并不是完全竞争劳动力市场，劳动供求双方所掌握的信息不完全、雇主和雇员的信息不对称、劳动力市场上供求双方存在异质性甚至存在诸如劳动力歧视等会导致非完全竞争劳动力市场形成。劳动力市场的非完全竞争性导致出现持续的失业现象和工资的刚性或黏性，从而影响劳动力配置效率。劳动力市场的运行结果（或绩效）不仅体现在劳动力配置效率上，还表现为工资、劳动报酬水平以及就业水平的波动，最终体现在个人收入分配状况上。就这个角度而言，劳动力市场既是配置劳动力要素的机制，也是影响工资形成、收入分配的重要因素。

2. 内部劳动力市场模式促进日本经济高速增长

就历史角度而言，日本企业内部劳动力市场是企业重要的经验管理特

---

① 张凤林、代英姿：《西方内部劳动力市场理论评述》，《经济学动态》2003年第7期，第69~73页。

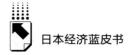

点，其在日本经济高速增长时期发挥了十分重要的作用。① 在日本经济高速增长时期，就宏观层面而言，可以把日本的劳动力市场分为企业内部劳动力市场与企业外部劳动力市场。当时，企业内部劳动力市场与企业外部劳动力市场表现出一定的隔离性。② 企业内部劳动力市场的主要特征为被人们所熟知的长期雇佣制、年功序列工资制以及企业工会。③

本文认为，企业内部劳动力市场模式之所以能够在日本经济高速增长时期对经济发挥重要作用，是因为企业内部劳动力市场的本质是一种由长期合约构成的就业安排。科斯曾经指出，市场的运作存在交易成本。企业内部劳动力市场的最大优势在于它是企业雇佣劳动力成本最低的一种模式。一般而言，由于市场经济存在信息不完全与不对称性，企业与雇员之间的短期或临时合约难以形成激励效应，机会主义却有可能成为普遍性的"理性行为"。对企业经济效率或者劳动效率而言，机会主义的负面影响显而易见。而企业内部劳动力市场则是一种长期合约，企业与雇员之间会进行重复博弈进而减少机会主义倾向。在这种重复博弈的过程中，信誉或声望将发挥明显的作用，当事人中的任何一方违约都会面临较高的成本。④ 综合来看，企业内部劳动力市场这一长期合约可以降低企业雇佣劳动力的成本、增强双方的激励效应、降低维持雇佣关系的管理与监督成本。这些都能够极大地提高企业的经济效率，为高速增长时期的日本经济做出重要贡献。

3. 内部劳动力市场模式逐渐转变为非正式雇佣和正式雇佣共同承担市场调节功能的外部劳动力市场模式

一旦日本整个宏观经济无法继续维持高增长率，经济处于下行周期、外部经济环境恶化时，企业内部劳动力市场模式的缺陷就会暴露无遗。当企业外部环境不佳、经济处于下行周期时，对于企业而言，内部劳动力市场的长

---

① 王德君：《日本内部劳动力市场研究》，《财经问题研究》2004 年第 5 期，第 83~86 页。
② 王德君：《日本内部劳动力市场研究》，《财经问题研究》2004 年第 5 期，第 83~86 页。
③ 王德君：《日本内部劳动力市场研究》，《财经问题研究》2004 年第 5 期，第 83~86 页。
④ 金仁淑：《日本内部劳动力市场衰败的理性分析》，《世界经济研究》2007 年第 12 期，第 78~81、88 页。

期雇佣模式与企业的经济效率之间就会发生矛盾。经济不景气意味着企业面临外部需求市场的收缩，这在客观上要求企业降低生产规模，从而减少对劳动力以及其他生产要素的投入。但是，内部劳动力市场的长期雇佣模式意味着企业内部劳动力不会轻易流出至企业外部，企业会形成工资的固化成本，在经济周期下行的情况下，企业必然面临削减成本的困难。自20世纪90年代以来，被概括为"终身雇佣制"的传统雇佣模式的绝对地位受到威胁，与之相对应的是非正式雇佣形态得到飞速发展。这一变化的出现使得日本劳动力市场模式逐渐发生转变。① 伴随日本经济陷入前所未有的萧条，企业内部劳动力市场模式遇到空前的挑战。面对经济全球化、区域一体化，日本企业不得不积极应对全球市场竞争，为此就必须提高经济效率。然而，日本企业在之前的经济萧条期间采用的企业内部劳动力市场调节方式均已失灵，比如压缩劳动时间、在企业内部或者关联企业之间转移劳动力等，无法解决企业的雇佣过剩问题。② 为了在经济发展中占据有利位置，日本各企业继续大量雇用非正式员工。③ 随着20世纪90年代泡沫经济破灭和终身雇佣制瓦解，日本企业为了降低用人成本，采取"减量经营"的策略，减少正式雇佣员工的数量，增加了对派遣劳动者、契约劳动者、临时劳动者等非正式员工的雇佣。企业内部劳动力市场模式濒临崩塌的边缘。

截至20世纪90年代，日本基本形成了以非正式雇佣承担市场调节功能的劳动力市场模式。这种模式意味着，通过非正式雇佣丧失大部分利益才能换取日本劳动力市场的有效性与弹性。该劳动力市场模式尽管能够促使日本劳动力市场保持相对稳定的雇佣状态和较低的失业率，但引发了一系列社会问题。首先，非正式雇佣员工的增加扩大了日本社会的贫富差

---

① 卢晶晶：《对日本企业雇佣制度的研究——以非正式雇佣为中心》，《现代经济信息》2016年第8期，第137~138页。
② 邢雪艳：《变化中的日本雇佣体系》，《日本学刊》2007年第2期，第109~122页。
③ 权彤、李晶：《日本非正式雇佣问题研究》，《洛阳师范学院学报》2015年第4期，第88~91页。

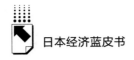

距。其次，男性结婚率下降，加剧了少子化问题。从婚姻角度来看，低收入和不稳定的工作使得非正式雇佣群体的结婚率很低，不婚、晚婚化倾向日益明显。再次，非正式雇佣人员的不断增加导致日本先进的工艺和技术无法实现顺利传承。最后，非正式雇佣人员的增加提高了日本犯罪率及自杀率。低收入的非正式雇佣人员在失去工作后，可能因缺乏生活保障而出现更多的犯罪行为，影响社会稳定。同时，由于面临巨大的生活压力，部分非正式雇佣人员陷入自暴自弃状态，因此可能走上自杀的道路。总体来看，以非正式雇佣承担市场调节功能的外部劳动力市场模式，尽管能够在经济上升时期弥补企业劳动力的不足，又能在经济衰退时期使企业随时解聘多余劳动力，具有很强的弹性，但该模式引发的后续社会问题越发严重，这加剧了日本劳动力市场模式的演化。

2020年日本进行了正式雇佣与非正式雇佣"同工同酬"的制度改革，加之新冠疫情的冲击、产业结构的调整、日本政府对维持劳动力市场较低水平完全失业率的追求，以及上述以非正式雇佣承担市场调节功能的劳动力市场模式引发的严重社会问题等一系列原因，日本劳动力市场模式持续发生变化，逐渐形成了以正式雇佣和非正式雇佣共同承担市场调节功能的劳动力市场模式。基于此，短期内，日本劳动力市场呈现正式雇佣和非正式雇佣共同承担调节功能的特点，尽管正式雇佣与非正式雇佣调节劳动力市场的特点存在差异。

（二）日本劳动力市场完全失业率较低的原因分析

无论是以非正式雇佣承担调节功能的内部劳动力市场模式，还是以正式雇佣和非正式雇佣共同承担调节功能的外部劳动力市场模式，都是日本劳动力市场化改革的结果，这两种劳动力市场模式的主要目标是控制完全失业率，尽量保持完全失业率处于较低水平。比如，2008年金融危机时期，日本完全失业率最高没有超过5%；受到新冠疫情冲击，2020~2022年，平均完全失业率为2.7%，大幅低于其他G7国家。2013~2022年，日本平均完全失业率仅为2.9%。那么，为什么日本劳动力市场模式的改革要以低水平的完全失业率为目标呢？本文参照 Balakrishnan 的方法[①]，根据奥肯法则采用下列方法对日本经济增长与完全失业率变动之间的关系进行分析，即：

$$\Delta u_t = \alpha + \sum_{i=0}^{p} \beta_i \Delta y_{t-i} + \sum_{i=1}^{q} \gamma_i \Delta u_{t-i} + \varepsilon_t \qquad (1)$$

公式（1）中 p 与 q 表示滞后阶数。由于公式中含有滞后项，这会使长期效应与短期效应不同。本文将重点关注完全失业率变动对经济增长影响的长期效应。对长期效应的计算参照公式（2），数据来源于《日本长期统计年鉴》和世界银行数据库 2012~2021 年数据。计算结果如图 6 所示。

$$\beta = \sum_{i=0}^{p} \beta_i \Big/ \Big(1 - \sum_{i=1}^{q} \gamma_i \Big) \qquad (2)$$

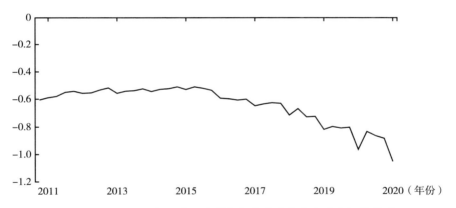

图 6 2011~2020 年日本经济增长与完全失业率变动之间的关系

通过图 6 可以发现，日本的劳动力市场模式改革以控制完全失业率为主要目标，是因为经济增长与完全失业率变动之间的关系的绝对值在不断增大。如果完全失业率波动变大，那么经济增长波动也会变大。就这个角度而言，日本劳动力市场模式演化的主要逻辑是通过控制完全失业率的波动，进而控制经济增长的波动以实现经济的相对平稳发展。

① Balakrishnan, R., "Unemployment Dynamics during Recessions and Recoveries: Okun's Law and beyond," *IMF World Economic Outlook*, 2010.

此外，与西方国家相比，以非正式雇佣承担调节功能的日本劳动力市场模式虽能维持较低失业率，却造成了较低的工资增长率。[①] 根据 OECD 的数据，如果将 1991 年的工资定义为 100，那么 2020 年日本的名义工资为 111.4，实际工资为 103.1，在 G7 当中，其工资增长率处于最低水平。通过 OECD 的相关统计数据可以得出结论，日本是世界上主要发达国家中唯一一个劳动者的平均工资停滞了 20 年以上的国家。其主要原因在于，新冠疫情之前的日本劳动力市场模式由企业内部劳动力市场转变为由非正式雇佣承担调节功能的外部劳动力市场模式。这导致以女性、年轻者和高龄者为主体的非正式雇佣者的就业率大幅提高（失业率相对较低）只是低工资的非正式雇佣的比例大幅提高。这拉低了日本劳动力市场整体的工资水平，使得日本工资增长率相对于其他发达国家一直处于底部。回顾日本过去 20 年的劳动力市场状况可以发现，即使是在劳动力供应紧张的经济繁荣时期，日本劳动力的平均工资也几乎没有增长。2020 年，受新冠疫情冲击，几乎所有产业的工资水平都出现了下降，其中"住宿餐饮服务业""运输邮政业"的工资水平的下降幅度最为显著。2021 年，"住宿餐饮服务业""运输邮政业"的工资水平没有起色。

四　日本未来劳动力市场的展望

整体来看，2022 年日本劳动力市场呈现震荡回暖的特征。基于 2022 年日本劳动力市场的表现，预计 2023 年日本劳动力市场将继续回暖。从日本各行业发展预期来看，进入 2022 年后，日本各行业预期明显好转。相较而言，日本制造业积极预期强度逐渐低于非制造业，大企业比中小企业有着更好的预期。这或许意味着，2023 年受到新冠疫情严重冲击的非制造业将摆脱消极影响，继续增加雇佣员工，劳动力市场将持续恢复。

---

① 周艳飞「コロナ禍が賃金に与える影響」、https：//www.jil.go.jp/institute/zassi/backnumber/2021/04/pdf/008-014.pdf。

　　另外，新冠疫情成为改变日本企业雇佣惯例、提高劳动生产率的契机。疫情之后日本企业会大幅推进物联网、大数据、人工智能等数字化投资，产生持续效应。一是，数字经济虽然会冲击低技能劳动者就业，[1] 但随着智能化程度的加深，数字经济不仅会对劳动要素产生直接的替代效应，还会明显减少低技能劳动者的劳动时间。二是，数字经济的发展会产生新的经济业态，使企业效率提高，投资规模扩大，增加对劳动力的需求[2]。三是，数字经济的发展可以缓解人口老龄化带来的不利影响。[3] 未来，数字经济对日本劳动力市场究竟会产生怎样的影响值得持续关注与研究。

[1]　Georg Graetz, Guy Michaels, "Robots at Work," *The Review of Economics and Statistics*, Vol. 100, No. 5, 2018, pp. 753-768.

[2]　蔡跃洲、陈楠：《新技术革命下人工智能与高质量增长、高质量就业》，《数量经济技术经济研究》2019 年第 5 期，第 3~22 页。

[3]　Daron Acemoglu, Pascual Restrepo, "Secular Stagnation? The Effect of Aging on Economic Growth in the Age of Automation," *American Economic Review*, Vol. 107, No. 5, 2017, pp. 174-179.

B.6
2022年的中日经贸合作关系

吕克俭*

摘　要： 2022年，尽管面临新冠疫情的持续冲击，但中日两国多领域交流与务实合作仍不断深化，经贸合作在RCEP生效等重大利好助力下保持稳定发展势头，民间交流也呈现积极动向，中日关系进入持续稳步发展轨道。不过，两国经贸关系依然面临复杂外部环境和诸多不确定性的敏感因素。2023年，在地缘冲突、能源短缺、通胀高企等因素影响下，世界经济复苏前景的不确定性凸显，面临诸多风险与挑战。2023年是《中日和平友好条约》缔结45周年，站在新的历史起点上，中日经贸合作面临新的发展机遇，双方应重温实现邦交正常化时的初心使命，坚持相互成就、互利共赢，为开创两国关系下一个更加美好的50年做出更大贡献。

关键词： 中日经贸合作　RCEP　《中日和平友好条约》　服务贸易第三方市场

　　2022年是中日关系克服新冠疫情、地缘冲突等外部因素持续冲击并保持稳步发展的重要一年。中日两国隆重纪念邦交正常化50周年，举办了一系列活动。在中国共产党第二十次全国代表大会胜利闭幕后，习近平主席与岸田首相在泰国曼谷举行重要会晤，两国领导人一致同意共同致力于构建契

---

　　* 吕克俭，中华人民共和国商务部亚洲司原司长，全国日本经济学会副会长，主要研究领域为中日经贸合作、区域经济合作等。

合新时代要求的稳定和建设性的中日关系，为今后一个时期中日关系的健康稳定发展和各领域交流合作指引了航向。

2022年1月1日，《区域全面经济伙伴关系协定》（RCEP）正式生效。全球第二大和第三大经济体首次达成自贸减税安排，实现了历史性突破，有利于共同维护和强化以规则为基础的多边贸易体制，进一步促进中日经贸关系深化发展。同时，中日围绕稳定宏观经济大局、以科技创新引领经济发展、以绿色转型促进人与自然和谐共生、积极应对人口老龄化、推动更加普惠包容的全球发展等方面有很多共同议题，中日经贸合作也将在RCEP大框架下实现新的突破。期待两国抓住机遇、相向而行，以《中日和平友好条约》缔结45周年为里程碑和新起点，继续深化务实合作，实现更高水平优势互补和互利共赢。

一　2022年中日经贸关系回顾

（一）2022年中日贸易体现出强大韧性和巨大潜力，实现稳步发展

中日邦交正常化50周年来，在双方共同努力下，中日双边经贸往来已经形成全方位、宽领域、多层次的合作格局，中日经贸关系也成为助力中日关系发展的"压舱石"和"稳定器"。值得强调的是，新冠疫情肆虐全球以来，中日两国守望相助，双边贸易额保持稳定，中日贸易展现出强大韧性与巨大潜力，中日经贸合作的互补性和互惠互利性也有助于两国关系健康发展。中国自2007年以来始终是日本第一大贸易伙伴，日本多年来始终保持中国重要贸易伙伴国和外资来源国地位。

2022年，受新冠疫情、地缘冲突等重大负面因素冲击，全球生产要素"断流"导致世界经济增长放缓。与此同时，逆全球化思潮趁机抬头，贸易保护主义和单边主义上升，影响了全球贸易和人员往来的复苏。在外部因素冲击下，日本经济复苏步伐缓慢，但中日贸易在RCEP正式生效等利好因素下保持企稳态势，自2018年以来连续五年站上3000亿美元台阶。这既体现

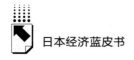

了中日经贸关系的强韧性，也反映出两国共同利益和合作空间广泛。中日同为世界主要经济体，加强双边经贸合作既有利于增进两国人民的福祉，也有助于实现两国和地区国家的共同发展。

2022年，中国与共建"一带一路"国家进出口额增长19.4%，与RCEP其他成员国进出口额增长7.5%。2022年的中日贸易总额达3574亿美元，同比下降3.7%。其中，中国对日出口额为1729亿美元，同比增长4.4%，自日进口额为1845亿美元，同比下降10.2%。日本稳居东盟、欧盟、美国、韩国之后，为中国第五大贸易伙伴；按国别排名，日本是中国第三大贸易伙伴国、第二大出口对象国和第二大进口来源国。① 中国已连续15年是日本第一大贸易伙伴国。

日本海关发布的数据显示，2022年，日本对华双边货物贸易总额为3352.08亿美元，同比下降4.3%，占日本全部货物贸易总额的20.26%。其中，日本对华出口总额为1455.00亿美元，下降11.4%，占日本全部货物出口总额的19.36%；自华进口总额为1897.08亿美元，增长2.0%，占日本全部货物进口总额的21.02%；对华货物贸易逆差额为442.08亿美元，扩大103.0%，占日本全部货物贸易逆差净额的29.28%。中国继续保持日本第一大贸易伙伴、第一大出口目的地和第一大进口来源地的地位。

尽管2022年中日贸易形势整体趋稳，但两国经贸关系没有出现期待的发展。在地缘冲突冲击下，受全球疫情尚未得到有效控制、通货膨胀席卷全球、中国经济面临巨大现实困难等因素影响，加之世界经济趋于下行、国际贸易增长前景并不乐观，中日贸易要实现稳步发展和平稳增长仍面临诸多风险和挑战。

（二）RCEP生效实施为中日贸易提供巨大助力

2022年1月1日，由中日及东盟十国等共15个国家加入的RCEP正式

---

① 《2022年统计月报》，中华人民共和国海关总署网站，http://nanjing.customs.gov.cn/customs/302249/zfxxgk/2799825/302274/302277/4185050/index.html。

生效。2023 年 2 月上旬日本农林水产省数据显示，2022 年日本农林水产品和食品的出口额比上年增加 14.3%，达到创历史新高的 1.4148 万亿日元。而从出口目的地来看，中国贡献最大，增长 25.2%，达 2783 亿日元。扇贝、海参等海产品以及日本烧酒、威士忌、饮料等受到中国市场的广泛欢迎。另外，中国国际贸易促进委员会数据显示，从全国贸促系统签发的 RCEP 证书出口目的国看，日本在 2022 年上半年连续 6 个月排名首位，每月签证金额占比均超过 90%，足见 RCEP 的实施对于中国对日本出口的拉动效应显著、潜力巨大。日本外务省统计数据显示，参与 RCEP 可以为日本 GDP 贡献 2.7% 的增长，拉动 GDP 增加 15 万亿日元，其中，促进进出口额增长 0.8%、投资增长 0.7%、私人消费增长 1.8%、政府支出增加 0.5%，并实现 57 万人就业。①

此外，通过 RCEP，除货物贸易外，中日两国还在关税手续、动植物卫生检疫、产品生产规则、贸易救济、最惠国待遇、知识产权、自然人移动、公平竞争、中小企业、政府采购等领域达成共识，进一步推动中日经贸关系发展。RCEP 的生效不仅为中日经贸合作提供了良好的制度框架，还降低了中日间的贸易交易成本，为维护和发展中日经贸关系带来重要契机。

（三）中日两国相互投资不断优化调整，保持稳定增长

2022 年，日本对华直接投资在疫情持续冲击下仍保持稳定态势，全年日本在华新设企业 828 家，同比减少 17%；实际使用金额为 46.1 亿美元，同比增长 17.7%。截至 2022 年底，日本累计在华设立企业 5.5 万家，实际使用金额为 1275.9 亿美元，居国别第二位。

中国日本商会发布的《中国经济与日本企业 2022 年白皮书》显示，相比新冠疫情蔓延的 2020 年，2021 年日本企业的业绩恢复明显，72.2% 的日本企业盈利，达到 2007 年以来的最高水平，只有少数日企考虑减少、转移

---

① 外务省「RCEP 協定の経済効果分析」、https：//www.mofa.go.jp/mofaj/files/100162437.pdf。

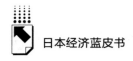

或撤出其对华投资业务，未出现大规模转移或撤出中国市场的情况，有40.9%的企业表示将在未来一两年内"扩大业务规模"。① 上述结果显示，中日经济关系底蕴深厚，多数日本主要企业尽管对在华拓展业务持谨慎态度，但其继续深耕中国市场的意愿没有减弱，且存在继续改善、升级的可能。

当前，百年未有之大变局和世纪疫情交织叠加，中国坚定不移地维护真正的多边主义，维护全球产业链、供应链稳定，推进高水平对外开放，根据疫情形势变化因时因势优化防控措施，受到日本经济界有识之士的广泛好评。中国欢迎日本经济界继续把握中国发展机遇，积极拓展中国市场。中日经贸联系紧密，有着良好的合作基础，特别是RCEP的生效实施，为两国构建了一个高水平的自贸合作机制，这些都将为包括日企在内的各国外资企业带来巨大商机。

2022年，日本国际贸易促进协会、经济团体联合会及日中经济协会等经贸团体广泛采取线上线下多种形式强化对华务实合作，展现出日本各界和企业继续看好中国经济社会的发展前景和市场的发展潜力，重视并加大对华投资合作力度，特别是数字经济、新能源汽车、医疗养老等重点领域的合作。在中日两国产业结构高度互补与生产体系、供应体系高度融合背景下，日本对华投资和中日产业链合作在不断提质升级，迈向高端，两国的深度合作也会对全球产业链、供应链的转型升级起到积极推动作用。

2022年，中国企业对日本投资有效克服了疫情等负面因素影响，呈恢复性增长态势，全年对日本全行业直接投资高达8.1亿美元，中国企业累计对日本投资达50.1亿美元。近年来，赴日投资的中国企业已经从制造业向金融服务、通信、软件等高科技领域拓展，投资方式也趋向多元化。RCEP生效实质上降低了对日投资门槛，进一步提升了投资便利度，更有利于中国投资者特别是中小企业进入日本市场。在日中国企业协会及日本中华总商会

---

① 《中国经济与日本企业2022年白皮书》，中国日本商会网站，http://cjcci.org/detail/0/576/4210.html。

等机构秉持立足日本、服务中企华商的初心，努力"扎根"日本社会，为服务在日中国企业、打造中日交流平台而不懈努力。

（四）两国人员往来和技能实习生合作有望触底反弹

中日邦交正常化 50 周年以来，中日劳务合作始终是中国对外劳务合作的重要组成部分，长期以来对促进两国经贸往来和人员交流发挥积极作用。2022 年，在疫情等不利外部因素的影响下，中国在日本承包工程完成营业额 3.2 亿美元。2020 年，中国对外承包工程商会等部门为促进疫情期间中日劳务合作业务规范有序开展、保障企业和劳务人员合法权益做了大量工作，取得良好成效。据中国商务部统计，2022 年中国向日本派遣技能实习生 14287 人，中国在日本的技能实习生总数达 5.1 万人，主要分布在日本各地的中小企业。同时，随着两国经济社会发展呈现此消彼长态势，过去中国技能实习生拥有的低成本优势已逐渐减弱，行业结构面临调整，中国应在中高端、技能型劳务工种上彰显优势，着力在关联产业与日方拓展新兴合作，不断延伸中日劳务合作产业链，培育新的业务增长点。

另外，日本国家旅游局在 2023 年 1 月 18 日公布的估算数据显示，2022 年访日外国人为 383.19 万人次，为 2021 年的 15.6 倍。这是三年来首次增加，除了边境口岸新冠防疫措施分阶段放宽之外，日元汇率贬值也起到推动作用，客流恢复势头明显。其中，12 月访日外国人达到 137 万人次，全年中国（内地）访日人数为 19 万人，少于越南等国，排在第七位。[①]

尽管在新冠疫情背景下中日技能实习生合作及两国人员往来受到很大影响，但两国在相关领域的合作潜力仍然巨大。随着人口老龄化程度的加剧，日本于 2021 年 11 月进一步放宽特定技能签证限制，自 2022 年 3 月起对特定技能签证持有者实行无限制签证更新，这有助于推进中日技能实习生合作朝着中高端方向发展，并培育新的业务增长点。

---

① 観光局「訪日外国人旅行者数・出国日本人数」、https：//www.mlit.go.jp/kankocho/siryou/toukei/in_out.html。

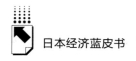

目前，中日人员往来、航班往来等交流要素还没有恢复如常，但双边旅游、人文合作体现了中日顽强的抗波折能力。可以预料，新冠疫情结束后，中日间的人员交往和交流将呈现快速增长态势。

（五）以金融合作为代表的服务贸易领域合作不断深化

2018年，中日签署《关于加强服务贸易合作的备忘录》并建立"双边服务贸易合作机制"以来，两国在金融、数字经济等服务贸易领域的合作不断深化。目前，为支持中日之间不断增强的经济与金融关系，两国政府和金融机构进行密切合作，推动两国间的金融交流，已实现部分贸易使用人民币和日元直接结算，相互持有对方国债规模在逐步扩大。在中国经济转型、消费结构升级、服务业扩大开放的形势下，日本企业对华投资领域从制造业逐渐向服务业扩展，对华零售、餐饮、酒店等服务业投资不断增加。

在2022年9月广西举办的第19届中国—东盟博览会上，日本企业广西行以"中日企业通过中国—东盟博览会平台共拓共享RCEP经贸合作新机遇"为主题，采取线上线下相结合的形式举办，三菱商事、欧力士集团、瑞穗银行、伊藤忠商事等50多家日本知名企业代表出席，麒麟啤酒、罗森等企业也携旗下知名产品首次参展。中国—东盟博览会秘书处与日中投资促进机构、一般社团法人日本能率协会、日本国际贸易促进协会、日本中华总商会等四家日本知名商协会、机构分别签署友好合作备忘录，进一步深化中日双方各领域交流与合作。此次活动期间，参会参展日本企业与广西南宁市、钦州市、中国（广西）自由贸易试验区各片区等有关地市、重点园区进行深入交流，共商共享RCEP发展红利。在2022年中国（北京）国际服务贸易交易会（简称"服贸会"）上，日本馆联合多家跨境电商平台，展示当地的热销好物，其中包括特色零食小吃、美妆护肤品、母婴用品、保健品、体育用品等。作为企业产品和服务的宣传平台，服贸会参展企业和观众对双方扩大贸易持好评态度。

（六）中日政府及地方交流合作稳步前行

2022年，尽管受疫情影响，两国经济界主要团体大型交流互访等活动仍未能正常举行，但在两国政府和经济界有识之士的共同努力下，中日政府及地方各层级经济交流活动以线上线下等形式蓬勃开展，取得丰硕成果。同时，中国商务部、贸促会等机构以及各省区市与日本经贸团体和地方及友城间也灵活利用线上线下结合的方式，广泛开展多种积极务实的交流与合作。

2022年10月12日，中日友城"合作共赢　共同发展"论坛成功举办，两国代表以丰富的合作案例、翔实的成果数据和生动的交往故事，共叙缔结友城数十年来的友好佳话，交流疫情下的创新模式，积极探讨开展人文、青少年等领域交流的成功经验，展望中日友城交往美好前景，表达了对疫情后恢复友城实体交流的强烈期待。

在地方合作层面，2022年，北京、成都、大连、上海、苏州、天津、青岛等七个中日地方发展合作示范区纷纷抢抓历史性机遇，在打造创新发展载体、构建一流营商环境、引聚外资企业落地方面持续发力，努力开辟中日地方发展合作新局面。以北京中日创新合作示范区为例，截至2022年底，园区累计重点落地项目269家，外资企业62家，签约项目71个，[①] 其中2022年引入日本细分领域龙头企业恩藤照明、日本知名金融机构绮罗星银行、日本数码创新株式会社首家在华公司滔厚科技等国际创新型企业。同时设立20亿元"中日创新基金"以支持企业发展。

（七）以氢能等领域为突破口，积极推进中日第三方市场合作

"一带一路"倡议提出以来，得到包括日本在内的国际社会的积极响应。中日加强在"一带一路"合作框架下的第三方市场合作已成为两国企业界的共识。特别是在中日韩FTA等多边区域经济合作进展缓慢的背景下，中日深化第三方市场合作将有效发挥日本经济技术的比较优势，开创中日"化竞争为协调"的新型合作模式，成为维护国际多边自由贸易体系的重要实践。

---

① 《抢"开春"新机　中国"出海团"首站就来到了日本》，日本头条，http://www.jpchinapress.com/static/content/CJ/2023-02-21/1077593840388542464.html。

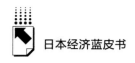

2022 年北京冬奥会上，丰田成为备受关注的氢能代言人，冬奥会氢能客车主力北汽福田是丰田的合作企业。丰田还为组委会官方提供了 2205 辆第二代氢能源电池汽车"Mirai"以作为赛事服务用车，让市民感受崭新的"氢出行"体验。2022 年 3 月，国家发改委等四部门发布《关于推进共建"一带一路"绿色发展的意见》，提出"统筹推进绿色发展""统筹推进境外项目绿色发展""统筹完善绿色发展支撑保障体系"的重点任务。①

中日在氢能产业的互补性强。中国政策支持力度大，具备产能优势，资金实力雄厚，在技术方面存在不足；日本海外经验丰富，技术在全球领先，但市场规模狭小，难以实现规模经济。在政策方面，双方于 2018 年签订《关于开展第三方市场合作的备忘录》，提出在新能源、基础设施等方面加强合作；在具体合作项目上，中国建材与三菱签署协议共同开发第三国基础设施建设及清洁能源综合利用项目，日本 ENEOS 株式会社与中石化在第三方市场共同建设氢燃料加气站等，可为中日企业未来进一步深化合作提供范例。中日同为全球氢能产业发展领先国家，应积极利用"一带一路"框架开展第三方市场合作，发挥各自比较优势，释放新兴市场潜力，实现"1+1+1>3"的效果。

（八）抢抓 RCEP 生效机遇，持续深化亚太经济一体化进程

RCEP 的生效，促使中国和日本首次达成自贸安排，也是首次将中国、日本和韩国三大经济体纳入同一框架之内。2022 年，中、日、韩分别为全球第二大、第三大和第九大经济体，三国经济总量远超欧元区，与北美自贸区旗鼓相当，已是名副其实的全球经济中心之一。在 RCEP 内部，中日韩三国经济总量占比超 82%，具有举足轻重的影响。

长期以来，中日韩三国贸易关系紧密，利益高度融合，但历史原因和现实矛盾等问题制约区域经济一体化进程。RCEP 的生效填补了东北亚的多边

---

① 《关于推进共建"一带一路"绿色发展的意见》，中华人民共和国国家发展和改革委员会网站，https://www.ndrc.gov.cn/xxgk/jd/zctj/202203/t20220324_1320197.html。

自贸区空白，为中日韩深化合作提供了新机遇。目前，尽管中日韩三国在一些具体领域，如金融、农业、数字信息等方面的开放度上还存在一定分歧，但 RCEP 已经将中日韩三国的市场连接起来，在关税减让、市场准入、区域供应链调整等方面实现了突破，这将为三国自由贸易协定谈判带来更加积极的影响，成为中日韩 FTA 的"热身"和前奏。尤其是中国政府已于 2021 年 9 月正式提出申请加入 CPTPP，韩国于 2021 年 12 月启动加入 CPTPP 的国内程序。中韩两国的态度与举措将为中日韩寻求在 RCEP 基础上开展更高水平的经贸合作提供重要条件。

回首中日邦交正常化 50 周年发展历程，日本经济界始终是中日友好的支持者和推动者，经贸关系始终成为中日双边关系的重要"压舱石"和"稳定器"，这是中日政府、企业和民间友好人士共同努力的结果。中日经济合作为中国的改革开放和经济建设做出了不可磨灭的贡献，双边经贸关系在量和质上都取得了飞跃发展，中国的发展也为广大日本企业提供了巨大机遇和市场空间。同为世界主要经济体，近年来，两国经贸合作克服疫情冲击，彰显强大韧性，互有需要、优势互补的基本面愈加凸显。由此可见，中日全方位经贸合作不仅给两国人民带来福祉，也为亚太乃至世界经济的稳定发展做出了积极和重要贡献。

二 2023年前景展望

2023 年伊始，受新冠疫情、地缘冲突、通胀飙升、债务收紧等诸多因素影响，世界经济前景依然暗淡且存在不确定性，仍面临诸多风险与挑战。2023 年是中国经济加快构建新发展格局、努力实现新征程良好开局的希望之年，也是日本经济摆脱"安倍经济学"桎梏、实践"新资本主义"构想的关键之年。两国还将迎来《中日和平友好条约》缔结 45 周年这一重要历史节点。面对世界百年未有之大变局，中国将坚持高质量发展，大力实施扩大内需战略，切实提升产业链供应链韧性和安全水平。一方面，中国将推进高水平开放，以国内大循环吸引全球资源要素，提升贸易投资合作质量和水

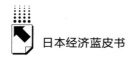

平。另一方面，日本将积极推行"岸田经济学"，通过"经济增长与分配的良性循环"实现经济复苏。

尽管未来的中日经贸合作还会遇到各种风险与挑战，但两国具有长期的经贸合作历史和合作基础，特别是在中国经济高质量发展、中日经贸合作互补性和相互依存性的有力驱动下，"下一个50年"的中日经贸关系虽然会在曲折中前行，但前景依然可期。中日经济界应根据两国领导人达成的五点重要共识，在数字经济、绿色发展、财政金融、医疗养老、维护产业链供应链稳定畅通等方面，实现更高水平的优势互补和互利共赢。

（一）在RCEP框架下强化中日产业链供应链合作

居于东亚生产网络重要环节的中国与日本，有责任维护地区及全球产业链供应链的接续性和完整性。当前，在全球产业链中，日本企业与中国市场联系紧密，尽管近年来日本政府日益重视安全考量与经济手段的相互补充，并形成"经济安保"的理念，加之考虑到本国的产业链与供应链安全，日本政府开始促使部分日本企业将其在中国的产能转出，但考虑到日本企业多年来在华获得的高收益和对中国市场的依赖，日本难以做到与中国真正"脱钩"。

根据RCEP下的原产地规则，RCEP成员间会产生累积增值的效果，这不仅有助于提升商品在区域内流动的便利程度，还能够加强中日贸易联系，稳定与强化中日供应链。同时，RCEP中的投资规则将对中日供应链产生强化效果。RCEP的投资章节规定各国均采用负面清单方式，对制造业、农业、林业、渔业、采矿业领域投资做出较高水平的开放承诺，这将有效促进中日相互投资，增强中日供应链的韧性，加速两国供应链整合。

多年来，围绕中国市场，日本企业已经打造出一条相对独立的"地产地消"（In China For China）型产业链，涵盖设计、研发、生产和销售等全流程。一方面，由于日企在中国市场投资的回报率远高于其他国家和地区，且中日两国在供应链以及创新合作上存在互补性，因此，目前来看，在"地产地消"型产业链中的大多数日企在中国发展良好，从中国转移出去的意愿很低。另一方面，最新采购渠道数据显示，最近十年，日本企业从东盟区域内供应链采购的比重是在下降的，而从中国采购的比重却在上升。这也说明即使部分日本企业出于分散风险的考虑将供应链多元化，但是想在全球供应链中完全剔除中国因素几乎是不可能的。而且，相当部分的日本企业虽然由于种种原因将部分产业链转移至东南亚，但从经济利益和便利性角度考虑，其相关配套供应链仍然不得不与中国保持紧密联系。

随着 RCEP 各成员国，特别是中日两国经济稳定增长带来的有利条件的刺激，中日两国企业可以积极利用 RCEP 的优惠关税措施和贸易便利化措施，不断优化调整亚太产业链、供应链布局，加快自身发展步伐，助力中日贸易克服外部因素不利影响，实现稳中有升的目标。

（二）继续强化科技创新特别是数字经济领域的合作

改革开放以来，中日在科技创新领域进行了卓有成效的合作。2022 年中央经济工作会议明确提出，"要加快数字化转型，推广先进适用技术，着力提升高端化、智能化、数字化水平"，在这一背景下，进一步深化中日在科技创新特别是数字经济领域的合作具有更为重要的现实和长远意义。在中美博弈加剧和美国拉拢日本对华强化科技围堵背景下，中日企业界应在 RCEP 框架下推动两国创新网络建设，有效促进科技创新领域的资金、技术、人才等要素自由流动，推动落实科技创新领域贸易与投资的便利化措施。

同时，中日民间企业与机构特别是中小企业的科技创新合作潜力巨大。日本的很多"隐形冠军"企业在高精尖技术等方面有着独到的优势和"工匠精神"。中国现在也提倡中小企业走向专精特新，即要培养大量的"隐形冠军"企业。中国市场可以向日本"隐形冠军"企业提供所需要的专业化的营商环境，而且中国产业链的完整性在全球领先，部门最全、能力最全的中国制造业链条甚至可以做到无缝衔接，这正是日本中小"隐形冠军"企业所需要的。因此，两国中小企业在科技创新领域的合作潜力巨大。

发展数字经济，是世界各国在"后疫情时代"推动经济复苏的重要途径。中日两国均从国家战略高度支持数字经济发展，且两国相关产业各有特点：日本在数字产品关键部件和设备等智能制造领域保持相对优势；中国在巨大国内消费市场驱动下涌现出许多大型平台服务商，在5G、AI、云计算等数字技术应用领域正在迅速发展。两国的数字产业各有强项，具有互补关系。目前，两国企业已通过数字产品的直接供货、标准化解决方案的输出、平台服务的共同开发等多种方式合作，并在智慧物流等多个领域开展合作。今后，围绕中日数字产业供应链合作、数据跨境流动机制构建、应用场景联合创新等诸多议题，两国还有良好合作前景。

（三）加大"双碳"领域合作力度，实现绿色发展

中日都是全球化石能源进口与消费大国，两国可在应对"碳达峰""碳中和"方面进行更为深入和密切的合作。2023年2月11日，第十六届中日节能环保综合论坛以线上线下相结合的方式在北京举办。中国国家发展改革委主任何立峰指出，举办本届论坛是落实习近平主席和岸田文雄首相曼谷会晤共识、加强中日绿色发展合作的重要举措。中国愿同日方一道，继续深化绿色低碳产业合作、技术合作、政策对话和人文交流，推动两国绿色发展合作不断迈上新台阶。① 此次论坛上，国家级经济技术开发区绿色发展联盟（简称"绿盟"）与一般财团法人日中经济协会、三菱日联银行（中国）有限公司、日立（中国）有限公司签署战略合作协议。绿盟将在未来继续深化与各战略合作机构和企业的合作，各取所长，共谋发展，高质高效为国家级经济技术开发区和各级各类工业园区、国际合作园区提供绿色转型、可持续发展与产业促进服务。中日在绿色低碳地方市场合作动能较大，广泛开展中日第三方市场合作也是双方与有关国家开展绿色低碳等领域合作的有效路径。②

---

① 《第十六届中日节能环保综合论坛在京举办　何立峰出席主论坛并发表主旨演讲》，中华人民共和国国家发展和改革委员会网站，https：//www.ndrc.gov.cn/fzggw/wld/hlf/lddt/202302/t20230212_1348659.html。

② 《商务部部长助理任鸿斌：积极推进中日绿色低碳第三方市场合作》，中华人民共和国商务部网站，http：//www.mofcom.gov.cn/article/news/202107/20210703181429.shtml。

（四）积极推进医疗养老、财政金融等现代服务业领域合作

党的二十大报告指出："实施积极应对人口老龄化国家战略，发展养老事业和养老产业。"当前，中国65岁以上老龄人口已突破2.09亿人，占总人口的14.9%，[①] 据推算，这将为医疗康养产业带来上万亿元级的生产和消费市场。日本早在20世纪70年代就进入老龄化社会，此后率先为应对老龄化社会进行了积极准备，积累了丰富的经验，并建成了一套较为完善的养老体系，在医疗健康、养老产业的投资管理、人才培训和项目运营方面有着丰富的经验与技术。

一方面，中国老年人口对老年人用品、养老设施、医疗护理服务等的需求持续扩大，日本相关企业在养老产业领域起步时间较早并积累了极强的养老产品研发与创新能力，中国市场能够为此类日本企业提供巨大市场。天津市政府提出，要推进中日（天津）健康产业发展合作示范区国际合作园区建设，聚集高端养老产业项目；依托中日（天津）健康产业园，引进日本等亚洲国家的先进经验和管理模式，服务养老产业高质量发展。

另一方面，中日双方在财政金融特别是国际债券市场等金融服务业领域有很大合作潜力。2020年以来，中日两国均采取一系列金融、财政措施提振本国经济，加之国际金融市场复杂多变、地区冲突等不确定性因素增多，两国有必要在宏观经济政策沟通协调、公共债务管理、共同应对美国贸易保护主义政策等方面加强交流与合作，共同防范金融、债务风险，规避和减少市场波动造成的冲击，为中日经贸合作创造良好的外部金融环境。

（五）以中日友城交流为纽带，积极推动两国地方间的交流与合作

地方友城交流是中日关系的传统优势和重要组成部分。1973年天津市与神户市缔结中日间第一对友好城市，这也是中国对外缔结的首对友城。自

---

① 《王萍萍：人口总量略有下降　城镇化水平继续提高》，中华人民共和国国家统计局网站，http://www.stats.gov.cn/xxgk/jd/sjjd2020/202301/t20230118_1892285.html。

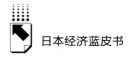

此开始，两国友城交流日益增加，对增进两国人民的相互理解和友好感情、促进彼此经济社会发展、维护中日关系健康稳定发挥重要作用。在疫情背景下，自2022年5月起，中国人民对外友好协会发起举办"友好城市 共享未来"中日友城青少年"虚拟互访"系列活动，各地方友城与日方友城精心策划，积极互动，开展了丰富多彩的青少年线上交流活动，增进了两地青少年间的了解和友谊，丰富了国际友城关系的内涵，传递了中日友好正能量。同时，在两国政府支持下建立的北京、上海、苏州、成都、天津、大连、青岛等地方合作示范区，不仅能够利用已有的条件继续深化两国地方经贸合作，还将为今后两国经贸合作搭建新舞台。上述示范区都是中国最具创新活力、最富投资潜力的地区，拥有开展中日地方合作的旺盛需求、坚实基础和广阔空间。

在新形势下，我们应着眼大局和长远，积极发挥以民促官、以经促政、以地方促中央的作用，让地方交流成为中日关系发展的生动篇章，积极加强两国友城在贸易投资、节能环保、旅游人文、中小企业、农产品进出口等领域的交流与合作，实现优势互补和共同发展，为增进两国民众相互理解和友好感情、推动构建契合新时代要求的中日关系做出新的贡献。

（六）鼓励两国企业双向投资，积极推动地区合作

习近平主席在第五届中国国际进口博览会开幕式上宣布，"中国将推动各国各方共享制度型开放机遇，稳步扩大规则、规制、管理、标准等制度型开放，实施好新版《鼓励外商投资产业目录》，深化国家服务业扩大开放综合示范区建设"[①]。中日应紧抓RCEP机遇，不断改善本国投资环境，创造良好的营商环境，努力促进两国企业积极扩大相互投资。

另外，在全球经济增速趋缓、地区冲突频仍、逆全球化暗流涌动背景下，同为亚洲重要国家和世界主要经济体，中日经贸合作已超越双边层面，

---

① 《习近平在第五届中国国际进口博览会开幕式发表致辞》，中华人民共和国中央人民政府网站，http://www.gov.cn/xinwen/2022-11/04/content_5724714.htm。

对引领区域经济一体化、推动构建开放型世界经济具有重要影响。双方应广泛参与"后疫情时代"全球经济治理，深化 RCEP 框架下的互利合作，参与联合国、世界贸易组织、G20、亚太经合组织等机制合作，积极推动国际经济机构改革，共同维护真正的多边主义，坚决反对人为打压设限和构建"小院高墙"等消极举动，在全球经济治理方面发挥更大的引领作用。

2023 年，中日双方将迎来缔结《中日和平友好条约》45 周年这一重要历史节点。2022 年 11 月 17 日，国家主席习近平在泰国曼谷会见日本首相岸田文雄时强调："中日关系的重要性没有变，也不会变。中方愿同日方一道，从战略高度把握好两国关系大方向，构建契合新时代要求的中日关系。"① 中日两国作为友好近邻和合作伙伴，应站在新的历史起点上，切实遵循四个政治文件精神，共推 RCEP 高效实施，共护地区产业链供应链稳定畅通，秉持互利共赢意识，不断挖掘合作潜力，打造新的合作亮点，持续做大做强共同利益基础，为中日关系稳定发展注入充沛动能，寻求开展更高水平的务实合作，为开创中日关系下一个更加美好的 50 年做出更大贡献。

---

① 《习近平会见日本首相岸田文雄》，求是网，http：//www.qstheory.cn/yaowen/2022-11/18/c_ 1129137945.htm。

B.7
2022年的日中贸易与投资

〔日〕高岛龙祐　河野圆洋*

摘　要： 2022年，日中贸易总额为3735.37亿美元，较上年减少了4.6%，再次转为负增长。2022年，日本对华直接投资额为1.2039万亿日元，占当年日本对外直接投资总额的5.1%，按国家和地区排名，仅次于美国和澳大利亚，居第三位。2022年，在华日资企业的经营业绩较2021年出现大幅恶化，但计划继续在中国发展事业的企业仍占多数，只是对拓展新业务和扩大投资大都持谨慎态度。随着RCEP正式生效，日资企业积极利用RCEP框架下的相关优惠措施，在出口和进口中的利用率都达到了六成。同时，超过半数的日资企业计划重新调整供应链，以应对经营环境的变化。

关键词： 日中贸易　日本对华投资　在华日资企业　RCEP　供应链调整

一　2022年的日中贸易

日本贸易振兴机构（JETRO）基于日本财务省"贸易统计"和中国海

---

* 高岛龙祐，日本贸易振兴机构（JETRO）北京代表处首席代表，主要研究领域为日本经济、日中经济关系、国际贸易投资。河野圆洋，日本贸易振兴机构北京代表处经济信息部部长，主要研究领域为世界经济、国际贸易、国际投资。

关总署的统计，从双方进口的角度①对 2022 年日中贸易进行了统计，结果显示，2022 年的日中贸易总额为 3735.37 亿美元，较上年减少了 4.6%（见表 1）。从近几年的趋势来看，日中贸易额在 2019 年和 2020 年都呈现减少之势，2021 年转减为增并创下历史新高，2022 年却再次转为负增长。其中，日本对中国的出口（即"中国自日进口"，下同）同比减少 10.3%，跌至1848.31 亿美元，中国对日本的出口（即"日本自华进口"，下同）同比微增 1.7%，达到 1887.07 亿美元。如此，日本对华贸易收支出现 38.76 亿美元的逆差。

表 1 日中贸易的变化（基于双方进口数据）

单位：百万美元，%

	出口		进口		进出口		贸易收支
	金额	增长率	金额	增长率	金额	增长率	
2013 年	162114	−8.7	180841	−4.0	342955	−6.3	−18726
2014 年	162512	0.2	181039	0.1	343551	0.2	−18527
2015 年	142690	−12.2	160625	−11.3	303314	−11.7	−17935
2016 年	144996	1.6	156632	−2.5	301628	−0.6	−11635
2017 年	165000	13.8	164542	5.1	329542	9.3	458
2018 年	180234	9.2	173599	5.5	353833	7.4	6636
2019 年	171515	−4.8	169303	−2.5	340817	−3.7	2212
2020 年	175963	2.6	164106	−3.1	340069	−0.2	11857
2021 年	206153	17.2	185511	13.0	391664	15.2	20642
2022 年	184831	−10.3	188707	1.7	373537	−4.6	−3876
2022 年 1 月	16468	7.2	18543	11.5	35011	9.5	−2075
2 月	13863	6.6	13311	−3.2	27174	1.5	551
3 月	17364	−9.8	15885	9.1	33249	−1.6	1479
4 月	15665	−15.1	13123	−18.4	28789	−16.7	2542

① 在这一分析中，日本对华出口使用中国的进口统计数据，以形成以双方进口数据为基础的分析方式。这是因为，在进行贸易统计的时候，出口坚持到岸主义，进口坚持原产地主义，导致经中国香港的对华出口（目的地为中国香港的产品）在日本的贸易统计中不能计为对华出口。而中国的进口统计将原产地为日本的所有产品均收入其中，所以以两国进口统计为基础的数据更接近日中贸易的实际状态。

续表

	出口		进口		进出口		贸易收支
	金额	增长率	金额	增长率	金额	增长率	
5 月	14377	-13.7	15509	6.6	29886	-4.2	-1133
6 月	15882	-14.2	16301	9.6	32183	-3.6	-418
7 月	15707	-9.2	16149	8.6	31856	-1.0	-442
8 月	15449	-7.7	16206	9.1	31655	0.2	-757
9 月	16519	-8.9	16121	0.1	32639	-4.7	398
10 月	14668	-10.5	16276	7.2	30945	-2.0	-1608
11 月	14153	-24.5	16314	-6.1	30467	-15.6	-2160
12 月	14715	-16.5	14968	-10.2	29683	-13.4	-253

注：（1）出口金额为中国海关总署统计的自日进口金额，进口金额为日本财务省"贸易统计"的自华进口金额；（2）增长率为与上年相比增长率和与上年同月相比增长率；（3）由于机器处理的关系，可能存在数据与其他统计数据不同的情况；（4）日元兑美元汇率为：2013 年 97.60，2014 年 105.74，2015 年 121.05，2016 年 108.66，2017 年 112.10，2018 年 110.40，2019 年 109.02，2020 年 106.78，2021 年 109.84，2022 年 131.46（美国联邦储备委员会发布）。

资料来源：Global Trade Atlas よりジェトロ作成 [2023 年 2 月 8 日]。

（一）日本对华出口的特点

2022 年，日本对华出口与上年相比减少了 10.3%，为 1848.31 亿美元，再次出现负增长。从月度数据来看，3 月以后就一直呈现与 2021 年同月相比减少的态势，究其原因，应该是中国方面采取严格防控新冠疫情扩大的措施，对中国国内生产和消费活动造成了较大影响。

从具体种类来看，日本对华出口的主要产品大部分呈减少之势，占比最大的电气设备及其零部件（第 85 类）比上年减少了 8.2%。其中，约占四成的集成电路（8542）较上年减少了 10.0%，二极管等半导体器件（8541）减少了 5.4%，电容器（8532）减少了 9.4%（见表 2）。

机械器具等（第 84 类）的日本对华出口比 2021 年减少了 16.4%。其中，用于制造半导体、集成电路和平板显示器等的机器（8486）减少了 16.9%，而机械器具（仅限于有固定功能）减少了 17.6%，管道阀门、机器阀门（8481）减少了 9.7%。

车辆（第 87 类）的日本对华出口较上年虽然整体减少了 2.8%，但乘用车及其他汽车（8703）增加了 9.2%，达 96.99 亿美元，这是自 2019 年以来时隔三年出现增势。其中，插电式混合动力汽车（PHEV，870360）比上年激增了 52.3 倍，由此可以看出中国国内对新能源汽车（NEV）的需求扩大。

汽车零部件及配件（8708）的日本对华出口比 2021 年减少了 18.1%，跌至 56.16 亿美元，这是自 2015 年以来七年间首次跌破 60 亿美元。其中，占比达 62.8% 的变速箱及其零件（870840）同比大幅减少了 25.2%，大概是受到了中国国内日系汽车制造商生产停滞的影响。

表 2　2022 年的日本对华出口（中国自日进口）

单位：百万美元，%

HS 编码	商品种类	金额	增长率	占比	贡献率
第 85 类	**电气设备及其零部件**	50226	−8.2	27.2	−2.2
8542	集成电路	20113	−10.0	10.9	−1.1
8541	二极管、晶体管以及其他类似的半导体器件、光电类半导体器件（包括光电池）	4478	−5.4	2.4	−0.1
8532	电容器	4081	−9.4	2.2	−0.2
8536	用于电路的开关、保护和连接的机器	3694	−14.0	2.0	−0.3
8504	变压器、静态变频器和电感器	2264	−17.4	1.2	−0.2
8524	平板显示器模块	2186	—	1.2	1.1
8534	印刷电路	1935	2.7	1.0	0.0
第 84 类	**核反应堆、锅炉及机械器具**	36907	−16.4	20.0	−3.5
8486	用于制造半导体、集成电路和平板显示器等的机器	10737	−16.9	5.8	−1.1
8479	机械器具（仅限于有固定功能）	4403	−17.6	2.4	−0.5
8481	管道阀门、机器阀门	1895	−9.7	1.0	−0.1
8443	印刷机及其零部件、配件	1867	−16.4	1.0	−0.2
第 87 类	**铁道及电车道车辆以外的车辆**	15602	−2.8	8.4	−0.2
8703	乘用车及其他汽车	9699	9.2	5.2	0.4
8708	汽车零部件及配件	5616	−18.1	3.0	−0.6
第 90 类	**光学设备、照相设备、摄影设备、检测设备、检验设备、精密仪器及医用仪器**	13905	−22.9	7.5	−2.0
9001	光导纤维、光导纤维电缆、偏光板和测距仪	2569	−6.7	1.4	−0.1
9031	用于检测和检查的设备以及轮廓投影仪	2418	−14.5	1.3	−0.2

续表

HS 编码	商品种类	金额	增长率	占比	贡献率
第 39 类	**塑料及其制品**	10532	−11.4	5.7	−0.7
3920	塑料制其他板材、薄板、薄膜等	2846	−17.3	1.5	−0.3
第 29 类	有机化学品	5616	−2.8	3.0	−0.1
2902	环烃	2332	23.4	1.3	0.2
第 74 类	铜及其制品	5538	−1.5	3.0	−0.0
7403	精制铜以及合成铜块	2011	5.2	1.1	0.0
7404	铜屑	1947	5.4	1.1	0.0
第 72 类	钢铁	5491	−6.8	3.0	−0.2
第 33 类	精油及香膏;芳香料制品及化妆盥洗品	5087	−10.0	2.8	−0.3
3304	化妆品类(用于美容、定制化妆品)	4510	−9.7	2.4	−0.2
第 38 类	各种化学工业制成品	4610	−4.7	2.5	−0.1
3824	铸造用模具、中子的定制黏合剂、化学工业中生产的化学产品及定制品	2079	−19.7	1.1	−0.2
第 71 类	珍珠、宝石、半宝石、贵金属及其制品,日常用制模货币以及货币	3510	−3.3	1.9	−0.1
第 73 类	钢铁制品	2367	−10.5	1.3	−0.1
第 34 类	肥皂、有机界面活性剂、洗涤剂以及定制润滑剂	2002	−8.5	1.1	−0.1
合　计		184831	−10.3	100	—

注：（1）表中出口金额依据的是中国海关总署统计的自日进口金额，以贸易数据库 Global Trade Atlas（美元计价）为基础进行计算；（2）表中选取的种类是按两位数、四位数分类占比在 1.0% 以上的产品，按照交易金额降序排列；（3）其中加黑项为排名前五位的产品种类；（4）HS 编码下的 8524（平板显示器模块）是根据 2022 年度 HS 编码调整后新设的品类。

资料来源：Global Trade Atlas よりジェトロ作成 ［2023 年 2 月 8 日］。

（二）日本自华进口的特点

2022 年，日本自华进口额为 1887.07 亿美元，同比增长 1.7%。虽然增幅较 2021 年（增长 13.0%）大幅放缓，但连续两年保持增势，而且总额创历史新高，略高于 2012 年的 1884.50 亿美元。从月度数据来看，不仅 4 月比上年同月减少了 18.4%，还有 2 月、11 月和 12 月，分别减少了 3.2%、6.1% 和 10.2%，这些时期与中国主要城市出现新冠疫情的时期重合，可见日本自华进口与日本对华出口同样受到了中国防控新冠疫情措施的影响。

　　从具体种类来看，电气设备及其零部件（第85类）的日本自华进口比2021年减少了1.2%（见表3）。特别是包括其主要产品智能手机在内的电话机及其他设备（8517）同比减少了7.1%，此外还有自动数据处理机及其构成组件减少了9.7%，包括电脑显示器在内的显示器、录像投影机（8528）减少了18.5%，这一种类产品的自华进口在2021年大幅增加。

表3　2022年的日本自华进口

单位：百万美元，%

HS 编码	商品种类	金额	增长率	占比	贡献率
第 85 类	电气设备及其零部件	53399	-1.2	28.3	-0.4
8517	电话机及其他设备	20238	-7.1	10.7	-0.8
8541	二极管、晶体管以及其他类似的半导体器件、光电类半导体器件（包括光电池）	2715	9.0	1.4	0.1
8504	变压器、静态变频器和电感器	2699	7.0	1.4	0.1
8528	显示器、录像投影机	2681	-18.5	1.4	-0.3
8542	集成电路	2633	7.9	1.4	0.1
8544	绝缘导线、电缆以及光导纤维电缆	2389	3.6	1.3	0.0
8516	家用加热电器（如电烤炉、烤箱以及电吹风等）	1813	-6.1	1.0	-0.1
第 84 类	核反应堆、锅炉及机械器具	33837	-3.9	17.9	-0.7
8471	自动数据处理机及其构成组件	13575	-9.7	7.2	-0.8
8415	空调机	2223	-4.7	1.2	-0.1
8443	印刷机及其零部件、配件	2026	1.7	1.1	0.0
8431	建筑用设备及装卸用设备的零部件	1906	13.5	1.0	0.1
第 61 类	针织或钩编的服装及衣着附件	7481	-0.6	4.0	-0.0
6110	运动衫、套衫、开衫、马甲及其他类似产品	2681	1.6	1.4	0.0
第 62 类	非针织或非钩编的服装及衣着附件	6324	-0.5	3.4	-0.0
第 39 类	塑料及其制品	5824	0.1	3.1	0.0
3926	其他塑料制品以及 HS 编码 3901—3914 所属材料制成的产品	2181	-7.3	1.2	-0.1
第 95 类	玩具、游戏用品、运动用品及其零件、附件	5714	7.1	3.0	0.2
9503	三轮车、其他带车轮的玩具、玩偶、模型泡泡等	2217	11.9	1.2	0.1
9504	电视游戏用控制器及设备等	2000	3.2	1.1	0.0

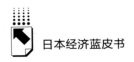

续表

HS 编码	商品种类	金额	增长率	占比	贡献率
第 94 类	家具、寝具	5526	-3.8	2.9	-0.1
9401	椅子及其零部件	1865	-5.6	1.0	-0.1
第 90 类	光学设备、照相设备、摄影设备、检测设备、检验设备、精密仪器及医疗用仪器	5520	-1.4	2.9	-0.0
第 28 类	无机化学品和贵金属、稀土类	5463	64.1	2.9	1.1
第 87 类	铁道及电车道车辆以外的车辆	5088	9.9	2.7	0.2
8708	汽车的零部件及配件	3222	9.6	1.7	0.2
第 29 类	有机化学品	4963	11.0	2.6	0.3
第 73 类	钢铁制品	4600	5.0	2.4	0.1
第 63 类	纺织用纤维及其他纺织制成品	3602	2.8	1.9	0.1
第 16 类	肉、鱼、甲壳动物、软体动物及其他水生无脊椎动物的制品	2463	5.4	1.3	0.1
第 64 类	鞋靴、护腿	2406	7.6	1.3	0.1
第 38 类	各种化学工业制成品	2268	57.5	1.2	0.4
第 42 类	皮革制品、手提包	2207	7.3	1.2	0.1
4202	包、钱包、盒子等	2040	7.7	1.1	0.1
第 76 类	铝及其制品	2204	5.4	1.2	0.1
第 72 类	钢铁	1953	21.5	1.0	0.2
合 计		188707	1.7	100.0	—

注：（1）表中进口金额出自日本财务省的贸易统计数据，以贸易数据库 Global Trade Atlas（美元计价）为基础进行计算；（2）表中选取的种类是按两位数、四位数分类占比在 1.0% 以上的产品，按照交易金额降序排列；（3）其中加黑项为排名前五位的产品种类。

资料来源：Global Trade Atlas よりジェトロ作成〔2023 年 2 月 8 日〕。

玩具、游戏用品、运动用品等（第 95 类）和车辆（第 87 类）均维持连续两年的增势；无机化学品和贵金属、稀土类（第 28 类）则出现急剧增加，其背景在于该产品的价格上涨。特别是也可用于纯电动汽车（EV）电池的氧化锂、氢氧化锂（282520）以及碳酸锂（283691）等，从进口金额来看分别增加了 2.2 倍和 12.1 倍，从进口数量来看分别增加了 11.5% 和 1.5 倍。

二 2022年的日本对华投资

（一）日本对华直接投资动向

2022年，日本对华直接投资额（以国际收支统计为基础，净值、流量、速报值）为1.2070万亿日元，占当年日本对外直接投资总额的5.2%，按国家和地区排名，仅次于美国（34.7%）和澳大利亚（5.6%），居第三位。其中，对华直接投资的实际执行额为1.8862万亿日元，回收额为6792亿日元。

从不同领域和产业来看，在2022年的日本对华直接投资额中，制造业为7409亿日元，非制造业为3547亿日元，分别占67.6%和32.4%（见表4），非制造业的占比大幅减少。在制造业领域，木材、木浆、化学、医药、一般设备、玻璃、土石、运输设备等产业的对华直接投资大幅增加。在非制造业领域，批发、零售业，金融、保险业的投资大幅减少，进而导致对华直接投资水平整体下降。

就截至2022年末的存量来看，中国在日本对外直接投资总额中所占比重为7.0%，按国家和地区排名仅次于美国（34.8%）和荷兰（7.1%），居第三位。日本对华直接投资金额在日本对外直接投资总额中所占比重[①]从2014年的9.0%逐渐降至2019年的7.1%，但2020年转降为升，达到7.6%。

从不同领域和产业的日本对外直接投资来看，中国在制造业领域的占比为10.9%，仅次于美国（27.9%），居第二位；在非制造业领域的占比则仅为2.5%，次于美国（41.0%）、爱尔兰（7.3%）、澳大利亚（6.1%）、新加坡（4.8%）、开曼群岛（4.6%）、荷兰（4.2%），排在第七位。

日本的对外直接投资，从流量看，自2015年以来就一直是非制造业领域占比超过制造业领域，2021年的占比为74%。就日本对华直接投资而言，非制造业领域的占比在2021年也已接近四成，将来有望进一步扩大。为了

---

① 从2014年1月开始，交易量依据IMF的《国际收支和国际投资头寸手册（第六版）》（BPM6）进行统计，因此与以前的数据相比没有连续性。

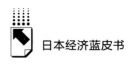
进一步扩大日本对华直接投资，积极改善营商环境以吸引非制造业投资或可成为一种有效手段。

表4 基于日本"国际收支统计"的日本对华直接投资情况（按不同领域和产业）

单位：亿日元，%

	2019 年			2020 年			2021 年			2022 年		
	金额	占比	增长率	金额	占比	增长率	金额	占比	增长率	金额	占比	增长率
制造业（合计）	7668	67.1	-21.3	7905	73.9	3.1	7853	60.6	-0.7	7409	67.6	-5.7
食品	366	3.2	n. a.	209	2.0	-42.9	460	3.6	120.1	85	0.8	-81.5
纺织品	75	0.7	-0.6	41	0.4	-45.3	-38	-0.3	n. a.	-4	0.0	n. a.
木材、木浆	162	1.4	25.3	288	2.7	77.8	141	1.1	-51.0	320	2.9	127.0
化学、医药	1156	10.1	10.0	881	8.2	-23.8	1193	9.2	35.4	2205	20.1	84.8
石油	24	0.2	-66.7	8	0.1	-66.7	-15	-0.1	n. a.	6	0.1	n. a.
橡胶、皮革	-227	-2.0	n. a.	63	0.6	n. a.	-257	-2.0	n. a.	-360	-3.3	n. a.
玻璃、土石	244	2.1	-35.1	539	5.0	120.9	92	0.7	-82.9	149	1.4	62.0
铁、有色金属、金属	527	4.6	-28.2	579	5.4	9.9	538	4.2	-7.1	606	5.5	12.6
一般设备	1208	10.6	-48.6	1093	10.2	-9.5	1142	8.8	4.5	1514	13.8	32.6
电气设备	1092	9.6	-26.3	846	7.9	-22.5	1525	11.8	80.3	-457	-4.2	n. a.
运输设备	2770	24.2	-22.2	3348	31.3	20.9	2750	21.2	-17.9	3068	28.0	11.6
精密仪器	123	1.1	-37.4	-161	-1.5	n. a.	-12	-0.1	n. a.	-105	-1.0	n. a.
非制造业（合计）	3759	32.9	67.3	2796	26.1	-25.6	5095	39.3	82.2	3547	32.4	-30.4
农业、林业	-4	0.0	n. a.	*	n. a.	n. a.	15	0.1	n. a.	*	n. a.	n. a.
渔业、水产业	*	n. a.	n. a.	*	n. a.	n. a.	*	n. a.	n. a.	*	n. a.	n. a.
采矿业	*	n. a.	n. a.	*	n. a.	n. a.	*	n. a.	n. a.	*	n. a.	n. a.
建筑业	25	0.2	220.3	11	0.1	-56.0	23	0.2	109.1	-34	-0.3	n. a.
运输业	93	0.8	n. a.	100	0.9	7.5	2	0.0	-98.0	122	1.1	6000.0
通信业	26	0.2	n. a.	-40	-0.4	n. a.	8	0.1	n. a.	-12	-0.1	n. a.
批发、零售业	1663	14.6	39.3	2134	19.9	28.3	2865	22.1	34.3	2746	25.1	-4.2
金融、保险业	1481	13.0	29.1	1346	12.6	-9.1	1790	13.8	33.0	1004	9.2	-43.9

续表

	2019 年			2020 年			2021 年			2022 年		
	金额	占比	增长率	金额	占比	增长率	金额	占比	增长率	金额	占比	增长率
房地产业	116	1.0	n.a.	−800	−7.5	n.a.	11	0.1	n.a.	−550	−5.0	n.a.
服务业	368	3.2	70.6	−15	−0.1	n.a.	219	1.7	n.a.	93	0.8	−57.5
合计	11427	100.0	−4.7	10702	100.0	−6.3	12949	100.0	21.0	10956	100.0	−15.4

注：（1）从保护个别数据的角度出发，对报告数少于三件的项目用"＊"表示；（2）数据不存在的项目用"n.a."表示；（3）因为表中"制造业（合计）"和"非制造业（合计）"的数据还包括"＊"所表示的"其他制造业"和"其他非制造业"，所以可能与各项目数据之和不完全一致；（4）投资金额为负数的项目不计算同比增长率。

资料来源：财务省「国際収支統計」を基に作成［2023 年 5 月 8 日］。

（二）在华日资企业的动向

日本贸易振兴机构以包括中国在内的各国家和地区的日本企业当地法人为对象，实施了"进军海外的日资企业实态调查"（简称"日资企业调查"）①，并公布了当地日资企业开展业务的实际情况。

围绕在华日资企业，针对"今后 1~2 年发展事业的方向性"问题，回答"扩大"的受访企业的占比为 33.4%，比 2021 年的 40.9%下降了 7.5 个百分点。这一数据甚至低于新冠疫情暴发的 2020 年的 36.6%，是具有调查可比性的 2007 年以来的最低水平（见图 1）。

按照不同产业考察回答"扩大"的受访企业占比，制造业领域为 32.1%（同比下降 8.0 个百分点），非制造业领域为 35.2%（同比下降 7.0 个百分点）。而且，很多产业回答"扩大"的受访企业占比和上年相比有所减少，但也存在占比增加的产业，比如食品产业（55.7%，同比增加 4.1 个百分点），化学、医药产业（50.0%，同比增加 1.5 个百分点）以及商社和批发业（50.0%，同比增加 2.2 个百分点）。

---

① 2022 年度的调查于 2022 年 8 月 22 日至 9 月 21 日实施。在华日资企业的有效回答数为 720 家，有效回答率为 46.8%。

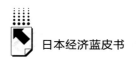
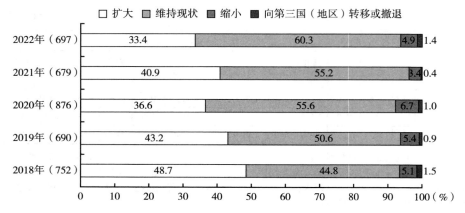

图1　对"今后1~2年发展事业的方向性"的回答情况

注：括号内数据为回答这一问题的企业总数，单位为家。

资料来源：JETRO『海外進出日系企業実態調査　中国編』[2023年2月8日]。

　　另外，回答"缩小"的受访企业的占比为4.9%，回答"向第三国（地区）转移或撤退"的受访企业的占比为1.4%，两者合计占6.3%，较2021年只上升了2.5个百分点，可见很多日资企业选择继续在中国发展事业。在严峻的经营环境中，选择缩小在中国发展事业和转移或撤退的日资企业有限，究其原因可能是在华日资企业在中国的盈利能力有所提升。

　　根据"日资企业调查"，针对"2022年度的营业利润（预计）"问题，回答"盈余"的受访在华日资企业占比为64.9%，同比下降了7.3个百分点；而回答"赤字"的受访企业占比为16.8%，同比上升了4.1个百分点，和2021年相比业绩恶化是毋庸置疑的。①

　　但是，对过去十年的数据进行比较发现，2022年回答"盈余"的受访企业占比排名第五（从高到低排序），而回答"赤字"的占比仅排第四（从低到高排序）；而且，与新冠疫情对中国经济整体所产生的影响相比，可以说其对在华日资企业经营业绩的影响是有限的。另外，在华日资企业的直接

---

　　① 从业绩比前一年恶化的原因（多选）来看，55.6%的受访企业认为是"新型冠状病毒引起行动限制的影响"，30.9%认为是"新型冠状病毒引起成本上升的影响"。

投资收益率①从 2015 年的 12.1% 上升到 2021 年的 15.1%，超过了美国（4.2%）、英国（10.5%）等。

对于进行新的投资和扩大事业规模，在华日资企业越来越持慎重态度。根据"日资企业调查"，回答"维持现状"的受访企业的占比是最大的。而且，JETRO 以对海外事业感兴趣的日本企业（总部）为对象实施的"关于日本企业在海外发展事业的问卷调查"②的结果显示，围绕"今后打算在海外扩大事业的国家·地区"这一问题（多选），美国排第一，占比为29.6%，越南排第二，占比为 26.5%，中国则继续维持第三位，占比为26.4%。另外，围绕"最重视的出口目的地"问题，选择中国的受访企业的占比为 23.1%（同比减少了 4.7 个百分点），虽然保持第一的位置，但与排名第二的美国（22.7%，同比增加了 0.7 个百分点）的差距缩小到 0.4 个百分点。排名第三的是西欧（11.6%，同比增加了 2.2 个百分点），第四位是越南（6.8%，同比增加了 0.2 个百分点），第五位是泰国（5.9%，同比增加了 1.7 个百分点），可见排名前五的国家中只有选择"中国"的受访企业的占比减少。

"日资企业调查"还要求受访企业围绕"经营上的课题"这一问题进行选择式回答（见表5）。结果显示，在华日资企业所面临的"经营课题"，第一位是"员工工资上涨"，占比为 67.6%，第二位"汇率变动"占64.1%，第三位"采购成本上涨"占 64.0%，第四位"竞争对手崛起（成本、价格方面存在竞争）"占 59.2%，第五位"开拓新客源没有进展"占 47.0%。

从不同产业来看，在制造业领域，回答"采购成本上涨"的受访企业的占比排名第一，为 71.5%，"员工工资上涨"排第二，占 70.7%，"竞争对手崛起（成本、价格方面存在竞争）"排第三，占 63.0%，可见涉及成本方面的课题受到在华日资企业的较大关注。在非制造业领域，"汇率变

---

① 直接投资收益率=当年的直接投资收益÷［（当年直接投资余额+上一年直接投资余额）÷2］×100。

② 2022 年度的调查于 2022 年 11 月 17 日至 12 月 20 日实施。在华日资企业的有效回答数为3118 家，有效回答率为 33.3%。

动"以占比达 68.1%排在第一位，第二位是"员工工资上涨"，占 63.4%，第三位是"开拓新客源没有进展"，占 58.1%。

表5 在华日资企业在经营层面面临的问题（排名前十位，可多项选择）

单位：%

排名	问题	2022 年度调查
1	员工工资上涨	67.6
2	汇率变动	64.1
3	采购成本上涨	64.0
4	竞争对手崛起（成本、价格方面存在竞争）	59.2
5	开拓新客源没有进展	47.0
6	通关等手续繁杂	45.1
7	主要交易客户要求降价	44.5
8	从业人员的素质	41.4
9	人才（普通职员、事务型员工、普通工人）的录用存在困难	40.1
10	成本削减接近极限	38.9

资料来源：JETRO『海外進出日系企業実態調査 中国編』［2023 年 2 月 8 日］。

三 充分利用 RCEP 的企业有所增加

2022 年 1 月 1 日，RCEP 正式生效，中国、日本、新加坡、泰国、柬埔寨、文莱和新西兰先期完成国内批准手续，2022 年 2 月 1 日韩国和 3 月 18 日马来西亚、2023 年 1 月 2 日印度尼西亚相继批准。

RCEP 成为日中之间达成的首个自由贸易协定，在工业产品的贸易领域，基于不同产品种类，双方约 86%的关税被取消。中国从日本进口汽车零部件、钢铁制品、化学品、家电、纺织产品等的关税将被大幅削减，而且清酒、烧酒等酒类的进口关税也将被取消。RCEP 对日中两国进一步扩大贸易具有重大意义。2022 年 1 月，中国商务部等六部门联合发布《商务部等 6 部门关于高质量实施〈区域全面经济伙伴关系协定〉（RCEP）的指导意见》

等措施，大力支持对 RCEP 的积极利用。

根据"日资企业调查"，在作为 FTA、EPA、一般特惠关税制度（GSP）的利用对象的受访企业①中，60.4% 的企业回答"正在利用"某一制度。其中，利用率最高的就是 RCEP。回答"正在利用"FTA、EPA 或 GSP 的在华日资企业中，59.8% 的企业在"出口"中利用了 RCEP，64.2% 的企业在"进口"中利用了 RCEP。

从不同产业领域来看，在"正在利用"FTA、EPA 或 GSP 的在华日资企业中，对于回答在"出口"时利用 RCEP 的受访企业，制造业领域的纺织和服装、电气和电子机械部件等产业均为 87.5%，非制造业领域的商社和批发业为 58.3%，销售公司为 55.6%；对于回答在"进口"时利用 RCEP 的受访企业，制造业领域的电气和电子机械部件产业为 83.3%，运输机械部件产业为 57.9%，非制造业领域的商社和批发业为 75.0%，销售公司和运输业均为 71.4%。

从日本发放"第一种特定原产地证明"② 的情况来看，2022 年利用 RCEP 发放原产地证明 89956 件，在可利用协定中排第二，排名第一的是《日本与泰国经济合作协定》，发放原产地证明 93459 件。2023 年 1~2 月，利用 RCEP 发放的原产地证明数量已经跃居首位，可以预见 2023 年日资企业对 RCEP 的利用将更加活跃。

四　半数以上的日资企业重新审视供应链

根据"日资企业调查"，围绕"今后是否计划重新审视供应链（生产、销售、采购）"这一问题，回答"有"的受访企业占 50.1%，超过半数。至于具体的调整内容（多选题），34.9% 的受访企业回答"调整销售市场"，48.4% 的企业回答"调整采购地"。

---

① 进出口品种的一般关税为 0，使用 FTA、EPA、GSP 以外的关税减免制度的情况除外。

② 日本商工会议所依据"第三方证明制度"发放的基于 EPA 的原产地证明书，在 2022 年 1 月以日本与泰国、日本与印度尼西亚、日本与印度等签订的 15 个协定为对象。

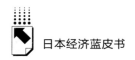

其中，关于"调整销售市场"，计划在中国国内进行调整的受访企业占比最大，为45.2%。另外，计划停止在中国国内销售产品的企业占15.1%，还有9.6%的企业计划将自己的销售地从日本转向中国。随着经营环境的变化，虽然出现了部分在华日资企业放弃在中国国内销售产品的现象，但与此同时，将原本出口到日本的产品调整为在中国国内销售的企业也在增加。

关于"调整采购地"，也是计划在中国国内进行调整的受访企业的占比最大，为31.2%。其次是计划将采购地从日本调整为中国国内的企业，占28.4%。围绕"调整采购地的理由"这一问题，55.9%的受访企业表示是因为"伴随销售地和采购地的企业停止开工甚至关闭存在供应链中断的风险"，44.1%的企业则表示是因为"伴随物流混乱今后供应链存在中断风险"。

五　结语

2022年，中国实施了严格的新冠疫情防控措施，中国国内的消费和生产活动受到较大影响。这一年的经济增长率是中国实施改革开放以来屈指可数的低水平（3%），仅次于2020年，这对日中之间的贸易、投资产生了广泛的影响。

2022年，在华日资企业的经营业绩较2021年出现大幅恶化。但是，计划缩小事业规模乃至转移、撤退的日资企业所占比重微乎其微，计划继续在中国发展事业的企业占大多数。对于开拓新事业和扩大投资，在华日资企业大都持谨慎态度。

展望2023年，中国不断优化新冠疫情防控措施，经济活动逐渐恢复。一方面，随着中国国内的消费和生产活动逐渐恢复，日中贸易可能较2022年有所增长。另一方面，关于扩大对中国的投资和事业规模，很多在华日资企业意识到了包括重新审视供应链在内的各种风险，为了进一步促进日本对华投资，需要解决的课题还有很多。

在中国，伴随经济发展，人民生活水平不断提高，人口构成有所变化，其对服务的需求日趋多样。在日本企业对外投资的重点转向非制造业领域的大背景下，如果中国方面通过放松管制、改善营商环境等促进适合中国市场的日本非制造业企业进入中国，日本进一步扩大对华投资是值得期待的。

（叶琳译　张季风编校）

日本的"双碳"政策与实践
Japanese "Dual Carbon" Policy and Practice

B.8
日本实现碳达峰的路径、经验

张季风　蔡桂全　李浩东*

摘　要：　日本未提出过碳达峰的目标，但其近半个世纪的经济发展实践
充分体现了日本为实现碳达峰所做的各种努力。20 世纪 70 年
代初期，日本从治理公害入手，调整产业结构，着力开发新能
源，推广节能技术，为实现碳达峰奠定了良好的基础。1993 年
日本加入《联合国气候变化框架公约》后，积极参与应对气候
变化的国际合作，推动《京都议定书》落地生效，成就其"环
境大国"的形象。日本在推动低碳化路线过程中，出现过各种
利益集团的博弈和争斗，但博弈各方最后妥协，在推行循环经
济以及低碳社会构筑等计划方面积极配合，从而于 2013 年完
成了实现碳达峰的最后冲刺。基于对日本实现"双碳"的实践

* 张季风，经济学博士，中国社会科学院日本研究所二级研究员、全国日本经济学会常务副会
长，主要研究领域为日本经济、中日经济关系、区域经济等。蔡桂全，经济学博士，清华大
学公共管理学院博士后、助理研究员，主要研究领域为世界经济、社会保障等。李浩东，管
理学博士，中国国际经济交流中心助理研究员，主要研究领域为日本经济、区域经济合作、
能源环境等。

与路径的分析，本文认为，日本实现碳达峰的措施是全方位的，减排固然十分重要，但森林固碳和国际碳交易合作也是其中重要的环节。中国应借鉴日本经验，完善法制建设、优化产业结构、降低煤炭比重、提高能效、提高创新能力，同时还应妥善处理好经济发展和减排的平衡关系，加强中日之间以及与其他国家之间的国际碳交易合作，争取在 2030 年圆满实现碳达峰的目标。

关键词： 碳达峰　碳中和　日本路径　全球气候变化

习近平总书记在党的二十大报告中强调，"实现碳达峰碳中和是一场广泛而深刻的经济社会系统性变革。立足我国能源资源禀赋，坚持先立后破，有计划分步骤实施碳达峰行动。完善能源消耗总量和强度调控，重点控制化石能源消费，逐步转向碳排放总量和强度'双控'制度。"[①] 中国是拥有 14 亿多人口的最大发展中国家，面临发展经济、改善民生、治理污染、保护生态等一系列艰巨任务。[②] 吸取发达国家的经验有助于中国"双碳"目标的实现。

目前，走向碳中和已经成为全球共识。截至 2021 年，全球有 50 多个国家已实现碳达峰，中国已经向国际社会承诺在 2030 年和 2060 年分别实现碳达峰和碳中和目标。实现"双碳"目标是一场广泛而深刻的变革，同时兼顾发展和减排的双重任务的艰巨性可想而知。

经济增长与碳排放之间的动态相关关系，可用环境库兹涅茨曲线来解

---

① 《习近平：高举中国特色社会主义伟大旗帜 为全面建设社会主义现代化国家而团结奋斗——在中国共产党第二十次全国代表大会上的报告》，http：//www. gov. cn/xinwen/2022 - 10/25/content_ 5721685. htm。

② 《中国应对气候变化的政策与行动》，中华人民共和国中央人民政府网站，http：//www. gov. cn/xinwen/2021 -10/27/content_ 5646697. htm。

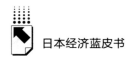
释，环境污染即碳排放程度随着 GDP 增长呈先加大后减小的倒 U 形。换言之，当一个国家经济发展水平较低时，碳排放较少、环境污染程度较轻，随着人均收入的增加，碳排放由少趋多，环境污染程度随经济的增长而加剧；在经济发展到达某个临界点（或称"拐点"）以后，随着人均收入的进一步增加，碳排放由多趋少，环境污染程度逐渐下降，环境质量逐渐得到改善。基于这一假说，一国的发展过程必然经历碳达峰，进而通过绿色科技不断提高与普及应用，最终迈进碳中和时代。包括英国、欧盟和日本在内的部分发达经济体的发展历程验证了环境库兹涅茨曲线假说。因此学习和借鉴发达国家在"双碳"目标驱动下的实践经验，对中国而言具有重大的现实意义。

作为中国一衣带水的邻国，日本在低碳发展方面的成效显著，颇值得研究。从世界各国的经济发展历程与碳排放量走势来看，日本碳排放绝对量一直处于较低水平，即便是在 20 世纪 80 年代其 GDP 接近美国约 70% 之际，日本的碳排放量总体也不大。这种反常的现象显示出日本在低碳发展中的真正实力。当前，日本是世界第三大经济体，其碳排放量仅约占全球的 3.2%[①]，日本已于 2013 年实现碳达峰，目前正在为实现碳中和目标而积极努力。中日两国经济发展历程相似，经济体量巨大，人口结构也有相似之处，与其他发达国家相比，日本实现碳达峰的战略与实践更值得中国留意和深入研究，"日本之石或许可攻中国之玉"。目前，国内学者对有关日本碳中和方面的论著颇多，如李东坡、周慧、霍增辉的文章[②]和刘军红、汤祺的文章等[③]，但着眼于长时段的日本碳达峰的研究成果并不多见。日本为实现碳中和目标出台的各项政策、战略以及经验固然值得借鉴，但中国正处于碳达峰的关键阶段，日本实现碳达峰的相关经验更值得借鉴。有鉴于此，本文

① 《BP 世界能源统计年鉴 2021》，https://www.bp.com.cn/content/dam/bp/country-sites/zh_cn/china/home/reports/statistical-review-of-world-energy/2021/BP_Stats_2021.pdf。

② 李东坡、周慧、霍增辉：《日本实现"碳中和"目标的战略选择与政策启示》，《经济学家》2022 年第 5 期，第 117~128 页。

③ 刘军红、汤祺：《日本碳中和战略及其前景》，《现代国际关系》2022 年第 4 期，第 18~25、60~61 页。

拟围绕日本实现碳达峰的实践、路径、主要经验以及启示进行重点分析，以期对中国有所借鉴。

一　日本实现碳达峰的主要举措与路径

截至目前，日本并未提出实现碳达峰的目标，甚至未曾使用过这个名词，但在经济发展实践中，扎扎实实地推行节能减排、低碳政策，为实现碳达峰做出不懈的努力。日本实现碳达峰的历程，可大体分为准备期和推进期两个阶段，其在不同时期适应形势的变化采取了不同的措施，这些措施环环相扣，相互作用，相互促进。

（一）碳达峰准备期（1970~1992年）

第一，公害治理。日本实现碳达峰的努力是从治理公害和保护环境入手的。由于长年过度追求经济上的高速增长，日本付出惨痛的代价，日本的环境在20世纪60年代末和70年代初遭到严重破坏，迫于全国各地"自下而上"的环保运动的压力，政府不得不痛下决心治理公害，恢复和保护生态环境。20世纪80年代初期，日本的公害问题得到根治，此后，其更是一跃成为世界公认的生态环境保护先进国家。公害的根治与生态环境的改善为碳达峰的实现扫清了障碍。

第二，产业结构调整。高速增长时期遗留下来的以重化工业为主的产业结构是耗能和污染的源头。淘汰"双高"产业，节能减排，就要减少对石油的依赖，从源头上解决公害和减排问题。为此，日本首先针对钢铁、石化、水泥、造纸、电力、化肥等耗能产业制定了严格的节能目标，进行合理化改造。其次，工业化发展的重点从基础材料型产业向附加值高且劳动力吸纳能力强的汽车、机械、电子加工等组装型产业转移。① 到20世纪90年代

---

① 张季风：《日本经济结构转型：经验、教训与启示》，中国社会科学出版社，2016，第40~41页。

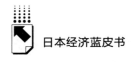

初期，日本产业结构不断"软化"，实现了升级的目标。可以说，优化产业结构是日本为实现碳达峰迈出的最关键的一步。

第三，加强新能源与节能技术开发。在强力推进产业结构升级的同时，日本还大力开发节能技术、新能源和石油替代技术。1974年和1978年，日本政府分别提出了新能源开发的"阳光计划"和节能技术开发的"月光计划"。1989年，日本提出"环境保护技术开发计划"；1993年，日本政府将上述三个计划合并成规模庞大的"新阳光计划"。政府主导的计划发挥了引领效应，企业积极开发新能源与新能源产品，如太阳能发电、风力发电、潮汐发电、节能汽车等，提高了产品质量，也提高了企业的国际竞争力。新能源的开发与节能技术的推广为日本实现碳达峰打下了坚实的基础。

（二）碳达峰推进期（1993~2013年）

第一，积极参与国际合作，推动《京都议定书》的签署与落地。1993年日本加入《联合国气候变化框架公约》，将应对气候变化纳入政府的议事日程，这意味着日本实现碳达峰系统工程的正式启动。20世纪90年代中后期，日本更加积极参与应对气候变化的国际合作，推动《京都议定书》的谈判、签署与生效。1997年12月，日本政府设立全球气候变暖对策推进本部，1998年10月制定《全球气候变暖对策推进法》，1999年4月颁布实施《全球气候变暖对策基本方针》，自此日本应对全球气候变暖问题的对策框架基本形成。2001年，日本环境厅升格为环境省，设置了地球环境局和温暖化对策课，强化了组织管理机构。

第二，构筑循环型社会。2000年日本颁布《循环型社会形成推进基本法》，2003年制定了《循环经济社会基本计划》。所谓循环经济，其核心内涵是减量化（Reduce）、再使用（Reuse）、再生循环（Recycled），即所谓的3R原则。发展循环经济、构建循环型社会，就是要摒弃"大量生产—大量消费—大量废弃"的传统发展方式，控制对天然资源的消费和减少环境负荷，以低能耗、低污染、低排放为标志的绿色革命实现社会经济的可持续发展，[①] 也是日本实现碳达峰必不可少的重要环节。

第三，推动实施低碳经济战略。2008 年 7 月，日本内阁会议通过了《实现低碳社会行动计划》，"实现低碳社会"正式成为国家战略。2009 年，日本国会通过《推进低碳社会建设基本法案》，并提出如下具体制度与措施：其一，实行碳排放权交易制度；其二，实行"领跑者"（Top Runner）制度；其三，推行节能标识制度和环保积分制度；其四，推广"碳足迹"（Carbon foot print）制度。低碳经济战略的推行极大地提高了企业与国民的绿色发展意识，也收获了比较理想的减排效果，温室气体排放总量从 2007 年的 13.96 亿吨降至 2009 年的 12.51 亿吨，降幅达 10.3%（见图 1）。

第四，新设环境税，实施 FIT 制度。2011 年发生的东日本大地震引发核电站泄漏事故，导致日本关闭绝大多数核电机组，转而大量使用煤炭、石油和天然气等化石燃料生产电力，使日本减排压力增大。在这种严峻的形势下，2012 年 3 月，日本果断决定新设"地球温暖化对策税"（简称"环境税"），环境税收入将主要用于节能环保产品补助、可再生能源普及等。与此同时，为了促进太阳能、风能等新能源的发展，日本于同年 7 月开始实施"固定价格收购可再生能源制度"（简称"FIT 制度"），其核心内容是：电力公司有义务对经国家认证的家庭、民间的太阳能发电站、风力发电站、生物质能发电站或中小型水力发电站等生产的可再生能源电力以政府规定的固定价格购买，以法律形式确保和推动可再生能源发展。环境税和 FIT 制度的实施为可再生能源的健康发展提供了保障，也为碳达峰后碳排放不再反弹和实现碳中和奠定了基础。

自 20 世纪 70 年代以来，日本经过 40 多年的不懈努力，采取上述措施，终于在 2013 年实现碳达峰，当年温室气体排放量为 14.1 亿吨。需要说明的是，尽管在实现碳达峰过程中，日本的温室气体总排放量多次反弹，在 2012 年实现《京都议定书》目标时，排放总量与基准年 1990 年相比不减反

---

① 陈志恒：《日本构建低碳社会行动及其主要进展》，《现代日本经济》2009 年第 6 期，第 1~5 页。

增，但并不能因此而否定日本所实施的上述一系列碳达峰措施所产生的效果。有研究表明，20 世纪 70 年代以来，虽然日本的排放总量有所上升，但排放强度一直呈下降趋势。[①] 另有研究成果认为，如果不采取上述措施进行控制，2010 年的碳排放量将比 1990 年增加 13.7%。[②]

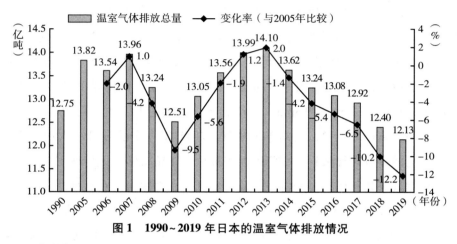

图 1　1990~2019 年日本的温室气体排放情况

资料来源：日本环境省「2020 年度（令和 2 年度）の温室効果ガス排出量（速報値）について」。

（三）日本实现碳达峰的路径分析

综合以上分析，可对日本实现"双碳"目标的路径进行如下归纳，如图 2 所示，首先从治理公害入手，为实现碳达峰扫清了障碍；然后对高能耗、高污染、高排放产业结构进行调整，产业结构不断优化、高附加值化，从源头解决高排放问题，为实现碳达峰迈出了最关键的一步；与此同时，积极开发新能源和推广节能技术，为实现碳达峰打下良好的基础；接下来通过积极参与应对气候变化的国际合作、推动《京都议定书》落地生效，打造

---

① 关雎文、周琪、毛保华：《碳排放控制的国际比较及经验借鉴》，《交通运输系统工程与信息》2022 年第 6 期。

② 甲斐沼美紀子「我が国の二酸化炭素排出量の削減可能性とその経済影響—AIM（アジア太平洋地域統合評価モデル）の開発」、『国立環境研究所ニュース』2004 年 23 巻 1 号。

日本"环境大国"形象；通过构筑循环经济社会和低碳社会战略的实施，日本终于在 2013 年实现了碳达峰。在此过程中，日本不断进行制度创新，先后实施了公害治理政策、可持续发展政策、环境政策、循环经济政策、低碳经济政策和碳中和政策，上述六大政策特别是后五项政策在时间上有所重叠，但在不同时期又有所侧重，多种政策的有机配合与无缝衔接构成日本实现碳达峰的主要政策路径，并为碳中和目标的实现预留政策空间。

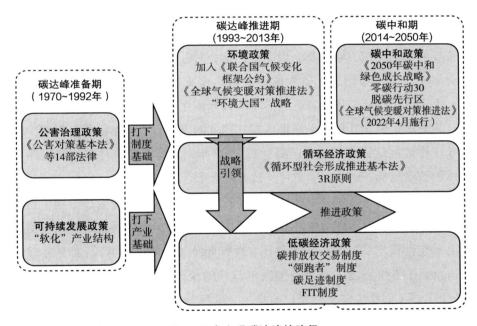

图 2　日本实现碳达峰的路径

资料来源：笔者根据《2050 年碳中和绿色成长战略》等资料绘制。

二　围绕碳达峰的各方博弈与战略形成机制

从以上对日本实现碳达峰的实践与路径分析可以看出，日本实现碳达峰与推动《京都议定书》的签署、生效与目标的实现，在时间上几乎是重合的。事实上，《京都议定书》的目标设定、实现并非一帆风顺，在这一过程

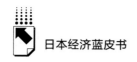

中，日本政府以及各种利益集团发生过激烈的斗争。日本低碳政策的出台和
调整是日本国内各个利益集团博弈的产物，日本政党、官僚和财界三者既相
互制衡，又相互妥协。这种博弈也影响了日本政府内部的政策取向，就批准
《京都议定书》的态度而言，环境省和经济产业省（简称经产省，其前身为
通商产业省，简称通产省）在主导国家应对全球气候变暖的长期战略上形
成激烈的竞争态势。

　　总体来看，环境部门采取支持态度，通过多种方式推动低碳政策的落实
和发展。环境厅在推动日本政府签署和落实《京都议定书》的过程中发挥
过重要的推动作用。在京都会议召开之前，时任环境厅长官石井道子专程走
访肯尼亚、埃及和德国，争取这些地区大国支持京都会议。① 一个多月之
后，大木浩出任环境厅长官，进一步明确环境厅就京都会议议案的内容的态
度，为争取美国和其他太平洋地区发达国家的支持，日本不仅要针对减少温
室气体排放制定强化措施，还要针对 2000 年以后的温室气体减少排放制定
具体的数量目标。② 2001 年 1 月，日本进行了行政机构改革，将环境厅升格
为环境省，其成为负责日本环境政策及计划制定、统一监督管理全国生态环
境的核心行政部门。环境省成立之后做出的第一个重大的决策就是顶住美国
退出《京都议定书》的影响推动日本政府批准《京都议定书》。时任环境大
臣川口顺子不仅发表了反对美国退出行径的谈话，还表示"在全球气候变
化问题上，《京都议定书》是目前唯一的选择，退出《京都议定书》将使我
们过去十年的努力大幅倒退……我认为，环境省以《京都议定书》在 2002
年生效为目标而全力以赴的方针没有因此改变"③。

　　经济产业省在低碳议题上多保持缄默或者支持谨慎采取环保政策的
态度。经济产业省在日本主要负责制定政策并推动国内产业发展、能源

---

① 環境省「石井道子環境庁長官の海外出張について」、1997 年 7 月 31 日、https：//
　　www. env. go. jp/press/899. html。
② 環境省「大木環境庁長官の海外出張について」、1997 年 9 月 30 日、https：//
　　www. env. go. jp/press/1020. html。
③ 環境省「米国の気候変動政策に関する環境大臣談話」、2001 年 3 月 29 日、https：//
　　www. env. go. jp/press/2541. html。

政策执行，该部门在《京都议定书》批准前后从日本经济发展的可行性出发，对日本通过节能方式来完成减排的做法相对抵触，并和环境省争夺制定和实施全球气候变暖对策的国内主导权。在批准《京都议定书》之前，通产省认为日本要完成《京都议定书》的减排目标具有极大难度，早在1990年10月就和经团联推动日本政府在防止全球气候变暖和保护地球问题的内阁会议上，制定了2000年以后要以1990年排放量作为目标的政策。① 在通产省看来，泡沫经济破灭后的日本国内经济问题远比环境保护事项重要，尤其是在二氧化碳排放量占全球1/4的美国已经退出《京都议定书》的情况下，日本如果仍坚持批准的话，将伤及国内企业的经济利益并导致日本企业在全球经济竞争中处于不利地位。日本在2013年实现碳达峰之后，经产省进一步强化本部门对日本应对全球气候变暖长期战略的决策影响力，对环境省推动日本进一步实施减排表现出极强的反对态度，于2017年推出了《2050年为止必要的变暖对策长期战略报告》，认为日本国内在应对全球气候变暖方面的削减空间十分有限，削减温室气体排放必须和经济增长并举，因此希望能够通过开发并普及高性能的产品以为世界减排做贡献，拉动日本经济发展。经产省的干部强调，"过度强调减排将导致钢铁等排量大的重化学工业无法在日本国内生存，如果将这些产业交由发展中国家生产，则导致全球温室气体排放量增加"，此外，经产省还谴责环境省，"执着于削减国内排放量，会导致经济增长和创新停滞，放弃向世界提供低碳技术的作用，是本末倒置的行为"②。

经团联是日本财界的核心团体，代表了经济界的意愿且在一定程度上左右政府的决策制定。以经团联为首的财界则强调自身利益，一方面颁布相应的行动计划表示配合，另一方面对那些触碰利益的政策通过自身率先发声的方式加以引导。早在1991年，经团联就发表了《经团联地球环境宪章》，

---

① 首相官邸『京都議定書目標達成計画』、2005 年 4 月 28 日、5 頁、https：//www.kantei.go.jp/jp/singi/ondanka/kakugi/050428keikaku.pdf.
② 「温暖化で環境省と主導権争い　経産省、世界視野の長期戦略策定」、『SankeiBiz』、2017年4月24日、https：//www.sankeibiz.jp/macro/news/170424/mca1704240500003-n1.htm.

针对全球气候变暖问题的应对策略指出"全球气候变暖问题还有科学未解的环境问题，应在节能、省资源方面实施有效且合理的对策"①。到 1997 年，经团联就预计《京都议定书》的达成将对日本经济造成直接影响，因此发表了《经团联环境自主行动计划》，先于政府将生产和能源企业的减排目标设定为"2010 年的二氧化碳排放量应不高于 1990 年的排放量"，并指出产业界将每年跟踪前一年设定的目标，朝着 2010 年达成目标迈进并实施相关对策。经团联创建了日本国内行业全产业层面切实进行环境治理的持续机制，此举意在防止政府插手经团联的减排计划，确保自身基于经济活动优先完成减排，以确保经团联在减排问题上对下属企业的主导权。自 2002 年开始，经团联还针对该计划设置了第三方评价委员会，通过由以学界为首组成的第三方评价委员会对下属企业的减排达成情况进行评价，提高《经团联环境自主行动计划》的可信性和透明度。同时，此举向不同产业类别设定不同程度的减排目标提供了更为科学和可行的目标。经团联虽然公开反对政府批准《京都议定书》，却不过度干预政府决策，还积极根据政府制定的策略加以贯彻落实。

此外，日本民众、学界和非政府组织在全球气候变暖问题上的认知受到环境厅决策的影响较大。1997 年 12 月，环境厅专门成立了"全球气候变暖对策推进本部"，着手整合日本国内 180 多个地方自治体、民间团体以在防止全球气候变暖问题上积极参与、相互合作。② 这类群体的总体态度是将日本与欧盟等环保先进国家、组织进行比较，推动日本政府尽早批准《京都议定书》并积极进行减排，其态度对日本实施低碳政策具有较大影响。

值得一提的是，日本的许多首相是实现碳达峰和实施低碳政策的主要推手。比如，1996 年，针对减排指标的设定，当时日本国内出现了严重对立的观点，以环境厅为代表的重视环境的部委主张采取与欧洲相同的严格指

---

① 経団連「経団連地球環境憲章」、1991 年 4 月 23 日、http：//www. keidanren. or. jp/japanese/policy/1991/008. html。

② 環境省「地球温暖化防止に係る国民規模の啓発及び国民参加の対策の強化のための各方面の取り組みについて」、1997 年 1 月 31 日、https：//www. env. go. jp/press/249. html。

标，而以通产省为代表的经济相关部委和企业界则从稳定经济的目标出发主张设定较宽松的指标。两种意见僵持不下，时任首相桥本龙太郎为维护日本的形象，做出最终决断。2008 年日本经济产业省公布《清凉地球能源技术创新计划》，同年 6 月，福田康夫首相提出 "福田蓝图"，明确了 2050 年日本温室气体排放量减少 60%~80% 的减排目标及具体减排措施，表明日本引领世界低碳革命的决心和信心。2009 年鸠山由纪夫首相力排众议，顶住产业界强烈反对的压力，向国际社会承诺日本到 2020 年实现比 1990 年削减 25% 的中期减排目标。

如上所示，日本实现碳达峰主要是通过政策和法律的有效结合，最终出现国家层面的战略不断推动的过程。然而，要在不同时期形成满足市场、政府以及公民（社会）三方不同需求的成功战略并非易事。首先，在 20 世纪 70 年代公害时期，在公民环保意识觉醒和推动下，日本政府出台多种法规促进企业在技术上实现突破，并顺利地解决了公害问题，在此时期所实现的技术进步成为日本工业国际竞争力的保障。然而，公害治理的成功经验让工业界对技术进步的积极效应产生过度迷信，与此同时，对政府的监管产生依赖，最终导致日本产业界在随后应对日益严峻的全球环境问题时反应迟缓。不仅如此，通过政策规制推动技术进步的方式以实现经济发展与环境保护的范式也导致日本社会制度出现僵化，阻碍诸如公民直接参与式决策系统、非营利组织和绿色消费者出现。这意味着除了政府部门和经济部门之间的关系外，经济部门和公民之间的关系也变得僵化，这严重限制了日本基于政府、市场、公民三方协调而建立共识的方法。①

这种僵化的制度的负面影响在《京都议定书》制定过程中进一步突出。具体来看，尽管日本政府在《联合国气候变化框架公约》第一次缔约方大会（COP1）后便已经明确表态希望尽快作为东道主举办气候峰会，以尽早

---

① 山田修嗣・藤井美文・石川雅紀『日本産業社会の脱温暖化モデル構築に向けた調整様式と政治的イニシアティブ——エコロジカル・モダナイゼーション論における社会的調整概念をもとに——地球環境』、国際環境研究協会、2007、226 頁。

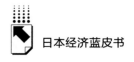

推动其构建"环境大国"形象的进程，但此时，在公害治理以后的市场、政府和公民的僵化制度之下，日本国内以经产省和经团联为代表的"经济发展优先派"与以环境省和公民团体为代表的"环境保护优先派"之间的矛盾根本无法缓解，反而愈发激化。

在这一形势下，日本为应对气候变暖的战略制定进行了新的探索，尝试通过社会控制的手段重新构建一个全新的应对全球气候变暖的社会系统。所谓社会控制，是指控制造成矛盾对立方的活动，通过建立新的社会系统使问题得到妥善解决①。在这个策略的驱动下，通过协调场域的构建与参与、目标的协调与优化、协调工作的管理、科学作用的重申、协调方向的政策正当性（基于辩论和论证的决策）论证五个方面，日本开始了日本模式的生态现代化实践。具体来看，首先是由日本政府致力于构建让市场（主要涉及经济领域中的各产业部门）、政府和公民三方可以进行对话，共同参与经济和环境协调发展方向讨论并做出具体决策的场域，这个场域是缓解三方之间对立的前提，也是事关环境政策成败的关键。其次，政府部门与科学机构通过紧密合作制定初步政策目标，向经济部门和公民具体说明与介绍，并在三方都参与的对话场域经过科学的辩论实现目标的调整和优化。然后，一旦目标调整结束，环境友好型商品的生产和消费就会受到经济部门和公民的重视，各部门会以该目标为前提采取具体的行动。在政策方面，通过规制的手段，引领产业通过创新、公民通过需求构建以实现环境目标为导向的社会。最后，在这种被管制的社会中，不降低环境绩效的市场解决方案已经实现内置，环境绩效在管制和竞争之间的平衡中得以维持。通过建立这种联系，经济（产业）部门加深了对技术持续创新必要性的认识，公民尽可能通过信息流通增加对环境友好型商品的需求。政府部门则扮演起在不断变化的社会条件下进行规制的更新与审查的角色（见图3）。

---

① 舩橋晴俊『支配システムにおける問題解決過程―静岡県におけるコンビナート建設阻止を事例として―社会志林』、法政大學、2006、53頁。

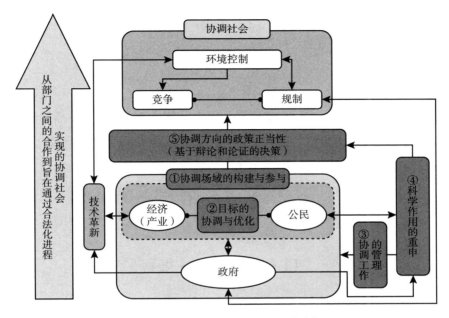

图3 日本实现"双碳"目标的路径

资料来源：笔者根据日本环境省网站相关资料绘制。

  在这种探索之下，原本存在于日本社会各方之间的僵化问题得到了大幅度的缓解，日本为应对气候变暖所制定的减排政策越来越科学。事实上，在《京都议定书》落地以后，日本更是进一步采用以 Jänickes 为代表所主张的"智能监管模式"① 推动减排目标实现。这个模式进一步强调专家学者的主动性，利用监管手段，以环境友好的方式引导基于市场逻辑的社会调整，具体而言，就是将产品的环保效率作为一个可以监测的指标，这样不仅是维持市场竞争基本逻辑的诱导措施，也是实现在不规定具体的碳排放减排目标的情况下便可以使环境绩效螺旋式上升的有效手段。2008 年日本基于《实现低碳社会行动计划》所采用的"领跑者"制度、节能标识制度和环保积分

---

① Jänicke, M., Governing Environmental Flows: The Need to Reinvent the Nation State, 2004. 吉田文和・佐々木創・行方のな (訳)『環境フローのガバナンス―国民国家を再生する必要―経済学研究』、北海道大學、2005 年 54 号、93-107 頁。

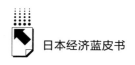

制度以及"碳足迹"制度都是基于"智能监管模式"的具体产物,在日本实现碳达峰的最后冲刺中发挥了巨大作用。

上述回顾表明,日本在成功治理公害以后衍生出来的市场〔经济(产业)〕、政府、公民之间的僵化问题在推动《京都议定书》的进程中彻底暴露。在此背景下,日本在以生态现代化理论为基础进行适当调整后逐渐发展成为可以在各方需求实现均衡状态下降低碳排放目标的"日本模式",这种三方参与的模式为日本出台实现碳达峰的政策扫清了障碍。在此以后,日本进一步采用智能监管模式,通过发挥学者专家的智慧实现政策规制内容的创新,成功引导基于市场逻辑的又一次重大社会变革,并最终实现碳达峰。

三 日本碳达峰的主要经验

一方面,通过各种方式减少排放,这几乎成为各国实现碳达峰的铁律,当然日本也不例外,通过产业结构调整、推广节能技术、发展循环经济和低碳经济最大限度地减少排放。另一方面,日本充分考虑到20世纪90年代初泡沫经济崩溃对经济的打击和恢复经济的重要性,因此并未强制企业必须达到减排目标,也就是说,日本实现碳达峰并不是通过一味地追求减少排放温室气体取得的。如前所述,日本推动《京都议定书》目标与碳达峰的实现在时间上几乎是重叠的,故本文以《京都议定书》目标的实现为案例进行说明。如图4所示,2012年与1990年相比,日本温室气体排放量不仅没有减少反而增加了6.5%,2008~2012年的平均排碳量与1990年相比增长1.4%。在这种背景下,《京都议定书》中所设置的以森林为主的碳封存和以国际合作为主的碳交易帮助日本最终超额完成了减排承诺。其中通过森林固碳实现五年平均排放量与1990年相比减少3.9%,通过国际合作实现五年平均排放量减少6.2%,二者相加共实现五年平均排放量减少8.7%。这种灵活多元的减碳政策大大减弱了碳达峰实现过程中对经济发展的消极影响。

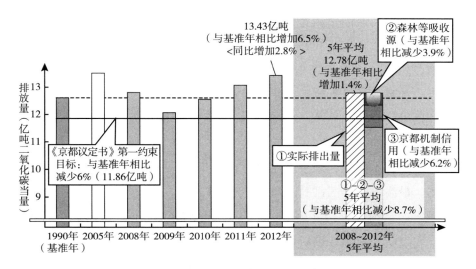

图4　日本温室气体排放总量与《京都议定书》目标达成情况

资料来源：環境省地球環境局市場メカニズム室「京都メカニズムクレジット取得事業　の概要について」、平成28年1月、https://www.env.go.jp/earth/ondanka/mechanism/credit/mat160118.pdf。

（一）森林碳吸收和固碳

20世纪60年代以来，日本林地面积一直维持在2500万公顷左右，但全国森林蓄积总量仅有18.9立方米，森林蓄积结构以天然林为主，占总体森林蓄积的70%以上。然而，在过去半个多世纪，日本在林地面积几乎没有发生变化的前提下，通过大量发展人工林的方式，让森林得以快速成长，2012年，日本森林蓄积量已经达到49.0亿立方米，其中，人工林蓄积量达到30.4亿立方米，较1966年增长442.86%，远远超过天然林的面积（见图5）。

一方面，虽然树木通过呼吸作用排放二氧化碳，但它们可以利用光能、空气中的二氧化碳和土壤中的水合成并固定碳化合物，如纤维素（光合作用）。由于光合作用吸收和固定的二氧化碳量大于呼吸作用排放的量，这意味着树木吸收和固定的二氧化碳是一个整体。另一方面，在树木的整个生长期，生长所固定的碳化合物最终会被微生物等分解成二氧化碳，因此，吸收的二氧化碳量和释放的二氧化碳量之和是大致平衡的。为此，由树木形成的森林在形成、生长和消亡的整个周期中吸收的二氧化碳非常少，吸收和释放的量大致平衡，相互抵消。然而，只要森林得到不断的更新，长期维持森林的状态，就会不断储存所吸收和固定的二氧化碳。因此，保持健康的森林对防止全球气候变暖非常重要。在应对全球气候变暖的课题上，日本开始越来越关注森林在防止全球气候变暖方面所发挥的积极作用。最终，森林固碳这一概念在1997年由《联合国气候变化框架公约》第三次缔约方大会（COP3）通过，《京都议定书》中明确了在1990年以后通过新种植园、重新造林以及经营森林所吸收的二氧化碳量可以作为碳减排量的新规定，自此以后，森林固碳正式成为日本推动低碳发展进程的重要手段。

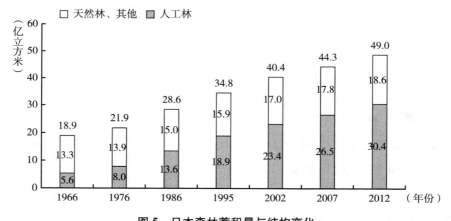

图5　日本森林蓄积量与结构变化

资料来源：日本林野庁『令和3年度森林・林業白書』P54、资料1-2、https://www.rinya.maff.go.jp/j/kikaku/hakusyo/。

为了实现《京都议定书》规定的与1990年水平相比减少6%的二氧化碳排放量，日本政府开始大力鼓励与发展森林固碳相关事业，一方面加快造林，采取森林疏伐和其他森林改良措施，提高森林管理的比例；另一方面通过增加已采取保护和养护措施的天然林的数量，如促进指定森林保护区政策更好地实施，维护健康的森林状态。与此同时，根据《联合国气候变化框架公约》第 4 条和第 12 条以及《京都议定书》第 7 条的规定，由国立环境研究所全球环境研究中心的温室气体清单办公室（GIO）提供日本整体的森林碳汇和二氧化碳排放量的计算方法和结果，以客观评价森林吸收二氧化碳的量的动态变化。根据《京都议定书》的安排，2005~2007 年森林碳吸收量属于试行计算结果，2008~2012 年属于第一约束期间为实现减排目标的具体森林吸收量。GIO 每年公布的《日本温室气体清单报告（NIR）》显示，2008~2012 年，日本重新造林以及森林减少活动的碳排放量为 12.3 百万吨（见表 1），然而，通过森林经营活动，日本森林碳吸收量达到 253.4 百万吨，净吸收量为 241.1 百万吨，超过了《京都议定书》中关于森林碳吸收量 238.8 百万吨的最高上限，最终，按设置的最高上限算出第一约束期间的五年平均森林固碳量为 47.76 百万吨，占日本达成《京都议定书》碳减排量目标的 3.9%，相当于 1300 吨的固碳重量，为履行减排承诺奠定了扎实的基础。

表 1　日本森林固碳量的变化

单位：百万吨

碳排放回收	2005 年	2006 年	2007 年	2008 年	2009 年	2010 年	2011 年	2012 年	第一约束期间合计
重新造林以及森林减少活动	2.1	NA	1.9	2.1	2.7	4.4	1.6	1.5	12.3
森林经营活动	−37.5	NA	−41.9	−45.4	−49.0	−53.3	−52.6	−53.1	−253.4
合　计	−35.4	NA	−40.0	−43.3	−46.3	−48.9	−51.0	−51.7	−241.1

资料来源：『日本国温室効果ガスインベントリ報告書（NIR）』。

（二）碳国际交易

无论是大力促进碳减排，还是把森林所能吸收的碳排放量都纳入减排计划之中，日本政府始终认为，即使在国内这些措施方面都做出最大努力，6% 的减排目标还是难以达成的，会留下 1.6% 的缺口。为此，《京

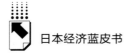

都议定书》规定京都机制可以作为缔约国国内温室气体减排措施和国内汇流措施的补充，以履行减排承诺。由此可见，京都机制实质上是通过根据市场原则向国外转让减排量或初始配额（以下简称"信用"），最终实现减排目标的一个补充机制。《京都议定书》共设定了三种信用机制（见图 6）。

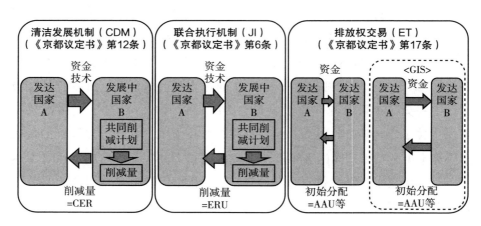

图 6　《京都议定书》的三种信用机制

资料来源：国立研究开发法人新エネルギー・産業技術総合開発機構『京都メカニスムクレシット取得事業総括報告書』、https：//www. nedo. go. jp/content/100783325. pdf。

第一种是清洁发展机制（Clean Development Mechanism，CDM）。CDM模式是，缔约国之间共同实施减排项目，投资国获取相应的减排信用，东道国获取项目带来的实际减排收益。一般投资国是发达国家，东道国是发展中国家，中国是 CDM 的缔约国之一。CDM 分为 A、B 两种类型，其中，A 类CDM 是直接获取信用机制，指由缔约国之外的发展中国家直接参与 CDM 合作并获得所发放的信用；B 类 CDM 是间接获得信用机制，即与已经购买或计划购买信用的企业或国家签订转售信用的购买协议。

第二种是联合执行机制（JI），是指缔约国通过合作实施有助于减排的项目，所实现的减排单位（Emission Reduction Unit，ERU）可由投资国根据投资份额以用于实现自己的减排目标。这一机制的缔约国一般是发达国家。

第三种是排放权交易（Emissions Trading，ET）。该机制允许缔约国之间将一部分核证减排量（Certified Emission Reduction，CER）、ERU 或最初分配的数量单位（Assigned Amount Unit，AAU）根据市场机制进行交易。在 ET 中，如果转让配额的资金由出售国（东道国）用于减少温室气体排放或采取其他环境保护措施，则被称为绿色投资计划信用机制（Green Investment Scheme，GIS）。ET 的缔约国一般是发达国家。

由于《京都议定书》只在发达国家之间形成减排约束，而发达国家的减排成本普遍比较高，交易空间相对有限，因此由发达国家和发展中国家参与的 CDM 备受期待。通过实施 CDM 减少的温室气体（以吨二氧化碳当量计），经联合国认证后作为碳信用额度 CER 分配给项目参与者。这些核证减排量可以用来抵消本国的碳排放，也可以转让（如出售）给其他私营企业或国家政府。如此一来，一方面，对于发达国家履行减排目标而言，CDM 项目投入的成本能够大幅下降；另一方面，CDM 可以让发展中国家产生碳信用额度，并通过发达国家提供的技术和资金实施有助于减少本国温室气体排放的项目，从而改善本国整体温室气体排放情况，促进发展中国家可持续发展。不仅如此，而且发展中国家的企业通过 CDM 能够实施具有发达国家经济效益的项目，获取相关绿色先进技术和绿色资金支持。因此，CDM 项目是连接发达国家与发展中国家进行绿色领域合作以达到双赢局面的减排机制。

对于日本而言，最关心的就是如何通过 CDM 获得减排目标中 1.6% 温室气体减排量，即发放和获得的核证减排量，以履行减排承诺。在 2006 ~ 2013 年的 8 年间，日本共签订了 25 个信用购买合同。其中，11 个是 A 类 CDM（其中 7 个后来被取消），10 个是 B 类 CDM，4 个是 GIS。CDM 的 A 类和 B 类碳信用额度的获取是在适当的管理下在几年内分期进行的，而 GIS 碳信用额度的获取是在合同签订后分 1 ~ 3 期进行的，这些项目进行到 2014 年，累计有 9749.30 万吨二氧化碳当量信用额度转入日本政府所持有的账户（见表 2），这为实现《京都议定书》的目标做出了巨大贡献。

表2 《京都议定书》机制碳信用转移的实际业绩

单位：吨二氧化碳当量

信用种类	案例名称	2006 年	2007 年	2008 年	2009 年	2010 年	2011 年	2012 年	2013 年	合计
CDM 类型 A	陕西副产气体						87089		1046255	1133344
	山东生物质能				224664	115065	196191	177445	150463	863828
	中爪哇生物质能									合同解除
	内蒙古自治区克什克腾旗风力									合同解除
	吉林 CDQ · 副产气体									合同解除
	山东林业水泥									合同解除
	山东龙口泛林水泥									合同解除
	江西功阁水力					1708	55124	41728	52759	151319
	江西罗洪口水力						5257	42745	21655	69657
	山西 CMM									合同解除
	陕西 TRT									合同解除
	小计	0	0	0	224664	116773	343661	261918	1271132	2218148

续表

信用种类	案例名称	2006年	2007年	2008年	2009年	2010年	2011年	2012年	2013年	合计
CDM 类型B	丸红1			380000	380000	400000	420000	420000		2000000
	罗地亚1		233551	385360	238540	238540	238540	238540	257281	1830352
	丸红2			250000	400000	400000	400000	400000		1850000
	丸红3			100000	150000	150000	150000	150000		700000
	罗地亚2			300000	300000	300000	300000	300000	300000	1800000
	丸红4				122775	337150	337150	337150	122775	1257000
	英力士			500000						500000
	罗地亚3			1000000	1000000	1000000	1000000	769638	1370303	6139941
	Tricorona				665545	665545	665545	665545		2662180
	丸红5							517700	-517700	1035400
	小计	0	233551	2915360	3256860	3491235	3511235	3798573	2568059	19774873
GIS	乌克兰GIS				15000000	15000000				30000000
	捷克GIS				25000000	15000000				40000000
	拉脱维亚GIS				1500000					1500000
	波兰GIS					200000	3800000			4000000
	小计	0	0	0	41500000	30200000	3800000	0	0	75500000
	合计	0	233551	2915360	44981524	33808008	7654896	4060491	3839191	97493021
	累计	0	233551	3148911	48130435	81938443	89593339	93653830	97493021	97493021

资料来源：国立研究開発法人新エネルギー・産業技術総合開発機構『京都メカニズムクレジット取得事業総括報告書』，https://www.nedo.go.jp/content/100783325.pdf，表4.1-1。

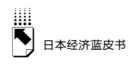

四 启示与借鉴

日本在实现碳达峰的实践中，积累了丰富的经验，也有深刻的教训。截至目前，中国采取的许多碳达峰措施与减排政策和举措和日本似乎大同小异，但两国在实际落实上又存在明显的差异。因篇幅所限，本文仅就强化法制建设、优化产业结构、调整能源结构、提高能效、科技创新等加以简单阐述。

1. 完善法制建设，重在落实

日本十分注重与减排相关的法制建设和顶层设计。20 世纪 70 年代以来，日本先后制定了以《节能法》（1979 年）、《环境基本法》（1993 年）、《新能源法》（1997 年）、《循环型社会形成推进基本法》（2000 年）和《推进低碳社会建设基本法案》（2009 年）为主体的数十部相关法。日本依据法律制定推广节能技术和发展循环经济、低碳经济的基本计划等操作性很强的具体规划与战略。法制当先、规划先行是日本的重要经验，值得借鉴。中国各级政府也十分重视顶层设计，例如，2021 年 10 月底，中国出台了《中共中央 国务院关于完整准确全面贯彻新发展理念做好碳达峰碳中和工作的意见》和《2030 年前碳达峰行动方案》两个重要文件，构建了"组织领导—统筹协调—地方责任—监督考核"的组织框架。但是，中国在立法方面明显滞后，目前还没有国家层面的"双碳"立法。现有的《大气污染防治法》《环境保护法》《可再生能源法》等虽涉及"双碳"内容，但较为分散。实现"双碳"目标，法制是重要保障，应尽快构建国家层面的相关法规体系。不仅如此，还应在落实上下功夫。

2. 痛下决心，优化产业结构

中国实现"双碳"目标的一个重要难题就是产业结构偏重。化工、金属、有色、冶金、钢铁等五大高耗能产业排放了 80% 以上的二氧化碳，今后应重点关注高耗能产业的碳排放，优化产业结构。半个世纪之前，仍处于减排准备时期的日本产业结构与当今中国的状况十分类似，彼时的日本利用政策引导产业和企业，淘汰"双高"产业，成功地实现了产业结构分阶段优化升级，加速向低碳社会转型，从源头解决减排难题，从而促进碳达峰实现，为实现碳中和目标奠定基础。长期以来，中国推动产业转型升级，但产业转型升级更多的是从相对发达城市向相对落后城市转移，并没有彻底完成对"双高"产业的淘汰与升级，中国产业结构优化的空间依旧巨大，任重而道远。中国有必要借鉴日本经验，狠抓绿色低碳技术攻关，加快先进适用技术研发和推广应用，越早实现在节能减排和碳循环利用等领域的技术突破和商用化，就越容易冲抵国内节能减排对经济的负面影响。伴随全球碳减排、碳中和趋势带来的新增市场空间，中国可尽早实现新一轮的产业迭代。

3. 妥善处理能源结构调整与实现"双碳"的关系

中国实现"双碳"目标的另一个难题是能源结构"偏煤"。近十年来，煤炭消费比重下降幅度很大，从 2011 年的 70.2% 降至 2020 年的 56.8%，十年时间下降 13.4 个百分点，但偏煤结构并未发生根本性改变。日本的能源结构则是"偏油"，1973 年石油在一次能源供给中的占比高达 77%。第一次石油危机爆发后，日本出台了"石油替代战略"，以减少对石油的依赖。经过 30 多年的努力，2010 年石油占比降至 44%，2020 年降至 38.1%，其他能源的占比为：煤炭占 26.9%，天然气占 22.1%，核电占 2.2%，水力占 4.0%，可再生能源占 6.6%。可见经过近半个世纪的调整，日本依赖石油的局面依然没有发生根本性转变。特别是可再生能源的比重，远低于欧盟。从日本的经验来看，能源结构调整绝不是在短期内所能完成的。中国还是发展中国家，工业化和城镇化尚未完成，能源消费还将刚性增长。此外，日本在实现碳达峰后至今，也并未完全调整重石油、天然气的能源结构，换言之，尽管调整能源结构对于减排而言十分关键，也是实现碳达峰过程中必须克服的难题，但从日本的经验来看，彻底完成能源结构的调整并不是实现碳达峰之前的必要条件，在由碳达峰迈向碳中和的过程中，能源结构调整的重要性会进一步凸显。由此来看，中国要立足现实，不可急于求成，应把握好降碳的节奏和力度，实事求是、持续发力，循序渐进地做好减煤工作。

4. 妥善处理减排与经济发展之间的关系

日本实现碳达峰并非通过一味追求减少排放温室气体取得的，事实上，与 1990 年相比，2012 年日本温室气体排放总量不仅没有减少反而增加了 6.5%，即便是 2008~2012 年 5 年的平均排放量也比 1990 年增加 1.4%。事实上，《京都议定书》目标的达成主要是靠森林固碳和国际减碳（如 CDM 项目）合作取得的，其中森林固碳减排 3.9%，依据京都机制信用原则，向发展中国家提供资金，技术置换减排 5.9%，两者合计减排 9.8%，减去增加排放的 1.4%，总体比 1990 年减排 8.4%，大于减少 6% 的承诺指标。日本充分意识到 20 世纪 90 年代初泡沫经济崩溃对日本经济的打击和恢复经济的重要性，因此并未强制企业必须实现减排目标。这种灵活的政策大大减弱了实现碳达峰对经济发展的消极影响。中国经济面临新冠疫情、美西方势力的技术封锁等各种严峻挑战，更应当立足当前，处理好经济发展与实现碳达峰的关系，量力而行，在努力推进减排措施的同时，更应当将着力点放在碳捕获、利用、封存（CCUS）方面，力争将实现"双碳"目标对经济发展的负面影响降至最低。

5. 注重国际合作，通过市场机制让减碳技术走向世界

如前所述，日本通过《京都议定书》中的国际合作机制实现减排 5.9%。实际上，国际合作不仅能够让参与国通过灵活方式实现减碳目标，还有利于发展中国家发展低碳经济，促进参与国之间进行环保技术交流与合作。《京都议定书》设立了 CDM 机制，鼓励参与国之间通过环保项目合作进行减排。这种方式的优势是，投资国、东道国可以发挥各自优势，各取所需，投资国通过项目建设获取碳信用和项目的主要经济收益，东道国可以获得减碳收益以及一部分经济收益。中国也是 CDM 机制参与国，这一机制有利于中国与共建"一带一路"国家进行环保合作。习近平总书记在 2021 年第三次"一带一路"建设座谈会上强调，"以高标准、可持续、惠民生为目标……推动共建'一带一路'高质量发展"①，提出今后要将小而美项目作为对外合作的优先项目的要求。目前，中国环保技术积累较多，国内减排压

---

① 《习近平出席第三次"一带一路"建设座谈会并发表重要讲话》，中华人民共和国中央人民政府网，https://www.gov.cn/xinwen/2021-11/19/content_ 5652067.htm。

力较大，可以借鉴日本经验，通过 CDM 机制，利用中国的技术、设备等优势与共建"一带一路"国家加强减碳领域合作，帮助共建"一带一路"国家发展低碳经济，同时减少中国自身的排碳压力。中国高度重视与非洲的清洁能源合作，已经成为非洲清洁能源开发的主要合作伙伴之一。中国公司与埃塞俄比亚和南非合作的风电项目、与乌干达合作的水电项目、与肯尼亚合作的光伏项目等都助推非洲低碳经济发展。① 未来中国可以结合 CDM 机制进一步深化与非洲以及其他地区的减碳合作。

6. 提高能效，推广节能技术

能效水平较低也是中国实现"双碳"目标必须解决的难题。2018 年，如果将日本的单位产值能源消耗量作为 1，美国则为 1.8，英国为 0.9，法国为 1.2，德国为 1.1，而中国为 4.8。日本的能源利用效率是中国的近 5 倍，差距还很大。日本能源效率的提高主要是通过推广节能技术和技术创新两种途径实现的。在 20 世纪 70 年代经历了两次石油危机之后，日本通过立法大力实施各种鼓励和促进节能技术研发的政策。1979 年首部《节能法》颁布实施，1998 年修改后的《节能法》规定企业必须以每年 1% 的速度降低单位产出的能耗，规定政府部门以及各行各业的行动必须符合节能标准。值得一提的是，政府主导的"月光计划"和"新阳光计划"不仅涵盖面广泛，而且对于需要突破的关键领域提出了具体的节能目标与要求，内容细致，十分具体，对全国节能技术开发和能效提高产生了极大的导向和推动作用。进入 21 世纪后，在推动循环经济和低碳经济发展的过程中，节能技术更是得到飞速发展和普遍应用，国民的节能意识不断增强，能源利用效率进一步提高。利用节能低碳技术改造提升传统产业，强化节能技术、产品装备的推广应用，推动节能产业发展壮大，是削减碳排放最大的潜力所在。

---

① 参见《综述：中非清洁能源合作助推非洲绿色发展》，中华人民共和国中央人民政府网站，https：//www.gov.cn/xinwen/2022-04/15/content_ 5685439. htm。

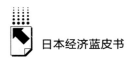

五 结语

日本实现碳达峰后，依然继续发展循环经济、低碳经济以及绿色经济，碳排放量一直保持下降趋势，2013~2020年，碳排放量从13.18亿吨下降至11.46亿吨，年平均约减少0.22亿吨，8年间累计下降13.05%。2020年10月，日本宣布将在2050年实现碳中和的目标和决心。2021年4月，日本政府确定了具体目标：2030年碳排放总量比2018年减少46%~50%，届时碳排放总量将从11.46亿吨下降至6.19亿吨，在2050年要使碳排放总量降至能够完全被吸收的水平，最终实现碳中和目标。同年5月，日本国会正式通过修订后的《全球气候变暖对策推进法》（2022年4月施行），以立法的形式确定到2050年实现碳中和的目标，这是日本首次将减排目标写进法律，为实现碳中和目标奠定了法律基础。日本特别重视对可再生能源的开发，氢能开发、制造、应用达到世界顶级水平，并且在"绿色成长战略"提出的14个领域中，重点加大对氢能、海上风电、氨燃料的投入力度，且在汽车和蓄电池行业加大对氢燃料电池和固态电池的投入力度。

中日两国在保护生态、绿色低碳发展、推动经济社会全面绿色转型方面，再具体到大力发展海上风电、氢能、氨燃料等可再生能源等方面，均趋于同步推进局面，而日本在上述技术开发与应用方面已在全球处于领先地位，其经验更值得学习和借鉴。另外，中日在"双碳"领域存在共同利益，受政治因素的干扰相对较少，在这一领域加强合作可能成为打破中日关系僵局的突破口。毋庸置疑，全球最大的发展中国家也是碳排放量最大的国家的中国与碳达峰经验丰富、技术领先的日本之间的合作具有世界性意义。

B.9
日本实现碳中和目标的路径与展望

张季风　蔡桂全　李浩东*

摘　要： 本文基于能源需求模型（AIM/Enduse）分析了日本实现碳中和的进程及其结果，并且提出日本经验对中国的启示与建议。2013年日本实现碳达峰后，继续采取严控措施，确保碳排放逐年稳定下降。2020年日本正式宣布在2050年实现碳中和目标。此后，日本相继出台了"脱碳先行区"，"零碳活动30"等政策，倡导降低需求端的碳排放量，同时，通过《2050年碳中和绿色成长战略》进一步明确了重点发展海上风电、氢能以及氨燃料等清洁能源的供给侧改革方案。本文以日本供需两方面、全方位的措施为依据，结合模型演算结果，初步判断：在没有不可抗拒外力冲击的情况下，日本能够如期实现碳中和目标。基于对日本实现"双碳"目标的实践与路径的分析，本文认为，中国应借鉴日本经验，完善"双碳"法制、提高能效、构筑低碳社会，发展氢能等新能源产业，同时还应加强中日两国在"双碳"领域的合作，着眼未来，立足现实，循序渐进，如期圆满实现"双碳"目标。

关键词： 碳达峰　碳中和　日本路径　全球气候变化

---

* 张季风，经济学博士，中国社会科学院日本研究所二级研究员、全国日本经济学会常务副会长，主要研究领域为日本经济、中日经济关系、区域经济等。蔡桂全，经济学博士，清华大学公共管理学院博士后、助理研究员，主要研究领域为世界经济、社会保障等。李浩东，管理学博士，中国国际经济交流中心助理研究员，主要研究领域为日本经济、区域经济合作、能源环境等。

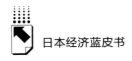

当前，中国已进入新发展阶段，推进"双碳"工作是破解资源环境约束突出问题、实现可持续发展的迫切需要，是顺应技术进步趋势、推动经济结构转型升级的迫切需要，是满足人民群众日益增长的优美生态环境需求、促进人与自然和谐共生的迫切需要，是主动担当大国责任、推动构建人类命运共同体的迫切需要。近年来，中国全面加强资源节约工作，发展绿色产业和循环经济，促进节能环保技术和产品研发应用；提升生态系统碳汇能力。加强绿色发展金融支持，完善能耗考核方式，积极参与应对气候变化国际合作，为推动全球气候治理做出了中国贡献。① 实现"双碳"目标是一场广泛而深刻的变革，任重而道远，在做好自身努力的同时，进一步借鉴发达国家在"双碳"目标驱动下的实践经验也具有十分重大的现实意义。

我们的邻国日本在 2020 年正式宣布于 2050 年实现碳中和目标，而且从 2013 年实现碳达峰以后就为实现碳中和目标做各种准备，特别是在做出 2050 年实现碳中和承诺后，相继出台了《2050 年碳中和绿色成长战略》《全球气候变暖对策推进法》等规划和法律，勾勒出实现碳中和蓝图和行动时间表，2023 年出台"GX 基本方针"，将绿色转型确定为未来国民经济发展的总方针，日本实现碳中和目标的实践与路径颇值得关注和借鉴。本文基于能源需求模型（AIM/Enduse）分析日本实现碳中和目标的路径及其结果，并且提出日本经验对中国的启示与建议。

一 日本的碳中和目标与供需模型

（一）碳中和目标的提出

日本实现碳达峰后，依然继续发展循环经济、低碳经济以及绿色经济，碳排放量一直保持下降趋势，2013～2020 年排放量从 13.18 亿吨下降至

---

① 李克强在第十四届全国人民代表大会第一次会议上所做的《政府工作报告》，2023 年 3 月 5 日。

11.46 亿吨，年平均约减少 0.22 亿吨，8 年间累计下降 13.05%。受新冠疫情影响，经济减速，碳排放量的下降速度明显加快，2020 年同比下降 5.1%。基于良好的发展势头，日本乘势前行，菅义伟首相于 2020 年 10 月宣布日本在 2050 年实现碳中和的目标和决心。2021 年 4 月，日本政府确定了具体目标：2030 年碳排放总量比 2018 年减少 46%~50%，届时碳排放量从 11.46 亿吨下降至 6.19 亿吨，在 2050 年要使碳排放总量降至能够完全被吸收的水平，最终实现碳中和目标。同年 5 月，日本国会正式通过修订后的《全球气候变暖对策推进法》（2022 年 4 月施行），以立法的形式确定到 2050 年实现碳中和的目标，这是日本首次将减排目标写进法律，为实现碳中和目标奠定了法律基础。

（二）实现碳中和的模型结构

实现碳中和是一个系统工程，涉及的因素十分广泛，但是对于日本而言，进一步推动低碳发展进程的核心在于继续降低煤炭、石油在各个生产过程（特别是电力生产部门）应用的绝对量，同时提高其能源转换的环保效率。日本国立环境研究所通过能源需求与电源两个不同的模型对各部门的碳排放量降至碳中和水平进行了理论探析（见图 1）。①

在能源需求模型中，需求侧是人们在维持经济活动过程中基于产业、民生以及运输对能源的供热消耗。使用 AIM/Enduse② 模型，其逻辑是在连续时间内成本最小化的条件下确定能源设备的选择，以满足外生的服务量。同时，按照部门能源类型预测该地区到某个时间的技术积累以及能源消耗情况（该模型涵盖整个温室气体）。然后，通过对能源设备的选择决定对电力与热能的具体需求量，进而计算出能源消费量与二氧化碳排放量。在电力供给中，海上风能、

① 国立環境研究所 AIM プロジェクトチーム「2050 年脱炭素社会実現に向けたシナリオに関する一分析」、2021 年 6 月。
② 亚太地区气候变化综合评价模型（AIM）是由日本国立环境研究所、京都大学、瑞穗 R&T 共同开发，并在亚太地区其他研究机构的帮助下不断得以完善的大型模拟演算模型。AIM 被用来研究旨在减少温室气体排放和避免气候变化影响的政策。

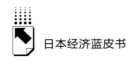

太阳能、陆地风能、LNG 火力等能源在发电设备驱动下产生的电力量决定了电力总供给量。政府电力主管部门通过利用电源模型，确保在每个地区（十大供电地区）① 每小时有相同电量的条件下，使用在区域间灵活调配电力和存储等手段，同时考虑到发电设备的成本、存储成本、加强互联线路的成本以及可再生能源的输出削减量（分离）的变化预测发电所需的能源消费量。

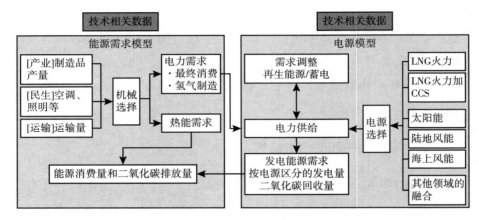

图 1　能源需求模型与电源模型

资料来源：国立環境研究所資料。

在理论模型中，能源需求模型揭示了决定能源需求规模的路径。相比之下，电源模型揭示了电力供给的构成要素。两个模型恰好显示了为了实现碳中和目标能源供需两侧的关系以及碳排放情况。

（三）现状分析与碳中和模型验算结果

日本国立环境研究所公布的统计资料显示，从过去 30 年的发展情况看，如图 2 所示，能源产业、制造业及建筑业、运输业与其他部门（业务、家庭、农林水产）呈现不同的变化趋势。首先，运输业和其他部门（业务、家庭、农林水产）的碳排放量均在 20 世纪 90 年代后呈现先增加后减少的趋势，截至

---

① 十大供电地区，即日本东京电力、东北电力、中部电力等十大电力公司的各自供电区域。

2019 年，运输业的碳排放占比为 19%，其他部门（业务、家庭、农林水产）的碳排放占比是 13.4%，这两个部门的碳排放比重较 1995 年的碳排放水平稍有下降。其次，1990 年占总排放量三成多的制造业及建筑业的碳排放呈现稳步下降趋势，从 1990 年的 32.4% 降至 2019 年的 24.8%，下降了约 8 个百分点，其是日本碳减排最成功的部门。最后，能源产业的碳排放占比从 1990 年的 34.2% 增至 2019 年的 42.8%，不降反升，成为碳减排路上最大的难点。

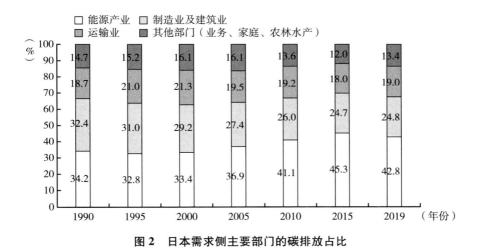

图 2　日本需求侧主要部门的碳排放占比

资料来源：日本国立环境研究所「日本国温室効果ガスインベントリ報告書（NIR）時系列データ」，笔者制作而成。

在日本一次能源供给结构中，石油仍排在第一位，占 38% 左右，但是在二次能源的电力结构中，由于受福岛核泄漏事故的影响，核电站大量关闭，核电仅占 2.5%，化石燃料中的火力发电占 76.3%，其中，石油占 6.3%，煤炭占 31.0%，液化天然气（LNG）占 39.0%。可见，未来日本要实现碳中和目标，关键在于降低石油和煤炭的比重，并用可再生能源替代。

通过以上分析可知，日本实现碳中和目标需求侧的难点在于减少能源部门的排放，供给侧的难点在于降低石油和煤炭在电力结构中的比重。在做好供需两方面具体对策条件下，使用碳中和模型对日本实现碳中和目标的测算结果如下。

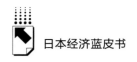
需求方面。①家庭部门，2050 年家庭部门的能源消耗比 2018 年减少53%。由于推动空调和热水供应的电气化，电力用量的份额将从 2018 年的51%大幅增加到 2050 年的 74%。供暖、热水和照明的能源消耗将大大减少。②商业部门，2050 年商业部门的能源消耗比 2018 年减少 51%。由于促进空调和热水供应的电气化，电力用量的份额将从 2018 年的 54%大幅增加到 2050 年的 93%。采暖和制冷、热水供应和照明的能源消耗将大大减少。③交通部门，2050 年交通部门的能源消耗比 2018 年减少 74%~79%。由于电动和燃料电池汽车的大幅扩张，电力和氢气用量的份额将从 2018 年的 2%大幅增加到 2050年的 62%~63%。④工业部门，2050 年工业部门的能源消耗比 2018 年减少22%~33%。电力用量的份额将从 2018 年的 20%大幅增加到 2050 年的 34%。基于以上四个部门的结果，2050 年的最终能源消耗比 2018 年减少 42%~49%。电力用量的份额将从 2018 年的 26%大幅增加至 2050 年的 49%~51%。

供给方面。模型的预测结果显示，从 2030 年起，日本电力需求将大幅增加，与 2018 年相比，2050 年将增加 30%~46%。最终消费部门（家庭+商业+工业+交通）的需求保持平稳或下降，但对新燃料生产（主要用于电解制氢）的需求将急剧增加。2050 年，非化石能源的发电量份额达到100%，而 2018 年为 25%。可再生能源发电量占发电总量的比重从 2018 年的 17%上升到 2050 年的 73%~76%。其中，太阳能和风能发电量占很大比重，2050 年太阳能发电量为 4030 亿~4050 亿千瓦时，陆上风力发电量为1330 亿~2260 亿千瓦时，海上风力发电量为 2050 亿~2760 亿千瓦时。

二 日本为实现碳中和所采取的措施

（一）需求侧的对策措施

1. "地域循环共生圈"与"脱碳化先行区"

2018 年日本出台的《第五次基本环境计划》按照联合国可持续发展目标（SDGs）和《巴黎协定》基本要求，提出了"地域循环共生圈"概念，其宗旨是以环境、经济和社会效益的综合提升为目标，有效整合地域资源，促进环境与经济良性循环发展。① 鼓励各地加强政府、企业、学界和民间团体之间的协作，循环利用资源，减少废弃物的最终处置量，推动循环产业发展。从节能低碳、资源循环和生物多样性保护等多角度挖掘地域资源潜力，并对其进行优化整合，强化协同效应。

在"2050 年碳中和"目标确定以后，2021 年日本政府出台了"脱碳先行区"战略，并为此分别于同年 6 月和 10 月先后制定了"地区脱碳化路线图"和《全球变暖行动计划》，要在被指定为"脱碳先行区"进行试点，具体要求是：在 2050 年实现消费部门（家庭和企业及其他部门）电力消费的碳排放量几乎为零，同时要减少其他温室气体排放。先行区可根据当地的地理特征、气候等特点以及发电设备的数量与规模自主进行"由点到面"的减排安排。根据地区特点，先行区根据当地可再生能源的潜力，最大限度地安装可再生能源设备，与脱碳计划相结合解决当地各种民生问题。在 2030 年前减少本地区和民生领域的碳排放和其他温室气体排放，最终达到电力部门和商业及其他部门的电力消费排放几乎为零的目标。② 分阶段目标是在 2025 财政年度之前，根据区域特点在先行区内为实现脱碳化铺平道路，并在 2030 财年把先行区的先进经验向全国推广。

2. "零碳行动30"倡议

日本居民消费占 GDP 的 60%，若从社会总消费的角度看，家庭部门包括居住、饮食、交通移动、消费品购买与享受服务等在内的合计碳排放不可小觑，改变国民生活方式对实现碳中和的重要性不言而喻。为此，2021 年 9 月，日本政府制定了"零碳行动 30"倡议，倡导国民向脱碳化生活方式转变。③ "零碳行动 30"倡议共分为八个部分 30 条，涵盖国民衣食住行各个方

① 顾鸿雁：《日本乡村振兴转型的新模式："地域循环共生圈"的实践与启示》，《现代日本经济》2020 年第 6 期。
② 環境庁「脱炭素先行地域募集要領（第 1 回）」、https：//www.env.go.jp/press/110359.html。
③ 環境庁「COOL CHOICE なぜ私たちの行動が必要なの?」、https：//ondankataisaku.env.go.jp/coolchoice/about/action_ required.html。

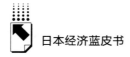
面，号召国民日常出行尽量利用地铁、巴士等公共交通手段或者新能源车；在饮食上不要铺张浪费，讲究对食物的保存；在穿着上，尽量选择能够长期使用的衣物，避免频繁更换，尽可能选择可回收衣物；积极使用节能家电，推广太阳能在住宅、浴室的应用等。① 该倡议规定得十分细致，操作性很强，据统计，截至 2023 年 4 月末已有约 1444 万人愿意响应"零碳行动 30"倡议，参与活动。②

（二）供给侧的对策措施

在供给方面，如何降低一次能源中石油的比重和改变当前发电部门过度依赖煤炭的困境，提高可再生能源的比重，显然是日本实现碳中和目标的关键问题。对此，日本政府在 2020 年 12 月出台的《2050 年碳中和绿色成长战略》（以下简称"绿色成长战略"）确定了要在 14 个重点领域推进减排，其中在供给侧强调重点发展海上风电、氢能和氨燃料，到 2050 年日本发电量的 50%～60% 将来自可再生能源。

1. 积极发展海上风电

海上风电被定位为日本清洁能源发电的主要增长目标。日本作为一个岛国，海上风能资源得天独厚，而且日本具有较强的海上风电机组等零部件制造能力，在海上风能的知识产权竞争力上居全球第二位，③ 优势明显。日本计划大幅增加对海上风能发电设施的投资，构建韧性国内供应链，扩大生产规模，到 2030 年形成 1000 万千瓦的项目，到 2040 年形成 3000 万～4500 万千瓦的项目（包括浮动项目），同时要向海外市场扩张，从而进一步降低生产成本，最终实现具有强大国际竞争力的可持续良性循环发展。此外，日本政府还将致力于发展下一代技术和进行国际合作，创造能够在国际竞争中获

---

① 環境庁「COOL CHOICE：カーボンニュートラルの実現に向けて、未来のために、今選ぼう」、https：//ondankataisaku. env. go. jp/coolchoice/about/action_ required. html。

② 環境庁「COOL CHOICE」、https：//ondankataisaku. env. go. jp/coolchoice/。

③ 環境庁「脱炭素関連技術の日本の知財競争力」、https：//www. enecho. meti. go. jp/about/whitepaper/2021/html/1-2-3. html。

胜的下一代风电产业。各级政府要从初始阶段就参与进来，通过启动示范项目等加以推进。日本计划建立一个中央系统，以便更快速、更有效地调查风况，及时保障电网等的正常运行。

最后，系统地促进如电网、港口等基础设施建设。拥有一个将海上风电从产区输送到大型需求地区的输电网络非常重要，因此日本政府在2021年3月成立"长距离海底直流输电系统研究小组"，编制具体计划，进行海上风能发电相关技术的开发，以便在全国范围内部署推广。另外，加大力度提升输电系统以及电网智能化水平，既要保证更多的海上风电接入电网，还必须保证电网的安全。

2. 推行氢能发展战略

日本对于氢能的重视由来已久，20世纪90年代就开始进行研发，目前，日本在制氢以及推广氢能应用等方面具有世界领先水平。2018年，日本在神户的港口岛建成了世界上第一个使用氢气作为能源向城市街区供电和供热的示范项目，推动氢气发电商业化。同年10月，日本政府出台了发展氢能的国家战略，该战略明确了氢气作为一种"无碳"新能源的地位，与其他可再生能源并列，被整合纳入创新技术发展以及各类基础设施建设的政策之中。

在"绿色成长战略"中，日本政府进一步明确了氢能的定位，除了应用以外，对氢能的运输和制取也做了更详细的规定。在应用方面，日本长期以来把氢能局限在汽车领域和制造业，未来将使用范围进一步扩大到船舶等其他运输部门以及炼铁等重工业产业领域。在运输方面，日本已对多种海上氢气运输技术和基建项目进行支持，并建造了世界第一艘液氢运输船。日本希望通过完善港口基建和国际合作来打造标准化、商用化的氢气运输产业。

在制氢方面，日本拥有诸多与氢能相关的知识产权，日本企业在世界最大级别的水电解制氢装置建设和要素技术方面领先，如在开发控制氢气涡轮机燃烧的技术方面处于领先地位。[①] 凭借这些优势，下一步就是解决

---

① 经済产业省『2050年カーボンニュートラルに伴うグリーン成長戦略』、2021年6月。

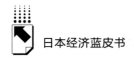
降低氢气生产成本的问题。目前，日本的氢气生产成本是每标方（气体体积单位）100 日元，通过增加供给量，有望将其成本压低至 30 日元/标方（合人民币 17 元/千克）；到 2050 年，实现氢气发电成本低于天然气火电成本（小于 20 日元/标方，合人民币 11.5 元/千克的目标）。降低氢气生产成本的具体思路有如下三点。其一是使用廉价的原材料生产氢气。日本正在积极着手建立使用澳大利亚廉价褐煤与文莱的廉价天然气来生产氢气的供应链，将进行示范和技术开发。[①] 其二是建立一个能够大规模生产和大规模运输氢气的供应链。其三是进一步挖掘潜力，在燃料电池汽车（FCV）、发电和工业中大量使用氢气，通过增加需求、扩大产量降低单位生产成本。

3. 积极提高氨燃料应用比例

氨燃料价格低廉且不产生二氧化碳，在脱碳化过程占有重要地位。日本具备先进的氨燃料开发与应用技术，日本的氨燃料知识产权竞争力仅落后于美国和中国。[②]"绿色成长战略"提出要进一步完善氨燃料供应环境，优化氨燃料的供给链和安全配套设施，通过多管齐下的方式推动氨燃料的普及，以助力实现碳中和目标。日本政府与日本国际协力银行、日本贸易保险公司以及独立行政法人石油天然气、金属矿物资源机构（JOGMEC）等将加强对低成本燃料氨供应的财政支持。在完善氨燃料供需环境方面，日本通过研究机构与私营企业联合投资的方式带动风险资金投入和实际技术支持。在优化供应安全方面，日本致力于构建生产国/地区（北美、澳大利亚和中东）与消费国/地区（包括日本在内的亚洲）之间的有机联系，建立一个日本可以控制的采购供应链。在多元绿色金融配套方案的支持下，各行业引入并使用氨燃料的速度有望进一步加快。

当前，日本已经完成在煤炭中掺入 20% 氨燃料进行发电的技术开发，

---

① 経済産業省資源エネルギー庁「水素エネルギーのいま～少しずつ見えてきた「水素社会」の姿」、2020、https：//www. enecho. meti. go. jp/about/special/johoteikyo/suiso2020. html。

② 環境庁「脱炭素関連技術の日本の知財競争力」、https：//www. enecho. meti. go. jp/about/whitepaper/2021/html/1-2-3. html。

计划在 2021~2023 年开展实机试验，21 世纪 20 年代后半期进入实用化阶段。① 通过以上措施扩大氨燃料供应的规模，有望将氨的价格从每标方（热值的氢气当量）20 日元降至每标方（热值的氢气当量）10 日元，以价格低位供应氨。在这样的情形下，预计 2030 年日本国内氨燃料的需求将达到 300 万吨（约 50 万吨氢当量），2050 年将达到 3000 万吨（约 500 万吨氢当量）。

（三）加大绿色转型政策支持力度

其一是设立总额达 2 万亿日元的"绿色创新基金"。日本政府计划在国立研究法人"新能源产业技术综合开发机构"（NEDO）下设立总额达 2 万亿日元的"绿色创新基金"，用于支援企业开展绿色技术领域的创新和应用。② 主要支持的技术领域包括：电力绿色化和电气化、二氧化碳固定和再利用、氢能利用和供给等。针对接受支持的企业，要求其制定以十年为周期的长期事业战略展望，明确企业的技术研究和设备投资计划。

其二是构建"碳中和"税制。建立"碳中和投资促进税制"，鼓励企业开展脱碳设备投资；促进企业经营业务重组，对于开展减少二氧化碳排放设备投资的企业，将企业亏损扣除的上限从 50% 提高至 100%；完善研究开发税制，将研究开发抵扣额比例从 25% 提高至 30%，以提升企业研发意愿。

其三是提供融资支持。完善绿色过渡金融体系，促进高排放企业制定长期脱碳路线图，政府提供脱碳化转型融资支持，设立长期资金融资制度以及成果联动型利息补贴制"绿色投资促进基金"，鼓励企业开展海上风电、新一代蓄电池等技术研发；完善企业与气候相关的财务信息披露制度，灵活运用公司债券市场，推动企业开展环境、社会和公司治理（ESG）相关投资。

其四是推动规制改革与标准化。消除阻碍氢能、海上发电、蓄电池技术研发的相关规则限制；推动输氢设备、浮动风机、蓄电池寿命等国际标准制

---

① 刘平、刘亮：《日本迈向碳中和的产业绿色发展战略——基于对〈2050 年实现碳中和的绿色成长战略〉的考察》，《现代日本经济》2021 年第 4 期，第 14~27 页。
② 田正、杨功金：《大变局下日本产业政策的新动向》，《日本学刊》2022 年第 6 期。

定；灵活运用碳配额交易、碳税等市场调节手段，降低碳排放；开展与美国、欧洲以及国际能源署（IEA）、东盟·东亚经济研究中心（ERIA）等国际组织的合作，共同推进重点项目研究合作以及技术标准制定。另外，重点发展绿色产业领域，支持重点绿色产业发展。日本政府将海上风电、氢能、热能、核电、蓄电池、半导体、船舶、物流、食品、航空、碳回收、住宅、资源循环等认定为重点发展产业，为每个产业都制订了具体的"绿色实施计划"，明确每个产业的发展目标，分析各产业的业务发展空间，并提出具体的促进产业发展方案，从而明确了这些新兴绿色产业发展的前景，进而激励日本企业针对上述领域开展设备与研发投资，以实现加快重点绿色产业发展的目的。[1]

综上所述，不难看出，日本在实现碳达峰后，正在为实现碳中和目标而不懈努力。后疫情时代，随着经济复苏，碳排放量可能有所增加，但低碳社会、绿色发展的方向不会轻易逆转，重回高碳排放模式的可能性极小。以供需两方面、全方位的措施为依据，结合模型演算结果，可初步判断：在没有不可抗拒外力冲击的情况下，日本能够在2050年如期实现碳中和目标。

三 日本实现"双碳"目标的路径与启示

（一）路径分析

日本实现"双碳"目标的行动始于20世纪60年代末，经过40多年的不懈努力，其于2013年实现碳达峰，此后开始为实现碳中和目标做准备，在2020年正式提出碳中和目标后，又紧锣密鼓地出台各种促进政策推动碳中和目标实现。回首日本走过的历程，可对日本实现"双碳"目标的路径

---

[1]　经済産業省『2050年カーボンニュートラルに伴うグリーン成長戦略』、2020年12月、https://www.meti.go.jp/press/2020/12/20201225012/20201225012.html。

做如下归纳：首先是从治理公害入手，为进入碳达峰准备期扫清了障碍，然后对高能耗、高污染、高排放产业结构进行调整，产业结构不断软化、高附加值化，从源头解决高排放问题，为实现碳达峰迈出了最关键的一步；与此同时，积极开发新能源和推广节能技术，为碳达峰和碳中和目标的实现打下良好的基础；接下来通过积极参与应对气候变化国际合作、推动《京都议定书》落地生效，打造日本的"环境大国"形象；通过并实施构筑循环经济社会和低碳社会战略，终于在 2013 年实现了碳达峰。实现碳达峰后，不失时机地顺应世界潮流提出碳中和目标，制定"绿色成长战略"，从能源需求和供给两个方面同时发力，相继出台"地域循环共生圈""脱碳先行区""零碳行动 30"等具体措施，并结合国情确立重点发展海上风电、氢能和氨燃料的战略，扎扎实实地向实现碳中和目标迈进。截至目前，在实现"双碳"的过程中，日本不断进行制度创新，如图 3 所示，先后实施了防治公害政策、可持续发展政策、环境政策、循环经济政策、低碳经济政策和绿色经济政策，上述六大政策特别是后五项政策在时间上有所重叠，但在不同时期有所侧重，多种政策的有机配合与无缝衔接构成日本实现"双碳"目标的主要政策路径。

（二）几点启示

1. 强化"双碳"法制建设

日本是市场国家中比较偏重中央集权的国家，政府通过制定法律、政策、规划、税收制度以及各种补贴等手段引导企业节能减排，这在推进"双碳"战略中发挥了重要的作用。2021 年通过的修订后的《全球气候变暖对策推进法》更是关于碳中和的专项法。法制当先、规划先行是日本的重要经验，值得借鉴。中国各级政府也十分重视"双碳"工作，在政府主导方面做得很好。例如，2021 年 10 月底，中国出台了《中共中央 国务院关于完整准确全面贯彻新发展理念做好碳达峰碳中和工作的意见》和《2030 年前碳达峰行动方案》两个重要文件。但在立法方面明显滞后，目前还没有国家层面的"双碳"立法，缺乏对"双碳"目标的统筹考虑。实现"双

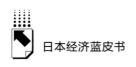

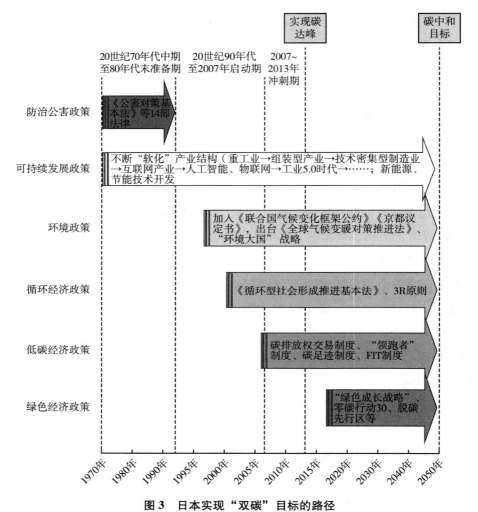

图 3 日本实现"双碳"目标的路径

资料来源：笔者根据《循环型社会形成推进基本法》等绘制。

碳"目标，法制是重要保障，应尽快构建国家层面的相关法规体系。再者，中国具体负责减排的相关部门也缺乏具体的法律依据，因此在减排过程中采取的相关举措缺少具体的法律依据，这不利于具体落实减排的部门进行具体的监管；缺乏具体开展工作的年度计划，不利于掌握被监管单位的减排进度。特别是当前中国正处于碳达峰启动初期，完善法律体系和进行相关部门的法理指导架构设计对碳减排的整体情况而言意义重大。

2. 改造传统发电设施，推动传统火电转型

中国能源燃烧的碳排放占全部碳排放的 88% 左右，电力碳排放占能源行业排放的 41%。从日本经验看，中长期发电领域对化石能源的依赖很难彻底扭转，因此改造传统发电设施是较为合理的路径之一。在这方面，中国的技术有独到之处，中国在超超临界发电技术方面较为领先，未来通过增加超超临界电厂的占比，逐渐淘汰电力系统落后产能，能够起到一定的减排作用。问题是，目前的超超临界发电技术已经将原来的每度电耗煤 300 克减少到 260 克，基本已经逼近煤电厂的技术极限。

日本正在积极进行煤炭与氨混烧、氢气与氨混烧和专烧、CCUS 和碳循环等技术的开发和应用，通过这些技术可以减少火力发电过程中排放的温室气体，推进火力发电厂自身形成碳循环体系。中国可以学习日本的做法，进一步加大对火力发电厂的改造力度，同时加强与日本的技术交流，推动发展替代燃料和吸碳技术，进一步优化火力发电厂的碳循环设计方案，提高传统发电领域的节能环保水平。

3. 发展智能电网，提高新能源消纳能力

日本对于能源领域的信息化建设高度关注，正在通过不断引入数字技术提高该领域的发展水平。日本政府大力投资实现工业数字化，东京电力公司等能源巨头也积极推动能源数字化转型，创造良好的环境以促进能源和信息的深度融合。由于新能源发电出力不稳定，而且其发电高峰经常与社会生产生活的用电高峰不一致，因此，中国在目前的技术条件下，需要火力发电厂降低负荷来进行调峰，这就带来两个方面的高要求：首先，需要加大对火力发电厂的投入力度以对电网机组进行改造，拓展调峰深度，提高新能源消纳能力；其次，目前，中国电网传输调度能力仍然较低，各省区市互联的大电网还没有完全建立起来，电网智能化水平仍然不高，电网跨区智能调配能力亟待提升。在这方面，中国可以借鉴日本的经验，一是加大力度提升输电系统以及电网智能化水平，建立中央系统，实时获取和汇总供给和需求两个方面的信息，精准调控发电和配电；二是结合日本"脱碳先行区"政策，通

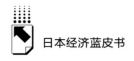
过发展区域分布式能源互联网，用区域子网络形式在小范围调配电力，"一地一策"地对新能源进行消纳，既解决新能源上网问题，又提高可再生能源利用率。

4. 发展氢能产业，提升新能源使用占比

在改善能源结构方面，中国已经进行一系列战略谋划，致力于逐渐摆脱对传统化石能源的依赖。主要是降低石油的对外依存度，逐步提高太阳能、水能、风能、生物质能、海洋能、核能等清洁能源的占比，争取在 2022 年使非化石能源消费量占能源消费总量的比重提高到 17.3%，2025 年提高到 20%左右，2030 年提高到 25%左右。也就是说，"十四五"时期，清洁能源消费增量占能源消费增量的比重将达到 80%，比"十三五"时期提高 20 个百分点。在这方面，日本着力发展氢能产业的经验值得中国借鉴。氢能是特性优良的二次能源，其主要的优势是应用形式多样，既能通过燃烧产生热能，又能用于燃料电池，还能转换成固态氢进行存储，甚至对现有内燃机做出一定改进即可造出氢燃料内燃机。特别是近年来丰田汽车公司在氢燃料电池汽车的研究和试验方面取得较大进展，为替代汽油车提供了一个新方案。更重要的是，日本政府提出了构建"氢能社会"的概念，配合 CCUS 技术，向整个社会推进氢能融合发展提供综合解决方案。有鉴于此，从长远看，全球新一轮科技革命和产业变革蓬勃兴起，先进核能、新型储能、氢能等新兴能源技术以前所未有的速度加快迭代。中国要乘势而上，重视氢能等绿色低碳、应用广泛的二次能源研发与应用，重视新能源发展与 CCUS 技术发展相结合，鼓励各类所有制企业围绕能源产业链、创新链强强联合和开展产学研深度协作，集中突破关键核心技术。

5. 提倡"零碳行动"，从衣食住行各方面重视节能

目前，中国在低碳生活方面还处于起步阶段，大城市垃圾分类回收刚刚兴起，人们还没有形成习惯，中小城市在垃圾分类上任重而道远。废品回收产业虽然遍布全国，但是其关注点是回收价值比较高的资源型废弃物，对通过垃圾回收降低碳排放的帮助有限。真正做到降低碳排放，需要从垃圾产生的源头减少废弃物，例如减少包装、减少物品使用中的浪费、减少厨余垃圾等，这些都需要通过改变人们的生活习惯来解决。日本的"零碳行动30"倡议向中国进一步推广低碳生活方式提供了一个可行路径。首先，日本推行垃圾分类时间较早，目前已经形成国民共识。中国可以进一步根据国情有节奏地扩大垃圾分类推广范围。其次，中国是光伏生产大国，推广家用太阳能相较于日本更有优势。中国可以进一步在城市住宅区扩大家用太阳能的应用，必要时出台一些补贴措施予以政策引导；在边远地区以及广大农村扩大分布式发电系统的应用范围。最后，低碳生活是一个系统工程，在人们的环保意识增强的同时，基础设施建设也要适时跟上发展步伐。中国未来可以进一步在大城市增加地铁、巴士线路，为自行车和电动摩托车开辟更多专用道路，提倡拼车、顺风车、搭车等出行新风尚，从多领域多角度倡导绿色生活。

四 结语

实现"双碳"目标是事关中华民族永续发展和构建人类命运共同体的一场广泛而深刻的经济社会系统性变革，将深刻推动中国经济发展和社会进步。"双碳"目标的实质是低碳转型，回首半个世纪以来日本实现"双碳"目标的实践和路径，不难发现，走的正是这条路。

目前，中国与日本所处的经济发展阶段并不相同，日本早已进入后工业化时期，加之自身存在深度老龄化、政府债务负担等难以解决的结构性问题，再次出现高速增长的可能性不大，碳排放量不会增加，客观上有利于实现碳中和目标，而中国仍是发展中国家，还需要发展，能源的刚性需求还很大，因此实现"双碳"目标的难度要大于日本。但是，若进行错时比较，中日之间在实现"双碳"目标方面存在诸多相似之处。例如，日本从1973年至2013年用40年时间实现了碳达峰，这一时期恰巧是日本经济从高速增长变为中低速增长的转型期，而对于中国实现"双碳"目标的准备期，若从2012年算起，到2030年实现碳达峰大体需要18年，时间上虽然短于日本，但这一时期正是中国经济从高速增长变为中高速增长的换挡期。中国正

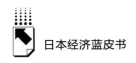

在努力实现碳达峰目标，时间紧、任务重，内外压力大，目前面临的主要挑战是产业结构偏重、能源结构"偏煤"、能源利用效率低、技术创新能力不高、市场机制不完善等，其实如本文所分析的那样，日本在解决上述问题过程中积累了丰富的经验，值得中国借鉴。

再看一下碳中和，日本宣布要在 2050 年实现碳中和目标，从 2013 年算起需要 37 年，而中国从实现碳达峰目标的 2030 年到 2060 年实现碳中和目标需要 30 年，依然短于日本。在实现碳中和目标的时间内，中日之间的相似点更多，最突出的应该是少子老龄化，人口结构趋同，2021 年，日本的老龄化率（65 岁以上人口占比）老龄化率为 28.9%，而中国为 14.2%，到 2030 年将为 16.9%，总数超过 2.46 亿人，中日两国都要应对人口老龄化带来的一系列经济社会问题。中日两国在保护生态、绿色低碳发展、推动经济社会全面绿色转型方面，再具体到大力发展海上风电、氢能、氨燃料等可再生能源等方面，均趋于同步推进局面，而日本在上述技术开发与应用方面已在全球处于领先地位，其经验更值得学习和借鉴。

中日两国在实现"双碳"目标方面趋同，所实施的政策的共同点越来越多。这就有可能带来两个相互矛盾的结果：其一是导致两国在绿色产业领域的竞争加剧；其二是扩大了两国在绿色产业发展方面的合作空间。一方面，在绿色产业技术研发领域，日本近年来推出一系列旨在提高日本绿色产业技术的政策措施与科研计划，这有助于提升日本绿色产业的技术水平。例如，日本加强氢能制造、氢气运输、氢能基础设施等领域技术研发，旨在构建完整的氢能国际产业链，从而推动经济结构绿色转型。[1] 另一方面，日本持续加强在东南亚地区的绿色产业合作，中日两国在绿色经济领域的第三方市场合作中的竞争会增强。例如，2022 年 1 月，日本与印度尼西亚签署了火力发电脱碳领域的合作协议，两国将开展煤炭与燃料氨混烧的技术合作，从而减少火力发电过程中排放的温室气体。这与中国与东盟的合作存在明显竞争。

---

① 田正、杨功金：《大变局下日本产业政策的新动向》，《日本学刊》2022 年第 6 期。

　　但是，中日两国在实现"双碳"目标上的同步发展，也为两国技术交流与合作开辟了更广阔的空间。中日在"双碳"领域存在共同利益，受政治因素的干扰相对较少，在这一领域加强合作可能成为打破中日关系僵局的突破口。为此，中国首先应当做好自己，积极推动经济社会的全面绿色转型，明确经济社会绿色转型的时间表和路线图，为新能源、半导体、汽车等重点绿色产业制订详细的发展计划，有效引导钢铁、化工、纺织等传统产业实现低碳化转型发展，与此同时，在上述具体领域加强与日本企业的合作。毋庸置疑，全球最大的发展中国家也是碳排放量最大的国家的中国与"双碳"经验丰富、技术领先的日本之间的合作具有世界性意义。

B.10
"GX 基本方针"与日本核电政策的转变

丁红卫　李泽庭*

摘　要： 日本为实现 2050 年碳中和目标需兼顾应对气候变化与产业发展，实现绿色经济转型的重要前提是稳定的能源供给。俄乌冲突发生以来，能源价格上涨给能源依赖进口的日本经济带来巨大压力。日本自民党在 2022 年 7 月的参议院选举获胜后便开始改变能源政策导向，放弃福岛核泄漏事故后尽可能减少对核电的依赖这一原则。"GX 基本方针"将在继续发展可再生能源的同时重启核电，这无疑是日本能源政策的历史性转变。该方针中有关碳定价机制等措施值得研究，而在核废水排放等问题尚未得到解决且未经过充分探讨时就重启核电并将最大限度利用的政策转型及其影响值得高度关注。

关键词： GX 基本方针　碳定价　可再生能源　核电

温室气体过度排放导致全球气候变暖，去碳化成为时代潮流。2023 年 2 月 10 日，日本内阁会议通过《实现绿色转型（Green Transformation，GX）的基本方针——展望今后 10 年的路线图》（简称"GX 基本方针"）①，描绘了 2030 年温室气体减排目标和 2050 年碳中和目标的实现路径。该基本方

---

* 丁红卫，经济学博士，北京外国语大学北京日本学研究中心教授、全国日本经济学会理事，主要研究领域为日本经济、中日经济关系、环境经济等。李泽庭，北京外国语大学北京日本学研究中心硕士研究生，主要研究领域为日本经济。

① 经济产业省『GX 実現に向けた基本方針—今後 10 年を見据えたロードマップ』、https：//www. meti. go. jp/press/2022/02/20230210002/20230210002＿ 1. pdf。

针勾勒出日本通过绿色转型实现应对气候变化并兼顾经济发展等相关目标与路径。其中，日本延长现有核电站运转年限并新建核电机组等政策的确立说明日本已放弃福岛核泄漏事故以来尽可能减少对核电依赖的能源政策，标志着日本核电政策的明确转变。

一　"GX 基本方针"的出台背景、主要内容与政策方向

（一）"GX 基本方针"的出台背景

2021 年 4 月，日本为实现碳中和进一步明确了 2030 财年将在 2013 财年基础上减排 46% 的温室气体目标。为推动兼顾碳中和与经济发展的能源、产业转型，2023 年 2 月 10 日通过的"GX 基本方针"，旨在应对气候变化问题的同时，着眼于克服日本能源供需结构的问题。应对气候变化问题的关键在于进行能源供需结构改革，日本能源部门的温室气体排放量占总量的 80%以上[1]，且能源是支撑国民生活和产业活动的根基，可见，GX 本身是以能源为中心的转型。

"GX 基本方针"在《第六次能源基本计划》、《地球温暖化对策计划》和《巴黎协定下的长期战略》的基础上，将气候变化对策、提高产业竞争力以及实现经济增长的措施加以整合，以实现 2030 年减排目标和 2050 年碳中和目标的双重任务。

（二）"GX 基本方针"的主要内容

"GX 基本方针"的内容主要分为四个方面，即"为实现以确保能源稳定供给为大前提的 GX 的脱碳措施"、"增长导向型碳定价构想"、"国际发展战略"和"推进全社会的 GX"。

---

[1]　内阁官房等「2050 年カーボンニュートラルに伴うグリーン成長戦略」、2021 年 6 月、https：//www. meti. go. jp/press/2021/06/20210618005/20210618005-3. pdf。

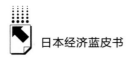
1. 为实现以确保能源稳定供给为大前提的 GX 的脱碳措施

俄乌冲突升级后，全球液化天然气（LNG）供应余力进一步下降，全球能源资源形势变得愈发复杂和不确定。由于日本大部分资源依赖进口，"GX 基本方针"提出以国家为中心开展资源外交，以确保化石燃料和金属矿产资源等能源资源的稳定供应。

在保障国内石油、天然气和金属矿产资源稳定供应方面，政府将与JOGMEC、JBIC① 等机构合作，通过积极的资源外交，加强对保障 LNG 供应的支援，以维护民间企业在国外参与开发生产的上中游权益。考虑到 LNG市场不确定性增加及 LNG 难以长期储备的性质，调动所有可用的政策资源，以保障稳定供应为目标，提高 LNG 战略储备。

具体到资源外交领域，日本在提出与 G7 等进行合作的同时，考虑到萨哈林 1 号、萨哈林 2 号和北极液化天然气 2 号等国际项目对能源安全的重要性，目前，日本会维持其权益。在亚洲范围内，日本提出与亚洲各国合作进行上游开发投资，并构建紧急情况下或供需紧张时的 LNG 相互合作机制；通过鼓励资源生产国增加对 LNG 的生产，推动亚洲整体的能源供应稳定以及向碳中和过渡。

日本从确保不受地缘政治风险影响的稳定的国产资源角度，特别是在甲烷水合物方面，连同海底热水矿床等，促进对可开发资源的技术支援，以尽快取得成果。

2. "增长导向型碳定价构想"与相关举措

日本为同时实现国际公约目标、提高产业竞争力和加快经济增长，需要在各个领域进行投资。"GX 基本方针"估算，未来 10 年的投资规模将超过150 万亿日元，提出要迅速实现和落实"增长导向型碳定价构想"，通过官民合作实现巨额 GX 投资。"GX 基本方针"指出，"增长导向型碳定价构想"将采取以下三项措施：第一，利用"GX 经济转型债券"等进行大胆的

---

① JOGMEC 全称为"独立行政法人石油天然气、金属矿物资源机构"，JBIC 全称为"国际协力银行"。

先行投资支援（管制、支援一体化投资促进政策等）；第二，基于碳定价的GX 投资进行先行激励；第三，使用新的金融工具。

由于需要在未来 10 年通过官民合作实现超过 150 万亿日元的 GX 投资，日本政府认为有必要采取长期、历时多年的支援政策，提高民间经营者的可预测性。为此，日本新创设"GX 经济转型债券"，通过这一方式进行规模为 20 万亿日元的先行投资支援。该投资促进政策将与规章制度性措施相结合，以有效创造新的市场和需求。

以导入碳定价得到的未来财源为支持，通过"GX 经济转型债券"筹集的资金将用于促进 GX 投资，其中包括"GX 基本方针"下作为国家 GX 投资一部分的先行预算措施，其将在能源对策特别账户中单独核算。从 2023 年度起的 10 年内，每年度的"GX 经济转型债券"将在国会批准的金额范围内发行。无论企业规模大小，该投资主要支持向可再生能源和核能等非化石能源的转换，推进以钢铁、化学等制造业为代表的供需一体型产业结构转型和节能，以及资源循环和固碳技术等研发，且应在 2050 年碳中和目标实现之前完成偿还。

在支援对象考察方面，日本投资促进政策的基本原则是，在从有效促进GX 投资的角度一体推进管制措施的同时，不同于以往以控制能源消费量、减少温室气体排放量为目的，而是在考虑受益和负担的同时，对于仅靠民营部门很难做出投资判断的项目，对有助于实现多重目标——提高产业竞争力、促进经济增长和减排——的领域进行投资。

预计日本将导入与碳定价相关的制度和机构，主要有"排放量交易制度""有偿拍卖""碳税""GX 推进机构"四个方面。日本在 2023 年度开始试点 GX 联盟的"排放量交易制度"，并在 2026 年度正式启动。

从 2028 年度开始，以化石燃料的进口商等为对象，导入对碳排放统一进行定价的"碳税"。关于碳税制度的适用范围，暂时采取包括免税在内的必要措施，同时考虑导入必要的调整措施，防止"有偿拍卖"和"碳税"对同一碳排放源造成双重负担；考虑到"排放量交易制度"的交易价格最终由市场决定等因素，应设计能够决定碳税标准的制度。

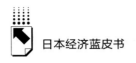

日本还将设立负责实施碳定价等业务的"GX推进机构",以统一负责"排放量交易制度"和"碳税"的调整、管理及征收业务。为了顺利推进"排放量交易制度"涉及的各种实际事务,在中长期能够使制度以兼顾产业竞争力提高、有效减排的形式稳定运行,由"GX推进机构"管理排放绩效和交易绩效,实施"有偿拍卖"并监管交易价格,以维持价格稳定。

3. 国际发展战略

日本关于GX的国际发展战略分为全球和亚洲两个方面,在促进全球实现GX以实现碳中和目标的同时,旨在通过GX在世界范围内的展开扩大影响力,谋求进行绿色、减排等评判标准制定的主导权,促进新一代环境技术项目和绿色产品的出口和推广,同时获得二氧化碳排放指标以如期实现减排目标。

在全球范围内,谋求领导清洁市场的形成和创新合作。通过推进有助于绿色产品普及的国际评价方法确立,推动形成恰当评估绿色钢铁、绿色塑料、节能产品价值的市场;调动资金资源,推动构建评价企业减排贡献的新价值轴等。

在亚洲范围内,通过"亚洲零排放共同体"(AZEC)构想的实现,构建地区平台,与亚洲各国一同推进能源过渡,在保障能源安全的同时,推进去碳化措施。为了提供未来巨量的能源投资,加快形成包括可再生能源在内的清洁能源项目。通过亚洲能源转型倡议(AETI),推进对制定碳中和路线图的支持并为过渡技术和项目提供资金支持以及人才培养支持等。在制度框架方面,JBIC、NEXI、JOGMEC、JICA等政府机构提供公共资金支持;推进CCS等大规模项目讨论实施和应用;推进《日本与东盟气候变化行动计划2.0》执行。

4. 推进全社会的GX

日本主要从支持劳动力转移、在需求侧推进GX、推进中坚企业和中小企业的GX三种途径,推进全社会的GX。

第一,基于"公正过渡"(Just Transition)的观点,日本支持劳动力从化石燃料相关产业稳步转移到低碳新兴产业,在确保国民就业的同时助推经济增长。政府根据不同产业的实际情况,提供包括大学和其他机构的人力资源开发在内的必要支持。政府推动公正过渡的途径包括促进劳动力获得新技能（Reskilling），以及推动劳动力顺利转移到包括绿色领域在内的增长领域，支持在职人员更换工作以促进其职业发展等。

第二，在需求侧推进 GX，包括推进地方、生活的 GX 和新需求创造方案两个方面，这既是实现 GX 的要求，也是刺激低碳产品需求的途径。日本拟在 2025 年前选择至少 100 个脱碳先行区，通过各府省厅的支持政策推动 GX 的社会应用；为了实施针对地方脱碳的"重点对策"，利用政府提供的财政支持，地方政府对包括公共事业在内的所有业务率先实施地方脱碳重点对策（地区共生和受益型可再生能源导入、推进公共设施向净零能耗建筑转换等）；通过"创造脱碳繁荣新生活的国民运动"促进国民行为和生活方式变革，从而刺激需求。

实现 GX 的关键是创造需求以扩大绿色产品市场、促进创新，对此主要采取三个方面的措施。推广使用碳足迹和环境标签，无论是由直接排放还是由购买电力等导致的间接排放，都应从供应链整体减排以及提高产品和产业的竞争力入手，推动官民采购绿色产品。对于在市场上已经有一定普及程度的低碳产品，应通过重新修订《绿色采购法》的判断标准和计算方法等加以推广。为了创造出革新技术和满足产品的需求，根据购买主体的特性，应对产品、技术的创新性和采购实现给予激励。

第三，推进中坚企业和中小企业的 GX。为了在保持和提高竞争力的同时实现碳中和，不论是大企业、中坚企业还是中小企业，整个供应链的 GX 措施都不可或缺。中小企业支撑日本大约 70% 的就业，温室气体排放量占日本温室气体总排放量的约 20%，对实现 2050 年的目标具有重要影响。支持的途径大致分为四个方面。一是根据中小企业 GX 的行动阶段，支持绿色革新产品的开发以及在绿色领域的推广。通过改进国家电子报告系统，支持排放量的可视化，从而加强节能诊断事业。通过支持促进节能减排的设备投资，帮助中小企业减排。二是强化中小企业支援机构的人力资源开发和支援体制。通过为支援机构举办讲习会、创建去碳化支援相关资格认定制度，支持支援机构的人力资源开发。通过构建地区性支援体制等方式，推进支援机构体制强化。三是支持供应链采取合作措施，加强信息发布。在相关法案中

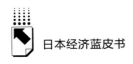

增加承包商去碳化的相关举措，进一步促进支持包括中坚、中小企业在内的供应链整体的去碳化举措。四是推动创造绿色产品市场，从根本上加强对GX 相关领域初创企业的研究开发和社会应用的支持。

（三）"GX 基本方针"的政策方向

经历 2022 年的能源危机，依赖能源进口的日本更加意识到增强能源供需结构韧性和抵御能源危机能力的必要性。从能源视角来看，想要最终实现GX，完成向清洁能源的转换，增强能源系统韧性，对供给侧和需求侧的调整缺一不可。"GX 基本方针"提出，主要从推进彻底的节能和扩大非化石能源引进两个方面，推进需求侧向去碳化社会过渡。为此，"GX 基本方针"提出了最大限度利用有助于保障能源安全并具备良好脱碳效果的电源——可再生能源和核能。

1. 继续加大可再生能源供给力度

"GX 基本方针"提出将可再生能源作为主力电源，以最优先原则最大限度导入，以确保 2030 年度可再生能源在电源结构中占 36%～38%（见表1）。同时，可再生能源的导入以"S+3E"即"安全"+"能源供给""经济效率""环境"为大前提。

表1 2021 年度、2030 年度可再生能源发电量和份额

	2021 年度情况	2030 年度目标
太阳能发电	861 亿千瓦时（8.34%）	1290 亿～1460 亿千瓦时（13.81%～15.63%）
陆上风电	94 亿千瓦时（0.91%）	340 亿千瓦时（3.64%）
海上风电		170 亿千瓦时（1.82%）
地热发电	30 亿千瓦时（0.29%）	110 亿千瓦时（1.18%）
水力发电	778 亿千瓦时（7.53%）	980 亿千瓦时（10.49%）
生物质发电	332 亿千瓦时（3.21%）	470 亿千瓦时（5.03%）
所占份额总和（%）	20.29	36～38
可再生能源总发电量（亿千瓦时）	2095	3360～3530
年度总发电量（亿千瓦时）	10327	9340

资料来源：笔者根据经济产业省资源能源厅相关数据整理做成，括号内数据为占比。

可再生能源在提高能源自给率、实现脱碳等方面的优势显著。从表1可以看出，太阳能发电、风力发电（陆上风电和海上风电）有待实现的发电量增量最大（分别为429亿~599亿千瓦时、416亿千瓦时），"GX 基本方针"在扩大可再生能源导入方面也以太阳能发电和风力发电为主。关于太阳能发电，在公共设施、住宅、工厂和仓库、机场、铁路等地点增加太阳能电池板的安装量，在合适的地点最大限度导入太阳能发电；利用《全球气候变暖对策推进法》和其他法案，推进地方主导的可再生能源导入。对有利于进一步扩大太阳能发电导入、提高技术自给率的新一代太阳能电池（钙钛矿电池），将加快研发、导入支持和与用户合作实证，同时推动需求创造和量产体制建立。关于风力发电，基于《海上发电公募规则》的修订，2022年末开始公开招募，以扩大海上风电导入；确立"日本版集中方式"，以促成地方理解为前提，加快项目形成；讨论扩大"专属经济区"（Exclusive Economic Zone，EEZ）的制度性措施。在进行技术开发和大规模实证的同时，推动风力发电机、相关部件和浮式基础等海上风电相关产业形成大规模且坚韧的供应链；关于陆上风电，在推进相关管制制度合理化的同时，在与地区共生的前提下进一步促进导入。此外，为进一步扩大其他可再生能源，不断完善稳定发电的地热能、中小型水电和生物能等电源所必要的规章制度，并根据不同电源特点，提供商业化可行性调查、资源调查、技术开发、导入人工智能（AI）和物联网（IoT）等必要的支援。

"GX 基本方针"也提出了在扩大导入的过程中，着力消除可再生能源缺点的举措。在"经济效益"维度，在推进招标制度使用的同时扩大溢价补贴（FIP）制度引入，以降低发电成本；扩大与非上网电价补贴（FIT）或 FIP 制度下的消费者签订长期合同的太阳能发电导入模式。在"稳定供给"维度，"GX 基本方针"把加快应对系统整备和输出功率变动确定为中长期对策。系统整备的具体对策是基于全国范围的系统整备计划，进行费用效益分析，在获得当地理解的同时，探讨利用现有的公路、铁路网等基础设施，推进全国范围的系统整备和海底直流输电的配备。完善有利于系统整备的资金筹措机制，在未来10年加速发展连接区域的系统，使其规模为过去

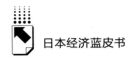
10 年（约 120 万千瓦）的 8 倍以上（1000 万千瓦以上），并以 2030 年为目标配备自北海道的海底直流输电系统。

为应对输出功率变动的问题，"GX 基本方针"决定通过以下方法促进可再生能源稳定输出。首先，通过同时安装蓄电池及推进 FIP 制度，促进基于供需情况的电力供应。为了降低固定型蓄电池的成本及实现早期商业化，在支援导入的同时，推动建设家用蓄电池等分布式电源也能够进入的市场，并推进完善规定，使蓄电池顺利接入电网。其次，确保去碳化的调节能力，逐步淘汰低效的煤炭火力发电，改用更清洁的天然气，提高发电设备效率，推进氢气与氨气的混合燃烧和专烧，维护和强化利用长期脱碳电源拍卖的抽水蓄能电站，促进引进蓄电池，提高碳捕获与封存（Carbon Capture and Storage，CCS）和碳循环技术水平。在"环保"维度，主要通过制度性措施，防止导入可再生能源前和设备废弃后给环境带来负面影响，使可再生能源和地区共生。

尽管在《2030 年度能源供需展望》中，氢氨能源在一次能源供给结构中仅占 1%，在电源结构中的占比也仅为 1%，但日本仍然非常重视其发展。其原因主要有三个方面：第一，氢氨能源有望被广泛应用于发电、运输和工业等领域，有利于促进产业振兴、创造就业机会和实现经济增长；第二，氢氨能源有助于提高能源自给率，帮助应对可再生能源出力的波动性，从而为能源稳定做出贡献；第三，氢氨能源可以和化石燃料混合燃烧，减少火力发电的二氧化碳排放量，有利于实现碳中和目标。

为充分发挥和利用氢氨能源的价值，"GX 基本方针"提出推进战略性制度建设和基础设施建设。首先，在国内外建立大规模且坚韧的氢氨能源供应链。在完善制度的同时，促进需求扩大和产业集聚，瞄准化石燃料的混合燃烧及专烧技术的开发及在汽车产业商业应用方面的导入扩大，并加快推进。其次，基于能源安全保障的观点，为建立氢气和氨气的国内生产和供应体系提供支援，以尽早实现在国内大规模生产和供应绿色氢气；加强与氢气资源国的关系，以期获得上游权益。最后，在推动氢气和氨气的社会应用方面，推动在 2025 年大阪·关西世博会进行实证，同时在借鉴各国案例的基础上，以确保安全为大前提，推进国际标准化和促进管制合理化、正当化的氢气安全战略的制定。

2. 重启核电

可再生能源、氢氨能源可视作至今对日本能源政策的延续，而"GX 基本方针"中重启核电相关措施无疑是日本能源政策的一次历史性转折。"GX 基本方针"指出，核能自身的特点总体符合日本的国情和能源政策目标，未来仍将是保证国内能源供给的重要来源。因此，背负福岛核泄漏事故历史遗留问题的日本，仍在"GX 基本方针"中表明了进一步推进核能政策的方针。

"GX 基本方针"延续了《第六次能源基本计划》中的核能政策，并将其部分具体化。尽管日本仍把对福岛核泄漏事故的真挚反省作为核能政策的出发点，但基于"安全"这一前提明确了 2030 年核电占电源结构"20%~22%"的目标。与"绿色成长战略"聚焦快中子反应堆开发（快堆）、小型模块化反应堆（SMR）技术实证、高温气冷反应堆（HTGR）、核聚变等未来核能技术不同，"GX 基本方针"并非着眼于描绘核能产业新一代技术前景，而是着眼于推进核电利用及相关问题的处理，以助推绿色转型和能源供需结构转型。鉴于日本在"GX 基本方针"重提重启核电，不仅具有能源政策历史性转折的意义，而且发展核电问题十分敏感，涉及政治、经济社会发展、国民生活、碳中和目标的实现、国际关系等方方面面，已引起日本民众、媒体以及国际社会的高度关注，故本文将在下文进行专门论述。

二 "GX 基本方针"与日本核电转型

岸田文雄任日本首相以来，自民党一直遵守减少对核电依赖的基本原则。但自 2022 年 7 月在参议院选举中胜出、政权相对稳定后，减少对核电依赖这一政策纲领便从自民党执政公约中消失。加上全球性能源价格上涨，日本经济界也有观点认为若不重启核电，就将加剧东京电力管辖范围内的电

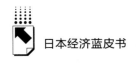
力供应紧张等。"GX 基本方针"明确放弃了自 2011 年福岛核泄漏事故以来日本所坚持的尽可能减少对核电依赖的立场。

（一）日本的核电及其课题

日本的核电建设始于经济高速增长时期，1963 年 10 月，日本第一台核电机组开始运行，1970 年增至 3 个机组。此后，随着日本经济的发展，核电发电量迅速增长，到 2010 年，核电机组已达到 54 个，核电发电量占日本总发电量的 35% 左右。2011 年东日本大地震导致福岛核泄漏事故后，日本核电站全面关停。

针对核电站重启，日本为强化使用过程的安全，在《第六次能源基本计划》中形成"S+3E"这一能源政策的基本观点。经过反思和总结，日本把核泄漏事故原因归结为政府和运营商陷入"安全神话"，表示推进核电政策要把安全放在首位。"S+3E"中的"S"（Safety）即表示以保证安全为大前提，确保安全集中体现在围绕核电的政策上。在具体措施方面有推进核能利用和规制分离的制度改革、设立"原子能规制委员会"这一独立的规制机构，由该机构根据专业知识负责原子能安全规制的相关工作。

在安全的前提下逐步重新启动核电。2013 年 7 月，原子能规制委员会制定了更为严格的"新规制标准"，在原子能规制委员会认为符合世界上最严格规制标准的情况下，推进核电的重启工作。从 2014 年 4 月出台《第四次能源基本计划》、2015 年 7 月出台《长期能源供需展望》至今，在经历一段时间核电站关停之后，日本开始推进核电的重启工作。重新启动的核电站主要为"压水堆"，和发生核泄漏事故的"沸水堆"属不同堆型。截至 2023 年 3 月 16 日，在 19 座核电站 60 台机组中，日本重新启动了 6 座核电站 10 台机组，有 7 台机组在运行，有 24 台已决定退役①。日本核能发电量自 2014 年以来呈上升趋势，2021 年大约恢复到了事故发生前发电量的

---

① 经济产业省资源能源厅「原子力発電所の現状」、2023 年 3 月、https：//www.enecho.meti.go.jp/category/electricity_ and_ gas/nuclear/001/pdf/001_ 02_ 001.pdf。

25%。目前，日本电力主要能源为天然气，占比达39%，接下来为煤炭、可再生能源，核电仅占3.9%。

当前，日本核电主要面临两个方面的问题，一是2011年核泄漏事故以来，核电产业日趋衰落。首先，核能相关企业的生存环境恶化。核泄漏事故以来，出口业务受挫，国内重新启动工作面临严格的安全审查，2016～2021年度，每年应对新规制标准的支出都占支出总额的20%以上，产业整体投资回报可预测性变得不明朗。日本原子能产业协会对供应链企业发布的问卷调查显示，相比2010年度，约一半的企业回答营业额减少，其中最多的理由是"受到核电厂停运的影响"。其次，日本核电产业面临人才断层危机，其中包括研究人员和技术人员。自核泄漏事故以来，核能产业吸引年轻人变得更加困难，选择核能相关专业的学生减少，2012～2020年度每年度都不足300人。尽管"原子能人才培养网络"通过开展各种活动支援人才培养工作，但效果有限。比如，日本原子能产业协会每年都会组织面向应届毕业生的说明会，在核泄漏事故之前的2010年度，大阪和东京两个分会场共有1903名学生参加，可是2011年度以来，每年参加的学生都不超过500人，2020年度仅有439人参加。最后，核电产业面临技术维持和传承的风险。一方面，由于增设核电站受限，从前有成套设备建设经历的工人中有相当部分最近10年面临退休，没有现场经验的技术人员数量增加，且其在工作现场接受技术培训（On the Job Training，OJT）的机会迅速减少，技术人员整体素质下降；另一方面，由于营业额受损，6家主要核能制造商在核能部门的录用人数在下降，同时制造业中与核能相关研究开发费用在减少。

二是重启进程较慢，这关系到日本能源政策目标能否如期实现。在实现碳中和目标的背景下，虽然每个"能源基本计划"都提到"尽可能降低对核电的依赖"，但《2030年度能源供需展望》仍制定了"2030年度核能发电量占总发电量的比例达到20%～22%"的目标，且《第六次能源基本计划》仍将其视为2050年实现碳中和目标的"重要的基本负载电源"。日本2021年度核能发电量仅为708亿千瓦时，占电源构成的6.86%，距2030年度实现1868亿～2054.8亿千瓦时的目标还有相当大的差距。在安全优先的能源政策目标背景下，经营者需要满足严格的规制标准的要求，这意味着核电站重新启动会经历相对较长的周期。另外，日本政府不能轻易控制原子能规制委员会或改变其决策，该机构的高独立性正是为了防止回到事故发生前"规制和推进串通"的模式，保证核能安全利用。比如，《2030年度能源供需展望》特别提到，"20%～22%"的核能发电比例表示电源结构展望，不影响原子能规制委员会对个别核电站安全性的审查①。因此，日本政府只能在现有制度框架限制下，通过其他途径加速推进核电重启。

2011年福岛核泄漏事故后，重启核电速度缓慢，核能产业前景暗淡。在此背景下，如何设法增加核能发电量，同时如何促进核能产业复兴，维持和增强产业活力，便成为日本核电的两个课题。

（二）"GX 基本方针"对核电转型的相关决定

鉴于发展核电面临的种种难题，"GX 基本方针"明确提出将进一步推进核电政策，除了继续推进核电站重建工作之外，将在四个方面推进核电的重启与利用。

第一，提出为了尽可能利用现有核电站，和现行制度相同，在设定"运行期限为40年，允许延长的期限为20年"限制的基础上，在原子能规制委员会进行严格的安全审查前提下，允许追加延长与停运期相同但最长不超过10年的使用期限，这事实上代表允许核电站运转"超过60年"，最长可至70年。在此之前，第24次原子能小委员会对政策效果进行预测，在设备利用率达到80%、运行期限由40年延长到60年的情况下，预计2030年将有36台机组提供3722万千瓦的电力输出。② 在此条件下，日本2030年全年发电量可达2608亿千瓦时，可以顺利达到预定的发电量目标。原子能产

---

① 经济产业省资源能源厅「第 6 次エネルギー基本计画」、2021 年 10 月、https：//www. enecho. meti. go. jp/category/others/basic_ plan/pdf/20211022_ 01. pdf。

② 经济产业省资源能源厅「今後の原子力政策について」、2022 年 2 月、https：//www. meti. go. jp/shingikai/enecho/denryoku_ gas/genshiryoku/pdf/024_ 03_ 00. pdf。

业协会据此提出，为了对核能的持续利用，需要做好重建和新建的准备。①

第二，在推进核电站重新启动的同时，提出致力于开发和建设加入了新安全机制的新一代革新反应堆；在确保地区理解的大前提下，首先决定在退役反应堆的原址新建新一代革新反应堆，在六所村再处理工厂竣工等后端问题进展的基础上推进具体化建设。其他的开发和建设，将根据未来各个地区重新启动情况和当地理解的情况推进。第 24 次原子能小委员会发布的资料也论证了新设核电站的必要性，在如前所述的条件下，即使现有 36 台机组（包括重建）运行时长延长到 60 年，从 21 世纪 40 年代中期起，设备容量会大幅减少，预计 2050 年只有 23 台核电机组发电，发电量为 1663 亿千瓦时。② 可以预想，在未来电气化进程加速的情况下，电力需求量在一定程度上仍将增加，这样日本就无法实现 2050 年核能发电和火力发电（以 CO_2 回收为前提）占电源构成 30%~40% 的目标。《第六次能源基本计划》提出有必要新建核电站，以满足未来的用电需求。

第三，推动完善促进安全的运转机制，同时增加对研究开发、人才培养、供应链维持和强化的支援。无论是提高核能使用的安全性以抑制事故风险，处理退役反应堆、废弃物等后端问题，还是提高反应堆的安全性、经济性和机动性，从长期来看，研发新一代反应堆都需要有坚实的人才、技术和产业基础的支撑。因此，在重新启动和新增设核电站维持产业基础的前提下，可以通过对业界的支援，增强供应链韧性，促进技术研发，实现核能的可持续利用。

第四，提出实现六所村再处理工厂竣工目标，推动核燃料循环，推动放射性废弃物的最终处置，促进民众和地方自治体的理解。六所村再处理工厂已在 2020 年获得原子能规制委员会认可，但竣工延迟的问题一直存在。一方面，日本从资源有效利用、高水平废弃物的减容及降低有害程度的观点出

---

① 日本原子力产业协会「原子力产业の现状と课题」、2022 年 6 月、http：//www. aec. go. jp/jicst/NC/iinkai/teirei/siryo2022/siryo22/1-1_ haifu. pdf。

② 经济产业省资源能源厅「今后の原子力政策について」、2022 年 2 月、https：//www. meti. go. jp/shingikai/enecho/denryoku_ gas/genshiryoku/pdf/024_ 03_ 00. pdf。

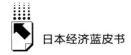
发，把乏燃料再处理和有效利用回收钚的核燃料循环作为基本方针。六所村再处理工厂的竣工和运转之所以具有重要意义，是因为它不仅能实现轻水反应堆乏燃料后处理，而且分离出的钚可以作为快中子反应堆的燃料，有利于实现闭式核燃料循环。另一方面，乏燃料的处理关系到代际公平的问题，2021年10月发布的《第六次能源基本计划》提到日本已有19000吨乏燃料，达到管理容量的约80%。作为处理高水平放射性废弃物的对策之一，"GX基本方针"提出以接受文献调查的地方自治体为对象，构建举国支援体制，强化以原子能发电环境整备机构（NUMO）为实施主体的体制，设置国家和相关地方自治体的协商场所，表明了从根本上加强高水平放射性废弃物的最终处置措施的态度。

"GX基本方针"在之前的能源政策的基础上，明确表明在脱碳转型的进程中长期使用核电的态度。通过延长运行期限、新增设核电站、对核能的支援及加强乏燃料处理对策，在揭示核电发展前景的同时，着力解决核能产业相关问题，以使核能在中长期为能源供给做出贡献。在绿色转型时代，政府更加重视核电政策的一贯性，并期望将来能够持续地运用核能，核能产业和核电似乎迎来新的发展契机。

（三）日本核电发展的前景分析

2023年2月28日，日本内阁会议通过了为确立实现脱碳社会的电力供应体制，部分修改《电力事业法》等法律，并提交给了国会。"GX脱碳电源法"在核能相关部分，通过修改《原子能基本法》、《原子炉等规制法》、《电力事业法》和《再处理法》的部分法律条文，试图贯彻"GX基本方针"提出的核电运用和发展方针①。

尽管在绿色转型的背景下，"GX基本方针"提出了在未来继续使用和发展核电的展望，但是日本核电的未来并不由单一因素决定，而是多

---

① 内阁府GX执行会议「脱炭素社会の実現に向けた電気供給体制の確立を図るための電気事業法等の一部を改正する法律案『GX脱炭素電源法』の概要」、2023年2月、https：//www.meti.go.jp/press/2022/02/20230228005/20230228005-1.pdf。

种因素共同作用的结果。本部分将结合日本重启核电的内在逻辑、民意信任问题和核能使用的相关问题三个因素，对日本核电的发展前景进行展望。

核能在"3E"方面都有优势，核电特点和日本国情的契合是日本重启核电的内在逻辑。第一，核电有利于提高日本能源自给率，增强能源供给体系韧性。日本能源供给天生就具有脆弱性，福岛核泄漏事故后，日本能源自给率在 2012~2014 年度甚至低于 7%，尽管近年来呈上升趋势，但 2021 年度也只有 13.4%。[1] 长期以来，确保能源供给安全、打造"多层次的能源供给体系"都是日本的重大课题。而核能可以长期稳定高效地输出电力，通过维持国内供应链，可以实现较高的技术自给率。在能源政策方面，日本确立了 2030 年度能源自给率达到 30%的目标，届时占一次能源供给比例 9%~10%的核能无疑是重要的组成部分[2]。

第二，核电具有较好的经济效益，有利于降低居民生活和企业运作的负担，维持日本的国力。核电受气候变化影响小，设备利用率远高于可再生能源，同时占地面积远小于可再生能源；与火电相比，在生产相同电力的情况下，核电所需燃料数量远少于火电，在运输成本小的同时，其受燃料价格变动影响相对较小，是仅靠国内持有燃料就能维持多年生产的准国产能源。此外，核电运转成本低，经济效益好。2020 年核能发电平均每度 11.5 日元（含政策费用），日本家庭用电、商业用电（平均每度分别为 23.2 日元、15.7 日元）在经济效益方面与煤炭、LNG 火力发电相近，相比之下，其比可再生能源具备明显的价格优势[3]。

---

① 经济产业省资源能源厅「令和 3 年度（2021 年度）エネルギー需給実績を取りまとめました（速报）」、2022 年 11 月、https：//www. enecho. meti. go. jp/statistics/total_ energy/pdf/gaiyou2021fysoku. pdf.

② 经济产业省资源能源厅「第 6 次エネルギー基本計画」、2021 年 10 月、https：//www. enecho. meti. go. jp/category/others/basic_ plan/pdf/20211022_ 01. pdf。

③ 经济产业省「基本政策分科会に对する発電コスト検証に关する报告」、2021 年 9 月、https：//www. enecho. meti. go. jp/committee/council/basic_ policy_ subcommittee/mitoshi/cost_ wg/pdf/cost_ wg_ 20210908_ 01. pdf。

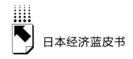

第三，核电运转时不排放二氧化碳，整个生命周期的碳排放也很少。日本能源部门的温室气体排放量占总排放量的80%以上，为实现碳减排和碳中和目标，电力部门的脱碳化是大前提①。核电具有能够实现温室气体"零排放"的优势，成为能源转型的选项之一。在去碳化的时代潮流下，基于当前技术水平难以用一种电源满足所有的电力需求，日本选择效仿欧洲，强调"多种路线的重要性"，决定组合多种能源推进去碳化进程②。在此路径选择下，日本需要核能这一重要的长期固定电源，以应对不确定的未来。2050年核能和以回收 CO_2 为前提的火力发电量约占总发电量的30%~40%。

尽管在绿色转型的背景下，核电受到日本政府的重视，成为能源政策中不可缺少的一部分，但是，在利用核能的进程中，风险的积累产生了相当大的负外部性，成为日本发展核电的阻碍。比如，与环境相适宜的能源体系不只有碳减排目标，也需要考虑同周围环境和谐共生。核电的使用会产生乏燃料、核废水和废弃反应堆，如果处置不当，核污染会对生态环境和生命安全造成危害。

核能使用的相关问题、风险和隐患也是核电发展的阻力。一是长期运转和设备老旧带来的安全隐患。目前，日本已有4台机组运转40年以上，有14台机组已运转了30~39年③。机器和设备会因常年受放射线和高温的影响劣化，金属材料受热水和蒸汽侵蚀变薄，钢铁和混凝土也会经多年运转导致强度降低，种种因素都会给核能的使用带来风险。对此，日本政府通过修改《原子炉等规制法》进行应对，要求每10年内进行关于设备劣化的技术评价，根据评价结果制订长期设施管理计划，以及得到原子能规制委员会的

---

① 内阁官房等「2050年カーボンニュートラルに伴うグリーン成長戦略」、2021年6月、https：//www.meti.go.jp/press/2021/06/20210618005/20210618005-3.pdf。
② 经济产业省资源能源厅「第6次エネルギー基本計画」、2021年10月、https：//www.enecho.meti.go.jp/category/others/basic_plan/pdf/20211022_01.pdf。
③ 经济产业省资源能源厅「原子力発電所の現状」、2023年3月、https：//www.enecho.meti.go.jp/category/electricity_and_gas/nuclear/001/pdf/001_02_001.pdf。

批准，核电站方被允许运转超过 30 年[1]。可是，法律规定的严格仍不能杜绝设备老旧的风险。

二是福岛核电站核污水的排放问题。为了防止储水罐占用场地导致场地紧张，进而不利于反应堆退役工作开展，日本选择将核污水进行处理后排放至海洋这一最具成本效益且处理时间最短的方式[2]。2021 年 4 月 13 日，日本决定在两年后，把通过"多核素去除设备"（Advanced Liquid Processing System，ALPS）处理后的处理水排放至海洋（即从 2023 年春天到夏天开始）。截至 2023 年 3 月 2 日，核电站内的 137 万吨总容量的储水罐已经装有超过 132 万吨的核污水以及 ALPS 处理水[3]。尽管日本称 ALPS 处理水已经通过净化使除氚以外的核素达到监管标准，不会对人体和环境造成影响，但相关研究表明，福岛核电站大量排放核污水与一般核电站正常运转排废水不同，大量排放核污水，污水中的放射性核素会随着生物载体、海水的自然流动和洋流影响环太平洋国家，还会沿着食物网危害人类生命安全，在长期内存在潜在风险。此举侵犯了周边国家的海洋生态环境权益，引发相关国家的担忧和强烈反对。

三是钚储量过大的问题。乏燃料中含有钚，反应堆级的钚也可以被用于制作核武器，尽管日本承诺将"恰当管理钚库存"，但日本钚储存量仍处于高水平。截至 2021 年底，日本持有钚总量大约为 45.8 吨，国内储存量约为 9.3 吨，其余约 36.5 吨保存在英国和法国[4]。虽然日本目前是非核武器国，并表示积极维护国际核安全，加强核不扩散措施，但不可忽视巨量的核武器材料基础，有必要关注日本钚的持有量及其去向。

---

[1] 内阁府 GX 执行会议「脱炭素社会の実現に向けた電気供給体制の確立を図るための電気事業法等の一部を改正する法律案『GX 脱炭素電源法』の概要」、2023 年 2 月、https：// www. meti. go. jp/press/2022/02/20230228005/20230228005-1. pdf。

[2] 经济产业省废炉污水对策事务局「トリチウム分離技術検証試験事業総括及び評価」、2016 年 4 月、https：//www. meti. go. jp/earthquake/nuclear/osensuitaisaku/committtee/tritium_ tusk/pdf/160603_ 01. pdf。

[3] 「タンク内 ALPS 処理水等およびストロンチウム処理水の貯蔵量」、処理水門户网站、https：//www. tepco. co. jp/decommission/progress/watertreatment/alps01/。

[4] 原子力委員会「令和 3 年における我が国のプルトニウム管理状況」、2022 年 7 月、http：//www. aec. go. jp/jicst/NC/sitemap/pdf/kanri220712. pdf。

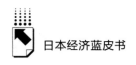

三　启示与思考

深入研究日本的碳定价相关机制与措施及其能源政策的转变可为我国提供参考,有利于深化中日两国在碳中和领域的相互理解,促进相关领域的合作。从这一视角出发,以下几点值得我们深入思考研究。

1. 碳定价相关机制与多主体参与

日本通过企业自主设定和遵守减排目标,促进企业遵守承诺,增加企业减排激励。从 2023 年度开始,国家和 GX 联盟参与计划企业共同进行必要的数据收集,积累知识和技术,研讨政府方针;为进一步提高制度的公平性和实效性,在正式启动后讨论进一步提高参与率的方案,基于政府方针对减排目标企业进行民营第三方认证,以及为达成目标加强纪律(如指导监督、遵守义务)。在 2026 年度以后,通过设置价格区间,提高交易价格的可预测性。为此,"GX 基本方针"提出在中长期逐步提高碳价格的前提下,通过恰当组合上限价格和下限价格,提前显示价格区间,进行促进企业投资的制度设计。对于价格区间的设置,根据促进行为改变的效果、碳信用市场的交易价格(从 2023 年度开始创立)、国际碳价格等因素,在确定 5 年左右的价格上涨预测的同时,允许根据经济形势的变化进行一定的调整。最后,以参与"排放量交易制度"计划的高排放企业为中心,根据管制、支援一体化投资促进政策的观点,考虑和"GX 经济转型债券"支援政策联动。

从 2033 年度开始,高排放量的发电经营者被阶段性导入对发电企业的"有偿拍卖"。"有偿拍卖"以有可再生能源等替代资源的发电部门为对象,以配合电气化进程推进电力去碳化。拍卖对象是进行发电业务时需获得的与排放量相当的排放配额;"阶段性导入"是指以排放量预测和发电效率(基准)等为基础,根据企业 GX 转型情况等因素,在开始时无偿发放排放配额,此后阶段性地减少(或上调有偿比例)。

2. GX 中新金融工具的导入

日本将使用新金融工具"吸引民间资金进入 GX 领域""开发和确立混

合型融资""推进可持续金融",具体措施和效果值得我们关注。

"吸引民间资金进入 GX 领域",包括绿色领域和过渡领域两个方面。GX 领域需要大规模和长期的资金投入,需要民间金融机构和机构投资者积极投资。在完善绿色金融市场的同时,扩大绿色资金用途并推动新平台的建设。对促进高排放产业过渡的投资,应保证过渡金融的合格性和可靠性。为此,有必要通过充实各领域的技术路线图等,向投资者展示项目的魅力以促进融资。根据国际通行的融资排放计算和披露方法,讨论积极评价过渡金融的框架。

此外,积极开发和确立公共资金和民间资金相结合的金融工具,即"混合型融资"(blended finance)。GX 领域技术和需求的不确定性高,仅靠民间金融难以化解风险。因此,日本政府计划通过提出中长期政策路线图等方式,提高未来的可预测性,同时,将 GX 投资视为新的资产类别,在有意识提高产业国际竞争力的基础上,开发和确立新的金融工具,根据不同风险组合公共资金和民间资金,从整体上加快脱碳技术的社会应用。在 GX 技术的社会应用阶段,探讨并实施利用金融工具的风险补救措施(债务担保等),届时除民间金融机构外,还将和公共金融机构①合作,以扩大民间投资。

企业积极的信息披露可以促进产业和金融对话,首先,日本将通过由 TCFD 提供人力资源开发方案等途径,进一步支援披露工作,推动企业根据自身经营战略进行披露实践。其次,关于日益受到关注的可持续信息披露,日本决定在有价证券报告书中设置可持续信息记载栏,并实施修改"内阁府令"等必要的手续。最后,推进实施可持续金融促进方案,以进一步扩大 GX 领域的资金供给。这包括推动遵守 ESG 评价机构的行为规范,同时在 2022 年度结束前制定 ESG 投资信托的监督准则,防范绿色洗牌,以确保绿色发展和过渡的客观性,发挥市场功能,扩大 ESG 市场;发挥金融机构功能,促进金融机构支持企业脱碳;推广影响力投资(impact investment),充

---

① 公共金融机构包括日本政策金融公库、日本政策投资银行、产业革新投资机构和脱碳化支援机构等。

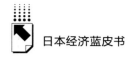

实为去碳化创新提供资金的形式等内容，在 2023 年 6 月之前汇总关于影响力投资的基本方针。

3. 对核电转型的思考

总体来看，核电作为日本能源重要选项之一的地位不会改变，预计未来仍将以一定规模被持续使用，但核电的发展会在部分民众的反对中"曲折前行"。日本产业界诸多意见认为，日本对核电的需求是刚需，为了在 37.8 万平方公里的国土上支撑世界第三大经济体（2021 年 GDP 为 4.9 万亿美元）运作，解决低自给率和碳排放的问题，日本仍需回到使用核电的轨道，并在"GX 基本方针"下继续推进。

但是，2011 年福岛核泄漏事故使民众对核能的看法发生较大变化，负面影响至今仍未完全消除。自日本决定重启核电以来，一方面，政府违背大部分民意，通过"规范性要素"推进核电重启和利用，以应对发展核能不利的民意环境因素。另一方面，通过提高监管标准、促进技术研发和革新、完善安全体制和营造安全文化提高安全性，以及通过信息公开、交流沟通等途径促进国民的信任恢复。但社会层面的阻力仍然不小。日本民众仍对核能发电感到不安，对核能信任不足。对推进核能政策的政府和经营者持不满和反对的态度，可能成为日本政府推进核能政策的阻力。原子力文化财团的《关于核能的民意调查结果（2022 年度）》显示，认为"推进核能的重启没有得到国民的理解"的比例高达 46%，表明相当部分民众并不支持重启核电；在对核能相关主体的信任方面，仍有 39.4%选择"最不信任国家"；有 35.4%赞成"考虑到电力稳定供应，需要重启核能"，相比上年增长了 5 个百分点，但仍占少数。① 此外，在关于"GX 基本方针"的意见收集中，反对推进核能政策的意见也远远多于支持意见②。

---

① 日本原子力文化财团「原子力に関する世論調査（2022 年度）調査結果」、2022 年、https：//www.jaero.or.jp/data/01jigyou/pdf/tyousakenkyu2022/results_ 2022.pdf。
② 内阁官房等「GX 実現に向けた基本方針に対するパブリックコメントの結果について」、2023 年 2 月、https：//public - comment.e - gov.go.jp/servlet/PcmFileDownload? seqNo = 0000248593。

　　可见，日本重启核电问题的本质是国家发展需要和民意的矛盾，福岛核泄漏事故等历史因素导致民众意愿和政府决策分歧扩大，民众"反核"情绪强烈。日本政府在通过规制重启核电和促进核能安全应用的同时，呼吁民众站在国家角度理解应用核能的必要性。最后，在灾害频发的岛国建立核电站本身就伴随着较大风险，东日本大地震后留给日本政府的容错空间已不多，保障核能安全使用、后端问题处理、核废水处理种种问题，都需要日本政府认真对待和谨慎考虑。

　　综上所述，日本能源政策在"GX 基本方针"的推动下正发生历史性转变，重启核电的民意基础依然较为薄弱。在核废水处理问题未得到解决且核燃料回收再利用等前景并不明朗之际，日本重启核电且将加以最大化利用、未来将增建新的核电设施等做法不仅给周边国家带来担忧，也给本国子孙后代留下诸多问题。

B.11
日本支持海上风电产业化
发展的制度安排

平力群 李响 丁思成*

摘 要： 脱碳化已成为世界潮流，用可再生能源替代化石能源是实现碳中和目标的主要路径。可再生能源中的海上风电未来或成为重要的电力来源。发展海上风电能够同时解决环境和能源安全问题，并具有巨大的间接经济效益。日本政府将海上风电定位为可再生能源中的主力电源，是实现 2050 年脱碳目标重点培育的成长性能源产业之一。本文在梳理日本海上风电发展现状和问题的基础上，从日本政府完善海上风电商业化运营环境的法制建设、引领海上风电产业发展共同愿景的描绘和强化海上风电产业竞争力政策措施的出台等三个方面，梳理日本支持海上风电产业化发展的制度安排。

关键词： 可再生能源 海上风电 《可再生能源海域利用法》 产业竞争力

脱碳化已成为世界潮流，用可再生能源替代化石能源是实现碳中和目标的主要路径。海上风力发电（以下简称海上风电）通过把风机安装到海上

---

* 平力群，经济学博士，天津社会科学院亚太合作与发展研究所、东北亚区域合作研究中心研究员，全国日本经济学会常务理事，主要研究领域为日本经济。李响，经济学博士，天津社会科学院亚太合作与发展研究所实习研究员，全国日本经济学会会员，主要研究领域为环境规制、技术进步、金融科技等。丁思成，天津外国语大学日语学院硕士研究生，主要研究领域为日本经济。

利用海上的风能进行发电，属于可再生能源。海上风电不仅可以使可再生能源成为主力电源的王牌，而且具有巨大的间接经济效益，即通过推动海上风电发展可以避免为实现社会绿色转型而牺牲经济发展带来的种种"痛苦"，还可带动经济发展、提升地方经济活力和增加就业岗位，实现"环境与经济良性循环"。在环境危机、能源安全和经济低迷的多重压力下，世界各国高度重视发展海上风电产业。

可再生能源产业在完全实现市场化前不具有经济性，且受到各种传统规则的约束，其发展属于制度依存型与技术依存型，具有"制度即机会""技术即价值"的典型特征。推动制度与技术创新是支持可再生能源及其产业发展的关键。基于此，日本政府为改变日本海上风电发展落后的局面，出台了一系列政策措施支持海上风电产业化发展。本文从如下三个方面梳理日本支持海上风电产业化发展的制度安排：政府完善海上风电法制化建设，启动海上风电商业化运营；提出海上风电发展的共同愿景，引领海上风电产业发展；制定强化海上风电产业竞争力政策措施，推动海上风电发展。

一　日本海上风电的发展现状

海上风电是目前全球最受瞩目的替代能源之一，拥有广阔的发展前景。随着陆上风资源较好的土地陆续得到开发，适宜风力发电的地区不断减少，而海上风电不占用陆地空间、风能储量巨大、风速稳定，再加上新一轮技术革命推动海上风能利用技术水平快速提升，发电成本的降低和可利用海域面积的扩大，使得海上风力发电量保持快速增加的态势。预计到 2026 年，全球海上风电市场复合平均增长率将达到 6.3%，到 2030 年则为 13.9%，2030 年市场规模将达到 50GW 的里程碑。[①]预计到 2040 年，全球海上风电

---

① Global Wind Energy Council, *Global Offshore Wind Report 2022*, August 2022, https：//gwec.net/gwecs-global-offshore-wind-report/.

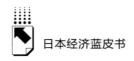

装机容量从 2018 年的 23GW 增加到 562GW。[1] 据国际可再生能源机构
（International Renewable Energy Agency，IRENA） 预测，2050 年世界海上风
电装机容量可达 1000GW。[2] 日本四面环海，在海上风电领域拥有巨大的发
展潜力，但相比领先国家和地区还存在一定的差距。[3] 2022 年日本海上风电
装机容量为 225MW，全球占比为 0.39%（见图 1），排名第 10 位。[4] 在 2021
年日本能源构成中，虽然可再生能源所占比例已达 20.3%，但占主导地位
的依然是太阳能。而且，日本的风能利用仍以陆上风电为主，2022 年，海
上风电在日本可再生能源体系中的占比仅为 0.05%。[5] 长期来看，日本海上
风电占比随着时间推移呈总体上升趋势，但由于近年来日本可再生能源市场
规模增长快于海上风电，反而使得海上风电占可再生能源总量的比例有所下
降（见图 2）。

　　尽管日本海上风电装机容量进入全球前 10 位，但份额不足 0.4%。造成
日本海上风电发展迟缓的主要原因除了日本近海复杂的海床条件之外，日本
不仅缺乏海上风场建设占用海域的相关统一法规，还缺乏与海运、渔业等海
域相关的既有利用者展开有效的利益协调的机制，这直接导致日本固定式海
上风电发展缓慢。为解决制约日本海上风电发展的瓶颈，推动海上风电发
展，日本不断调整支持海上风电产业化发展的制度安排。随着漂浮式海上风
电技术水平的提升和相关法律、机制逐步完善，再加上日本政府不仅明确了
发展海上风电的目标，还出台了一系列支持海上风电发展的政策措施，日本
正显示出海上风电发展的潜力和在漂浮式海上风电领域的竞争力。2022 年

① 資源エネルギー庁「洋上風力政策について」、2022 年 10 月 26 日、https：//www8. cao.
　go. jp/ocean/policies/energy/pdf/shiryou2. pdf。
② 周守为、李清平：《构建自立自强的海洋能源资源绿色开发技术体系》，《人民论坛·学术
　前沿》2022 年 9 月（上），第 18 页。
③ 環境省「令和元年度再生可能エネルギーに関するゾーニング基礎情報等の整備・公開等
　に関する委託業務報告書」、2021 年 3 月修正。
④ WFO, *Global Offshore Wind Report 2022*, February 2023, https：//wfo-global. org/wp-content/
　uploads/2023/02/WFO_ Global-Offshore-Wind-Report-2022. pdf.
⑤ IRENA, *Renewable Energy Statistics 2022*, July 2022, https：//www. irena. org/publications/
　2022/Jul/Renewable-Energy-Statistics-2022.

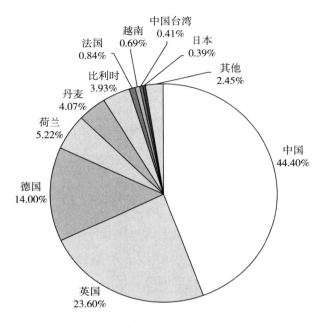

图 1　日本海上风电在全球的占比

资料来源：笔者根据 WFO 发布的《全球海上风电报告 2022》（Global Offshore Wind Report 2022）提供的数据制作。

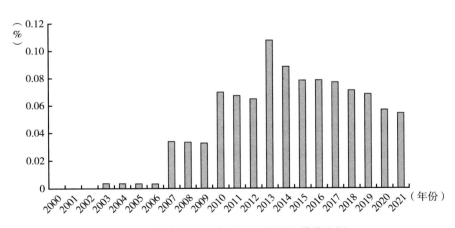

图 2　日本海上风电占可再生能源总量的比例

资料来源：笔者根据 IRENA 发布的《可再生能源统计数据 2022》（Renewable Energy Statistics 2022）制作。

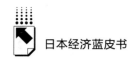

12 月 22 日，能代市能代港海上风电场开始运转。这是日本首个商业化运营的大型海上风电场，其对于日本海上风电的发展是一个里程碑。①

二　启动海上风电商业化运营的法制建设

为支持海上风电开发，必须制定和完善海域利用规则。日本海上风电发展缓慢的主要原因之一是缺乏对海域利用的制度保障。主要包括对可再生能源开发利用的海域没有统一的规定、缺乏协调利益相关者的机制、开发成本过高等问题。为解决上述问题，促进海上风电的发展和普及，日本于 2019 年 4 月开始实施《完善海洋可再生能源发电设备海域利用促进法》（以下简称《可再生能源海域利用法》）。该法的实施对解决上述问题发挥了重要作用，在改善海上风电发展制度环境的同时，促进了具有成本效率优势项目的导入。② 依据《可再生能源海域利用法》，海上风电项目从形成到公开招募开发商的流程是，首先根据都道府县提供的信息每年整理"进入一定准备阶段的区域"和"有潜力区域"，然后根据协议会的审议结果指定"促进区域"，并面向指定"促进区域"公开招募开发商。自 2019 年 4 月实施该法以来，截至 2022 年 1 月共选定了 22 个区域，其中 5 个为"促进区域"，7 个为"有潜力区域"，10 个为"进入一定准备阶段的区域"。③ 电力公司、大型商社、大型建筑公司、海外发电企业等参加了千叶铫子冲、秋田县能代市冲等地数十万千瓦级的大规模项目的竞标。这也标志着被认为是 2050 年实现碳中和目标关键的日本海上风电商业化运营正式开始。《可再生能源海域利用法》对推进日本海上风电商业化运营发挥了重要的制度保障作用。

---

① 「能代港の大型洋上風力発電所、国内初の商業運転開始」、北羽新報社、2022 年 12 月 23 日、http：//kyodoshi.com/article/14150。

② 経済産業省資源エネルギー庁「令和 3 年度エネルギーに関する年次報告（エネルギー白書 2022）」、2022 年 6 月、https：//www.enecho.meti.go.jp/about/whitepaper/2022/html/3-3-0.html。

③ 一般社団法人新エネルギー財団「洋上風力について（その1）—主力電源化の切り札　洋上風力テイクオフ—」、https：//www.nef.or.jp/keyword/ya/articles_yo_03_01.html。

（一）《可再生能源海域利用法》解决的问题

第一，依据《可再生能源海域利用法》，在港湾区域和一般海域制定"公募占用制度"，以解决对可再生能源开发利用海域缺乏统一规定的问题。

在《可再生能源海域利用法》实施前，由于对可再生能源开发利用海域缺乏统一规定，只能依据都道府县的相关条例，许可利用期通常为较短的3~5年。这种许可期限相比固定价格收购可再生能源制度（FIT制度）的期限较短，降低了中长期项目的可预期性，导致筹集开展海上风电开发资金十分困难。《可再生能源海域利用法》实施后，依据该法利用"公募占用制度"，国家可以指定海上风电开发的实施区域，再通过公开招募选定项目开发商。被选定的开发商对海域的使用时间为30年，海域长期使用权确保了项目开发的稳定性和项目盈利的预期。

第二，依据《可再生能源海域利用法》建立协议会制度，以解决缺乏利益相关者调节机制的问题。

作为使用海域的后来者，海上风电开发急需与既有利用该海域的海运行业、渔业等组织和人员进行协调。在《可再生能源海域利用法》实施前，由于缺乏协调海上风电开发商与已使用该海域的利益相关者的框架和组织，开发商为获得海域使用权难以展开具体交涉，增加了海上风电开发商的交易成本。在《可再生能源海域利用法》实施后，依据该法促进在指定区域设立协议会。协议会由当地从事渔业的相关人员、自治体和政府人员组成。通过协议会组织协商，有利于平衡各方利益，减轻开发商与地方交涉协调的负担，保障地区总体利益最大化。

第三，依据《可再生能源海域利用法》建立招标制度，以解决开发成本过高的问题。

目前，日本海上风电开发成本依然高于欧洲。《可再生能源海域利用法》为评估选择开发商、运行招标制度提供了法律依据和制度保障，有利于促进公平竞争，削减成本。

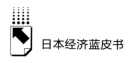
（二）《可再生能源海域利用法》实施情况

根据《可再生能源海域利用法》及其施行令，日本海上风力发电区域的选定按照以下步骤完成。首先由经济产业大臣与国土交通大臣从都道府县收集可能成为海上风能发电的备选区域相关信息。然后从中筛选具备相应条件的"有潜力区域"，并发布筛选结果。之后，由协议会组织开展风况、地质的调查。除经济产业大臣与国土交通大臣参与外，还需要农林水产大臣、相应地区的市町村长，以及相关渔业从业者组织等利益相关者出席，并且要基于由专家组成的中立"第三方委员会"的意见进行选定。最后由第三方委员会按照一定标准，从"有潜力区域"中选定具有开展海上风电项目竞争优势的"促进区域"。

在选定开发项目的"促进区域"后，接下来就涉及如何利用这些区域最大限度获得能源产出的问题。在这一阶段，生产效率成为首要的关注项。在广泛存在信息不对称的现代经济中，市场竞争机制无疑有助于政府找到生产效率最高的候选者。政府通过组织对选定区域的招标，把价格体系作为一种信息收集系统，将不同候选者的投标价格作为其生产效率的信号，选定具有最高潜在生产效率的开发商。本质上，这是以市场为手段，配置促进区域的稀缺资源。这也是日本采用招标手段选择促进区域开发商的重要原因。经济产业省和国土交通省负责启动对特定区域的招标，由企业等机构进行投标，政府选定开发者。每次招标大约持续6个月，选定结果通常在投标开始一年后公布。中标者将拥有对应海域30年的使用权。

目前，招标只涉及促进区域，有潜力区域和进入一定准备阶段的区域只有在成为促进区域后才有资格进入招标阶段。实践中，各个区域进入招标阶段的次序是按照各地区成为促进区域的时间顺序编订的。日本至今已经对五个区域举行了三次海上风电招标。第一次招标于2020年6月启动，招标区域是升级为促进区域的"长崎县五岛市冲"（漂浮式）。该招标已经结束，2021年6月11日公布了结果。第二次招标于2020年11月启动，招标区域是"秋田县能代市三种町男鹿市冲""秋田县由利本庄市冲""千叶县铫子市冲"三个区域，招标结果于 2021 年 12 月 24 日公布。第三次招标于 2022 年 12 月启动，招标区域是"秋田县八峰町能代市冲"，招标于 2023 年 6 月结束。三菱商事株式会社以惊人的低价拿下了第二次招标的三个区域，将形成合计约 1700MW 的发电能力。有望成为未来可再生能源主力的海上风电正在飞速发展。①

三　引领海上风电产业发展的共同愿景

1997 年《京都议定书》的签订，开启了日本的低碳时代。② 2020 年 10 月，日本宣布了"2050 年实现碳中和"的目标，并计划到 2030 年减少 46% 的温室气体排放。为实现上述目标，来自占温室气体排放 80% 以上的能源领域的努力尤为重要。日本能源政策的基本方针是"3E+S"，即在保障安全的大前提下，必须实现能源供给（Energy Security）、经济效率（Economic Efficiency）和环境（Environment）协调发展。这也决定了日本的能源、环境政策不仅着眼于改变能源供给结构，还十分重视在产业结构、国民生活、地区发展等方面采取综合广泛的应对措施。③

以欧洲为中心，在世界范围内被广泛应用的海上风电是一种能够大量导入、实现低成本生产、产生巨大间接经济效益的可再生能源。在依据《可再生能源海域利用法》稳步推进海上风力发电项目实施的同时，还要采取相应措施提升海上风电相关产业的竞争力。海上风电被认为是推动可再生能源成为主力电源的王牌。为此，"旨在强化海上风电产业竞争力的官民协议会"（以下简称"官民协议会"）于 2020 年 12 月发表了旨在推动日本海上风电产业发展的《海上风电产业展望》，此后，日本政府在 2021 年 6 月修

① 一般社団法人新エネルギー財団「洋上風力について（その1）—主力電源化の切り札　洋上風力テイクオフ—」、https：//www. nef. or. jp/keyword/ya/articles_ yo_ 03_ 01. html。
② 张季风：《日本能源形势与能源战略转型》，中国社会科学出版社，2016，第 32 页。
③ 経済産業省資源エネルギー庁「令和 3 年度エネルギーに関する年次報告（エネルギー白書 2022）」、2022 年 6 月、https：//www. enecho. meti. go. jp/about/whitepaper/2022/html/3－3－1. html。

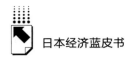

订的《2050 年碳中和绿色成长战略》①将海上风电产业定位为重点培育的成长性能源产业之一。

《海上风电产业展望》《2050 年碳中和绿色成长战略》提出的政策目标，为日本海上风电产业发展构建了一个具有激励性的共同愿景。广泛的共同愿景的提出会对产业发展产生两个重要影响：第一，共同愿景为变革提供了社会"调节"和个人激励因素，一个将愿景内化于心的个人会努力寻求与愿景一致的改变；第二，广泛的共同愿景为高度动态和复杂系统中的变革过程提供了有效的协调机制。②一旦整体的、系统的愿景被创造出来，不同的部门和子系统也会创造出自己的、更为具体的愿景和战略，这些愿景和战略同更高层次上的愿景相一致，并互为补充。这些愿景和战略将指导新的科技创新、组织创新、政策创新和体制创新的发展。③

（一）《海上风电产业展望》的出台及发展目标

日本政府将海上风电定位为可再生能源的主力能源，并将其视为2050 年日本实现碳中和目标的关键。为了让海上风电成为主力能源，效仿英国，经济产业省和国土交通省联合产业界和能源业界于 2020 年 7 月成立官民协议会。同年 12 月完成了《海上风力产业展望（第一次）》④（以下简称《产业展望》）。该展望为日本发展海上风电产业指明了目标和方向。

在《可再生能源海域利用法》的支持下，日本的海上风电项目正在

---

① 経済産業省「2050 年カーボンニュートラルに伴うグリーン成長戦略」、2021 年 6 月 18 日、https：//www. meti. go. jp/press/2021/06/20210618005/20210618005−3. pdf.
② 〔芬兰〕蒂莫·J. 海迈莱伊宁、〔芬兰〕里斯托·海斯卡拉：《社会创新、制度变迁与经济绩效——产业、区域和社会的结构调整过程探索》，清华大学启迪创新研究院组织编译，知识产权出版社，2011，第 102 页。
③ 〔芬兰〕蒂莫·J. 海迈莱伊宁、〔芬兰〕里斯托·海斯卡拉：《社会创新、制度变迁与经济绩效——产业、区域和社会的结构调整过程探索》，清华大学启迪创新研究院组织编译，知识产权出版社，2011，第 105 页。
④ 洋上風力の産業競争力強化に向けた官民協議会「洋上風力産業ビジョン（第 1 次）」、2020 年 12 月 15 日、https：//www. mlit. go. jp/kowan/content/001382705. pdf.

稳步推进。为了进一步扩大海上风电的装机规模，增强海上风电相关产业的竞争力，切实降低成本是非常重要的。为此，为了充分利用《可再生能源海域利用法》支持扩大海上风电的装机规模，以官民一体的形式推进强化相关产业的竞争力、国内产业集聚及完善基础设施并实现"良性循环"，日本于 2020 年 7 月成立了官民协议会。《产业展望》阐述了发展海上风电的意义和面临的课题，从创造有魅力的国内市场、促进投资形成供应链、着眼于亚洲发展的新一代技术开发和加强国际合作四个方面提出了强化海上风电产业竞争力的基本战略。《产业展望》还明确了政府和产业界的中长期方向性目标。日本政府的海上风电装机容量目标为，"持续 10 年每年指定 100 万千瓦左右的区域，到 2030 年达到 1000 万千瓦，到 2040 年形成包括漂浮式海上风电在内的 3000 万~4500 万千瓦的项目"。产业界的目标为"到 2040 年国内采购比例达到 60%"，"固定式发电成本在 2030~2035 年降至 8~9 日元/千瓦时"。《产业展望》为扩大海上风电的装机容量、强化产业竞争力以实现上述目标，给出了方向性政策和具体行动方案。

（二）《2050年碳中和绿色成长战略》的制定与发展规划

日本在 2020 年 10 月宣布了 2050 年实现碳中和的目标。为了实现碳中和必须建立加速能源、产业部门的结构转型和大胆投资的创新创造机制。为此，以经济产业省为中心的相关省厅于 2021 年 6 月修订了实现碳中和目标的工程表——《2050 年碳中和绿色成长战略》（以下简称"绿色成长战略"）。"绿色成长战略"从产业政策和能源政策两个方面，针对 14 个具有发展潜力的重要领域（见表 1）制定了发展规划，确立了国家层面的高水平发展目标，并尽可能清晰地描绘发展前景。此外，为鼓励企业努力实现这一目标，国家将通过政策总动员支持企业进行积极的挑战。[1] 海上风

---

[1] 経済産業省「2050 年カーボンニュートラルに伴う グリーン成長戦略（概要）」、https://www.meti.go.jp/policy/energy_environment/global_warming/ggs/index.html。

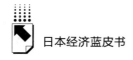

电产业被"绿色成长战略"定位为具有发展潜力、需要重点培育的成长性能源产业。①

表 1　"绿色成长战略"确定的 14 个具有发展潜力的重要领域

能源相关产业	运输、制造相关产业		家庭、办公相关产业
1. 海上风电、太阳能、地热产业(下一代可再生能源)	5. 汽车、蓄电池产业	6. 半导体、信息通信产业	12. 住宅和建筑物产业、下一代电力管理产业
2. 氢能、氨燃料产业	7. 船舶产业	8. 物流、人流、土木基础设施产业	13. 资源循环相关产业
3. 下一代热能源产业	9. 食品、农林水产业	10. 飞机产业	14. 生活方式相关产业
4. 核能产业	11. 碳循环产业		

资料来源：内閣官房·経済産業省·内閣府·金融庁·総務省·外務省·文部科学省·農林水産省·国土交通省·環境省「2050 年カーボンニュートラルに伴う グリーン成長戦略」、2021 年 6 月 18 日、https：//www. meti. go. jp/policy/energy_ environment/global_ warming/ggs/pdf/green_ honbun. pdf。

此外，2021 年 10 月 22 日内阁会议还通过了《第六次能源基本计划》，提出了旨在实现 2030 年温室气体减排目标和 2050 年碳中和目标的产业政策和能源政策。《第六次能源基本计划》明确了海上风电的定位，指出"特别是海上风电，由于其可以大量导入，能够实现低成本发电，且具有显著的间接经济效益，因此有必要将其作为可再生能源主力电源中的'王牌'加以推进"。同时还指出，海上风电在海外的成本正在急剧下降，大规模的开发成为可能，因此，海上风电是能够兼顾最大限度地利用可再生能源和抑制国民负担的重要电力来源。海上风电能够同时解决环境和能源安全问题，被定位为日本可再生能源中的主力能源。②

---

① 内閣官房·経済産業省·内閣府·金融庁·総務省·外務省·文部科学省·農林水産省·国土交通省·環境省「2050 年カーボンニュートラルに伴う グリーン成長戦略」、2021 年 6 月 18 日、https：//www. meti. go. jp/policy/energy _ environment/global _ warming/ggs/pdf/green_ honbun. pdf。

② 「エネルギー基本計画」、2021 年 10 月、https：//www. meti. go. jp/press/2021/10/20211022005/20211022005-1. pdf。

四　提升海上风电产业竞争力的政策措施

在欧洲海上风电发展的示范作用下，随着日本市场与法律环境的不断完善，以及技术水平的逐渐提升，日本海上风电企业已经开始尝试商业化运营，相关产业正在迈入大规模市场化阶段。海上风电的间接经济效益还会带来相关投资、产业链配套和就业岗位等。发展海上风电需要在相应海域开展巨额投资以建设基础港湾、完善电力网和建造专用船只等。同时，海上风电机组的风机部件在 1 万件以上，可以如汽车业、航空业等带动相关产业发展并提供大量就业岗位。比如，英国在 2019 年制定的海上风力发电战略，到2026 年预计将为关联产业创造 4 万个以上的雇佣岗位。① 为此，日本政府出台了一系列政策措施强化海上风电产业的竞争力。下面主要从确立"日本版集中方式"支持项目立项、利用绿色创新基金支持"漂浮式"海上风电的商业化、加强海上风电专业人才培养和完善海上风电基础设施四个方面进行介绍。②

（一）确立"日本版集中方式"支持项目立项

持续的项目立项是实现扩大装机容量目标的基础。在项目立项前，需要测定地区风速、水深、波浪荷载、海浪特性、海床地质等，进而进行环境影响评估、区域调整、系统连接协调等。日本政府为减轻开发商的调查负担，将项目开发初期阶段必不可少的各种调查工作交由政府来完成，积极推动"日本版集中方式"实施。③ 这种由政府统一进行海上风电开发准备阶段的调查等工作的"集中方式"，在欧洲已经取得一定的成果。

① 岡田広行「洋上風力が左右する日本の産業競争力」、「東洋経済」2021 年 9 月 25 日、11 頁。
② 経済産業省資源エネルギー庁「令和 3 年度エネルギーに関する年次報告(エネルギー白書 2022) 」、2022 年 6 月、https：//www. enecho. meti. go. jp/about/whitepaper/2022/html/。
③ 野間裕亘「洋上風力発電事業の最新動向とプロジェクトファイナンス」、2023 年 1 月 6日、https：//thefinance. jp/law/230106。

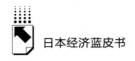
"日本版集中方式"就是政府从开发的初期阶段便以更迅速、有效地进行风况、地质调查，并以适时的系统保障等为目标介入项目。为了确立这种方式，新能源产业技术综合机构（NEDO）正在落实并推进具体项目事业。日本经济产业省和国土交通省于2023年1月13日决定对"北海道岩宇、南后志地区冲""北海道岛牧冲""北海道桧山冲"三个区域采用"集中方式"进行调查。①"日本版集中方式"的实施，不仅有助于提升调查速度，避免多家运营商在同一区域重复调查导致效率低下的问题，还有利于降低企业开发海上风电的成本。

（二）利用绿色创新基金支持"漂浮式"海上风电的商业化

目前，海上风机的支撑系统大致可以分为"固定式"和"漂浮式"两种，从成本方面考虑，"固定式"系统的建设处于领先地位。②但日本"固定式"海上风电并不具备显著的优势。因此，日本试图通过提升"漂浮式"海上风电的相关技术水平及扩展其应用，提升海上风电产业的竞争力。

考虑到电力供给稳定性和间接经济效益，构筑具有竞争力的强韧的海上风电产业链就显得至关重要。绿色创新基金的"海上风电低成本项目"将通过两个阶段推动"漂浮式"海上风电尽快实现商业化。第一阶段是充分发挥日本原有优势，持续推进相关技术的研发；第二阶段是在充分利用这些技术的同时，展开整合相关技术的实证项目。

第一阶段的技术研发包括以下四个课题，总预算为345亿日元。课题一是，下一代风力机技术研发项目（补贴5年左右），预算金额上限为150亿日元。具体包括为适应台风、地震、雷击、低风速等自然环境的风机规格最优化设计，发挥日本在制造领域和机器人技术方面的优势，开展大型风力机

---

① 高橋健一「洋上風力「セントラル方式」で調査、北海道3海域を選定」、2023年1月25日、https：//windjournal.jp/115232/。
② 小垣哲也「洋上風力発電とは？～なぜ今注目されるのか～科学の目でみる、社会が注目する本当の理由」、2022年11月9日、https：//www.aist.go.jp/aist_j/magazine/20221109.html。

的高品质大量生产技术、下一代风力机技术研发等。课题二是，"漂浮式"基础制造、设置低成本化技术研发项目（补贴 3 年左右），预算金额上限为 100 亿日元。具体包括浮体的大量生产、合成纤维和铁的混合系泊系统、共享锚碇和海中专有面积的小型 TLP 系泊等。课题三是，海上风电相关电气系统技术开发事业（补贴 3 年左右），预算金额上限为 25 亿日元。具体包括高压动态电缆、"漂浮式"海上变电站等。课题四是，海上风电运行维护升级项目（补贴 3 年左右），预算金额上限为 70 亿日元。具体包括研发适合海上环境的修理、涂装技术，高产能利用率的作业船，基于数字技术的维护和升级，使用无人机等的日常检修技术等。

第二阶段为"漂浮式"海上风电实证项目。最长补贴 8 年，预算上限为 850 亿日元，涉及浮体、电缆、系泊一体化设计的研究。最快从 2023 年开始开展实证试验。

（三）加强海上风电专业人才培养

为了能够长期、稳定地引进和普及海上风力发电，有必要培养与风机制造相关的工程师、与海上工程和调查开发相关的技术人员、维护作业人员等广泛领域的人才。2021 年政府与产业界联手梳理必要的产业技能，从 2022 年开始为大学、高等专门学校和企业编制培养海上风力发电产业人才的课程，并为开展风机设备的维护和海上作业相关的训练提供设备维修费的补贴，如经济产业省资源能源厅设立了"海上风力发电人才培养项目费补助金"项目。日本财团与长崎产业界、学界、政府合作成立了长崎海洋开发人才培训基地，课程包括海上风电概论、项目开发、认证保险金融、基础结构选择及海上施工等。以上措施致力于为日本海上风电发展提供项目开发、工程技术、建筑维护等方面的人才。

（四）完善海上风电基础设施

日本依据《港湾修改法》指定了开发过程中需要使用的母港。用于设置海上风力发电设备和维护管理的母港需要具备能够装载、运输大型器材的负荷和面积，并协调不同时期进入的多家发电运营商对港口的使用。为此，2019 年 12 月，日本公布了《港湾法部分修正法律》（2019 年法律第 68 号）。该法规定由国家指定母港，并使之可以长期稳定地出租给根据《可再生能源海域利用法》获得认可的经营者。这些措施减少了制度层面的不确定性，稳定了企业开发相关项目的预期，有助于海上风力发电项目顺利开展。

2020 年 9 月，根据该制度，能代港、秋田港、鹿岛港、北九州港 4 个港口被指定为海上风电母港。秋田港于 2021 年 4 月开始向发电运营商出租，其他 3 个港口也实施了改造。此外，根据《海上风力产业展望（第一次）》的规划，2021 年 5 月召开的"为实现 2050 年碳中和的母港方案研讨会"讨论了母港的规模及配置、利用母港的方案，以及与地方振兴相关的议题。

五　结语

海上风电是不会造成温室气体排放的可再生能源，对海上风电的充分利用是有效应对全球气候变暖的环境政策中必不可少的一环。同时，海上风电因能够在国内充分获取、有助于提高能源自给率等特点，成为日本能源安全保障政策的重要组成部分。另外，发展海上风电的巨额投资、规模生产带来的间接经济效益还能够促进地方经济振兴。世界范围内已逐渐形成海上风电装机容量迅速扩大与成本降低的良性循环，海上风电有望真正步入平价时代。海上风电一直以"固定式"为主，但从 2030 年起，"漂浮式"海上风电将快速发展。日本发展"漂浮式"海上风电更具有独特的竞争优势，预计到 2030 年日本"漂浮式"海上风电装机容量将跃居全球第二位。[1]日本为强化在"漂浮式"海上风电领域的国际竞争力，正在大力

---

① 赵靓：《全球漂浮式海上风电市场现状概览与发展潜力展望》，《风能》2022 年第 5 期，第 57 页。

推动"漂浮式"海上风电技术的开发和应用。从"固定式"海上风电向"漂浮式"海上风电的转型，不仅会影响海上风电产业的供应链配置，还会直接影响全球海上风电产业的竞争力格局。因此，应关注日本发展"漂浮式"海上风电的动态。

B.12
日本氢能战略的三重逻辑
及其内在关系*

尹晓亮　马泽涵**

摘　要： “氢能”“氢能社会”业已成为研究日本能源结构与能源产业的
重要关键词。本文运用多重制度逻辑理论，构建分析日本发展氢
能的能源逻辑、经济逻辑和环境逻辑的框架，在此基础上，通过
系统分析日本氢能发展的历史演进、阶段特点、政策设计等内
容，得出如下结论：一是日本在氢能产业难以在短期带来经济效
益的情况下，出于能源逻辑（主导逻辑）对于改善能源结构的
诉求，将持续对氢能产业进行大额投入；二是由能源逻辑、经济
逻辑与环境逻辑共同构成的三重逻辑结构推动了日本发展氢能政
策的演进；三是三重逻辑间存在兼容耦合与矛盾冲突并存的复合
关系，在不同的发展阶段，面对不同的时代发展诉求，对日本氢
能战略的发展起到不同程度的影响。

关键词： 日本　氢能　经济逻辑　能源逻辑　环境逻辑

　　“氢能”“氢能社会”业已成为研究日本能源结构与能源产业的关键词。
进入21世纪，日本逐渐将氢能列入国家能源战略，并对氢能产业的目标定

---

　　* 本文系笔者主持的国家社科基金重点项目“战后日美核关系研究”（项目编号：22AS009）
　　的阶段性研究成果。
　** 尹晓亮，博士，南开大学日本研究院教授，主要研究领域为能源经济、近现代日本能源政
　　治、东亚国家关系。马泽涵，南开大学日本研究院硕士研究生，主要研究领域为日本经济、
　　日本能源。

位、发展方式、推进路径、协同合作等方面做出详细规划。① 然而，日本氢能的发展现状与发展目标差距较大。就成本而言，日本公布的《氢燃料电池战略路线图（2016 年修订版）》表示"对于具备相同氢气供应能力的加氢站来说，日本加氢站的成本比欧洲国家高出约 1.1 亿日元"②。日本氢燃料电池战略协会明确表明"为促进加氢站的整备，确保国际竞争力，从可持续的、可维护的观点来看，日本应该将维修与运营费用缩减为与欧美一样的水平"③。就市场角度而言，日本公布的《氢燃料电池战略发展蓝图》提出的发展目标为：国内氢能市场将在 2030 年达到 1 万亿日元的规模，到2050 年扩大到 8 万亿日元左右。④ 然而，目前，日本国内相关市场规模仅为100 亿~1000 亿日元。从环境治理角度出发，据国际能源署推算，如果全球想要在 2070 年实现碳中和，世界对氢的需求约为 5.2 亿吨。⑤ 目前，日本氢能年产量约为 200 万吨，与 2070 年目标仍有很大差距。⑥

事实上，日本在"难以带来短期经济效益""高额成本""存在诸多技术难题"等困境下，仍然持续通过财政预算、政府资助、税收优惠等诸多形式对氢能产业加大投入力度和进行研发。显然，这里存在三个难以解释的

① 再生可能エネルギー水素等関係閣僚会議『水素基本戦略』、2017 年 12 月 26 日、https：//www. meti. go. jp/shingikai/energy_ environment/suiso_ nenryo/pdf/028 _ s01 _ 00. pdf。

② 水素・燃料電池戦略協議会『水素燃料電池戦略ロードマップ』、2019 年 3 月、https：//www. meti. go. jp/shingikai/energy_ environment/suiso_ nenryo/roadmap_ hyoka_ wg/pdf/002_ s05_ 00. pdf。

③ 日本エネルギー学会「水素ステーションビジネス成立に向けたコスト課題の考察」、『日本エネルギー学会大会講演要旨集第 27 回日本エネルギー学会大会』、2018 年。

④ 経済産業省水素・燃料電池戦略室「今後の水素政策の検討の進め方について」、2020 年11 月、https：//www. meti. go. jp/shingikai/energy_ environment/suiso_ nenryo/pdf/018_ 01_ 00. pdf。

⑤ IEA Fatih Birol, COP26 Climate Pledges Could Help Limit Global Warming to 1.8℃, But Implementing Them Will Be the Key, November 4, 2021, https：//www. iea. org/commentaries/cop26-climate-pledges-could-help-limit-global-warming-to-1-8-c-but-implementing-them-will-be-the-key.

⑥ 経済産業省資源エネルギー庁「水素を取り巻く国内外情勢と水素政策の現状について」、2022 年 6 月、https：//www. meti. go. jp/shingikai/sankoshin/green_ innovation/energy_ structure/pdf/009_ 04_ 00. pd。

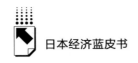

学术困境：其一，在氢能产业难以在短期带来经济效益的情况下，日本为什么仍然持续对氢能产业进行大额投入？其二，氢能相关政策经历了从无到有、从弱到强的演变过程，在这一演变过程中是否存在单一逻辑或多重逻辑的推动？其三，如果存在多重逻辑推动日本氢能战略发展，那么多重逻辑的内涵是什么？各逻辑之间存在何种关系？

一 现有研究及其局限

以 20 世纪 70 年代的石油危机为契机，日本就开始将发展目光投向清洁能源与可再生能源。学术界对于日本氢能战略已进行较为深入的研究，并取得了一系列成果，这为进一步从视角、观点和材料等方面深入分析日本推动氢能战略奠定了良好基础。目前，既有研究大多聚焦以下四个方面。

其一，对氢能本身的能源属性进行总结与分析。氢能与电力一样是二次能源，在自然界中以化合物的形态存在，只能通过能源转换制取。[1] 氢能制取来源广泛，化石燃料可通过气化、改性制造，风能、太阳能等可再生能源可通过电解水制造。[2] 现有研究认为，氢能具有清洁低碳特点，在不考虑经济成本、技术壁垒的情况下，能够实现从制造到使用过程的"零碳排放"。井上雅弘认为氢能具有一定程度的易燃、易爆特点，在制造、储运过程中要关注可能发生的安全风险。[3] 在厘清上述特点的基础上，日本重点关注氢能的实际应用环节，并制定详细的发展路线图。[4] 其二，对日本氢能战略构建的背景、历史沿革与特点进行归纳与总结。现有研究通常以 20 世纪 70 年代两次石油危机为起点梳理氢能发展进程，并将 2011 年发生的东日本大地震

---

[1] 神谷祥二「水素製造とCO2フリー水素エネルギーチェーン.」、『電気設備学会誌』2016年 4 月、227-230 頁。

[2] 福水健文「総論：水素エネルギーへの期待」、『水素エネルギーシステム』2011 年 4 月、2-4 頁。

[3] 井上雅弘「水素の安全利用」、『電気設備学会誌』2016 年 4 月、263-266 頁。

[4] 岩渕宏之「我が国ならびに欧米の水素エネルギーロードマップレビュー」、『電気学会誌』2015 年 4 月、340-343 頁。

作为重要的时间节点，对日本发展氢能的背景与演进过程进行研究。在结论上，现有研究认为，日本大力发展氢能的根本出发点在于维护本国能源安全，[①] 而在众多能源中选择氢能作为国家战略，既得益于氢能的自身属性优势，也有赖于日本氢能产业、氢能相关技术在长期发展中形成的成熟模式与科技优势。[②] 其三，将日本氢能的发展模式与美国、德国、澳大利亚等国家的发展模式进行比较分析。现有研究认为，在发展氢能的西方国家中，氢能产业结构与发展模式各自呈现不同的特点，都与各自的经济、科技发展水平、能源资源禀赋息息相关。[③] 与德国模式、美国模式、澳大利亚模式等大力发展氢能产业并重点关注其环保属性的发展模式不同，日本的氢能发展模式无法完全忽略能源安全，仍然具有以提升能源安全为目标的显著特征，这与日本独特的能源资源禀赋有直接关系。[④] 其四，从对中国的借鉴角度进行研究，现有研究通过对日本企业发展氢能的方式进行归纳，重点分析日本氢能战略规划下的政府扶持及政企合作模式，并将其作为中国能源企业发展氢能产业的参考。[⑤]

综上所述，现有研究从能源属性、历史沿革、发展模式、参考借鉴等角度对日本氢能战略进行分析与探讨。这为理解日本新能源发展，尤其是氢能产业的基本情况与现状提供了良好的研究基础，为梳理日本氢能战略的发展进程奠定了基础。然而，现有部分研究成果往往从单一的能源、经济或环境角度对氢能战略进行解读，鲜有同时关注能源、经济、环境等多重因素的相互关系及其对氢能战略的影响。在不同历史时期与发展阶段，日本氢能战略的演进动机不尽相同，难以简单地用单一因素进行概括和分

---

① 丁曼：《日本氢能战略的特征、动因与国际协调》，《现代日本经济》2021 年第 4 期。

② Kamiya, Shoji, Motohiko Nishimura, Eichi Harada, "Study on Introduction of CO₂ Free Energy to Japan with Liquid Hydrogen," *Physics Procedia*, 67, 2015, pp. 11-19.

③ 渡部朝史等「国際的な水素エネルギーシステムの環境価値を含めた経済性について－日本とアルゼンチン間の経済性検討」、『エネルギー・資源学会論文誌』2010 年 6 月 30 日、24-31 頁。

④ 武正弯：《德澳加日四国氢能战略比较研究》，《国际石油经济》2021 年第 4 期。

⑤ 张震等：《日本能源企业发展氢能业务经验与启示》，《石油科技论坛》2019 年第 4 期。

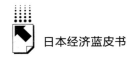
析。显然，如果不能充分认识到推动日本氢能相关政策演进的复合因素，就难以理解日本将氢能战略置于国家战略高度的背后动因，不能够充分洞彻日本为何克服高额经济投入与碳排放风险等多重阻碍，坚持发展氢能战略的内在逻辑。

二　多重制度逻辑理论与三重逻辑

根据日本能源产业发展进程与氢能战略的具体内容，本文试图在运用多重制度逻辑理论与主导逻辑概念的基础上，构建日本氢能战略发展与变迁的分析框架。多重制度逻辑理论隶属于管理学范畴。学界认为，组织必须不断响应多种制度要求。在研究制度、组织以及相关概念时，通常会涉及制度逻辑的概念，而结合复杂、多元的分析案例，同一组织中存在多种制度逻辑的情况促进多重逻辑概念诞生。[①] 对于制度逻辑，本文选择采用桑顿、奥卡西奥和兰斯伯里的定义，即制度逻辑是社会构建过程中的物质实践、假设、价值观和信念集，包括物质实践、社会假设、价值观、信念塑造的认知和行为。[②] 多重制度逻辑理论可以解释医疗[③]、文化[④]、生命科学[⑤]和制造业[⑥]等领域的问题。不同情境下的逻辑结构、组织形式、变迁内容不尽相同，呈现

① Besharov, Marya L., Wendy K. Smith, "Multiple Institutional Logics in Organizations: Explaining Their Varied Nature and Implications," *Academy of Management Review* 39, 3, 2014, pp. 364–381.

② Thornton, Patricia H., William Ocasio, Michael Lounsbury, "The Institutional Logics Perspective: A New Approach to Culture, Structure and Process," *OUP Oxford*, 2012.

③ Mills, Thomas, Rebecca Lawton, Laura Sheard, "Advancing Complexity Science in Healthcare Research: The Logic of Logic Models," *BMC Medical Research Methodology*, 2019, pp. 1–11.

④ Fred, Mats, "Local Government Projectification in Practice—A Multiple Institutional Logic Perspective," *Local Government Studies*, 46, 3, 2020, pp. 351–370.

⑤ Yang, Jing, et al., "Logic Nanoparticle Beacon Triggered by the Binding-induced Effect of Multiple Inputs," *ACS Applied Materials & Interfaces*, 6, 16, 2014, pp. 14486–14492.

⑥ Liu, Nun-Ming, Jenn-Tsong Horng, Ko-Ta Chiang, "The Method of Grey-fuzzy Logic for Optimizing Multi-response Problems during the Manufacturing Process: A Case Study of the Light Guide Plate Printing Process," *The International Journal of Advanced Manufacturing Technology*, 41, 1, 2009, pp. 200–210.

丰富、多元的特点。

多重制度逻辑理论表明，同一主体背后存在多重逻辑。由于研究对象存在差异性，本文并没有完全照搬多重制度逻辑理论，将研究对象局限在制度层面，而是采纳多重制度逻辑理论的分析视角，认为日本氢能战略内部存在多重逻辑，且需对其具体互动关系进行分析。氢能战略是日本能源政策、能源逻辑的重要组成部分，涉及国家、政府、企业、海外各国等多重参与主体，在历史演进过程中面临能源、经济、环境等问题，呈现多重逻辑复合互动的显著特点。其内部逻辑的有机互动与相互冲突，能够解释日本氢能战略的内在驱动逻辑。换言之，借鉴多重制度逻辑理论，可将日本的氢能战略内在驱动逻辑分为能源逻辑、经济逻辑及环境逻辑。

其一，能源逻辑。氢能因作为清洁能源、可再生能源被纳入日本能源结构而具有能源属性。每个国家的能源逻辑与其能源资源禀赋息息相关。日本难以实现化石能源的自给自足，对外能源依赖度很高，且易受到自然灾害及地区冲突影响。由此，日本的能源逻辑在于，通过发展清洁能源、可再生能源等新能源，减少对传统化石能源的需求，从而降低对海外进口能源的依赖度，达到提升能源获取、运输过程安全度的效果。与其他国家的氢能发展模式相比，日本氢能发展模式的与众不同之处在于其首要目标仍然是提升日本能源安全韧性、弱化能源风险，进而打造氢能产业与氢燃料在世界范围内的优势地位。[1]

其二，经济逻辑。在经济学中，经济逻辑指的是经济主体寻找一种能够产生比自己的竞争对手更高的回报率，以及产生比自己的资本成本更高的利润的手段方法。[2] 结合日本的新经济安全保障战略及其能源安全诉求，可以将其氢能战略的经济逻辑归纳为经济安全与经济收益两个方面，即日本在试图谋求经济利益最大化的基础上，对经济层面的各个因素与各个环节进行具体规划。日本从政策制定到贯彻执行，注重控制发展氢能的高额经济成本，

---

[1] 熊华文、符冠云：《全球氢能发展的四种典型模式及对我国的启示》，《环境保护》2021 年第 1 期。

[2] Williamson, Oliver E., "The Logic of Economic Organization," *JL Econ. & Org.* 1988, p. 65.

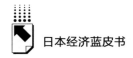

力求通过激发氢能战略潜在的经济效益与经济成果，促进日本氢能产业从高投入产业向高回报产业转变，减少能源带来的经济支出，从而保障日本的经济利益与经济安全。

其三，环境逻辑。作为《巴黎协定》进入实施阶段后召开的首次缔约方大会，《联合国气候变化框架公约》第 26 次缔约方大会（COP26）被称为"《巴黎协定》生效以来最重要的一次联合国气候大会"。[①]《巴黎协定》规定，各国应该以每五年为一个阶段，不断采取更加主动的行动来应对气候问题，[②] 到 2020 年，各国需要提交或更新减排计划，即国家自主贡献（NDCs）目标。[③] 在此背景下，日本承诺于"2050 年实现碳中和"，[④] 通过制定"绿色成长战略"，旨在创造和发展"环境与经济良性循环"的产业政策。[⑤] 结合国际背景与政策安排，日本氢能战略的环境逻辑在于：充分利用氢能的绿色、可再生属性，减少日本由化石能源产生的温室气体排放，实现碳中和目标。同时，借助氢能的环境属性，将氢能作为实现能源转型、调整能源供给结构的抓手。鉴于氢能能够提高能源自给率、丰富能源结构、实现零碳生产等特点，日本通过重点推广氢能，寄希望于提高落实减排目标的能力。[⑥] 同时，从国际政治角度来看，日本能够将氢能相关技术和制度优势视作提升其在气候治理、环境治理领域的竞争力与话语权的重要抓手。日本对于谋求政治话语权的努力，也在一定程度上使其强调氢

① UK Government, "COP26 Negotiations Explained," UN Climate Change Conference, December, 2021, https: //ukcop26. org/wp-content/uploads/2021/11/COP26-Negotiations-Explained. pdf.

② United Nations, "The Paris Agreement," https: //www. un. org/en/climatechange/paris - agreement.

③ United Nations Climate Change, "Nationally Determined Contributions (NDCs)," https: // unfccc. int/process- and - meetings/the - paris - agreement/nationally - determined - contributions - ndcs/nationally-determined-contributions-ndcs.

④ 経済産業省「あらためて振り返る、「COP26」（後編）~交渉ポイントと日本が果たした役割」、2022 年 3 月 11 日、https: //www. enecho. meti. go. jp/about/special/johoteikyo/cop26_ 02. html。

⑤ 経済産業省「2050 年カーホ"ンニュートラルに伴うク"リーン成長戦略」、2020 年 12 月、https: //www. meti. go. jp/policy/energy_ environment/global_ warming/ggs/index. html。

⑥ 首相官邸「再生可能エネルギー・水素等関係閣僚会議」、2017 年 12 月 26 日、https: //www. kantei. go. jp/jp/98_ abe/actions/201712/26energy. html。

能的绿色属性及其对于促进碳中和落实的重要意义，进而获得国际社会的关注与认同。

在明确日本氢能战略具有能源、经济与环境三重逻辑的基础上，结合不同逻辑的具体内容，可以构建分析日本氢能战略中三重逻辑的框架，具体如下。

（1）明确日本氢能战略三重逻辑（能源逻辑、经济逻辑、环境逻辑）的具体内涵，从三重逻辑的冲突、耦合及其相互作用分析日本氢能战略变迁的动态路径。（2）明确三重逻辑中各逻辑具备兼容性、中心性特点，分析在不同历史阶段，各逻辑兼容性与中心性的强弱变化。（3）正是存在三重逻辑的互动与冲突，使得在不同的发展时期，不同的内在逻辑展现出不同的重要程度，重要程度最强的逻辑为主导逻辑。与其他逻辑相比，主导逻辑更加能够解释政策内容与侧重点的变迁及宏观制度和微观行为之间的联系。换言之，三重逻辑尤其是主导逻辑诱发了具体的微观活动。（4）将多重逻辑与主导逻辑诱发的日本氢能战略变迁视为一个外部刺激引发的内生性过程，即根据外部变化的发展路径，多重逻辑的兼容性、冲突性、中心性以及具体内容会发生改变。

一方面，根据分析框架，从第一次石油危机冲击日本能源体系以来，日本的能源政策经历了多次更迭、变迁，并逐渐形成核能、氢能等具体的能源策略。同时，日本面临能源安全、经济发展、环境保护等多重国内外的压力与变革，在政策制定的不同阶段存在不同的重点及各自的利益诉求。另一方面，本文重点关注日本氢能战略蕴含的三重逻辑结构，从该角度对日本氢能战略进行解读。与多重制度逻辑框架下各个行动者出于自身利益，借助不同的逻辑要素发动变革的模式不同，日本氢能战略中多重行动者的行为呈现较高的一致性，而导致氢能战略发生变迁的因素为：一是外部事件带来的冲击与影响，二是多重逻辑之间的冲突与有机结合。

多重逻辑理论的现有文献多以多重逻辑的影响路径、多重逻辑结构在不同情境中导致不同结果的原因剖析等议题为研究内容。结合日本氢能战略的具体内容与特点，本文选取贝萨罗夫与史密斯在解释组织中的多重制度逻辑的不同的性质和含义时总结的多重逻辑的特点①——兼容性（Compatibility）与中心性（Centrality），并进一步对其加以定义。首先，兼容性描述了在多重逻辑框架中，各逻辑动机、利益诉求、诱发路径之间的兼容程度。兼容性高通常表明各逻辑之间发生直接冲突与矛盾的可能性较低，而兼容性低则表明各逻辑间更加容易产生分歧。中心性则揭示各逻辑在多重逻辑框架中的重要程度及关键与否，描述各逻辑在整体框架核心特征中的体现程度，这些特征与组织核心，即氢能战略的战略安排高度一致。中心性高意味着该逻辑相比众多逻辑具有更强的重要性、关键性，该逻辑与整体政策的一致性更高，更加贴近"主导逻辑"。结合兼容性与中心性概念与分析框架，本文认为在兼容性较低时，各逻辑的中心性更加鲜明，各逻辑在日本氢能战略中的差异性更加明显，在这一时期与日本氢能战略整体内容最为贴近的逻辑的影响力更加突出，可被作为该阶段的主导逻辑。

本文将研究对象重点限制为日本氢能战略，将多重逻辑限定为能源逻辑、经济逻辑与环境逻辑。如图1所示，日本氢能战略的三重逻辑分析路径可表示为：多重刺激→多重逻辑→逻辑兼容与冲突→主导逻辑突出→政策变迁。

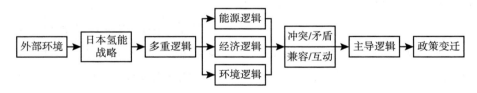

图1　日本氢能战略的三重逻辑及其分析路径

资料来源：笔者自制。

---

① Besharov, Marya L., Wendy K. Smith, "Multiple Institutional Logics in Organizations: Explaining Their Varied Nature and Implications," *Academy of Management Review*, 39, 3, 2014, pp. 364-381.

三　日本发展氢能的历史演进

日本能源战略与氢能战略不断发展、调整是日本在面临不同的国际、国内变化与"刺激"时，受到多重逻辑与主导逻辑影响所做出的选择。与其他国家相比，日本的氢能产业起步时间早、发展时间长，在不同的历史时期，基于不同的国内外因素影响呈现不同的特点。在各发展阶段，三重逻辑呈现不同的互动关系。日本新能源产业技术综合机构在能源与环境产业技术特别刊物中总结日本过去 40 余年新能源发展的历史沿革。作为新能源的重要组成部分，氢能的发展历程不仅与日本新能源发展历程高度一致，也与整体能源发展历程一致。从这一角度看，日本氢能发展历程可以分为起步阶段、稳步发展阶段、战略升级阶段与内涵深化阶段。[①]

（一）第一阶段（20世纪70年代两次石油危机——起步阶段）

二战后，经济复兴成为日本发展规划的重中之重。日本经济在 1955 年进入高速增长期，能源需求大幅增加。日本政府出台了将能源供应中心从国内产煤转换为海外石油的政策。日本对海外石油的大量进口，导致日本的能源自给率在 10 年间从 58% 下降到 15%。[②] 20 世纪 70 年代两次石油危机导致油价暴涨给日本经济带来极大冲击，经济高速增长期宣告结束。面对高昂的原油价格，日本意识到过度依赖海外石油所带来的风险。在此背景下，日本在能源结构中选择降低对石油的依赖，扩大核能、天然气等在能源结构中占据的比重，从而促使能源选择多样化，力图降低对海外石油的依存度。在这一阶段，日本将目光投向包括氢能在内的可再生能源，先后出台"阳光计

---

① 特别行政法人新エネルギー産業技術総合開発機関 FOCUS NEDO「エネルギー環境産業技術の今と明日を伝える」、『フォーカ・スネド特別号』2014 年 7 月、7 頁。
② 国立研究開発法人日本原子力研究開発機構「石油危機と日本」、2004、https：//atomica. jaea. go. jp/data/detail/dat_ detail_ 01-02-03-04. html。

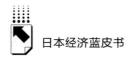

划"（1974 年）与"月光计划"（1978 年）。[1] 在"阳光计划"中，日本首次将氢能列入能源发展框架，提出探索开发大容量制氢系统，实现能够安全运输、储存的氢燃料电池等目标。[2] 在同一时期，日本提出氢能系统概念图，系统对原料来源、氢能制造、运输与储存、利用四个层面进行规划，设计以氢能为载体的可再生能源供给与利用系统。[3]

综上，迅速解决能源供应危机是这一阶段氢能得到发展的主要诱因，保障本国能源安全的能源逻辑符合该阶段首要目标，经济逻辑与环境逻辑没有挑战能源逻辑的主导地位。在本阶段，氢能首次作为新能源开发对象被列入日本国家能源政策文件，开始在日本能源结构中占据一席之地。为实现发展可再生能源、保障能源稳定供应的目标，日本的氢能研究和氢能发展迈进起步阶段。然而，"阳光计划"的出台与实施表明日本对于新能源开发与应用仍然处于探索阶段，这一时期的日本新能源产业呈现"广撒网"的特点，同时着眼于太阳能、地热能、风能、海洋温差发电等多种新能源，试图从种类丰富的新能源中找到降低依赖石油、优化能源结构的方法，并没有将氢能列为首要或者重要能源，氢能的重要性尚未被单独提出。

（二）第二阶段（20世纪90年代全球气候变暖议题与减排压力——稳步发展阶段）

化石燃料的急速消费导致酸雨、臭氧层破坏等环境问题日趋严重。1985年联合国环境规划署敲响"气候变暖"警钟，地球变暖问题开始备受世界关注。《京都议定书》分配给日本的减碳量为在 1990 年排放量的基础上减少 6%，并要求各国在 2010～2012 年完成指标。[4] 但是，日本碳排放量在

① 荒木誠「ムーンライト計画について」、『照明学会誌』1980 年 2 月、46-49 頁。
② 渡部信雄「サンシャイン計画」、『燃料協会誌』1975 年、35-47 頁。
③ 岩渕宏之「我が国ならびに欧米の水素エネルギーロードマップレビュー」、『電気学会誌』2005 年、340-343 頁。
④ 環境省「気候変動に関する国際連合枠組条約京都議定書　環境庁地球温暖化対策研究会暫定訳」、https://www.env.go.jp/earth/cop3/kaigi/kyoto01.html。

2004 年相比 1990 年增长 7.4%，这意味着日本想达成目标，就要在此基础上进一步减排 13%，对自石油危机以来一直致力于节能减排的日本来说，这个目标值的门槛仍然非常高。① 在这一背景下，在解决自身能源问题的基础上，面对减少碳排放的环境压力，日本做出了第二次能源选择，将发展重心转移至清洁能源和新能源，在此基础上把核能作为首要发展对象，并兼顾其他新能源。

在本阶段，氢能开始取得实际成果，但仍然处于发展与上升阶段。伴随家用燃料电池（ENE-FARM）投入市场，日本召开燃料电池商业化会议。② 2002 年，首相小泉纯一郎发表政策讲话，宣布预计三年内实现家用燃料电池实际使用，氢能正式开始与石油、天然气一样投入社会生活。③ 值得注意的是，在本阶段，虽然氢能在日本能源结构中的重要性与日俱增，但在新能源领域，核能仍然在日本新能源发展目标中占据主导地位。2009 年，核能发电量占日本总发电量的 28%，其他可再生能源的发电总量仅占 8%。④ 日本政府在《中长期能源战略》⑤《能源基本计划》⑥ 等政府文件中都强调发展核电对日本能源的重要作用。2010 年版《能源基本计划》指出到 2020 年为止，在新增设 9 座核电站的基础上，力争将设备利用率提高至约 85%（2010 年，运行核电站 54 座；2008 年的设备利用率约为 60%），并于 2030

① 岩本隆志「水素エネルギー」、『建設の施工企画』2011 年 6 月。
② 国土交通省燃料電池プロジェクトチーム「燃料電池の実用化の加速化に向けた課題について（整理・検討用メモ）」、2002 年 3 月 29 日、https：//www. mlit. go. jp/kisha/kisha02/01/010329_ 4/010329_ 4_ 6%20. pdf。
③ マイナビプロトラブズ「家電屋としての使命、家庭用燃料電池「エネファーム」-パナソニック（前編）」、2016 年 7 月 13 日、https：//holdings. panasonic/jp/corporate/about/history/panasonic-museum/know-ism/archives/20210917_ 04. html。
④ 国立研究開発法人日本原子力研究開発機構「日本の原子力発電所の現状」、2010、https：//atomica. jaea. go. jp/data/detail/dat_ detail_ 02-05-01-10. html。
⑤ 日本経済団体連合会「中長期のエネルギー政策のあり方について説明」、2013 年 7 月 4 日、https：//www. keidanren. or. jp/journal/times/2013/0704_ 05. html。
⑥ 経済産業省資源エネルギー庁「エネルギー基本計画」、2014 年 4 月、https：//www. enecho. meti. go. jp/about/whitepaper/2014pdf/whitepaper2014pdf_ 1_ 3. pdf。

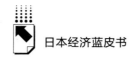

年至少新建14座以上核电站，将设备利用率提高至90%。① 综上所述，本阶段使得日本氢能得到进一步发展的主要驱动力在于，全球气候变暖问题突出与环境治理的国际压力。环境逻辑在氢能战略中的中心性不断增强，并且在政策与实践层面，与能源逻辑的兼容性也在不断增强。日本氢能相关的政策安排试图探讨既能够保障能源安全又能够实现减碳目标的方式。

（三）第三阶段（2011年东日本大地震与福岛核泄漏事故——战略升级阶段）

2011年东日本大地震与福岛核泄漏事故再次挑战日本能源结构，尤其是核能的安全性与环保性。从能源安全角度出发，在福岛核泄漏事故发生后，日本核电站开始大规模停运检修，核能发电量下降，日本的电力供应机构为弥补短缺，被迫增加依赖海外化石能源的火力发电量，日本的能源自给率在2012年下降到6%。② 此外，在地震和海啸的影响下，受灾地的石油供应据点和燃气的制造、供应设备受损，不能够及时填补核能发电缺口。从环保角度出发，回归火力发电所带来的温室气体排放，也与日本政府谋求落实"碳中和"的计划背道而驰。东日本大地震与福岛核泄漏事故同时暴露出日本能源供应的稳定性风险、安全性问题与非环保属性，迫使日本政府重新对能源结构进行评估，重新将安全从能源战略中剥离出来并放在首位。

面对石油进口困难与福岛核泄漏事故的双重冲击，日本选择将氢能作为核能的替代方案，氢能开始成为日本新能源发展的新路径。以2014年为标志，日本的氢能发展迈入新阶段。《第四次能源基本计划》首次提出"加速氢能社会构建"愿景，详细提出"3E+S"能源目标，出台《氢燃料电池战

---

① 经济产业省资源エネルギー厅「エネルギー基本計画」、2010年6月、https：//www. enecho. meti. go. jp/category/others/basic_ plan/pdf/100618honbun. pdf.

② 環境省「水素社会の実現に向けた取り組み」、2018年5月25日、https：//www. env. go. jp/seisaku/list/ondanka_ saisei/lowcarbon－h2－sc/PDF/A4_ suiso_ pamphlet_ N. pdf.

略路线图》，细化日本氢能产业的发展路径和步骤。[1] 2015 年，《氢能白皮书》将氢能定位为国内发电的第三支柱。[2] 2017 年，《氢能源基本战略》明确了氢能的国家战略地位和未来发展路径。[3]

在本阶段，安全问题迫使日本暂时搁置经济与环境逻辑，回归到对于能源逻辑的研讨当中。也正是该阶段日本能源体系受到的冲击之大、带来的危害之广反向凸显出日本能源结构优化升级的迫切性，氢能对于核能的替代作用以及广阔的前景得到放大，氢能战略中能源逻辑的中心性不断得到加强。在这一阶段，氢能正式上升为日本能源战略的重要组成部分，氢能战略成为国家战略之一，"氢能社会"构想被正式提上议程。日本试图通过氢能应对核能安全问题与化石能源短缺带来的能源问题。重视程度决定战略地位，日本升级氢能战略，氢能作为新能源的关键地位进一步突出，日本重视氢能的倾向愈发明显，"氢能元年"已经到来。

（四）第四阶段（2021年经济安全保障战略与绿色治理浪潮——内涵深化阶段）

2021 年，日本将经济安全上升至国家战略高度，岸田文雄内阁"经济安全保障政策"从经济层面强化国家安全的意图更为凸显。以 2021 年经济安全保障战略与 2030 年碳中和治理目标为新增要求，在维护能源安全的基础上，日本能源战略需要兼顾经济安全要求与绿色治理目标。同时，如何在 2021~2030 年实现进一步脱碳减排成为日本新能源领域的主要课题之一。日

---

[1] 経済産業省資源エネルギー庁「エネルギー基本計画」、2014 年 4 月、https：//www. enecho. meti. go. jp/about/whitepaper/2014pdf/whitepaper2014pdf_ 1_ 3. pdf。

[2] 経済産業省資源エネルギー庁「平成 26 年度エネルギー白書概要」、2015 年 7 月、https：//www. enecho. meti. go. jp/about/whitepaper/2015gaiyou/whitepaper2015pdf _ h26 _ nenji. pdf。

[3] 再生可能エネルギー水素等関係閣僚会議「水素基本戦略」、2017 年 12 月 26 日、https：//www. meti. go. jp/shingikai/energy _ environment/suiso _ nenryo/pdf/028 _ s01 _ 00. pdf。

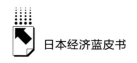

本需要考虑如何落实 2030 年的能源供给目标，为 2050 年实现零碳排放奠定基础。①

2021 年经济安全保障战略对于能源的规划及绿色治理对于能源的消纳要求分别对应日本的经济逻辑与环境逻辑，对于氢能在经济与环境两个方面的诉求呈现更多元、更深入的特点。这表明本阶段日本氢能战略的经济逻辑与环境逻辑的重要性有所加强。但是，对于经济安全与环境治理的追求并没有动摇日本维护能源安全的决心。对比 2014 年以来的氢能相关文件，《第六次能源基本计划》对日本氢能战略与氢能社会的构建做出了更加细致、更加系统、更加全面的修改与安排。其中指出，为了实现氢能在日常生活和产业活动中的普及，有必要将氢能定位为社会各界皆可参与、皆可利用的新能源。② 其目标是日本氢能战略多重逻辑的具体结构体现，"3E+S"能源目标单独将安全"S"（Safety）列出的结构安排，充分体现出即使面对经济、环境等多维度要求，在日本氢能战略的多重逻辑框架下，包含获取、运输、利用安全在内的能源安全始终占据首要地位。与能源逻辑相比，对经济效益与绿色治理的诉求表明日本在坚持能源逻辑内容的基础上，试图减轻经济逻辑、环境逻辑与能源逻辑的冲突与矛盾，实现三重逻辑的兼容并蓄，以期达到氢能效益的最大化。在这一阶段，日本氢能战略呈现目标多层次、途径多样化的特点，被赋予融合能源、经济与环境治理的深刻内涵，三重逻辑结构更加清晰。

四 三重逻辑的兼容与耦合

日本氢能的演进历程表明，面对不同的内外部刺激（自然灾害、政策变迁等），在不同历史时期，日本氢能战略的三重逻辑都呈现动态变化、此

---

① 内閣府「小林内閣府特命担当大臣記者会見要旨」、2022 年 4 月 17 日、https://www.cao.go.jp/minister/2111_t_kobayashi/kaiken/20220107kaiken.html。
② 経済産業省資源エネルギー庁「エネルギー基本計画」、2021 年 10 月、https://www.enecho.meti.go.jp/category/others/basic_plan/pdf/20211022_01.pdf。

232

消彼长的互动关系。结合分析框架，本文试图分析在不同发展阶段各逻辑间的互动关系，从兼容耦合与矛盾冲突两个方面出发，探讨三重逻辑的互动过程，以及该过程对于日本氢能战略的影响。本文以具体政策内容为切入点，探究在各发展阶段，各逻辑对应的相关政策是否发生冲突、改变，以及互动最终呈现的氢能战略整体特征。

（一）日本氢能战略能源逻辑、经济逻辑与环境逻辑的具体政策体现

在战后日本制定氢能战略过程中，能源逻辑、经济逻辑、环境逻辑的背后都有相应的政策体系予以支撑（见表1）。

表1　日本氢能战略三重逻辑的对应政策

能源逻辑	经济逻辑	环境逻辑
能源安全保障	低成本与高回报	绿色治理与碳中和目标
《能源白皮书》 《氢能白皮书》 《氢能源基本战略》 《氢能技术发展路线图》	《氢能白皮书》 《经济安全保障推进法》 《氢燃料电池战略路线图（2016年修订版）》	"绿色成长战略" 《巴黎协定》

（二）能源逻辑与经济逻辑

氢能战略的能源逻辑与经济逻辑在政策制定与具体落实层面都呈现较强的一致性，具有相辅相成的兼容关系。氢能的发展与升级是日本保障能源安全与维护经济安全的共同路径。首先，能源逻辑的实现离不开经济逻辑的支持。氢能产业等新型产业在初期能够高速发展，离不开大额经济投入与政策支持。在政府政策层面，日本是首个在经济安全领域设立部长级职位的国家，这是日本在国家安保框架下对经济安全进行进一步部署的重要信号。具体到能源领域，日本氢能战略意在促进政府引导与企业自主性有机结合，通过发展氢能产业为日本能源经济"上保险"。2022年，岸田文雄指出：提高

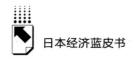

日本经济结构的自主性，确保技术优势甚至独有，对于保障国家安全，保护国民的安全、放心生活具有重要意义。① 在《经济安全保障推进法》制定方面，岸田文雄进一步指示经济安全保障大臣加快法案制定，并指出应强化供应链、建立基础设施的事前安全性审查制度、推进关键技术的研究开发、建立专利非公开制度。②

同时，能源逻辑的落实能够满足经济逻辑要求，为经济发展注入动力。以日本氢能的主要产品——燃料电池汽车（FCV）为例，FCV 的普及情况及配套产业的落实能够凸显出能源逻辑与经济逻辑的兼容与耦合关系。燃料电池汽车不仅涉及氢能的消纳环节，而且加氢站、车辆维护关联氢能的运输与储存。日本推动燃料电池汽车的发展，试图从实际应用层面落实氢能相关政策与规划，与日本试图推动氢能在现实中的实际应用、从多方面减少对传统化石能源依赖的目的完全贴合。同时，日本燃料电池汽车产业拥有全国乃至世界前沿的新技术，具有巨大的市场前景与上升空间。在普及程度高且购置、维护成本低等最理想的情况下，FCV 能够充分满足日本氢能战略的双重逻辑。

因此，从落实途径及长远规划来看，氢能战略的能源逻辑与经济逻辑高度一致。能源逻辑与经济逻辑共同将技术升级、降本节能视为长远目标，而氢能产业的大规模发展与普及是其达成目标的共同基础。氢能的大规模发展与普及能够促进产业链升级，长远发展有可能带来直接经济收入。市场机制的完善与来自政企的经济投入也能够为氢能营造良好的发展环境。从该角度出发，日本氢能战略能源逻辑的实现离不开经济逻辑，同时能够助力经济逻辑，反之亦然，充分体现二者兼容与耦合的有机互动关系。

（三）能源逻辑与环境逻辑

与能源逻辑、经济逻辑的关系类似，能源逻辑与环境逻辑具备兼容与耦

---

① 首相官邸「経済安全保障推進会議」、2021 年 3 月 11 日、https：//www.kantei.go.jp/jp/101_ kishida/actions/202111/19keizaianpo.html。

② 内閣官房国家安全保障局「経済安全保障法制に関する提言概要①（経済安全保障法制に関する有識者会議）」、2022 年 2 月 1 日、https：//www.cas.go.jp/jp/seisaku/keizai_ anzen_ hosyo/dai2/shiryou1.pdf。

合关系。二者的兼容性在于，如果实现氢能普及，既能够优化日本能源结构，也符合绿色治理要求。在理想情况下，氢能不仅能够减轻日本对海外传统化石能源进口的依赖，还能够减少化石能源消纳过程中产生的温室气体，既满足优化能源结构的要求，也能够助力实现碳中和目标。在第 26 届联合国气候大会领导人峰会上，岸田文雄重申日本 2050 年实现碳中和的承诺。[1] 日本将可再生能源利用、工业与交通运输业低碳化与跨部门合作作为应对气候变暖问题的三大关键。[2] 这些虽都体现出日本对于环境治理的积极态度，但从国际环境治理角度出发，目前，日本的环境治理并没有取得良好成效，未获得国际社会认可。从福岛核泄漏事故以来，核辐射的危害与核废水的处理频频引发争议。世界各国认为，日本作为技术先进的发达国家，应当在环境治理、节能减排方面承担更多责任。

本国绿色治理的迫切需要与国际社会的压力使得日本为成为环境大国做出努力，而氢能与氢能战略就是实现该目标的重要手段。在绿色治理要求的贯彻层面，日本氢能战略的规划与实现碳中和目标的基本四要素高度吻合。实现碳中和目标的基本四要素在于：技术可行、成本可控、政策引导、多边共赢。[3] 首先，日本具有相对成熟的氢能技术，已经拥有一批"隐形冠军"企业，能够为利用氢能实现碳中和目标提供切实可行的技术支持。其次，国际能源署（IEA）在 2019 年二十国集团特别报告中提出《氢能源的未来》时，只有法国、日本和韩国制定了氢能利用战略，表明日本在氢能绿色治理方面已具有先发优势。[4] 在政策方面不仅确立了氢能的国家战略地位，并出台具体政策，为氢能产业发展打下政策基础。并且，日本对于氢能的规划与安排包括全产业链，涵盖诸多生活与工业场景，试图与澳大利亚等国家开展

---

[1]　首相官邸「COP26 世界リーダーズ・サミット　岸田総理スピーチ」、2021 年 11 月 2 日、https：//www.kantei.go.jp/jp/100_kishida/statement/2021/1102cop26.html。

[2]　Oshiro, Ken, Toshihiko Masui, Mikiko Kainuma. "Transformation of Japan's Energy System to Attain Net-zero Emission by 2050," *Carbon Management*, 9, 5, 2018, pp. 493-501.

[3]　安永碳中和课题组：《一本书读懂碳中和》，机械工业出版社，2021。

[4]　International Energy Agency, "The Future of Hydrogen for the G20 in 2019," March 22, 2022, https：//www.iea.org/reports/the-future-of-hydrogen.

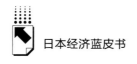

氢能产业合作。从日本绿色治理能源战略中能够看到，虽然仍然存在诸多壁垒，但日本已经做到技术可行、政策引导与多边共赢。

在此基础上，氢能战略的能源逻辑与环境逻辑相辅相成，相得益彰。在绿色治理趋势与碳中和目标的驱使下，日本氢能战略中能源清洁、绿色、可再生的特点得到进一步放大。绿色治理的要求使得清洁能源与可再生能源成为传统化石能源的替代方案，氢能也因此获得更多的发展空间与前景。能源逻辑借助环境治理议题，为氢能发展提供绿色治理动因；环境逻辑利用氢能本身为清洁能源的特点，为日本实现碳中和目标提供现实途径。二者相互结合，形成"碳中和-氢能战略"双向的互动耦合关系。

五　三重逻辑的矛盾与冲突

在能源逻辑、经济逻辑与环境逻辑互动耦合的同时，由于科技发展水平有限、成本居高不下、发展重点不同等因素，各逻辑在互动过程中存在矛盾与冲突。通过分析日本氢能战略面临多重逻辑冲突时的应对与解决方式，能够把握各逻辑在整体多重逻辑结构中的"轻重缓急"，窥见其中的主导逻辑。

（一）能源逻辑与经济逻辑

虽然能源逻辑与经济逻辑能够在一定程度上实现兼容与耦合，但在目前发展阶段仍然存在明显的矛盾与冲突。其中，最为突出的是能源逻辑要求推动氢能发展规模所需要的高额经济投入，与经济逻辑试图降低氢能产业经济成本，以及从中获取利润之间存在矛盾。

同样以 FCV 为例，成本与回报不对等是亟待解决的痛点问题。目前，FCV 发展受阻的主要原因在于成本高昂，而高额成本主要是因为需要进行加氢站建设、市场环境整备及相关配套设施建设。2016 年，《氢燃料电池战略路线图（2016 年修订版）》发布后，在获得政府补助认可方面，日本从一开始就将眼光瞄准正式商用后的大型加氢站建设，有 51 座定置加氢站，其中有 48 座具有 300nm^3/h 以上的加氢能力。[1] 加氢站加氢量越高，相关维护费用越高。然而，在 2015 年相关成本减少至 3.6 亿日元后，日本加氢站相关维护费用并没有实现持续降低，相关价格降低没有取得大幅进展。[2] 同时，日本 FCV 订购过多依赖政府补助金，交货期严格集中，通常需要在短期内实现大规模交货等，使得 FCV 产业成本居高不下。此外，目前，市场不稳定且不透明，在尚没有实现大规模量产的情况下，相关配套设施的低成本化很难实现。加氢站的建设不仅包括主要设备，还需要多种配套设备，以及针对 FCV 的其他公用设施。在尚未形成成熟的生产模式的基础上，配套设施的复杂性与多样性使得该产业成本"层层加码"。综合上述因素，相关预测认为，日本在短期内很难将总成本降至 2 亿日元以下。[3]

因此，从发展现状及短期发展前景出发，市场规模扩大困难、产品普及难度大、维护成本高昂等经济逻辑问题阻碍能源逻辑中的推动氢能普及；同时，能源逻辑强调加大对氢能产业的补助与投资力度，所需要的经济投入与支持没有有效降低。结合短期难以迅速实现盈利的状况，不符合经济逻辑试图通过新型产业营造新经济增长点，为能源经济乃至本国经济增活、创收的目的。氢能战略的经济与能源两个方面的发展要求产生矛盾。

面对新能源发展过程中的成本过高问题，传统应对方式为坚持发展、寻求替代与直接放弃，且多数国家会选择后两种解决路径。面对高昂的经济成本及能源逻辑与经济逻辑的冲突，日本并没有选择另寻能源替代氢能，或者出于经济逻辑考量放弃氢能战略。相反，仅针对燃料电池系统的普及，日本

---

[1]　経済産業省資源エネルギー庁新エネルギーシステム課/水素・燃料電池戦略室「FCV・水素ステーション事業の現状について」、2021 年 3 月 18 日、https://www.meti.go.jp/shingikai/energy_ environment/suiso_ nenryo/pdf/024_ 01_ 00.pdf。

[2]　資源エネルギー庁省エネルギー・新エネルギー部新エネルギーシステム課水素・燃料電池戦略室「水素・燃料電池に関する経済産業省の取組について」、2019 年 5 月、https://www.meti.go.jp/shingikai/energy_ environment/suiso_ nenryo_ denchi_ fukyu/pdf/006_ 01_ 00.pdf。

[3]　緒方寛、福田健三「水素のコスト評価」、『水素エネルギーシステム』2002 年第 27 期第 2 号、29-34 頁。

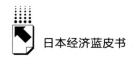
于 2021 年公布的年度预算就高达 130.1 亿日元，① 并没有因为与经济逻辑相悖，就停止对氢能产业进行投资与援助。大额预算的设置显然违背氢能战略的经济逻辑初衷，但符合能源逻辑扩大氢能规模的要求，能够为氢能的普及打下良好基础。也就是说，在能源逻辑与经济逻辑发生冲突时，即使有可能违背经济逻辑，日本仍坚持贯彻能源逻辑不动摇，与经济逻辑相比，能源逻辑的主导地位与重要性更为突出，从多重逻辑角度出发，日本氢能战略的应对措施更加符合能源逻辑的要求，在与经济逻辑难以兼容的情况下，能源逻辑呈现更加突出的中心性。

（二）能源逻辑与环境逻辑

日本氢能战略的能源逻辑与环境逻辑存在的冲突与矛盾在于能源逻辑降低氢能产业成本，推动相关产品与服务的普及诉求，与为适应环境逻辑要求难以短时间内取得大规模降本的氢能清洁绿色发展现状之间存在的矛盾。能源逻辑与经济逻辑的矛盾表明，高昂成本会阻碍氢能发展。

在成本层面，"绿色成长战略"计划在 2020 年、2030 年、2050 年三个节点，将清洁制氢成本分阶段降至每年 100 日元/标方、30 日元/标方、20 日元/标方，也就是在未来八年里实现降本 2/3 以上。② 但是，以系统用蓄电池引入项目为例，在 2022 年的补助金额为 130 亿日元，其中，蓄电池与水电解装置的补助率分别高达 1/2 与 2/3。③ 日本氢能产业对于补助的依赖程度仍然很高。在技术层面，虽然"绿氢"已经被多国视为未来氢能产业的发展核心，但"绿氢"制取技术成本高、难度大，使得"蓝氢"乃至

---

① 経済産業省資源エネルギー庁「水素を取り巻く国内外情勢と水素政策の現状について」、2022 年 6 月、https：//www. meti. go. jp/shingikai/sankoshin/green_ innovation/energy_ structure/pdf/009_ 04_ 00. pdf。
② 経済産業省「2050 年カーホ゛ンニュートラルに伴うク゛リーン成長戦略」、2020 年 12 月、https：//www. meti. go. jp/policy/energy_ environment/global_ warming/ggs/index. html。
③ 経済産業省資源エネルギー庁「水素を取り巻く国内外情勢と水素政策の現状について」、2022 年 6 月 23 日、https：//www. meti. go. jp/shingikai/sankoshin/green_ innovation/energy_ structure/pdf/009_ 04_ 00. pdf。

"灰氢"仍然是目前扩大氢能发展规模的主要抓手。"绿氢"很难稳定且大量供给，导致"蓝氢"与"灰氢"占据日本氢能市场，日本无法直接放弃火力发电等高污染产业，因此被全球气候大会气候行动网络小组评为"最佳化石奖"得主。[①]

日本氢能战略能源逻辑与环境逻辑的矛盾与冲突主要聚焦氢能能否实现清洁排放要求与减少降低碳排放所面临的经济、技术壁垒。一方面，目前"绿氢"的发展依赖高度的技术与经济投入，这既是"绿氢"普及的壁垒，也是能源逻辑对于氢能快速普及的要求而决定其不能够立刻舍弃"灰氢"与"蓝氢"的原因。而"灰氢"与"蓝氢"必定会带来一定程度的碳排放，这与环境逻辑要求节能减排的诉求相悖。另一方面，环境逻辑所青睐的"绿氢"要求高额经济投入与技术升级，不仅造成经济逻辑与环境逻辑的矛盾，也与能源逻辑迅速实现氢能普及的诉求相矛盾。

能源逻辑对于氢能规模扩大的要求使其不能够完全放弃产生碳排放的制氢方式，与其他国家的氢能发展路径不同，弱化氢能"灰""蓝""绿"之分成为日本氢能战略的显著特点之一。面对与环境逻辑低碳减排要求的冲突，与能源逻辑与经济逻辑的矛盾处理方式一致，日本氢能战略并没有因此遏制氢能发展，或寻求更加符合环境逻辑的替代方案，日本仍然在2022年各相关文件中总结氢能发展状况，深化氢能发展计划。即使在短期内"蓝氢""灰氢"的市场流通违背环境逻辑要求，日本仍坚持能源逻辑不动摇。从多重逻辑角度出发，日本氢能战略的应对措施更加符合能源逻辑的要求，在与环境逻辑难以兼容的情况下，能源逻辑呈现更加突出的中心性，表明与环境逻辑相比，能源逻辑的主导地位与重要性更为突出。

（三）氢能战略的主导逻辑

与兼容与耦合的逻辑关系相比，三重逻辑的矛盾与冲突及日本的解决方

---

① Climate Action Network International, Fossil of the Day at COP26, https：//climatenetwork.org/cop26/fossil-of-the-day-at-cop26/.

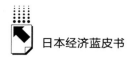
式更能够表明日本政府对不同逻辑的重视程度。其中，占据中心地位的主导逻辑能够反映政策出发点，是氢能战略的核心。在与经济逻辑与环境逻辑发生冲突时，日本政府都选择坚持以维护能源安全为出发点的能源逻辑。也就是说，相较于经济逻辑与环境逻辑，日本氢能战略中的能源逻辑的中心性更强，是日本氢能战略多重逻辑框架中的主导逻辑。虽然在不同的历史时期，环境逻辑与经济逻辑的重要性有所起伏，但能源逻辑的主导地位并没有发生变更，其在不同的发展阶段均为主导逻辑。

与能源逻辑的主导作用相比，环境逻辑与经济逻辑则体现在坚持能源逻辑的基础上，日本谋求能源与经济、环境逻辑有机互动的尝试与企图。然而，当二者与能源逻辑发生冲突时，均无法挑战能源逻辑的主导地位。主导逻辑是多重逻辑结构中最能够体现多重逻辑内容与特征的逻辑，氢能战略以能源逻辑为主导逻辑，进一步突出日本发展氢能的根本出发点，日本氢能战略三重逻辑的对应政策为维护能源安全、优化能源结构。氢能战略的本质是能源战略，氢能战略三重逻辑的主导逻辑是能源逻辑。只有明确日本氢能战略的根本目的所在，才能够在分析其能源规划时，对其相关安排有基本的认知（见图2）。

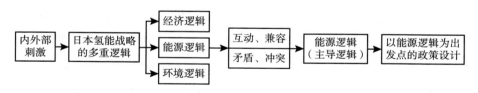

图2 日本氢能战略的三重逻辑结构

资料来源：笔者自制。

六 结语

根据上文分析，并结合日本氢能战略的多重逻辑框架，可以得出如下结论：其一，在氢能产业难以在短期带来经济效益的情况下，出于主导逻辑——能源逻辑对于保障能源安全的诉求，日本持续对氢能产业进行大额经济投入；其二，氢能相关政策及其演变是由能源逻辑、经济逻辑与环境逻辑共同构成的三重逻辑推动的；其三，三重逻辑间存在兼容耦合与矛盾冲突并存的复合关系，在不同的发展阶段，面对不同的时代诉求，对日本氢能战略的发展产生不同程度的影响。在以能源逻辑为主导逻辑的基础上，日本氢能战略将氢能发电与氢燃料电池作为氢能发展与应用的两大抓手。在坚持维护能源逻辑的同时，试图最大限度地满足经济与环境逻辑要求。目前，通过分析日本能源转型目标、新经济安全保障战略与"碳中和"环境治理等内容，可以看出日本已经认识到氢能战略蕴含能源逻辑、经济逻辑与环境逻辑，以及三重逻辑存在互动、耦合、掣肘的复合关系。

本文通过对三重逻辑的兼容耦合与矛盾冲突进行分析，可以得出如下结论。其一，无论经济逻辑与环境逻辑的重要性如何起伏变化，能源逻辑始终占据主导地位。在经验事实上，通过分析日本氢能战略的演进历程，能够得出在面对不同历史时期与内外部问题时，尽管经济逻辑与环境逻辑的重要性有所起伏，但能源逻辑始终受到高度重视，具有很强的中心性。第一，氢能战略本质上是一个能源战略，能源特征是氢能战略的基础，以能源为依托的特点决定其不可能完全脱离能源本质，其他逻辑也不可能脱离能源逻辑单独发展。第二，氢能战略的初衷在于优化能源结构、保障能源安全，这是由日本的能源资源禀赋与能源结构决定的。在日本能源资源禀赋难以发生更改，且在能源结构尚未发生根本性变革的基础上，氢能战略对能源结构进行优化的目的不会轻易改变。第三，氢能战略的能源逻辑内容丰富、结构复杂、与时俱进。面对不同的时代特点与不同问题的要求，氢能战略能够在保有以能源逻辑为本的基础上，根据不同的阶段要求做出调整，与经济和环境逻辑融会贯通，增强能源逻辑的兼容性。因为日本氢能战略能源逻辑是主导逻辑，所以在氢能发展面临高昂成本等阻碍因素时，日本仍然赋予氢能国家战略定位，持续对氢能进行大额投入。

其二，日本氢能战略的三重逻辑具备三位一体的发展目标与发展内涵。以"3E+S"能源目标为指导的日本氢能战略在坚持能源逻辑主导地位的基

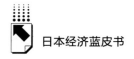

础上,并没有强调经济逻辑与环境逻辑孰轻孰重,而是在长远规划中关注二者与能源逻辑的兼容与耦合。第一,能源属性是氢能战略的本质属性,发展氢能战略的本质就是发展日本能源。第二,低碳是未来能源领域的发展趋势,从煤炭、石油在两次工业革命中的表现可以看出,在传统化石燃料逐渐退出能源舞台的未来,哪个国家能够快速完成可再生能源转型,哪个国家就能够在国际能源体系乃至国际关系中占据高地。第三,实现可再生能源转型,能够促进产业转型与升级,为经济发展注入活力。为了实现三个方面的目标,能源逻辑、经济逻辑与环境逻辑都要求推动成熟科技发展、进行产业结构和社会经济的变革、创造"环境与经济良性循环"的产业。可以说,氢能是能源、经济与环境逻辑要求的"十字路口",在理论上能够实现三重逻辑的高度统一。日本氢能战略能够将三者结合起来融入其中,日本氢能战略将发展为,既是日本能源的发展愿景,也是新经济安全的发展目标,更是实现绿色治理目标的根本要求。

其三,氢能战略的多重逻辑既有可能互为壁垒,也能够相辅相成。氢能战略的能源逻辑、经济逻辑与环境逻辑在目标、措施等多个方面高度一致,表明三者能够共同发展、共同促进,也意味着在本来存在矛盾与冲突的基础上,还有可能互相掣肘,面临"牵一发而动全身"的风险。例如,在成本居高不下的情况下,对于氢能,优化能源结构、助力绿色治理的贡献都会受到限制。如果不能解决成本高昂问题,能源逻辑与经济逻辑的矛盾难以调和,而能源逻辑与经济逻辑的发展受阻,同样会影响环境逻辑。具体体现为:能源逻辑难以促进氢能普及,经济逻辑难以实现降本增收,环境逻辑难以实现完全采用绿色生产方式,减少碳排放量,因此,成本高昂同时对三重逻辑的发展造成负面影响。多重逻辑既有可能在共同的发展要求下相辅相成,也有可能因为同样的问题面临发展困境。这种连带关系要求日本氢能战略关注实现各逻辑间的相互调和,结合三者的特点与内容,提出共同适用于三重逻辑的"最优解"。

其四,氢能战略多重逻辑的矛盾与冲突不局限于双方,多为三重逻辑共同参与的复合冲突。日本氢能战略各逻辑间存在的冲突并不是简单的双方冲突，多为三重逻辑共同导致的复合冲突。同时，二重逻辑的冲突也有可能恰好反映冲突方与第三重逻辑的耦合或矛盾。例如，如果没有高昂的经济成本，能源逻辑对于经济性的要求就不会与环境逻辑的高投入需求相矛盾，正是经济逻辑使得能源逻辑与环境逻辑间的冲突加剧。同理，由于环境逻辑对于绿色治理及实现碳中和目标的要求，日本能源逻辑需要在"灰氢""蓝氢""绿氢"中选择环保属性最佳但经济成本最高的"绿氢"。也就是说，正是环境逻辑使得能源逻辑与经济逻辑间产生冲突。此外，能源逻辑企图快速实现氢能的廉价及规模供应，"灰氢""蓝氢"占据氢能市场，虽然符合经济逻辑内涵，但与环境逻辑的绿色低碳要求矛盾。因此，在分析逻辑关系时，要明确三重逻辑是互动、共同作用的，在分析过程中不能够单独将任何两个逻辑与第三重逻辑割裂开来。

作为国家战略之一，氢能战略的重要性及其三重逻辑结构决定其在保有能源属性的基础上需要兼顾经济属性与环境属性。氢能战略的本质是能源战略，但不是单纯的能源战略，而是复合经济发展与环境治理内涵的多元战略。日本发布实现碳中和目标计划与新经济安全保障战略，意味着传统意义上单纯从经济成本与收益角度应对气候问题、能源问题的时代已经结束，这对于日本以及世界各国既是挑战，也是具有时代特征的新发展契机。

B.13
日本蓄电池与新能源汽车产业
发展战略研究[*]

刘 红 郑晨笛^{**}

摘 要： 日本蓄电池产业曾在 20 世纪末处于发展高峰，其后在全球能源
转型趋势下逐渐衰落。面对日本蓄电池产业发展的相对衰落以
及实现"碳中和"目标背景下全球蓄电池产业发展的多重机遇，
日本政府开始推进蓄电池产业的战略调整。继 2012 年推出《蓄
电池战略》后，2022 年推出新版《蓄电池产业战略》，该战略
在总结上一阶段蓄电池产业发展经验与教训的基础上，重新明
确了提升蓄电池产业国际竞争力的发展目标，并制定了详细的
实施细则以及技术路线图，希望以此重拾昔日的辉煌。发展绿
色经济已经成为一个重要趋势，蓄电池产业与新能源汽车产业
之间的关联日益紧密，两者的协同发展将加速日本实现"碳中
和"目标。

关键词： 蓄电池产业 碳中和 绿色发展 新能源汽车产业 产业协同
发展

---

* 本文为 2023 年度辽宁省教育厅基本科研项目（重点攻关项目）"日本新一轮蓄电池产业战略
调整对中国蓄电池产业发展的影响及中国对策"（编号：LJKZR20230009）、2020 年辽宁大学
亚洲研究中心资助项目（编号：Y202006）的阶段性研究成果。
** 刘红，经济学博士，辽宁大学国际经济政治学院教授，博士生导师，全国日本经济学会常务
理事，主要研究领域为日本经济。郑晨笛，辽宁大学国际经济政治学院博士研究生，主要研
究领域为日本经济、国际投资。

随着《巴黎协定》的逐步推进，世界各国逐渐在"脱碳"问题上达成共识。在全球持续推进能源绿色化转型的背景下，决定全球电气化水平的蓄电池①产业将迎来重大发展机遇。② 在蓄电池产业发展方面，日本起步时间较早，凭借先进的制造技艺以及在高精尖技术方面的研发能力，曾经处于世界市场的霸主地位，但是随着中国和韩国电池企业迅速崛起，以及在能源转型背景下，日本技术研发特点和政策方向指引导致其蓄电池产业与市场主流有所偏离，日本长期积累起来的蓄电池产业国际竞争优势逐渐丧失。随着"碳中和"目标和"绿色成长战略"的陆续提出，蓄电池等相关产业的发展开始面临深刻变革。日本于2022年8月正式公布新版《蓄电池产业战略》，该战略的核心目标是重振日本蓄电池产业的国际竞争力。日本蓄电池产业战略的重大调整不仅对日本新能源汽车产业的发展产生重要影响，而且对大力发展蓄电池及电动汽车产业的中国具有重要启示。基于此，本文在回顾日本蓄电池产业发展历程的基础上，梳理了日本蓄电池产业战略的调整过程，并对最新出台的《蓄电池产业战略》进行了详细解析，同时基于蓄电池产业与新能源汽车产业的内在关联对未来日本蓄电池和新能源汽车产业发展前景做出展望。

一 日本蓄电池产业的发展历程

蓄电池是电气化社会能源储存的重要载体，是各国实现碳中和目标的关键所在。自电池产业建立以来，日本凭借先进的技术及工艺优势，一直在全球占据领先地位。进入21世纪之后，中韩企业凭借价格优势异军突起，呈现强劲赶超之势，最终使日本蓄电池产业逐渐走向衰落。

---

① 蓄电池也称二次电池，是即使内部的电量耗尽也可以通过充电反复使用的电池。蓄电池主要包括铅酸蓄电池、镍镉蓄电池、镍氢蓄电池、锂离子电池、钠硫蓄电池等种类。本文中的动力电池是指为电动汽车提供动力的蓄电池，区别于用于汽车发动机启动的蓄电池，主要指车载锂离子电池。
② 刘红、郑晨笛：《碳中和背景下中日蓄电池产业合作：驱动因素与实现路径》，《现代日本经济》2022年第5期。

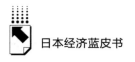

（一）技术优势下蓄电池产业的兴盛发展

日本发展蓄电池产业的时间较早，通过积极的创新和探索，积累了丰富的技术和经验。20世纪60年代初期，日本是继美国之后实现民用镍镉电池产业化的国家，三洋电机和松下电器的镍镉电池成为日本电池产业化的开端。随后，日本于20世纪90年代将优于镍镉电池的镍氢电池商品化，并且继承镍镉电池的生产方式迅速实现产业化。2000年以前，日本一直占据全球镍氢电池90%以上的市场份额。此时，日本将技术含量低、高污染的铅酸蓄电池、镍镉电池生产大量向海外转移。2000年后，由于高昂的人工费用，日本电池企业的利润空间被严重挤压，又恰逢中国加入WTO后逐步开放国内市场，日本企业便开始通过对外直接投资将部分电池制造业向中国转移。中国凭借20世纪90年代以来在镍氢电池产品、技术以及产业化方面的积累，实现了突飞猛进的发展，日本松下、汤浅、三洋等电池企业陆续将消费类镍氢电池的生产转移到中国，本土仅保留电动车用氢镍电池的生产。①自此，日本电池企业通过将低端蓄电池生产向海外转移，一方面延长了其低端蓄电池产品的生命周期，另一方面有助于日本企业将人才、技术等资源倾斜配置到附加值更高、更环保、前景更好的锂离子电池研发上。

锂离子电池是现阶段应用最为广泛的蓄电池，具有电压高、记忆效应小、自放电小等优点。1985年日本旭化成公司获得锂离子蓄电池专利。1991年索尼公司将锂离子电池技术实用化，替代了传统镍镉、镍氢电池，主要将其应用于移动电话和便携式电子产品，开启了锂离子电池商业化的先河。松下公司从1994年开始研发可充电锂离子电池，并建成了业内领先的电池生产线。2000年以前，日本锂离子电池产量在全球市场中的占比在95%以上，其是世界锂离子电池市场上的绝对霸主。日本蓄电池产业正是凭借这些技术优势长期保持全球领先的发展地位。

① 郭红霞、刘园：《日本新型二次电池工业发展及其与中国的比较》，《现代化工》2015年第2期。

（二）价格劣势下蓄电池产业被中韩企业追赶

尽管日本蓄电池产业在技术上占据绝对优势，但其在大规模产业化的生产成本上的劣势明显。随着全球消费类电子产品的蓬勃发展，韩国和中国企业开始进入锂离子电池生产领域，并凭借低成本优势而后来居上，逐渐挤占了日本在全球锂离子电池市场的份额，这也成为日本蓄电池产业由盛转衰的开端。在韩国政府和财团的大力支持下，三星 SDI、LG 化学等大型电池企业纷纷成立，通过引入锂离子电池技术、扩大生产规模、提升产能、降低成本，实现全球电池市场快速扩张。2008 年全球金融危机后，日元持续升值而韩元持续贬值，较 2007 年底，2011 年韩元对日元贬值约 40%，这对与韩国具有高度相似出口结构的日本来说面临较大的价格竞争压力。与手机、液晶面板电视、半导体等科技产品一样，韩国蓄电池开始力压日系产品，在全球市场上的份额不断上升。根据日本经产省统计，日本锂离子电池的全球市场份额由 2000 年的 94%、2005 年的 72%下降到 2010 年的 42%，而韩国的市场份额由 2000 年的 3%、2005 年的 15%迅速上升到 2010 年的 39%，2011 年韩国的市场份额进一步上升至 39.5%，超过当年日本 34.8%的份额，[①] 首次撼动日本蓄电池产业的霸主地位。

与此同时，中国一批锂离子电池生产企业也开始崭露头角。例如，1995 年成立的比亚迪股份有限公司（简称"比亚迪"）在自主技术研发的推动下，充分利用中国廉价的劳动力优势，将日本企业采用的全自动化生产工序中的机械流水线拆分成手工操作，在保证产品质量的同时，其成本可以比日本企业低近 40%，具有强大的竞争力。[②] 2005 年，日本东芝公司因抵挡不住与中国电池企业的"价格战"，直接宣布退出锂离子电池市场。其后，日产汽车、日本电器股份有限公司（NEC）等日本企业纷纷退出锂离子电池制

---

① 環境省「環境への取り組みをエンジンとした経済成長に向けて」、https://www.env.go.jp/policy/keizai_ portal/B_ industry/b. houkoku. pdf。

② 刘红、郑晨笛：《碳中和背景下中日蓄电池产业合作：驱动因素与实现路径》，《现代日本经济》2022 年第 5 期。

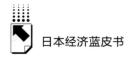

造领域，其大部分业务被中国企业接手。到 2010 年，中国电池企业已经在全球市场上初露锋芒，其中比亚迪的锂离子电池已占全球锂离子电池市场份额的 13%，天津力神电池股份有限公司占 4%，① 中国电池产业此后保持蓬勃发展势头。可见，来自中韩企业的强势竞争使得日本蓄电池产业的发展开始陷入窘境。

（三）新能源产业转型背景下蓄电池产业走向衰落

2010 年后，在新能源产业转型的背景下，全球电动汽车市场需求激增，作为动力解决方案的蓄电池产业开始凸显出巨大潜力，车载动力电池市场逐渐成为全球蓄电池产业竞争的焦点，各国开始加快布局动力电池市场。虽然日本电池企业早在 2010 年便依托锂离子电池技术开始进军电动汽车市场，并在车载动力电池研发和推广方面占据先机，但由于其国内政策导向对纯电动汽车市场发展重视不够，② 以及欧美、中韩等国不断加大对新能源汽车的补贴力度，使得日本在以车载动力电池市场为主的蓄电池市场上呈现全面落后的发展态势。一方面，从电池产能来看，日本动力电池市场规模不断下降。2018 年，全球动力电池装机量为 92.5GWh，其中中国新能源汽车动力电池的总装机量约为 56.89GWh，达到日本总装机量的 2.4 倍，日本动力电池的全球市场份额由 2015 年接近 40% 下降至 20% 左右，而中国动力电池的全球市场份额迅速上升至 50% 以上，在全球动力电池装机量排名前十的企业名单中，日企仅剩松下公司上榜，而中国企业占七家，宁德时代更是连续两年超越松下获得全球动力电池装机量冠军。③ 2020 年全球动力电池总装机量达 137GWh，同比增长 17%，中国宁德时代以 34GWh 全年装机量连续四年位列第一，韩国 LG 化学增长迅猛，以 31GWh 装机量完成对日本松下

---

① 《2010 年全球锂电池份额，日本占 48%，韩国 30%，中国 17%，2020 年呢》，搜狐网，https：//www.sohu.com/a/522233264_ 120906337。

② 2021 年，中国乘用电动车市场在全球市场中的占比接近 50%，欧美国家紧随其后，而日本乘用电动车市场在全球市场中的占比不足 1%。

③ 《中日电池企业"交锋"：技术 PK 市场》，中国电池联盟网站，http：//www.cbcu.com.cn/yuanchuang/2019101530933.html。

（25GWh）的超越，排名第二，另外两家韩国动力电池企业三星 SDI 和 SK Innovation 分列第五位和第六位，增长率分别达到 81% 和 284%。2022 年，在全球电动汽车热销的带动下，动力电池装机量大增，韩国电池市场研究机构 SNE Research 发布的数据显示，2022 年全球动力电池装车量达到 517.9GWh，同比增长 71.8%。在装车量前十名的企业中，中国动力电池企业占据六个席位，合计市场份额达 60.4%，继续保持强势增长，韩国企业的全球市场份额为 23.7%（2021 年为 30.2%），而日本企业仅松下上榜，且被比亚迪超越，仅以 7.3% 的市场占比（2021 年为 12.3%）位列第四。[①] 在日益兴旺的动力电池领域，日本电池企业的市场份额不断被中韩企业蚕食。

另外，随着中国企业从技术模仿到自主创新能力的逐渐提升，以比亚迪"刀片电池"、宁德时代"麒麟电池"为代表的具有世界领先技术的蓄电池产品接连问世。[②] 目前，中国已成为全球锂离子电池的第一大技术来源国，2021 年，中国锂离子电池的专利申请量占全球锂电池专利总申请量的 40.70%，远高于第二位日本的占比（21.82%）。[③] 加之特斯拉等欧美企业开始逐渐涉足电池领域，其自主创新能力不断增强，使得日本蓄电池产业的技术优势不再，特别是在车载电池领域，特斯拉已宣布将在美国本土建造自己的电池生产线，生产自研"4680 电池"的超级工厂正在不断扩建，自主电池生产线或将在不久的将来全面铺开，这将给长久以来作为特斯拉主要零部件供应商的日本松下公司蒙上阴影。总之，无论是日本电池企业在全球市场的份额不断下降，还是其技术和产品工艺被外国企业赶超，都在宣告日本蓄电池产业的衰落。

---

① 《2022 年全球动力电池装机量大增 71.8%　中国厂商占六成市场》，中国经济网，http：//www.ce.cn/cysc/zgjd/kx/202302/21/t20230221_38404577.shtml。

② 刘红、郑晨笛：《碳中和背景下中日蓄电池产业合作：驱动因素与实现路径》，《现代日本经济》2022 年第 5 期。

③ 《2021 年全球锂电池行业技术全景图谱》，前瞻网，https：//www.qianzhan.com/analyst/detail/220/210819-716588ed.html。

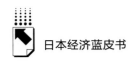

二 日本重振蓄电池产业的战略调整

面对日本蓄电池产业逐渐衰落的严酷现实，日本政府开始推进蓄电池产业的战略调整，以重振蓄电池产业的竞争力。事实上，为促进本国蓄电池产业发展，日本政府早在 2012 年就出台《蓄电池战略》，在经历了东日本大地震和福岛核泄漏事故之后，日本推进节能减排和能源结构改革的决心得到进一步强化，为兼顾经济增长与气候环境改善的需要，开始推进蓄电池产业的发展。随着 2016 年《巴黎协定》正式生效，2017 年日本政府提出了 2030 年比 2013 年减排温室气体 26%、2050 年减排 80% 的目标。为实现减排目标，日本于 2018 年 7 月制定了《第五次能源基本计划》，该计划在清洁能源开发以及能源自立原则指导下，对国内电力储存（蓄电系统）的重要性进行了重新定位，计划中提及蓄电池、蓄电的次数由《第四次能源基本计划》中的 22 次增加到 43 次，并希望通过技术创新实现蓄电池性能和成本方面的巨大进步。[1] 2020 年 10 月，日本首次提出要在 2050 年实现"碳中和"的低碳发展目标。基于蓄电池的重要性不断提升，2020 年 11 月到 2021 年 2 月，四次"定置用蓄电系统普及扩大研讨会"分别对家庭用蓄电系统与业务、产业用蓄电系统设定目标价格，以实现蓄电系统的价格降低，扩大普及的覆盖面，摆正了蓄电池产业在促进脱碳和绿色经济发展中的位置。[2] 2020 年底，日本经济产业省发布了《2050 年碳中和绿色成长战略》，2021 年 6 月又对其加以修订，该战略被视为日本 2050 年实现碳中和目标的进度表，日本政府希望以低碳转型为契机，带动经济持续复苏，实现环境与经济良性循环发展。作为构建碳中和绿色产业体系的重要一环，蓄电池产业被列为重要发展领域，日本拟通过扩展蓄电池市场规模以降低售价、确保上游矿产资源稳定与安全、支持研发、促进循

---

[1] 経済産業省「定置用蓄電システム普及拡大検討会第 1 回資料 5 蓄電システムをめぐる現状認識」、https://www.meti.go.jp/shingikai/energy_environment/storage_system/pdf/001_05_00.pdf。

[2] 経済産業省「定置用蓄電システム普及拡大検討会」、https://www.meti.go.jp/shingikai/energy_environment/storage_system/index.html。

环利用、推进国际安全标准化制定等措施，提高蓄电池产业国际竞争力。此外，日本还通过成立绿色创新基金支持企业解决蓄电池的性能与成本问题。2022 年 8 月，日本政府正式出台《蓄电池产业战略》，该战略以重振日本蓄电池产业国际竞争力为总体目标，旨在从蓄电池制造能力、研发能力、供应链安全、人才培养等多个维度促进日本蓄电池产业发展。

（一）2012年日本的《蓄电池战略》

2008 年国际金融危机后，世界各国对气候变暖及温室气体排放问题的重视程度不断提高，与节能减排密切相关的蓄电池产业再次成为各国关注的焦点。日本虽然在多种蓄电池产品上仍然具备一定的技术优势，但在国际市场上的份额不断下降，在蓄电池国际市场竞争日趋激烈的压力下，日本经济产业省在 2008 年 9 月 25 日提出有关"新能源政策新的方向性"的紧急提案，其中明确指出，"现在需要借助基础科学研究，探索基于全新构想和材料的革新性可充电电池技术"。[1] 2011 年东日本大地震使日本经济遭受重创，能源危机促使可再生能源成为能源结构性改革的重点，在严峻的电力供需形势和智能电网社会建设影响下，储能系统的重要性日益提高。经济产业省研究认为应用蓄电池将成为未来解决电力供应问题的优质方案，在政府制定的新能源长期供需计划中，可再生能源的引入和扩大将是必不可少的，但短期内大规模引入可再生能源，可能损害电网的稳定性，并且可能超出电网吸收极限，导致电力过剩，在这种情况下，蓄电池将在电力系统中起到重要的调节作用，并且针对电力供需紧张问题，应用蓄电池还可以起到"移峰填谷""停电后备"的作用。此外，随着蓄电池在电力系统、汽车、防灾、家用等领域内用途的不断增加，蓄电池产业预计将成为推动未来经济发展的重要潜在领域。为了将蓄电池产业培育成战略性产业，2012 年 7 月，日本经济产业省发布《蓄电池战略》，[2] 明确了蓄电池产业今后一段时间内发展的总体

---

① 唐杰英：《日本蓄电池产业的发展战略及启示》，《日本研究》2013 年第 4 期，第 27 页。
② 経済産業省「蓄電池戦略」，https：//www.cas.go.jp/jp/seisaku/npu/policy04/pdf/20120705/sanko_shiryo1.pdf。

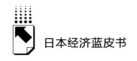

目标，并总结了应实施的具体措施。

2012 年出台的《蓄电池战略》的核心课题是面对当时日本国内能源转型的重大问题，要加速推进蓄电池的普及。为此，在产业战略中分别设置了要达到的市场目标和社会目标。在总体的市场目标中，预计到 2020 年，国内电池企业通过自身发展及并购等举措，使日本蓄电池产业在全球蓄电池市场所占份额达到 50%（2012 年的份额为 18%），其中，预计电力系统用大型蓄电池的占比为 35%，定置用蓄电池的占比为 25%，车载蓄电池的占比为 40%。在社会目标中，通过建立以蓄电池为核心的基础设施①，增加电力需求侧的自主权，从以往的"集中型能源供给系统"社会向高效的"分散型能源供给系统"社会②转变，产业界也可以通过活用蓄电池，自主开拓电力交易等新型商业模式，并且可以尝试将高效的模式提前部署到电力需求迅速增加的其他国家，利用国际市场需求创造收益。为达成目标，完成加速推进蓄电池普及的核心课题，《蓄电池战略》主要从电力系统用大型蓄电池、定置用蓄电池、车载蓄电池三个方面提出蓄电池普及过程中存在的问题及推广蓄电池的具体措施。

1. 电力系统用大型蓄电池普及问题及改善措施

在将蓄电池应用于电力系统中时，需要考虑成本和技术方面的问题。由于安装在电力系统中的蓄电池的成本远大于通常安装的抽水蓄能发电设备，③ 并且在使用寿命方面也存在巨大的差异，④ 因此，实现与想要代替的抽水蓄能发电设备相同的安装成本成为蓄电池在电力系统中普及的重要问

---

① 在能源供应方面，为了打造即使在紧急情况下也能确保能源安全的社会，日本从施工阶段开始就为房屋和其他建筑物配备蓄电池，特别是在建设医院等设施时。

② "分散型能源供给系统"社会是通过与可再生能源组合，将蓄电池视为社会基础设施，结合下一代汽车蓄电池应急供电效果，即使在停止供电的情况下，也能够在一定时间、一定地区独立地供给电力的社会。

③ 在 2012 年时，如果将蓄电池和抽水蓄能发电的成本进行比较，则抽水蓄能发电的成本约为 23000 日元/千瓦时，而目前钠硫蓄电池的成本约为 4 万日元/千瓦时，铅酸蓄电池的成本约为 5 万日元/千瓦时，镍氢蓄电池的成本约为 10 万日元/千瓦时，锂离子电池的成本约为 20 万日元/千瓦时。

④ 使用寿命方面，抽水蓄能发电设备约为 60 年，钠硫蓄电池约为 15 年，铅酸蓄电池约为 17 年，镍氢蓄电池为 5~7 年，锂离子电池为 6~10 年。

题。另外，在发电系统中使用的大型蓄电池要具备大容量，并且要满足额定功率状态下连续充放电 6~7 个小时的持久性需求，因此，进一步推进大型蓄电池的技术创新也是需要面对的重要问题。

为了解决电力系统用大型蓄电池普及过程中存在的成本和技术难题，应在电力企业、可再生能源发电企业、蓄电池制造商等的积极参与下，致力于提高大型蓄电池的性能（大容量化、充放电能量效率、安全性）、完善控制方法，并优化蓄电池安装方法，以加速创造需求市场。此外，还应将蓄电池成本降低的具体目标值纳入国家的产业扶持计划中，从政府层面给予蓄电池普及政策性支持。

2. 定置用蓄电池普及问题及改善措施

应用蓄电池将作为解决电力供需失衡的主要对策，从成本和技术方面考虑，锂离子电池的普及问题越来越受到关注。在定置用蓄电池中，锂离子电池的潜力十分巨大，[1] 日本各制造商已经为量产提前进行了大量的投入，并不断强化生产链，但目前电池售价仍然较高（价格约为铅酸蓄电池的 4 倍），因此，扩大需求、降低锂离子电池成本、进一步通过技术进步提升能量密度是目前需要解决的重要问题。另外，为了促进定置用锂离子电池在社会上的普及，在商用中需要缩短锂离子电池安装运营商的成本回收期，在家用中应重新审视现行的电费制度。此外，从制度方面考虑，在蓄电池的系统连接协议中，目前的技术标准及认证制度尚不完善，在家用锂离子电池使用中，日本国内和国际安全标准尚处于空白，因此有必要推动锂离子电池连接规则和安全标准的制定。

为了解决定置用蓄电池普及过程中存在的成本和技术难题，应稳步落实蓄电池补贴政策，[2] 通过扩大民间需求推动蓄电池的普及，并且通过批量生

---

[1] 在定置用蓄电池中，铅酸蓄电池相对便宜，但由于其采用已经成熟的技术，技术进步和降价的潜力不是很大。目前，镍氢蓄电池的成本与锂离子电池大致相同，但由于需要使用稀土，受制于全球稀土供应链，未来的降价潜力很小。

[2] 日本在 2011 年第三次补充预算案中设立了"节电生态补贴"（补贴金额为购买价格的 1/3，预算金额为 210 亿日元）。

产降低蓄电池成本。此外，可与国土交通省等部门合作推广蓄电池，在地区内建立独立的、分散的防灾基地，以租赁的形式解决由初始成本高致使购买者犹豫不决的问题，这需要寻求与拥有租赁业务的私营企业进行合作。面对制度方面存在的难题，日本电机工业会（JEMA）在2012年3月上旬制定了蓄电池技术基准，以使蓄电池的系统连接协议顺利化。以该基准为基础，相关认证机构〔日本电气安全环境研究所（JET）〕已开始讨论试验方法，并从7月开始受理系统连接认证申请。关于确保锂离子电池的安全性问题，加快制定国内的安全性标准，并通过将其带入国际电工委员会（IEC），推进国际安全标准制定。

3. 车载蓄电池普及问题及改善措施

为了加快车载蓄电池的普及，需要通过技术创新提升蓄电池性能和能量密度，进而提升电动汽车续航里程，同时需要通过技术创新降低车载蓄电池的成本。为此，应加大对汽车蓄电池行业的资金投入力度，提高蓄电池生产过程中的效率，在研发方面，除了进行有助于性能提升的材料研发外，还应推进与整车电池性能互补的研发，如电池管理系统和车辆轻量化。为了实现将车载蓄电池作为突发灾害时的应急电源，以及作为"移动电源"发挥类似于定置用蓄电池在电力系统中起到的供需调节作用，要将V2H[①]普及作为重点项目。此外，为了提高配备电池的下一代汽车使用的便利性，发展汽车充电设备和供氢设施等基础设施也将面临巨大难题。

为了解决车载蓄电池普及过程中存在的难题，政府应通过财政补贴等措施推动汽车电池行业的资金投入和研发，通过车载蓄电池的发展和普及，促进下一代汽车的发展。为了普及V2H，可以将V2H兼容车辆引入日本国内市场，这需要积极采取措施支持V2H的引入（现有公寓的引入补贴和引入测试等），并建立严格的安全认证体系。对于汽车充电设备，将进行重点支援，要有计划、有效率地发展充电基础设施，目标是到2020

---

① V2H全称为Vehicle to Home，译为"车辆到家庭"，指将车载蓄电池中储存的电力或燃料电池产生的电力供家庭使用。

年安装 200 万个普通充电器和 5000 个快速充电器，提高下一代汽车使用的便利性。

（二）2022 年日本的《蓄电池产业战略》

曾经占据全球市场优势地位的日本蓄电池产业，在成本劣势下不断被中韩追赶。面对全球能源转型，日本全力以赴追求以全固态锂离子电池为主的下一代电池技术，从而忽视了传统液态锂离子电池市场，致使日本未能顺应蓄电池产业的主流发展趋势做出战略调整，导致蓄电池产业走向衰落。随着全球蓄电池市场的蓬勃发展，以及日本蓄电池产业国际竞争力的不断下降，日本再次深刻意识到大力发展蓄电池产业的重要性。从 2021 年 11 月到 2022 年 8 月，经济产业省蓄电池产业战略研究官民协议会召开六次会议①，深入探讨了蓄电池产业的国内外发展状况，围绕上游供应链的资源保障、下一代电池技术开发、人才培养、扩大需求、回收再利用、国际合作等一系列产业发展重要课题，最终制定并公布了新的《蓄电池产业战略》②。该战略在总结以往日本蓄电池产业发展经验与教训的基础上，提出了提升蓄电池产业国际竞争力的总体战略目标，并计划通过一系列具体举措的实施，重拾日本蓄电池产业昔日的辉煌。在提升国际竞争力的总体目标下，其还包含提升蓄电池国内制造能力、国际制造能力，以及蓄电池技术研发能力等主要目标。

1. 蓄电池国内制造能力目标及举措

日本在 2012 年发布《蓄电池战略》后，制定了重点发展下一代电池技术——全固态电池技术的目标，但受成本和安全等因素影响，原定于 2020 年前后实现产业化的构想并未如期实现。在此过程中，大量的资金、人才倾斜配置到下一代电池技术的开发中，使得原本具有竞争优势的液态锂离子电池发展迟缓，日本蓄电池产业也因此被中韩等国家赶超。为此，日本在

---

① 经済産業省「蓄電池産業戦略検討官民協議会」、https：//www.meti.go.jp/policy/mono_ info_ service/joho/conference/battery_ strategy.html。
② 経済産業省「蓄電池産業戦略」、https：//www.meti.go.jp/policy/mono_ info_ service/joho/ conference/battery_ strategy/battery_ saisyu_ torimatome.pdf。

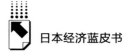

2022 年制定的《蓄电池产业战略》中提出，将重新重视液态锂离子电池市场，以巩固国内蓄电池制造业的基础，具体设定是尽快在 2030 年将国内车载蓄电池的产能提高到 100GWh，此外，为了确保蓄电池出口和定置用蓄电池所需的制造能力，最迟到 2030 年使国内蓄电池生产能力达到 150GWh。

为了实现蓄电池国内产能目标，日本政府将采取扩大国内基础设施、扩充资金方面支援、加大对技术人员的培养等一揽子政策加以支持，并呼吁政府和民间共同加强对国内蓄电池及材料制造基地的投资；通过 DX（数字化转型）和 GX（绿色转型）加强蓄电池的尖端制造技术，完善先进制造工艺；推进电池系统一体化，如加强 BAJ（日本电池工业协会）与 JEMA（日本电机工业会）的合作等以降低成本、提高附加值，进而强化蓄电池产业的竞争力。

2. 蓄电池国际制造能力目标与举措

随着全球电动汽车的迅速普及，未来对蓄电池的需求有望进一步增加，加之蓄电池被视为有效利用可再生能源所产生电力的关键，因此蓄电池产业的重要性进一步凸显。然而，日本蓄电池企业却在与中韩企业的竞争中节节败退，日本蓄电池产业的全球市场份额从 2015 年的 40% 下降到 2020 年的 15%。鉴于这种情况，经济产业省在官民协议会上反复讨论，并首次提出了强化蓄电池产业国际竞争力的目标。为此，《蓄电池产业战略》提出，到 2030 年使日本制造商的蓄电池全球生产能力达到 600GWh（可为约 800 万辆电动汽车提供动力），日本蓄电池的全球市场占有率有望提高到 20%，由此使日本蓄电池产业在全球的影响力得到恢复和保持。

为了实现蓄电池的国际制造能力目标，日本拟以国内企业为基础，发挥尖端技术优势，打造和培育面向全球市场（尤其是欧美等高端市场）的蓄电池企业，并与"志同道合"的国家在强化蓄电池全球供应链、研发、信息交流，以及蓄电池可持续性相关规则制定等方面展开积极合作；与海外相关团体展开对话，建立全球战略联盟；在碳足迹计算方法、锂离子电池制造规格等方面推动蓄电池国际规则的制定，并参与制定安全性、功能性的蓄电池国际标准。此外，以日本蓄电池产品的安全性为优势，根据全球蓄电池各种新用途（船舶、飞机、农机等）及相关服务的市场潜力，配合相关产业政策和创业政策，支持日本企业进行海外市场开拓和新业务发展，提升蓄电池的全球市场份额，增强蓄电池产业的国际影响力。

3. 研究开发能力目标与举措

在《蓄电池产业战略》中，为确保日本在激烈的国际竞争中能够在下一代电池市场占据有利位置，计划到 2030 年前后使全固态电池正式大规模产业化，确保日本蓄电池技术在 2030 年以后仍处于全球领先地位。

为了实现研究开发能力目标，在强调通过官产学合作促进蓄电池技术研发的同时，进一步加大对下一代电池技术研发的支持力度，以保持日本在全球的领先优势。政府还拟通过设立绿色创新基金等举措，加快以全固态电池为中心的新一代电池、材料、回收利用技术等的开发。随着技术的不断成熟，充分发挥本土蓄电池制造的优势，建立完备的全固态电池制造体系，加快尖端技术的产业化步伐，使全固态电池等下一代电池在全球率先实用化，使日本稳步占领下一代电池市场。此外，该战略还指出要推进技术研发与人才培养的联动，注重国内蓄电池研发中心的建设，并完善下一代电池性能测试和安全评估相关功能，建立健全新一代产品质量保障体系。

（三）日本蓄电池产业战略调整的评价

比较 2012 年的《蓄电池战略》与 2022 年的《蓄电池产业战略》可知，两者间并非简单增加"产业"二字的差异，后者更是在蓄电池产业的战略定位、发展目标，以及发展举措等方面进行了一系列重大调整，体现出日本政府为重振蓄电池产业国际竞争力做出积极努力。

1. 战略定位的调整

2022 年的《蓄电池产业战略》与 2012 年的《蓄电池战略》相比，对蓄电池产业的战略定位有了新的认识。2012 年的《蓄电池战略》是在经历了2011 年东日本大地震和福岛核泄漏事故后，日本国内面临严峻的电力供应紧张状况下制定的产业战略。受东日本大地震影响，作为能源政策的方向性改革从以往的"大规模集中型能源供给系统"向"分散型能源供给系统"转换。

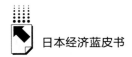
在这样的动向中，蓄电池有望发挥社会基础设施的作用。一方面，蓄电池的广泛应用可以在电力系统引入可再生能源后起到用电调节作用，可以通过实现社会错峰用电缓解电力紧张，还可以在社会遭受自然灾害等突发事件时暂时缓解电力缺口，从而能够增加能源需求侧的自主权，解决社会电力供需的重大问题；另一方面，在日本蓄电池产业具有世界领先优势的背景下，随着蓄电池的广泛应用，其有望成为颇具发展潜力的战略性产业。采用投入产出表的推算表明，1kWh 锂离子蓄电池设备的导入将带来约 7 万日元的生产诱导效果、约 3 万日元的附加值增加效果、约 0.003 人的新增就业效果。[①]

2022 年的《蓄电池产业战略》是在日本已经逐渐丧失蓄电池产业的领先优势，同时面临实现碳中和目标的多重压力下制定的战略。一方面，由于竞争优势的丧失，日本希望通过出台新的战略，助力蓄电池产业重新夺回失去的市场份额。另一方面，蓄电池作为未来绿色经济发展的基础性产业，特别是在新能源汽车产业发展中扮演越来越重要的角色，日本已将其提升为和半导体产业同等重要的战略性产业。与此前的战略相比，大力发展蓄电池产业的现实紧迫性大大提高，由此蓄电池产业的战略地位得到进一步提升。

回顾 2012 年制定的《蓄电池战略》，其实可以看到日本在较早时期便预见到蓄电池产业的良好发展前景，但在该阶段蓄电池战略的发展目标中，仍以激发蓄电池产业发展潜力和提升经济效益为主要目的，其政策重点放在降低成本、优化产品性能，以及在国内普及蓄电池等层面，没有从与主流新能源汽车发展路线契合的深层次对蓄电池产业进行发展规划，因此导致蓄电池产业发展动力严重不足，错失了发展先机，最初设定的市场份额目标未能实现。2020 年，日本蓄电池产业的全球市场份额仅为 15%，大大低于预期的 50% 的目标，其中车载锂离子电池的全球市场份额为 21.1%，定置用锂离子电池的全球市场份额仅为 5.4%，也分别远低于预期的 40% 和 25% 的目标。

---

① 環境省「環境への取り組みをエンジンとした経済成長に向けて」、https://www.env.go.jp/policy/keizai_ portal/B_ industry/b. houkoku. pdf。

吸取以往的经验和教训，2022 年制定的《蓄电池产业战略》对日本实现占全球蓄电池市场 20% 份额的定位更加客观、谨慎，同时注重与汽车产业发展的有效衔接，从更深层次上对蓄电池产业的发展做出了战略定位。

2. 发展目标的调整

在发展目标的内容调整方面，2012 年的《蓄电池战略》中设定了到 2020 年需要达到的市场目标和通过蓄电池改变生活运行方式的社会目标，但是无论是市场目标还是社会目标，二者的最终目的都是促进蓄电池的普及。《蓄电池战略》从电力系统用大型蓄电池、定置用蓄电池、车载蓄电池三个方面提出了目前发展中存在的问题，而这些问题正是制约蓄电池普及的重点问题。而 2022 年制定的《蓄电池产业战略》明确提出将提升蓄电池产业竞争力设定为核心目标，围绕核心目标分别提出详细的国内制造能力目标、国际制造能力目标、研究开发能力目标，以及供应链、人才培养等目标，相较于 2012 年的《蓄电池战略》，2022 年的《蓄电池产业战略》中提出的目标更详细，涉及的范围更广，也更有针对性。

在发展目标的范围调整方面，2012 年的《蓄电池战略》中设定的蓄电池普及目标的指向范围重点放在国内，由于战略实施目的主要是解决国内电力供需问题，因而呈现以在日本普及蓄电池的国内目标为主，由国内市场扩展到全球范围的国际目标为辅的特点。而 2022 年的《蓄电池产业战略》中设定的提升产业竞争力目标的指向范围重点放在国际。在蓄电池产业国际竞争日益激烈的形势下，呈现以提升蓄电池竞争力的国际目标为主，巩固国内蓄电池制造业基础的国内目标为辅的特点。总体来看，蓄电池产业发展目标的指向范围呈现由内而外的调整，这种调整与日本当前面临的国际形势以及长期以来蓄电池产业的发展情况密切相关。

在发展目标的达成时间调整方面，2012 年的《蓄电池战略》设置了以 2020 年为限的 8 年期总体发展目标，相比之下，2022 年的《蓄电池产业战略》在目标达成期限方面设置得更为详细，除了同样设置了以 2030 年为限的 8 年期总体发展目标之外，针对达成发展目标的各项措施设置了详细的"蓄电池战略技术路线图"，除 2022~2025 年的中短期目标外，还对 2030 年

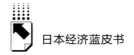

后的长期目标进行了展望。例如在为达成国内制造能力目标需要扩充国内基础设施的措施中，根据技术路线图，预计2022年达成相关支援政策具体化目标；2023~2025年通过公私合作扩大国内制造基础设施（投资、制造技术的提高，控制系统的复杂化等）；2025~2030年根据投资情况等对支援制度进行审查，最迟在2030年完成将国内蓄电池生产能力达到150GWh的目标，在2030年之后则根据市场发展情况针对此问题进一步进行研讨。不同于以往的"固定模式"，新战略对目标达成时间进行了灵活的优化调整，这种调整方式可以及时应对发展过程中遇到的各种突发事件，使制定的蓄电池产业政策更具时效性、准确性。

3. 发展举措的调整

从技术层面的调整看，2012年的《蓄电池战略》注重蓄电池技术的提升，但当时对蓄电池技术的探索范围还比较宽泛，战略中提到的电力系统用大型蓄电池包括钠硫电池、氧化还原液流电池、镍氢电池、锂离子电池等，定置用蓄电池包括锂离子电池、铅酸电池等，车载蓄电池包括锂离子电池、镍氢电池等，这些种类的电池都被认为是有发展前途的电池，这些电池都可被称为本世代电池，通过电池技术创新希望提高性能和降低成本，促进各类蓄电池普及。另外，战略中预测钠硫电池在成本和可持续方面有望在未来大规模引入可再生能源的电力系统中做出贡献，而在定置用蓄电池和车载蓄电池中锂离子电池的重要性也被提及。但在2022年的《蓄电池产业战略》中，对技术的要求不仅作为普及蓄电池的手段，而且已上升到促进产业竞争力提升的战略高度，该战略提出要充分发挥技术优势，通过官民合作研究开发下一代电池技术，以占领未来的电池市场。由于当前新能源汽车产业逐渐成为蓄电池应用的主要领域，在大量需求的车载电池中，锂离子电池的重要性不断提升。在以锂离子电池为主的动力电池发展中，日本现在的电池技术并不占据优势，反而不断被其他国家超越，为了重塑技术优势，日本将全力以赴开发下一代电池，并将聚焦全固态锂离子电池的开发与产业化，希望能够在下一代电池市场竞争中占据先机，以挽回在蓄电池产业国际竞争方面的劣势。

从供应链层面的调整看，2012 年的《蓄电池战略》中并没有意识到蓄电池供应链的重要性，虽然对上游原材料相关问题有所提及，但主要从影响蓄电池成本角度进行分析，认为材料成本在蓄电池成本中所占比例较高，因此资源紧张导致的材料成本增加和供应短缺对蓄电池成本的影响较大，不利于蓄电池的普及。相较于 2012 年的《蓄电池战略》，2022 年的《蓄电池产业战略》将供应链问题摆在了更加重要的位置。在当前供应链发展越来越复杂和重要的前提下，尤其是各国对蓄电池供应链上游矿产资源的争夺愈演愈烈，提出要保证蓄电池产业上游原材料供给的稳定，确保蓄电池供应链的安全目标具有重要的现实意义。日本政府预计 2030 年日本蓄电池产量可达到 600 吉瓦时，需要约 38 万吨锂、31 万吨镍、6 万吨钴、60 万吨石墨和 5 万吨锰等原材料。[1] 为确保锂、镍、钴、石墨等蓄电池材料资源的充足供应，日本政府将通过加大投资力度、增强债务担保等一揽子政策，加强对日本企业购买矿物矿山等电池生产材料的支持，同时与资源丰富的国家（澳大利亚、南美洲与非洲国家等）合作确保上游供应链的稳定，并且尽可能在日本或其他国家开发冶炼和精炼工程，加强中游供应链建设，致力于构建上、中、下游企业和政府、金融机构协调发展的资源保障体系。日本确保蓄电池供应链稳定与安全的一系列举措有利于促进蓄电池产业平稳发展。

从人才培养层面的调整看，2022 年的《蓄电池产业战略》对蓄电池相关人才的培养给予了更多的关注。计划到 2030 年培养 2.2 万名与蓄电池产业相关的人才（技术工人为 1.8 万名，科研人员为 0.4 万名），并成立"关西蓄电池人才培养中心"，拟在关西地区进行试点并逐渐扩展到全国。除在职业高中和技术学院等引入蓄电池相关课程之外，还对相关从业人员进行技能再培训，以进行更多的人才储备。而 2012 年的《蓄电池战略》对人才培养的关注相对较少，缺乏具体的人才培养目标。

---

① 《致力提高电池产业竞争力　日本政府提出 240 亿美元投资目标》，新浪财经，https://finance. sina. com. cn/tech/it/2022-08-31/doc-imiziraw0483379. shtml。

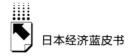

从环境层面的调整看，2022年的《蓄电池产业战略》是在日本提出碳中和目标和"绿色成长战略"的基础上制定的产业发展战略。当前阶段碳减排等气候、环境保护标准的提升将对蓄电池产业发展提出更高的要求，蓄电池产业发展过程中也将兼顾气候、环境保护理念。为此，该战略在措施调整中提出，到2030年，要在国内建立行之有效的电池回收体系，通过加强蓄电池回收再利用、产业碳足迹（CFP）测度等措施确保蓄电池产业的绿色可持续发展。另外，其也对蓄电池制造环节存在的碳排放问题提出了更高标准和更严格的要求。而2012年的《蓄电池战略》对环境的关注相对缺乏，在可再生能源利用方面只提到了太阳能、风能等清洁能源的利用属性，而忽视了环保属性。2022年的《蓄电池产业战略》对环境层面的调整与当前所处的"脱碳"时代背景密切相关，体现了新时代的绿色发展理念，也赋予蓄电池产业新的时代特色。

三 日本新能源汽车产业对蓄电池产业
发展的连带效应

日本蓄电池产业的衰落及其战略调整在相当程度上受到日本新能源汽车产业发展路线选择的影响，在蓄电池产业和新能源汽车产业关联度越来越高的趋势下，关注新能源汽车产业发展对蓄电池产业发展的连带效应意义重大。

（一）日本新能源汽车产业发展历程

20世纪50年代，由于研究发现光化学烟雾[①]的主要来源为汽车尾气，引发了全球汽车环保意识的提高。在日本，自20世纪60年代以来，大气污染问题开始逐渐受到重视，1966年，政府首次实施了针对CO（一氧化

[①] 主要来源于汽车尾气中的NO_x（氮氧化物）和HC（碳氢化合物）与阳光反应形成的有害的光化学烟雾。

碳）的汽车尾气排放法规；1973 年，作为光化学烟雾成因的 NO_x（氮氧化合物）和 HC（碳氢化合物）受到管制。但是，在此期间，由于汽车的大规模普及，大气污染并没有明显的改善迹象。1978 年，日本效仿美国的《马斯基法案》[①]，出台了汽车排放法规，鼓励改进三元催化器等环保技术以减少空气中的有害物质。与此同时，20 世纪 70 年代两次石油危机不仅导致燃油价格飙升，也让人们意识到石油资源的有限性，汽车产业开始被要求向节油汽车转型。1979 年，日本以石油危机为契机，颁布了《节能法》，强制要求汽车制造企业达到政府规定的燃料效率指标。[②] 在减少废气排放和提升燃油效率因素的影响下，日本汽车产业开始思考转型发展之路。

1997 年 12 月，在日本京都举行的《联合国气候变化框架公约》缔约方大会第三次会议通过了《京都议定书》，减少温室气体排放成为国际性问题。日本在此后宣布了削减温室气体排放的重大决议，并时隔 20 年对《节能法》进行首次修改，在加快推进节能环保的形势下，日本汽车产业开始朝着能源多样化方向发展。2001 年，日本国土交通省制定了《低污染汽车开发与普及行动计划》，目标是到 2010 年，推广 1000 万辆以上已上市的低污染汽车，其中，清洁能源汽车[③]的数量将达到 348 万辆，此时，日本设定的未来清洁能源汽车主要包括混合动力汽车、电动汽车、石油替代燃料汽车（甲醇汽车、天然气汽车）以及柴油替代液化石油气（LPG）汽车。[④] 在这些清洁能源汽车中，使用替代燃料的汽车都存在燃料供给基础设施不足的问

---

① 1970 年，《联邦清洁空气法》（《马斯基法案》）颁布，该法案在世界上率先实施了严格的废气法规。《马斯基法案》规定的尾气排放量标准要求全球汽车制造商大幅提高处理尾气排放的绩效，成为鼓励汽车行业采取环保措施的重大契机。对于最早通过监管标准的日本汽车产业来说，这是扩大其在北美市场份额的机会。

② 《日本：节能技术重塑产业格局》，光明网，https：//m. gmw. cn/baijia/2019 - 07/18/33007471. html。

③ 清洁能源汽车是指具有替代石油能源、节能、通过控制和减少废气排放以减少环境负荷效果的汽车。

④ みずほコーポレート銀行「環境対応を巡る自動車産業の動向～燃料電池を軸に」、https：//warp. da. ndl. go. jp/info：ndljp/pid/283289/www. mizuhocbk. co. jp/fin_ info/industry/sangyou/pdf/1003_ 01. pdf。

题。在当时，日本全国约有 53000 个加油站，与此相对，LPG 站有 2000 个，天然气和甲醇的供给站不超过 200 个，特别是甲醇本身具有毒性，作为燃料的点火性也不好，因此甲醇汽车很快便消失在新能源汽车开发计划中。此外，使用其他替代燃料的新能源汽车也普遍存在续航里程短、便利性差等弊端，尤其是电动汽车（主要应用镍氢电池），其较长的充电时间大大降低了使用过程中的便利性。而与其他清洁能源汽车相比，混合动力汽车具有不受燃料供给基础设施限制、低油耗、低尾气排放等特点，具备快速普及的潜力，因此，丰田、本田、日产等汽车企业宣布实用化的混动汽车在 2000 年前后陆续上市。① 这一阶段，日本汽车业开始关注氢燃料电池汽车的发展，聚合物电解质燃料电池（PEFC）的性能提高使其小型化成为可能，在安装后可为汽车提供行驶动力，燃料电池汽车的开发在 20 世纪 90 年代便已经正式开始。理想中的氢燃料电池汽车可以同时实现低排放和低油耗，能够解决长期以来新能源汽车产业发展过程中面对的如何平衡二者之间关系的重大难题。另外，氢气可以从碳氢化合物燃料、电解水等多种渠道获取，因此氢燃料电池汽车被视为日本未来理想的开发车型。2000 年，日本氢燃料电池汽车的开发处于商业化前的示范试验阶段，丰田和本田等车企纷纷宣布于 2002 年推出示范车型，但考虑到技术和基础设施建设等问题，日本智库估计氢燃料电池汽车的全面商业化最早有望在 21 世纪第一个 10 年的中期开始。②

由于混合动力汽车中的混合动力系统在制动过程中回收能量的技术，以及核心的电机驱动控制技术均是能够应用于氢燃料电池汽车的重要技术，因此，在燃料电池汽车被日本认定为下一代环保汽车的主流时，混合动力汽车被定位为"通往燃料电池汽车的桥梁"。2004 年，受汽油价格飞涨、驾驶性能更加优良的车型不断推出等因素影响，混合动力汽车的市场规模较上年增长

---

① 丰田在 1997 年就推出了油电混合动力车型普锐斯。

② みずほコーポレート銀行「環境対応を巡る自動車産業の動向~燃料電池を軸に」、https://warp.da.ndl.go.jp/info: ndljp/pid/283289/www.mizuhocbk.co.jp/fin_ info/industry/sangyou/pdf/1003_ 01.pdf。

约 2.3 倍，在全球市场中增长至 18 万台，表现出巨大的增长潜力。另外，丰田 2003 年改款后的混合动力专用车型"普锐斯"在环境性能测试中超过了该公司的商用燃料电池汽车"FCHV"，加之考虑到氢燃料电池汽车大规模普及仍需要较长时间等因素，混合动力汽车在日本的地位开始发生变化，从一个新能源汽车的"过渡者"转变为有前途的"下一代环保汽车的主要候选者"，① 并逐渐出现在日本新能源汽车产业发展的长期规划之中。随着锂离子电池性能不断提高、成本持续下降，其替代镍氢电池作为汽车动力之源的方案成为可能，为新能源汽车产业发展带来更多路线选择。2006 年 8 月，日本电池研究会编制了《下一代汽车电池的未来提案》，致力于通过提高电池性能、降低成本以普及电动汽车，同时插电式混合动力汽车开始在日本国内兴起，丰田在此前已宣布将推进插电式混合动力汽车的实用性研发，日产在 2010 年绿色计划中表明将促进插电式混合动力汽车发展。② 2007 年 5 月，日本经产省发布《下一代汽车及燃料计划》，制定了通过电池、燃料等技术创新发展下一代混合动力汽车、电动汽车和氢燃料电池汽车的汽车环境和能源战略。③ 2010 年 4 月，日本经产省正式发布《下一代汽车战略 2010》，从电池、资源、基础设施和标准国际化制定等方面制定了发展战略及行动计划，在下一代汽车普及目标中，到 2020 年，下一代汽车占比将提升至 20%～50%（见表 1），其中以混合动力汽车、电动汽车和插电式混合动力汽车普及为主。④

---

① みずほコーポレート銀行「ハイブリッド車市場の展望と課題」、https：//warp. da. ndl. go. jp/info：ndljp/pid/233022/www. mizuhocbk. co. jp/fin＿info/industry/sangyou/pdf/mif＿38. pdf。

② 経済産業省「新世代自動車の本格普及に向けた提言について~早期実用化と普及を目指す全方位的な施策の実施と連携体制の構築」、https：//warp. da. ndl. go. jp/info：ndljp/pid/281883/www. meti. go. jp/press/20070629010/wg. pdf。

③ 経済産業省「次世代自動車・燃料イニシアティブ」、https：//warp. da. ndl. go. jp/info：ndljp/pid/286890/www. meti. go. jp/press/20070528001/initiative-torimatome. pdf。

④ 経済産業省「次世代自動車戦略 2010」、https：//warp. da. ndl. go. jp/info：ndljp/pid/1368617/www. meti. go. jp/press/20100412002/20100412002-3. pdf。

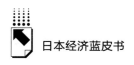
表 1　下一代汽车普及目标

车　型		2020 年	2030 年
传统汽车占比		50%~80%	30%~50%
下一代汽车占比		20%~50%	50%~70%
	混合动力汽车占比	20%~30%	30%~40%
	电动汽车和插电式混合动力汽车占比	15%~20%	20%~30%
	燃料电池汽车占比	0~1%	0~3%
	清洁柴油汽车占比	0~5%	5%~10%

资料来源：经济产业省「次世代自動車戦略 2010」、https：//warp.da.ndl.go.jp/info：ndljp/pid/1368617/www.meti.go.jp/press/20100412002/20100412002-3.pdf。

　　2011 年福岛核泄漏事故发生后，日本对传统化石能源的依赖程度提高，电价有所上涨，为了保障能源安全、减少碳排放量，日本开始加速建设"氢能社会"。2014 年 6 月日本经产省发布的《氢燃料电池战略路线图》、2014 年 11 月发布的《汽车产业战略 2014》以及 2016 年 3 月发布的《氢燃料电池战略路线图（2016 年修订版）》均将发展氢燃料电池汽车作为氢能社会的重要建设环节，对有关氢燃料电池汽车及其基础设施加氢站方面的推广措施进行了细化，氢燃料电池汽车的地位再次得到确认，加之2016 年 3 月日本经产省发布的《纯电动汽车与插电式混合动力汽车路线图》，可谓全景式描绘了日本下一代汽车发展目标、实现路径以及新能源汽车产业未来的发展方向。[1]2018 年，为应对汽车产业互联、自动驾驶、共享、电动化（CASE）变革，保持日本汽车产业竞争力，日本发布了"面向 2050 年 xEV 战略"，提出到 2050 年，在全球市场销售的日本汽车争取实现温室气体减排 80%，其中乘用车减排 90% 左右（xEV 减排 100%），以应对从"油井到车轮的零排放"（Well-to-Wheel Zero Emission）挑战。[2] 该战略中提到将在全球范围内推广的 xEV 主要包括电动汽车、插电式混合动力

---

① 刘兆国、韩昊辰：《中日新能源汽车产业政策的比较分析——基于政策工具与产业生态系统的视角》，《现代日本经济》2018 年第 2 期。

② 经济产业省「2050 年に向けたxEV 戦略、日本から世界に」、https：//journal.meti.go.jp/p/324/。

车、混合动力汽车和燃料电池汽车，该战略强化了对汽车电动化的支持，逐渐成熟的全方位汽车发展路线也将成为未来一段时间日本新能源汽车发展的主要趋势。

（二）新能源汽车产业发展路线选择的连带效应

在传统汽车向新能源汽车发展过程中，由燃油汽车到混合动力汽车和插电式混合动力汽车再到纯电动汽车，其对蓄电池的性能要求不断提升，使蓄电池产业和新能源汽车产业的关联度不断增强。因此，当前新能源汽车产业发展将对蓄电池产业发展产生重要影响。

日本作为汽车工业强国，较早便关注汽车产业能源转型的问题，通过研发不断推出新车型以适应环境保护战略的需要，而这也深深影响到蓄电池在汽车市场上的应用前景。日本在新能源汽车产业发展路线中的早期目标定位是发展油电混合动力汽车，凭借在汽车领域内长期积累的领先于全球的技术创新能力，混合动力汽车的突破性研发成果不断涌现，经过一段时间的发展，日本企业在混合动力技术方面甚至在全球居于垄断地位，其他国家涉足此领域时均难以在专利技术使用上绕过日本厂商。但正是由于混动技术形成技术性壁垒的限制，混动汽车在全球范围内难以形成规模化的市场，日本混动汽车普及困难，又使制造成本和成车售价居高不下，最终造成日本混动汽车发展举步维艰的局面。此外，在《联合国气候变化框架公约》第 26 次缔约方大会（COP26）发起的《COP26 关于加速向 100% 零排放汽车和货车过渡的宣言》中，更是明确将混合动力汽车和插电式混合动力汽车排除在"零排放汽车"之外，这进一步对日本汽车产业发展造成严重冲击。虽然日本极力论证混合动力汽车同样具有较高的环保属性，但孤掌难鸣，中国和美国已通过立法将油电混合动力汽车（HEV）排除在新能源汽车之外。可见，日本所固守的油电混动型新能源汽车的发展空间越来越狭小。另外，随着全球传统汽车产业向清洁能源汽车产业的转型，日本企业始终认为氢能比电力更适合成为新能源汽车能量的载体，因此其新能源汽车产业发展路线主要表现为从混合动力汽车直接跨过纯电动汽车发展阶段而跳跃到动力更足、更具

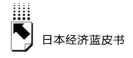

环保优势的氢燃料电池汽车阶段,力图以此实现弯道超车,而这与欧美、中韩等诸多国家大力倡导的纯电动汽车的发展路线截然不同。

由于日本并未选择将发展纯电动汽车作为主力路线①,因此其具有混合动力优势的电池技术与主流汽车市场需求出现脱节,在一定程度上制约了日本蓄电池产业竞争力的提高。因为不同类型新能源汽车产业发展路线的选择将对一国蓄电池市场的发展形成迥异的影响。在全球能源转型的背景下,很多国家的新能源汽车都朝着纯电动方向发展,由此产生对车载蓄电池的巨大需求。不仅如此,由于纯电动汽车配备的车载电池容量通常是混合动力汽车的 50~100 倍,是插电式混合动力汽车的 10~20 倍,因此对车载电池性能有更高的要求,其性能的高低成为决定新能源汽车便利性与成本的关键要素。矢野经济研究所的统计数据显示,以容量计算,2021 年全球车载锂离子电池市场规模为 371.1GWh,其中油电混合动力汽车(HEV)的市场规模为 4.7GWh,插电式混合动力汽车(PHEV)的市场规模为 32.2GWh,纯电动汽车(EV)的市场规模为 334.1GWh;而预计到 2030 年,全球车载锂离子电池的市场规模约为 1163.04GWh,其中三种类型汽车的车载电池市场规模分别达到 18.661GWh、140.139GWh、1004.341GWh。② 可见,纯电动汽车的普及对车载蓄电池的质量和数量有更高的需求,由此将激发投资者的创新热情,这有助于提升蓄电池产品制造工艺和技术研发能力,在电池技术与汽车市场之间实现良性循环。例如,中韩等国对大力发展电动汽车路线的选择成就了其电池技术的突飞猛进,目前,大量电池厂商热衷于通过技术改变电动汽车动力电池的封装形式,③ 比亚迪的 CTB(Cell To Body)技术和特斯拉、领跑、宁德时代的 CTC(Cell To Chassis)技术都瞄准电池车

---

① 目前,日本在全球电动汽车市场占 2%的份额,而中国则占高达 50%的份额。

② 矢野经济研究所「車載用リチウムイオン電池世界市場に関する調査を実施(2022 年)」、https://www.yano.co.jp/press-release/show/press_id/3034。

③ 早期电动汽车动力电池往往采用"电芯-电池模组-电池包"的封装形式。之后出现的 CTP(Cell To Pack)技术是针对电池包精简的一种技术,即直接由电芯组成电池包,取消模组或采用大模组的形式,下文出现的 CTB(Cell To Body)技术和 CTC(Cell To Chassis)技术是在 CTP 技术基础上进一步提升的技术。

身一体化技术，在整车中通过将电芯直接安装在底盘里，减少冗余设计，进一步提升电池包的体积能量密度和质量能量密度，因而能够带来更好的电池续航表现，间接提升了电池性能，并且由于解放了车内空间，也能够有效推动电动汽车朝着更加舒适化、安全化的方向发展。而日本汽车和电池厂商由于专注于混合动力汽车和氢燃料电池汽车的研发和应用，在电动汽车领域的发展较为滞后，并没有过多涉足符合当前市场环境的专项电池技术，未能乘上新时代汽车产业发展的"东风"，最终逐渐导致其蓄电池产业的竞争力落后。

四　日本蓄电池与新能源汽车产业的发展展望

世界各国已开始朝着在 2050 年将温室气体净排放降为零的"零碳社会"迈进。其中，交通工具产生的温室气体是阻碍脱碳进程的重要原因之一。一方面，在日本，运输部门在 2020 年的二氧化碳排放量约为 185 百万吨，占全国温室气体总排放量的 17.7%，其中道路运输所占比重最大，乘用汽车排放占比为 48.4%，货运汽车排放占比为 39.2%，[①] 汽车行业始终是温室气体高排放部门，威胁日本的零碳排放目标。另一方面，由"零碳"引发的产业转型将使全球汽车产业迎来重大变革。作为传统汽车工业强国，日本的汽车产业是能为全国提供约 10% 就业岗位和约 20% 出口的支柱产业。[②] 面对全球加快向零排放车辆过渡的形势，汽车将朝着以电为主要动力源的方向转变，日本汽车产业通过内燃机制造优势而获得的高竞争力局面将难以继续保持，因而，日本汽车产业感受到前所未有的危机。虽然日本政府和众多车企并没有立即响应汽车零排放宣言，但是开始逐步制订产业转型计划，设定大幅增加零排放汽车的销量、份额和使用量的未来新能源汽车产业

---

① 国立環境研究所「2020 年度(令和 2 年度) の温室効果ガス排出量(確報値) について」、https：//www.nies.go.jp/whatsnew/GHG2020_ Final_ Main (J). pdf。

② 日本自動車工業会「日本の自動車工業 2022」、https：//www.jama.or.jp/library/publish/mioj/ebook/2022/MIoJ2022_ j. pdf。

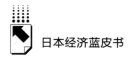

发展目标，希望继续保持汽车产业的国际竞争力。因此，面对 2050 年碳中和目标，无论是考虑环境因素还是经济因素，日本汽车产业向清洁化转型迫在眉睫。

在此过程中，蓄电池的普及成为关键，尤其在电动汽车快速发展时代，蓄电池不仅作为汽车启动时的供电装置参与向车内电子设备供电，还以系统的形式代替汽油发动机成为汽车重要的储能动力之源。随着全球电动汽车市场不断扩大，作为核心部件的动力电池市场需求急剧扩大，而车载动力电池的技术和工艺也将成为电动汽车发展的决定性因素。长久以来，电动汽车售价高、续航里程短、充电基础设施少是制约其普及的重要因素，这些均可以看作蓄电池的技术因素，通过技术创新提升电池性能，将有利于新能源汽车的普及。此外，随着电池上游原材料价格的暴涨，动力电池成本已经占据纯电动汽车 40%~60% 的成本，与上游锂电池企业以及矿产资源丰富国家合作，建立稳定和安全的电池供应链也是控制整车成本、提升蓄电池产业竞争力的关键。因此，确保车载电池的技术创新和稳定供给是新能源汽车产业整体朝着经济性、可靠性方向发展的重要保障。

日本已经充分意识到蓄电池产业与新能源汽车产业的高度关联性，并已在战略层面建立两者的协同发展机制。在日本"绿色成长战略"中，蓄电池产业同汽车产业一并被列为 14 个重点发展领域之一，旨在到 2050 年实现汽车全生命周期碳中和，强化作为新能源汽车产业发展基础的蓄电池产业的竞争力。在新能源汽车发展目标方面，到 2035 年，乘用新车实现 100% 为电动车，[①] 商用汽车则到 2040 年逐渐向电动汽车和合成燃料电池汽车过渡。在推进汽车产业改革的同时，日本在着力提高蓄电池产业的国际竞争力。到 2030 年，尽快将国内汽车电池制造能力提高到 100GWh，将汽车电池组的价格降到 10000 日元/千瓦时以下，使电动汽车和汽油汽车的经济性相当，并

---

① 日本"绿色成长战略"中的电动车包括 EV（纯电动汽车）、FCV（燃料电池汽车）、PHEV（插电式混合动力汽车）、HV（混合动力汽车）。

在 2030 年后进一步提高蓄电池性能，推动下一代电池商业化。① 2021 年 10月，为实现 2050 年碳中和目标，提出新的能源政策路线的《第六次能源基本计划》正式出台。在运输领域，未来将增加电动汽车和充电基础设施的引进，加强电动汽车相关技术的开发，实现电池供应链的稳定。此外，随着汽车电池使用量的增加，提高废旧电池回收效率，推动车载蓄电池向定置用蓄电池转化，将有助于解决城市蓄电池系统的导入成本居高不下的问题。② 2022 年 12 月，经济产业省公布了最新的《汽车技术路线图（草案）》，结合日本的能源状况和汽车产业的特点等因素，制订了产业发展的实用性计划，路线图的最终目标是到 2050 年促进汽车产业实现碳中和。③ 在汽车产业实现碳中和的过程中，蓄电池作为主要动力技术，是供给侧改革的关键一环，路线图对蓄电池发展提出高性能化、寻求资源节约型制造材料以及推进回收和循环再利用等要求，并制定了在制造和回收过程减排等方向性发展规划。此外，其也提出进一步促进蓄电池标准化以及规则的形成，确保蓄电池产业供应链、价值链不断完善，加强对蓄电池产业大规模投资支援等对策。2022 年 12 月，日本政府将包含蓄电池在内的 11 个领域的物资指定为"特定重要物资"。④ 为了实现重要物资的稳定供应，日本政府在 2022 年度第二次补充预算案中敲定了 3316 亿日元（约合人民币 169.04 亿元）资金，以 5年持续生产为条件对相关电池企业进行补贴，加强纯电动汽车等领域的电池在日本国内的生产。2023 年 2 月 20 日，日本经济产业省根据《经济安全保障推进法》继续对蓄电池发展给予大力支持，其中，针对锂电池工厂新建和增产的设备投资，政府将提供 1/3 补贴，并支持企业研发生产环节减排二

---

① 経済産業省「2050 年カーボンニュートラルに伴うグリーン成長戦略」、https：//www. meti. go. jp/press/2021/06/20210618005/20210618005. html。

② 経済産業省資源エネルギー庁「第 6 次エネルギー基本計画」、https：//www. enecho. meti. go. jp/category/others/basic_ plan/pdf/20211022_ 01. pdf。

③ 経済産業省「トランジション・ファイナンスに関する自動車分野における技術ロードマ ップ」、https：//www. meti. go. jp/shingikai/energy_ environment/transition_ finance_ suishin/pdf/009_ 04_ 00. pdf。

④ 《电池产业被中韩夹击，日本祭出高额补贴能否重塑产业链》，网易新闻，https：//www. 163. com/dy/article/HU73I2H505199NPP. html。

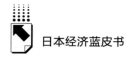

氧化碳等技术，此举将加强纯电动汽车核心零部件动力电池在日本国内的生产。[①] 随着全球电动汽车市场的不断扩大，动力电池市场也将进一步发展。预计未来几年，全球动力电池产业将迎来新一轮增长。基于蓄电池产业和新能源汽车产业的密切关联性，2022 年的《蓄电池产业战略》在促进日本蓄电池产业国际竞争力提升的同时，能够有效促进日本新能源汽车产业的转型与发展。

但值得注意的是，日本未来对新能源汽车产业发展的规划将影响其与蓄电池产业的协同发展，进而影响《蓄电池产业战略》的实施效果。一方面，日本在新能源汽车产业具体发展路线上仍旧摇摆不定。日本政府长期以来认为实现碳中和要追求多种选择，而不是局限于特定的技术。作为一个科技大国，日本的大战略是在追求多种技术的同时，促进技术之间的创新竞争。2022 年，日本汽车工业协会与智库合作，研究了三种情景下 2050 年汽车产业实现碳中和的可行性。从研究结果来看，日本在新能源汽车产业发展方面仍然在探讨将混合动力汽车（HEV）和插电式混合动力汽车（PHEV）作为未来产业发展方向的可行性，希望通过充分利用碳中性燃料（生物燃料、电子燃料）提升 HEV 和 PHEV 的环保属性。[②] 日本在长期坚持的新能源汽车全方位发展战略中对纯电动汽车发展的重视始终不足，虽然有电力短缺、锂矿短缺、对地缘政治风险担忧等无奈，[③] 但日本如果继续选择忽视纯电动汽车的发展路线，或将丧失日本国内的动力电池需求市场，这不利于其蓄电池产业与新能源汽车产业的良性互动与协同发展。另一方面，日本新能源汽车企业和国内电池企业间尚未形成良好的协同发展关系。在当前混动汽车难以有效推进、氢燃料电池汽车存在成本和安全弊端难以普及的

---

① 《日本动力电池产业由盛到衰，推 3300 亿日元补贴欲逆袭中韩》，网易新闻，https://www.163.com/dy/article/HU3I0E2505525259.html。
② 经济产业省「2050 年カーボンニュートラルに向けた自動車業界の課題と取組み」、https://www.meti.go.jp/shingikai/energy_environment/transition_finance_suishin/pdf/009_05_00.pdf。
③ 三井住友 DS アセットマネジメント株式会社「EVシフトの加速で「戦国時代」を迎える自動車業界」、https://www.smd-am.co.jp/market/daily/focus/2023/focus230209gl/。

背景下，日本企业已经开始关注纯电动汽车的发展，有日媒称 2022 年或许是日本电动汽车发展的"元年"，但是由于先前国内蓄电池产业发展的"意外掉队"，丰田、本田、日产等日本汽车企业在发展纯电动汽车时往往选择与宁德时代、比亚迪等中国企业建立战略合作关系。短期内虽然能够一解燃眉之急，可以运用成熟的电池产品迅速抢占纯电动汽车市场，但从长期看，众多车企同外国电池企业合作将进一步压缩日本国内电池企业的生存空间。因此，虽然日本根据国内外形势制定了新的蓄电池产业发展战略，但是受限于新能源汽车产业的发展规划，加之全球蓄电池和新能源汽车市场竞争日益激烈，尚难断言日本的蓄电池和新能源汽车产业一定会快速发展并顺利实现弯道超车。

五　结语

日本蓄电池产业起步时间较早，依托基础性技术创新优势一直在全球占据领先地位。随着中韩两国蓄电池产业以低成本优势在世界市场上迅速崛起，在能源转型背景下，日本蓄电池产业受国际市场竞争加剧等因素的影响，开始呈现由盛转衰的态势。随着各国碳中和目标的提出，蓄电池产业迎来大发展的机遇期，日本将蓄电池产业作为未来推动本国经济绿色发展的核心产业，2022 年公布的《蓄电池产业战略》在总结过去蓄电池产业发展过程中的经验与教训的基础上，制定了更加明确的产业发展目标，日本蓄电池产业的竞争力和国际影响力将进一步增强。基于蓄电池产业和新能源汽车产业的关联性越来越强，日本新能源汽车产业发展路线的选择对蓄电池产业发展曾产生重大的连带效应，而日本重振蓄电池产业的发展举措对于推进新能源汽车产业转型与发展无疑是重大利好，但同时蓄电池产业仍将受到新能源汽车产业发展路线选择的影响，显然两者的协同发展、相互促进对日本经济来说至关重要。

目前，我国蓄电池和新能源汽车产业发展不断取得新突破，在激烈的国际竞争中占据一定的先发优势，但仍存在许多结构性和现实性问题亟待解

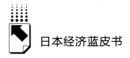

决，日本蓄电池产业战略的调整经验对我国蓄电池和新能源汽车产业发展具有重要的启示。第一，要从国家战略层面对我国蓄电池和新能源汽车产业的发展做出总体规划，进一步加大对蓄电池技术研发的投入力度，持续完善蓄电池和新能源汽车产业链、供应链，加强基础学科建设和相关人才培养，向蓄电池和新能源汽车产业发展提供系统性支持。第二，随着国内动力电池"白名单"和新能源汽车补贴等政府扶持政策的相继取消，国际市场竞争日趋激烈，今后如何调整产业政策继续促进我国蓄电池企业和新能源汽车企业的发展至关重要。对此，我国蓄电池和新能源汽车产业政策要围绕国家发展战略、国内市场发展情况、国际产业发展趋势进行及时调整，推动我国经济高质量发展，助力建设产业强国。第三，坚持蓄电池和新能源汽车产业相互促进、协同发展是我国未来实现碳中和和绿色发展的关键，因此应合理利用产业之间的关联效应，在新能源汽车产业发展过程中提出更高标准的绿色方案，引导其成长为国民经济建设中的基础性产业，尽快使我国步入绿色发展之路，以积极之态应对更趋复杂严峻的国际竞争形势。

B.14
"双碳"背景下的日本煤炭利用：现状与未来[*]

陈慕薇[**]

摘　要： 作为能源资源匮乏的国家，日本煤炭供给高度依赖进口。为了满足国内煤炭消费需求，日本在提出"双碳"目标之后，并没有采取激进的废煤政策，而是致力于寻求削减二氧化碳排放量和维持能源稳定供应两者之间的平衡，采取了脱碳而不废煤的"渐进式退煤"政策。日本还凭借高效能燃煤技术、混烧技术以及CCUS技术，稳步推进煤炭火力发电的低碳化，并积极向海外产煤国等发展中国家推广技术。然而，从碳达峰迈向碳中和，日本要解决的课题不只是技术层面的问题，还涉及制度建设层面。日本正在探索一条面向碳中和的"公正转型"道路，以推动国家经济社会可持续发展。

关键词： 洁净煤技术　渐进式退煤　公正转型　高效能发电　混烧技术

　　煤炭是二氧化碳排放量最大的化石燃料，自《巴黎协定》提出"碳中和"目标之后，全世界开始摸索"废煤"和"退煤"的政策路径。在2021年《联合国气候变化框架公约》缔约方第26次会议（COP26）召开之后，各国纷纷

---

* 本文为北京外国语大学日语学科建设项目中学术团队建设院系项目"日本地方自治体90年代之后环境政策的演变路径"（项目编号：270501021003）的阶段性研究成果。
** 陈慕薇，经济学博士，北京外国语大学日语学院（日本学研究中心）讲师，全国日本经济学会理事，主要研究领域为日本中小企业、环境政策及相关产业。

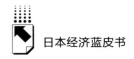

公布碳中和目标，掀起了"退煤""废煤"的浪潮。不仅民间资本开始撤出煤炭项目，各国也纷纷延期或终止火力电厂建设。新冠疫情的蔓延虽然在一定程度上减少了煤炭需求，加快了退煤的速度。但是，2022年俄乌冲突和新冠疫情形势好转带来的全球经济重启，加剧了能源供给紧张的局面，出现了煤炭价格的大幅波动。一度"废煤"的欧洲各国开始重启部分煤电厂以保证燃煤供电供暖需求。同时，当前社会各项低碳、零碳、负碳技术产业化程度尚未成熟，过于激进的"退煤""弃煤"政策容易带来区域社会经济的不稳定。

日本为实现2050年碳中和目标，明确了要最大限度使用可再生能源、核能等非化石燃料，大力发展氢能等新型能源的政策方向。然而，日本也认识到，从多元化能源利用的视角来看，未来一段时间煤炭仍然是日本非常重要的能源。2021年出台的《第六次能源基本计划》提出日本能源政策的基本原则是"S+3E"，即"确保在以安全（Safety）为前提的基础之上，以能源供应（Energy Security）为第一要义，通过提高经济效率（Economic Efficiency）来实现低成本能源供给，同时谋求与环境（Environment）的适配性"。其中关于煤炭的定位表述如下："在以现阶段的技术和制度为前提的条件下，煤炭是化石燃料中二氧化碳排放量最大的，但是煤炭调运的地缘政治方面的风险最小，单位热量所需的单价也是最低廉的，而且保管容易，是目前供给稳定且经济实惠的重要能源。"[1]

对于日本这种缺少化石燃料、高度依赖海外能源供给的国家来说，如何做到削减二氧化碳排放量和维持能源稳定供应两者之间的平衡，同时构建能够保障日本国内能源需求的供应体制是一个至关重要的课题。

本文基于统计数据分析"双碳"目标提出之后的日本煤炭利用情况，进而探讨日本在现阶段煤炭领域相关政策的特点，再梳理碳达峰之下的日本煤炭相关产业的发展前景。最后，基于以上分析，提出日本从碳达峰向碳中和过渡仍需解决的课题。

---

① 経済産業省「第6次エネルギー基本計画」、2021年10月22日、https：//www.meti.go.jp/press/2021/10/20211022005/20211022005‐1.pdf。

一 日本煤炭利用现状

（一）煤炭供给情况

日本使用的煤炭中的99.5%都依靠进口，2021年共进口1.82亿吨煤炭。其中从澳大利亚进口的煤炭占比为66%，之后是印度尼西亚（12%）、俄罗斯（11%）。原本中国也是日本的煤炭主要供给国之一，但是近年来中国对日煤炭供给量持续下降，占比已从2001年的16.1%下降至2021年的仅0.4%[①]。

2022年，煤炭供给方面出现新的动荡因素。首先，煤炭进口价格从2021年后半年开始呈现上升趋势，2022年2月俄乌冲突的爆发加速了该进程。俄罗斯的煤炭生产量占世界的18%，各国陆续禁止进口俄罗斯的煤炭等化石燃料，造成煤炭供应短缺。如图1所示，2022年煤炭整体价格都维持在较高水平，在2022年10月达到最高值5.38万日元/吨，上涨幅度超过5倍，已经逼近石油和天然气的价格。日本不仅面临能源资源价格高涨的情况，而且日元历史性贬值进一步推高能源成本负担，因此迫使日本调整能源结构，逐步摆脱对俄罗斯的能源依赖。其次，日本对俄罗斯煤炭实施进口限令，以澳大利亚为中心，同时增加从印尼、美国、加拿大等国的煤炭进口量，实现能源供应国的多元化。2022年日本进口俄罗斯煤炭占比下降至6.6%。日本考虑到水泥行业等较多使用俄产煤炭，立即停止进口会对这些产业产生冲击，因此基于能源安全角度，采取了阶段性停止从俄罗斯进口煤炭的政策[②]。最后，占日本进口煤炭比例最高的澳大利亚也存在一定不稳定因素。澳大利亚的主要煤炭企业顺应"废煤"浪潮

---

① JOGMEC「我が国の石炭調達と主要石炭会社の動き」、2023年2月，https：//www.jogmec.go.jp/content/300382481.pdf。
② 産業技術環境局環境政策課「クリーンエネルギー戦略の策定に向けた検討①」、2022年4月28日，https：//www.meti.go.jp/shingikai/sankoshin/sangyo_ gijutsu/green_ transformation/pdf/006_ 01_ 00.pdf。

开始从动力煤领域撤退，日本的商社类企业虽维持电力和钢铁方面的一定股份权益，但也从动力煤等领域撤出了资本。资本撤离会导致澳大利亚煤矿资金流转不足，难以确保满足日本的煤炭需求。此外，碳坑易主导致的供应商变化也难以保证煤炭生产质量。高品位碳坑的减少和埋藏量的枯竭都有可能带来煤炭供给不足①。

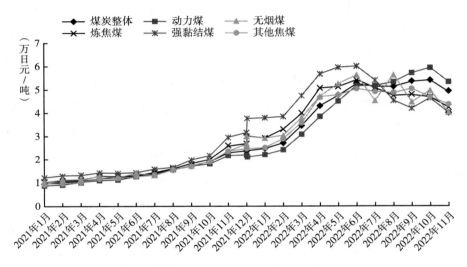

图1 日本煤炭进口价格（通关价格）变化

资料来源：「石炭価格の推移（通関統計）」、新電力ネット、https：//pps－net. org/statistics／coal3。

（二）煤炭消费情况

日本煤炭消费去向主要是火力发电和制造业。前者主要用作煤炭火力发电厂的燃料，称为动力煤；后者主要被钢铁、煤化工等制造业作为生产原料，称为原料煤。国际能源署（IEA）"世界能源收支2022数据库"数据显示，2021年日本动力煤消费量预估值占世界消费量的2.1%（排名并列第

---

① JOGMEC「世界の石炭需給動向と課題」、2023年1月、https：//coal. jogmec. go. jp/content/300381857. pdf。

五），原料煤消费量预估值占 4.4%（排名第四）①。

首先，日本动力煤消费量占煤炭总消费量的 74.9%。截至 2022 年 10 月，日本共有火力发电厂 474 家，其中煤炭火力发电厂共有 92 家，最高发电量可达电力总量的 32%②。

日本一次能源消费中煤炭所占比例为 26%，其主要替代能源是天然气和生物质能。从二氧化碳排放量来看，每千瓦时天然气排放量仅为煤炭的一半，而生物质能不排放二氧化碳，但是其成本高于煤炭。每千瓦时煤炭的成本为 4.4 日元，液化天然气为 6.4 日元，生物质能为 21 日元。除此之外，对于天然气，还需要配备低温存储所需的气罐以及输气管等基础设施，生物质能从采伐到运送都需要构建新的燃料供应体制。因此即便 2021~2022 年煤炭价格飙升，煤炭仍然具有较强的竞争力③。

其次，日本原料煤消费量占总消费量的 25.1%。其中钢铁行业消费量占 82.1%，窑炉、土石制品行业占 11.8%。

除了用作原料之外，制造业中的用电大户如钢铁行业、化工和水泥行业等的一部分企业为保障能源稳定低价供应，会采用自家发电的方式。从日本煤电整体供电量来看，2020 年，31%的煤电供应中，大型电厂发电量占 24%，剩下的 7%为自家发电④。自家发电中煤炭及煤炭制品的发电量占 29%，仅次于可再生能源（36%）的发电量。其中窑炉、土石制品行业的煤电比例最高，达到 57%，其次是钢铁行业（46%）、造纸纸浆行业（30%）、化工行业（29%）⑤。制造业和商社类企业的自家发电除了供本企业使用之外，还有一部分会进行销售。

---

① IEA, World Energy Balances 2022 Database，2022 年 8 月。2021 年预估值数据显示，中国动力煤消费量占世界总消费量的 57.6%，原料煤消费量占 60.8%，中国是煤炭消费量最大的国家。
② 資源エネルギー庁「1-（1）電気事業者の発電所数、出力」、『電力調査統計 2022』、2023 年 3 月 7 日、https：//www. enecho. meti. go. jp/statistics/electric_ power/ep002/results. html。
③ 資源エネルギー庁「今後の火力政策について」、2022 年 3 月 25 日、https：//www. meti. go. jp/shingikai/enecho/denryoku_ gas/denryoku_ gas/pdf/046_ 04_ 01. pdf。
④ 製造産業局「製造業を巡る動向と今後の課題」、2021 年 9 月 31 日、https：//www. meti. go. jp/shingikai/sankoshin/seizo_ sangyo/pdf/009_ 02_ 00. pdf。
⑤ 資源エネルギー庁「総合エネルギー統計 2020 年」、2022 年 3 月 17 日、https：//www. e-stat. go. jp/stat-search/files? tclass=000001018413&cycle=7&year=20200。

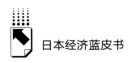
二 "双碳"目标之下日本煤炭政策导向

2020年日本提出碳中和目标之后，并没有采取激进的弃煤政策，而是在能源安全保障和二氧化碳减排之间摸索最佳平衡点，出台了一系列政策。这里将这些政策归纳为以下四个方面。

（一）2030年之前渐进式退煤

日本采用"渐进式退煤"的政策方针，没有明确公布废止煤炭火力发电的时限，宣布以2030年为节点，将煤电占电力来源构成比例降至19%。这19%中不仅考虑到了制造业企业自家发电所需的煤电需求，还包括替代低效能煤电设备而设置的高效能煤电设备所需煤炭。在实现碳达峰的基础之上，面向2050年实现碳中和，通过非连续性技术创新，推广氢煤混烧、氨煤混烧等高效煤电技术，同时结合碳捕获、利用、封存（CCUS）技术实现脱碳型火力发电。

也就是说，2030年之前日本秉持的是"脱碳"但不"废煤"的政策导向。在2022年6月的G7首脑峰会上，日本政府表示，2035年实现电力部门完全或基本脱碳的目标，鉴于煤电是温室气体排放的最大源头，日本将阶段性废止未采用减排措施的煤电设施[1]。为了实现这一目标，日本计划在2030年之前导入节约用煤的设备，并加强相关制度支援，以降低煤炭使用量。同时确保煤炭的稳定供应，在2025年前构建煤炭供应网络的监控管理系统，加强与澳大利亚、印尼等主要产煤国的联动[2]。此外，向海外主要产煤国的安全保障监督部门、煤矿管理层以及采矿技术工人提供日本煤炭开

---

① 資源エネルギー庁「今後の火力政策について」、2022年7月20日、https://www.meti.go.jp/shingikai/enecho/denryoku_gas/denryoku_gas/pdf/052_05_01.pdf。
② 資源エネルギー庁「ウクライナ侵略等を踏まえた資源・燃料政策の今後の方向性」、2022年4月25日、https://www.meti.go.jp/shingikai/enecho/shigen_nenryo/pdf/034_04_00.pdf。

采和安全保障技术的培训，推进技术转移。目前，日本已经在哥伦比亚、莫桑比克、印度尼西亚、中国等国开展相关活动，分为接收产煤国研修人员来日本矿区进行培训和派遣日本的技术人员前往海外进行授课两种形式。疫情期间采取线上研修的方式，持续对产煤国输出日本的采矿技术和安全管理制度。

从国际层面来看，在 G7 国家中，日本的"渐进式退煤"政策看似最为不彻底、不明晰。相较而言，欧洲各国纷纷宣布尽快废止煤炭火力发电，法国宣布在 2022 年完全废止煤电，是废煤最早的国家，期限最迟的德国和荷兰也计划在 2030 年之前完全废止。2021 年 10 月末的 COP26 和 2022 年 11 月召开的 COP27，都强调 2030 年世界温室气体减排 43% 的目标，同时阶段性削减低效能煤电（phase-down）以及阶段性废止对低效能化石燃料补助金（phase-out）等①。各国虽然在削减温室气体排放上达成共识，但是各国的国情不同，技术水平各异，对如何实现"阶段性废煤"的目标难以达成协议。IEA 于 2022 年 6 月 22 日公布的《世界能源投资报告 2022》显示，2021 年煤炭供应链共吸纳约 1050 亿美元的投资，相较前一年增长 10%，当时预估 2022 年会继续增加 10%。这与 COP26 中提出的阶段性废煤的方向背道而驰。这些新的投资主要来源于中国、印度等发展中国家。而中国于 2021 年 9 月率先宣布停止在海外新建煤电设施，在国内采取阶段性逐步减少煤炭消费的方针。这些不同地区和国家的动态表明并非应当以欧洲为标准，日本基于本国资源禀赋和技术发展阶段判断，相较于快速弃煤，提高燃煤效率、减少碳排放是 2030 年碳达峰之前更加现实且安全的能源方针政策。

国际货币基金组织每年对日本经济进行年度审查，在 2022 年 1 月 26 日的草案中对日本继续向煤炭项目融资进行了批评，然而在 28 日公开的最终声明中却删除了相关内容，未提及煤炭相关问题，只提到了东日本大地震之

---

① 外務省「国連気候変動枠組条約第 27 回締約国会議結果概要」、2022 年 11 月 22 日、https：//www.mofa.go.jp/mofaj/ic/ch/page1_001420.html。

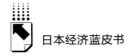

后日本高度依赖化石燃料，想要达到温室气体减排的目标困难重重①。因此日本的立场是在充分考虑能源安全与已有煤电设施和技术的情况之下做出政府层面的判断。

从日本国内来看，这是不彻底的脱碳政策。COP26 和 COP27 的宣言以及日本在相关国际会议上的表态使用的是"阶段性废止"（phase-out），但实际上从《第五次能源基本计划》开始，日本政府使用的措辞则是"渐进式废止"（fade-out）。对此日本国内有一些批判的声音，认为"温存"了煤电，是不彻底的脱碳政策，而且有可能带来技术锁定效果，让企业控制技术革新力度限定在提高煤炭燃烧效率这样较为保守的技术层面。同时，超超临界燃煤发电、煤炭气化发电等高效燃煤技术对于二氧化碳减排的功效微乎其微，因此应当在 2030 年前完全废止煤炭火力发电②。

（二）基于 SDGs 的公正转型

全球气候变暖虽然是一个亟待解决的国际性问题，但是过于侧重环境效益导致能源及经济结构发生转变，可能伴随着已有设备的减损和废弃、煤炭相关产业遭受较大打击、煤炭相关行业的员工失业。日本"渐进式退煤"政策反映出日本对于 SDGs 的理解并非倒向环境保护，而是顾及社会经济可持续发展。世界煤炭协会会长指出，可持续发展是要达到经济发展和环境保护两者的平衡，而不是用环境保护牺牲经济发展③。碳中和下兼顾社会经济效益，同时减少对环境的负面影响的转型方式被称为"公正转型"（Just Transition）。

---

① The Financial Express，"IMF Cuts Critical Coal Language from Japan Statement," February 4, 2022，https：//thefinancialexpress. com. bd/public/print/imf-cuts-critical-coal-language-from-japan-statement-1643894727.

② 田村堅太郎、栗山昭久「『非効率石炭火力の段階的廃止』方針に対するコメント（修正版）」、地球環境戦略研究機関（IGES）、2020 年 7 月、https：//www. iges. or. jp/jp/pub/phase-out-inefficient-coal/ja；自然エネルギー財団「石炭火力の完全なフェーズアウトを」、2020 年 7 月 3 日、https：//www. renewable-ei. org/activities/reports/20200703. php.

③ JCOAL「JCOAL Magazine 第 267 号」、2021 年 10 月 29 日、https：//www. jcoal. or. jp/publication/upload/JM-267. pdf.

　　除了废煤政策之外，日本对废矿地区的治理也体现了这一政策理念。日本曾经拥有众多煤矿矿山，现在除了北海道钏路煤矿之外，其他煤矿都已经关停了。但煤矿的关停涉及两大问题。首先，对当地经济发展的冲击以及失业的问题。筑丰煤矿在关停之后，虽然在矿工安置方面取得了一些成果，但是面临新的支柱产业的创生以及矿区环境整治等众多课题。为了向发展中国家提供经验借鉴，JETRO 召开研讨会，以"SDGs 视角下思考脱煤：如今从筑丰煤田可以学到什么"为主题，探讨了矿区关停之后地区经济的"公正转型"，以倡导不应当向环境保护一边倒，应当兼顾煤矿关停之后的地方社会经济发展这一理念①。

　　其次，废矿地区的环境治理和生态恢复问题。煤矿关停之后仍会有废矿水流出污染附近地区的土壤和水质。例如岩手县的松尾矿山为了治理北上川水质污染问题，设置了除污设备，日本石油天然气·金属矿物资源机构（JOGMEC）及其前身 40 年来都在管理该设备的运行。为了推广、宣传该矿区平衡资源开发和环境保护的经验，JOGMEC 于 2022 年 9 月举办了研讨会。此外，为了恢复旧矿区生态环境，出光兴产和日本制铁合作研究，在已废止的采矿区和周围空地栽培树木，制造炼铁用的木炭，以稳定碳材供应，弥补煤炭供给，同时延长矿山寿命②。

　　日本还在欠发达产煤国推广洁净煤技术。JOGMEC 在莫桑比克等欠发达地区推广生物质煤。由于这些地区仍然将木柴、木炭作为主要家庭燃料，破坏了当地森林资源，因此作为替代燃料，可以将农业废弃物压制成生物质煤，这样不仅可以减少森林砍伐，还可以加强日本与产煤国的联系，稳定煤炭供应链。此外，日本国际协力机构（JICA）与蒙古国首都乌兰巴托政府合作治理当地大气污染问题，协助开发并推广环保型改良煤炭，以减少当地居民冬季使用煤炭所排放的 PM10、PM2.5 和二氧化硫等。

---

① JCOAL「JCOAL Magazine 第 275 号」、2022 年 6 月 30 日、https：//www.jcoal.or.jp/publication/upload/JM-275.pdf。

② JOGMEC「令和 3 年度石炭资源の安定供给に资する技术支援事业 成果概要」、2022 年 12 月 20 日、https：//coal.jogmec.go.jp/content/300381394.pdf。

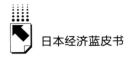
（三）向温室气体减排创新性技术的重心转移

2030 年碳达峰实现之前，日本采取的是看似保守的"渐进式退煤"政策，实际上日本与此同时也在大力推进面向 2050 年碳中和的相关零碳、负碳技术研发和应用。图 2 显示的是洁净煤技术体系。原本洁净煤技术主要是降低氮氧化物排放、脱硫、脱硝、除尘等与治理大气污染问题相关的技术。2012 年，一般财团法人煤炭前线机构（JCOAL）公布的洁净煤技术第一版路径图就已经进行拓展，将温室气体减排相关技术纳入技术体系范围。现在煤炭燃烧的高效化、与可再生能源的联动以及 CCUS 技术三大门类技术成为洁净煤技术创新发展的主要领域，是实现 2050 年二氧化碳减排 80%目标的关键技术。

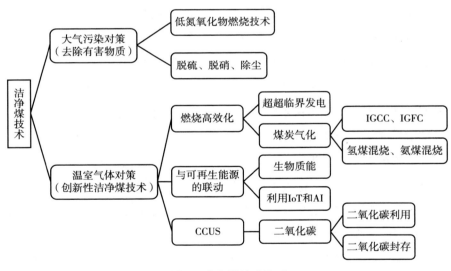

图 2　洁净煤技术体系

资料来源：笔者根据"JCOAL「CCTロードマップ　第 3 版（2014–01）」、2016 年 4 月 12 日、http：//www. jcoal. or. jp/news/upload/jcoalcctroadmap3kaitei. pdf"中的三版洁净煤技术路径图制作。

《第六次能源基本计划》规定 2030 年之前将火力发电比例从 2021 年的 76%降至 41%，非化石燃料的比例从 44%提高到 59%。根据碳中和火力发电路径图草案，日本将分阶段减少煤炭消费。第一阶段，至 2030 年，以混烧发电为关键技术。在此期间渐进性废除低效能煤电设施，由 NEDO 主导进行的氨煤混烧实机试验预计在 2024 年实现 20% 的混烧率，由此煤炭的使用量将从目前的 30% 下降到 19%。第二阶段，至 2040 年，以提高混烧率为目标，同时把火力发电作为后备电力供给，逐渐退出供电系统。第三阶段，至 2050 年，以实现零碳排放为目标，将纯氨和纯氢燃烧发电比例提高到 10% ~ 20%，并向残存的化石燃料火力发电导入 CCUS 技术①。

技术重心的转移从政府和企业两个层面也可以看出。一方面，政府资金支持重心转移。例如，GX 投资的一个方向就是在煤电等火力发电设施中导入氢气、氨气混烧技术，同时构筑稳定的供应链。日本政府创设的绿色创新基金目前已经立项的基本都是氢能、氨能、可再生能源等相关项目②。环境省于 2022 年 2 月表示要设立"株式会社脱碳支援机构"，对于因缺乏先行案例或认知度较低等原因难以直接调配民间资金的脱碳项目，提供财政投融资资金和民间资金等资金支持，同时提供专业建议和相关调查服务等③。

另一方面，日本的企业参加国际上推广脱碳经营的企业共同体，进行产学研合作，自发推动温室气体减排行为。相较于日本政府保守的走渐进式退煤路线的态度，日本企业的能动性更高。例如，与气候变动相关的财务信息公开任务组（TCFD）是一个国际性温室气体减排企业共同体，在 1210 家成员企业中，日本有 269 家，是数量最多的国家④。日本企业超前于政府，更

---

① 资源エネルギー庁「今后の火力政策について」、2022 年 3 月 25 日、https：//www. meti. go. jp/shingikai/enecho/denryoku_ gas/denryoku_ gas/pdf/046_ 04_ 01. pdf。

② 内閣官房新しい資本主義実現本部事務局「「新しい資本主義のグランドデザイン及び実行計画」の実施についての総合経済対策の重点事項（案）」、2022 年 10 月 4 日、https：//www. cas. go. jp/jp/seisaku/atarashii_ sihonsyugi/kaigi/dai10/shiryou2. pdf。

③ 経産省「クリーンエネルギー戦略検討合同会合）」、2022 年 11 月 14 日、https：//www. meti. go. jp/shingikai/sankoshin/sangyo_ gijutsu/green_ transformation/009. html。

④ TCFD，https：//www. fsb-tcfd. org/supporters/.

加积极地投身于温室气体减排，其中一部分压力来源于全球价值链的其他主体的减排行为，为了保证国际竞争力，保持与价值链贸易伙伴或竞争对手步调一致。实际上，近年来，企业、投资者、自治体等非国家主体在抑制气候变暖方面的作用越来越受到关注，COP27 也对由非国家主体提出的"净零排放宣言"进行理性探讨，以达到制度层面的协调统一。因此，日本企业的行为是符合国际趋势的[1]。

（四）洁净煤技术海外推广

"双碳"目标提出之后，日本洁净煤海外技术推广出现了两个较大的变化。首先，海外推广的洁净煤技术朝着零碳、负碳方向转变。2021 年 6 月，经济合作协会基础建设战略会议更新了"基础设施系统海外推广战略2025"，不仅明确了日本在 2021 年底之前结束对海外不实施减排措施的煤电设施的支援，还提出由原来的出口低碳型基建转变为引导对象国向脱碳转换。不仅出口技术种类增加，除了以往的超超临界发电技术外，还纳入IGCC、混烧技术以及 CCUS 技术等最先进的零碳、负碳技术，而且要求对象国利用这些技术向脱碳社会转型[2]。

其次，日本通过国际合作推进先进技术在海外的实证研究和产业化应用。日本之前就已经开启了商用成熟技术的对外推广和先进技术的海外实证项目，一方面弥补了对象国技术上的不足，另一方面利用对象国制度先行于日本进行技术实证。"双碳"目标提出之后，日本进一步推动多边和双边合作，例如，以日本为首的"亚洲零排放共同体"构想、与印尼和泰国缔结的合作协议等，以助推零碳、负碳技术的海外实证和产业化，同时为抑制全球气候变暖做出贡献。

---

① JCOAL「JCOAL Magazine 第 279 号」、2022 年 11 月 30 日、https：//www.jcoal. or. jp/ publication／upload／JM−279. pdf。
② 資源エネルギー庁「2050 年カーボンニュートラルに向けた資源・燃料政策の検討の方向性」、2020 年 12 月 2 日、https：//www. meti. go. jp/shingikai/enecho/shigen ＿ nenryo/pdf/ 030＿ 02＿ 00. pdf。

三 碳达峰目标下日本煤炭相关产业发展前景

（一）电力部门的煤炭利用方向

火力发电高效化和低碳排放的制度体系包含三个方面。一是电力企业自发合作减排。1454家电力公司中有64家企业加入电力部门低碳社会协议会，以求进一步推动电力部门的减排行动，2030年度实现排放系数为0.25kg CO_2/kWh。二是《关于能源使用合理化等法律》要求发电企业提高火力发电效率，达到44.3%，并逐步废止低效能煤炭火力发电设施。三是《能源供给结构高度化法》要求电力零售部门调配高效能的电源，非化石燃料电源需达到44%[①]。

在"渐进式退煤"政策的指导下，虽然2026~2030年将不再新建化石燃料电厂，至2030年，日本仍然有新建高效能化石燃料发电设备的计划，同时阶段性关停火力发电厂。这是出于对中长期电力稳定供应的考虑，同时关停火力发电厂后维护和重启也需要花费一定的成本和准备时间。预计2021~2025年新建和废止的化石燃料的发电容量相抵，将减少441万千瓦的供电量，而其中煤电供电量反而增加430万千瓦[②]。

新建或改良煤电设备采用的都是高效燃煤技术。日本较早开始超超临界发电技术和煤气化发电技术的研发和应用，在混烧技术上处于世界领先地位。蒸汽条件在700℃以上的超超临界发电在新建电厂和对已有电厂设备进行改造的基础之上进行试验。整体煤气化联合循环发电（IGCC）系统已经实现商业化应用，燃料电池发电（IGFC）系统正在试验阶段。从2019年12

[①] 資源エネルギー庁「今後の火力政策について」、2023年1月25日、https：//www. meti. go. jp/shingikai/enecho/denryoku_ gas/denryoku_ gas/pdf/058_ 05_ 03. pdf。

[②] 資源エネルギー庁「2050年カーボンニュートラルの実現に向けた検討」、2020年12月21日、https：//www. enecho. meti. go. jp/committee/council/basic _ policy _ subcommittee/035/035_ 004. pdf。

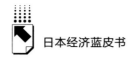

月开始，日本结合 CCUS 技术进行试验。回收的二氧化碳会被用于制造混凝土等产品，日本还利用微细藻类和触媒等制造基于二氧化碳的化学产品和燃料。2022 年，日本将其推向商用化，达到 90% 的二氧化碳分离回收和 47% 的送电端效率[①]。混烧技术方面，日本已经通过技术验证，开发出高燃烧效率、低排放的氨气发电技术，达成 20%~60% 氨气发电混烧率下的平稳运转[②]，该目标从 2030 年开始正式推广运用，从混烧率 20% 逐步提升，至 21 世纪 40 年代达到纯氨燃烧。氢煤混烧目前处于试验阶段，将在 2030 年之后逐步投入使用[③]。

此外，煤炭火力发电过程中产生的粉煤灰和炉渣的循环利用也在稳步推进中。日本工业粉煤灰的有效利用率在 98% 左右。从利用途径来看，2020 年数据显示，85% 用在水泥、土木工程及建筑领域，其他用于填海造陆、改良土壤、生产肥料等。煤电锅炉炉渣的循环利用也在 NEDO 的推进下有序进行。IGCC 的炉渣被运送到工厂磨碎，并进行分级，生产出粒径在 5mm 以下的混凝土细骨料，由此生产炉渣混凝土以用于建筑施工。日本土木学会和日本建筑学会制定了炉渣混凝土的 JIS 规格，同时推进设计和施工的标准化。

（二）制造业部门的煤炭利用方向

日本钢铁联盟于 2022 年 3 月 4 日宣布，2030 年度二氧化碳排放量相比 2013 年度削减 30%，在此基础上实现 2050 年碳中和目标，推进废钢循环利用、氢还原技术等创新技术的研发和应用。先进制钢技术种类多样，日本主要通过采用高炉、转炉的改良更新实现二氧化碳减排。这是由于在日本，转炉和废钢电炉是较为主流的，同时具有较高的能源转换率，但是电炉使用比例约为 25%（2020 年的数据），从国际比较来看水平较低。同时其他路径或

---

① JERA「JERAゼロエミッション2050　日本版ロードマップ」、2020 年 10 月 13 日、https：//www.jera.co.jp/information/20201013_ 539。

② NEDO「アンモニア混焼技术」、2021 年 5 月 31 日、https：//www.nedo.go.jp/content/100932835.pdf。

③ 《氢能炼钢：技术、应用及困境》，中国节能协会氢能专业委员会网站，http：//www.heic.org.cn/newshow.asp? id＝880。

是由于技术尚待研发，还未能实现商用化，或是由于需结合 CCUS 技术，因而不太符合目前日本的实际情况①。

煤化工领域，日本致力于进行褐煤气化技术的应用和开发。日本主要进口高品位煤炭，而褐煤属于低品位煤炭，基本不能用于现行的火力发电或制造业生产。日本已拥有三菱重工的以氧气或空气为气化剂的气流床气化技术，日铁工程的加氢快速热解技术（ECOPRO 技术），以及 IHI 的循环流化床气化技术，现已投入 IGCC 中，并同时用于生产氨气、合成天然气、二甲醚等。日本与澳大利亚维多利亚州政府签订合作协议，利用澳大利亚的低品位褐煤，将其气化并用于制氢，然后运回日本。同时加入澳大利亚的二氧化碳封存项目（CabonNet），将制氢过程中产生的二氧化碳分离、回收、封存②。

四　碳中和目标下仍需解决的煤炭利用相关课题

2030 年碳达峰之后，日本煤炭相关产业具体如何发展并没有非常明确的措施，但是整体技术发展方向还是较为清晰的。然而，碳中和目标的达成并不只是技术层面的问题，在碳达峰之前已经开始研发和实证的技术中，很多面临产业化课题，还有减排效果不显著、是否能实现碳中和目标等问题，一系列制度层面的问题逐渐浮出水面。因此，从碳达峰迈向碳中和，日本还有以下课题需要解决。

（一）多领域合作形成碳循环产业链

首先，氨气、氢气、生物质能供应链的构建。混烧技术的应用和普及需确保稳定的氨气、氢气、生物质能供应。例如，在 NEDO 资助之下的 2021～2028 年"构建木质生物质燃料稳定高效供给和利用系统"的项目中，远野

---

① JOGMEC「鉄鋼業における二酸化炭素排出削減に係る動向と原料炭需要への影響等調査」、2022 年 3 月 28 日、https：//coal. jogmec. go. jp/content/300377649. pdf。
② JOGMEC「国内外の褐炭資源ポテンシャル調査及び　褐炭水素にかかる動向調査」、2022 年 4 月 7 日、https：//coal. jogmec. go. jp/content/300377657. pdf。

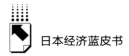
兴产和古河林业株式会社合作研究用速生林替代原有杉树林，利用地理信息系统和优良系统树苗克隆技术，推进速生林的采伐和更新，从而实现生物质燃料的自产自销，同时带动地方经济发展。JCOAL 与国立研究开发法人森林综合研究所签订合作协议，由研究所负责速生林的育种和栽培，远野兴产负责将其加工为生物质颗粒燃料，JCOAL 负责燃料分析和品质鉴定，实现了产学研合作下的生物质供应，推动了生物质混烧技术的产业化[①]。

除了建立日本国内的供应体制之外，日本还需要构建跨国开采和输送体制。例如 JOGMEC 的调研显示，虽然 2030 年碳达峰之前氢气 DRI 和电炉法技术不在考虑范围之内，但是要在 2050 年实现碳中和，日本预计每年用这些技术生产 380 万吨的钢铁，届时每年需要进口 100 万吨的氢能才能够达到目标。跨国开采以及输送不仅是基础设施建设问题，还会涉及相关制度规定以及当地居民的理解和接纳程度。这些课题都有待解决。

其次，与 CCUS 技术的整合联动。日本保留煤电再加上制造业把煤炭作为原料，就预示着生产过程中必然会产生二氧化碳等温室气体。因此要实现碳中和，CCUS 技术成为关键技术。因为煤炭作为能源供给端可以辐射多个行业，JCOAL 现在除了直接参与与煤炭相关的研发项目之外，还参与了环境省和 NEDO 资助下的二氧化碳循环利用的研发项目。例如，与石油化工部门构建的跨行业二氧化碳回收项目，在煤炭发电过程中排放的二氧化碳将用于石油化工领域的化工产品制造，从而打造供给端、过程排放端、末端的零碳排放价值链。

（二）数字化管理，高效调配

首先，高效燃煤技术需要严格控制燃煤过程中煤炭、空气以及其他燃料和辅助材料的投入，同时确保整个过程安全运行。关西电力于 2019 年、东北电力于 2020 年、电源开发于 2021 年公布了数字化转型方针。东北电力与

---

① JCOAL「JCOAL Magazine 第 277 号」、2022 年 9 月 30 日、https：//www.jcoal.or.jp/publication/upload/JM-277.pdf。

东芝能源系统合作，已经于 2020 年在旗下所有火力发电厂实现数字化。关西电力在公司内部成立了数字化战略委员会，同时与 IT 公司合作成立新公司以支持数字化建设。电力企业利用 AI 监管锅炉状况，可以更加精准地控制煤炭的投入量，同时对照锅炉热效率良好时候的数据，分析锅炉热效率低下的原因，通过改变燃料、空气、水的投入量提高热效率。预估由此每年能节约 5 亿日元的燃料费，削减 10 万吨的二氧化碳排放。此外，利用 AI 计算运输船的入港时间、停靠点、煤炭存储场所等，以实现最为高效的燃料运输。AI 还可用于监视设备运行情况，自动收集设备运行数据等，通过大数据分析预先感知设备异常情况，防患于未然。①

其次，数字化管理还可以协助多领域合作构建碳循环产业链，以实现智能化调配能源生产和利用。尤其是目前零碳和负碳技术都还未达到产业化，因此成本较高，既要考虑到环境效益，也要考虑到经济效益。例如，对于褐煤制氢，在开采到制氢、二氧化碳回收与利用的整个流程中，由于各地区褐煤的品质各异，需要在加工过程中采用不同处理方式，因此如果可以收集整合相关数据，就可以推算出兼顾经济效益的产出投入比值以合理分配生产。前面提到的石油化工领域跨行业碳循环产业链通过数字化调控，根据投资额度等调节二氧化碳的回收量，以获得较高的经济效益。

（三）推动多边和双边合作突破技术产业化难题

根据洁净煤技术路线图，2020～2030 年是技术产业化的攻关期。虽然日本目前拥有多项世界领先低碳、零碳技术，并正在着手进行负碳技术的研发，但是仅靠日本国内市场和日本企业是难以达到产业化的。

首先，多边和双边合作可以达到必要的市场规模，从而有效降低技术应用成本。例如，中日间煤炭领域的合作具有广阔前景。中国不仅是全球二氧化碳排放量最大的国家，也是煤炭消费量世界第一的国家，因此中国不仅有

---

① 资源エネルギー庁「今後の火力政策について」、2022 年 3 月 25 日、https：//www. meti. go. jp/shingikai/enecho/denryoku＿gas/denryoku＿gas/pdf/046＿04＿01. pdf。

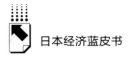
提升燃煤效率、降低温室气体排放需求，也拥有较为多样的煤炭利用场景。对于日本而言，中国市场的体量是能够促进日本先进洁净煤技术实证和产业化应用的。同时也需要注意到，中日间洁净煤领域的合作已经远不只是日本对华技术支援这一种形式，随着中国洁净煤技术迅猛发展，各类技术的研发、实证和产业化蕴含多元化合作机会。日本应当积极与中国合作构筑跨行业、产学研以及企业间的合作平台，以拓展合作平台和渠道。

其次，多边和双边合作可以协调解决运输、贮藏等相关基础设施建设以及原材料供应的难题。2022 年 9 月 26 日召开的日本主导下的第二次亚洲绿色成长伙伴会议指出，各国的能源存储情况以及技术保有情况不同，因此需要平衡能源中长期安全稳定供应和温室气体减排，以实现"现实且公正"的能源转型①。例如，日本从 2021 年开始在亚洲地区寻找氢煤生产基地，印尼等煤炭生产国被作为重要候选基地，但印尼等缺少高效燃煤技术、混烧技术以及 CCUS 技术等先进技术，因此国家间的合作可以取长补短，以推动解决全球气候问题。

---

① 経産省「第 2 回アジアグリーン成長パートナーシップ閣僚会合が開催されました」、2022 年 9 月 28 日、https://www.gov-base.info/2022/09/28/169733。

B.15
日本 CCUS 与生态系统碳汇能力分析

李浩东[*]

摘　要： 日本固碳的主要手段有 CCUS 和生态系统固碳两大类。在 CCUS 领域，日本虽然起步时间较早，但是发展较慢，目前仅有苫小牧一个验证项目，其他项目基本都在预可研和初步试验阶段。尽管如此，CCUS 碳汇能力增长潜力巨大，可以预见，在技术完善之后，相关产业将具有相当大的成长性。以森林和海洋为代表的生态系统具有较大规模的存量碳汇能力，虽然其成长性不如 CCUS，但是如果保护和开发得当，就将在未来的碳汇领域发挥基础性作用，同时随着产业化水平不断提高，木材、木质生物质、海藻等利用技术的不断提升，由 CO_2 转化而来的各种产品也将使得生产生活更加绿色和便利。中国可以借鉴日本在 CCU 商品化、木材使用、木质生物质利用等领域的思路和措施，结合国情探索一条具有中国特色的固碳产业化之路。

关键词： CCUS　森林生态　浅海生态　固碳

日本政府于 2013 年实现碳达峰，并完成《京都议定书》承诺 2008～2012 年平均排碳量与基准年 1990 年相比下降 6% 的目标。[①] 日本实现这一目

---

* 李浩东，管理学博士，中国国际经济交流中心助理研究员，主要研究领域为日本经济、区域经济合作、能源环境等。
① 日本五年平均排碳量相比基准年增长 1.4%，通过森林固碳和国际碳交易，相对基准年减碳 8.7%，超额完成了《京都议定书》中 6% 的目标。

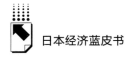
标的主要手段有两个：一是森林固碳，二是积极参与碳交易国际合作。这两个手段的碳汇能力都非常强，但是自身都存在不足之处。森林固碳依赖树木的光合作用，日本森林面积较大，森林存量碳汇能力大，但是成长潜力有限，长期来看只能基本维持现有规模，或者略有增长；而碳交易国际合作只是通过碳交易获得更多排放权，在纸面上达成排放目标，日本的实际排放量并没有因此减少。

在这样的背景下，CCUS（Carbon Capture，Utilization and Storage，碳捕获、利用、封存）以巨大的碳汇潜力优势成为未来日本固碳产业的重要发展方向。CCUS 主要由分离与回收、有效利用和封存三大技术板块组成。目前分离与回收主要方法有吸收法、吸附法、膜分离法、升华法等。该技术的主要应用之一是从火力发电厂等设施排出的气体中大量回收高纯度 CO_2。火电厂常用的方法是吸收法，具体是通过让排出的气体与胺溶液接触，让胺溶液吸收 CO_2；回收完成之后将含有 CO_2 的胺溶液加热至 120℃，CO_2 就被分离出来。CCUS 技术主要分为 CCU（Carbon Capture and Utilization，碳有效利用）和 CCS（Carbon Capture and Storage，碳捕获与封存）两大部分，CCU是指，将 CO_2 转化成燃料或塑料等资源，以及直接利用 CO_2 本身。CCU 的特点是在转化过程中需要消耗能源，因此应研究利用可再生能源支持转化的方法，以便推进 CO_2 的绿色利用。CCS 是指，将生产活动中释放的 CO_2 在扩散到大气之前，利用地中、海底、生物等形式将其隔离，进行长期封存。例如海底封存是将 CO_2 封存在地下 800 米或更深的"储层"中，其中的砂岩缝隙较多可以用来封存 CO_2。同时，为了避免 CO_2 泄漏，储层上面需要有一层覆盖泥岩组成的"遮蔽层"才能构成储存条件。日本沿海地区火力发电厂较多，比较适宜就地分离与回收 CO_2，然后向海底封存。将 CO_2 注入海底有两种方法：一种是通过管道注入；另一种是在管道不能直接将 CO_2 送达岩层时，可以用船舶运输，因此需要开发 CO_2 运输船以及从船舶向海底注入 CO_2 的设备。

国际能源署（IEA）预测，2030 年全世界基于 CCUS 的 CO_2 吸收量可达

16 亿吨，2050 年将增至 2030 年水平的约 5 倍，即 76 亿吨。[1] 日本已开启苫小牧大规模 CCUS 验证项目。尽管如此，日本的 CCUS 还处于起步阶段，虽然苫小牧的验证试验非常成功，但是与美欧国家还存在一定差距，中国的首个百万吨级 CCUS 项目已经于 2022 年 8 月正式投产。相比之下，日本的发展较为落后，很多项目处于预可研和初步试验阶段，离投产和商用都还有一定距离。未来日本将加速实现 CCUS 商用化，同时通过技术进步提升包括森林在内的整个生态系统的碳汇能力。

一　碳中和背景下日本的固碳政策

相对于发达国家，日本 CCUS 发展较为缓慢，一方面要加大研发力度，另一方面要通过国际合作加速推进自身 CCUS 发展。日本在生态系统固碳方面虽然存量基础较好，生态系统是固碳的主力方式，但是增量发展缓慢，因此日本致力于在做好生态保护的前提下，通过产业化方式拉动生态系统固碳发展，通过技术将 CO_2 转化为多种工业原料或民用产品，发动全社会力量加速推进生态系统固碳发展。

（一）内外联动推动 CCUS 发展

日本非常重视在 CCUS 领域开展内外联动发展。日本在 2010 年发布《第三次能源基本计划》开始提出要通过利用 CCUS 技术吸收化石燃料排碳，维持煤炭使用领域的国际竞争力，同时提出尽快导入 "CO_2 捕捉就绪"（CCS Ready）[2] 等 CCUS 商用化的具体路径。2021 年，日本出台了《地球温暖化对策计划》，进一步对 CCUS 推广给出具体指导，提出电力脱碳化、开

---

[1] 资源エネルギー庁「高いポテンシャルのあるアジア地域のCCUSを推進！『アジアCCUSネットワーク』発足」、2021 年 8 月 16 日、https：//www. enecho. meti. go. jp/about/special/johoteikyo/asiaccusnetwork. html。

[2] CCS Ready 是企业为确保未来 CO_2 捕集、封存和运输计划平稳、有效转型而采取的一系列措施，这些措施可以帮助企业降低由 CCS 导入带来的风险，使 CCS Ready 发电厂在条件合适时能够较容易地改造成 CCS 发电厂。

展技术研发和成果转化、进行相关技术的国际合作等具体方向和措施。为达成相关计划目标，日本积极通过国际合作开展技术研发和试验项目，为自身赚取更多碳信用，在海外寻找 CCS 的"储层"，以用来封存日本的 CO_2。同时积极与外国企业合作研发 CO_2 运输船，旨在依托运输船实现液化 CO_2 的远洋运输以及向储层注入。

IEA 在 2017 年报告中预计，到 2050 年，CCUS 减碳量占全球总量的 14%，2060 年该比例将提高到 16%。[1] 为实现这一目标，IEA 积极推动 CCUS 方面的国际合作，日本积极参与其中。2017 年 11 月，IEA 召开 CCUS 峰会，日本派出武藤经济产业副大臣和三菱重工人员出席。2018 年 5 月，美国提出了清洁能源部长级会议（CEM）CCUS 倡议，日本派出大批经济产业省政务官和三菱重工人员出席。在 2020 年 11 月举行的第十五届东亚峰会上，日本联合东盟·东亚经济研究中心（ERIA）提出建立"亚洲 CCUS 网络"合作倡议，[2] 日本已经成为亚洲 CCUS 合作网络的主要推手。

（二）产业化推动生态系统固碳

生态系统固碳是另一个固碳的重要方向，包括森林生态系统、海洋生态系统、城市绿化、农地土壤、牧草地等固碳方式。日本非常重视这方面的研究保护与产业化发展工作。2021 年日本出台的《地球温暖化对策计划》提出，发挥森林生态系统和海洋生态系统吸收 CO_2 的作用，并提出推动发展森林和海洋资源开发的新产业，加速藻类繁殖、森林开发等技术研发，还给出了具体的技术标准和政策机制。日本众多研究机构和企业已经陆续开展相关实用性探索。

首先，日本重视对生态系统的保护，认为做好保护是发挥生态系统固碳作用的前提。森林面积占日本国土面积的 70%，CO_2 吸收量占日本生态系

---

① IEA, Energy Technology Perspectives 2017, 2017, https：//www.iea.org/reports/energy-technology-perspectives-2017.

② 王欢：《日本牵头成立亚洲 CCUS 网络及其启示》，《中国地质》2021 年第 5 期，第 1667~1668 页。

统（不包括海洋生态系统）CO_2 吸收总量的 90% 以上[①]，目前，生态系统固碳的主力仍然是森林，保护存量森林资源是保障森林碳汇能力的根本。日本已经于 2019 年创设森林环境税（2024 年开征）和森林环境让与税（2019 年开征），每年税收总额约为 600 亿日元，这笔税收会返还给各市町村，主要用于森林建设、培育人才和普及利用木材。[②] 地方政府也基于本地区情况设立了一些森林保护税种，例如，神奈川县于 2007 年创设了水源环境保全税，该税一年能给神奈川县带来 42 亿日元的财政收入，[③] 用于支持间伐树木的搬运、河流道路的自然净化、保护地下水、维护生活排水处理设施等。[④] 水源环境保全税的一部分用来保护森林生态，能够与森林环境（让与）税相互配合，形成乘数效应。日本于 2007 年实施《海洋基本法》，为保护浅海生态系统提供了基本法律保障。2020 年新修订的《自然环境保全法》得以实施，提出了设立新的海洋保护区制度。

其次，日本重视在做好保护的基础上加速推进产业化，以发动社会力量促进固碳产业发展。森林方面，日本政府积极推动木材、木质生物质等的产业化，推动森林固碳发展。2021 年，日本政府出台的《森林・林业基本计划》提出，发展木材产业，合理利用木材固碳，为建设循环社会做出贡献。这方面的首要工作是推进木材工厂的集约化和规模化。2004~2019 年，日本木材工厂数量大幅增加，工厂规模（原木消费量）呈现大幅增加趋势，加工能力在 1 万立方米以下的小型加工厂的数量大幅减少，规模较大的加工厂的数量增加，总体上，集约化、规模化趋向明显。[⑤] 同时，日本政府鼓励社

---

① 以 2019 年为例，日本生态系统（不包括海洋生态系统）总共吸收 4590 万吨 CO_2，其中森林吸收了 4290 万吨，占总量的 93.5%。

② 林野庁・総務省「森林を活かすしくみ」、https://www.rinya.maff.go.jp/j/keikaku/kankyouzei/attach/pdf/kankyouzei_jouyozei-1.pdf。

③ 神奈川県「水源環境を保全・再生するための個人県民税の超過課税について」、http://www.pref.kanagawa.jp/zei/kenzei/a001/b001/002.html。

④ 神奈川県「森林環境税および森林環境譲与税について」、https://www.pref.kanagawa.jp/osirase/0506/kankyoujouyozei/index.html。

⑤ 林野庁「令和 3 年度森林・林業白書」、2022、32 頁、https://www.rinya.maff.go.jp/j/kikaku/hakusyo/。

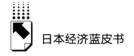

会各界多使用木材，因为树木能够通过光合作用将 CO_2 固定在木材中，而且木材性质比较稳定，能够将 CO_2 固定较长时间，可以借此提高森林固碳水平。由于多地震以及社会习惯，日本木材的重要用途是充作建筑材料。农林水产省与竹中工务店、大林组、麦当劳等企业和机构签订了《建筑物木材利用促进协定》，发动产业界力量推进木材使用。[1] 森林中有大量枯枝落叶等生物质，作为林业的"剩物"，处理它们既有利于森林更新，又能够提供大量生物质能源资源，环保意义重大，加之日本林业资源丰富，因此灵活利用生物质是日本开展森林保护和合理利用的一个重要路径。日本在东日本大地震之后，开始建设大规模木质生物质发电厂。2012 年，导入 FIT 制度之后，日本的生物质发电产业得到进一步发展。此外，日本设置了政府补助金，鼓励地方政府、企业、小商户以及农户等安装以木质生物质为燃料或原料的锅炉和燃料制造设备等，[2] 推动木质生物质在全社会应用发展。海洋方面，日本致力于推动以水生植物为原料的功能性食品、生物质塑料等新材料的产业化发展，不断降低产品成本，以尽早实现商业化；同时通过引入新技术提升海洋生态系统的 CO_2 吸收效率。日本非常重视海洋固碳的国际合作，参与了蓝碳国际伙伴关系（IPBC），就海洋生态系统固碳的研究和技术研发进行国际交流。

（三）日本推动固碳政策的主要动力机制

日本的固碳政策具有内外结合、远近协同、上下一体三个特点（见图1）。就内外结合而言，日本不但重视国内固碳技术和产业发展，还积极参与国际碳排放合作，通过"走出去"的方式解决国内碳排放问题。远近协同指的是，近期目标和远期目标相结合，例如，CCUS 项目的近期目标主要是进行技术和市场的论证和验证，之后大规模项目才逐渐开始投产运营，以

---

① 林野庁「建築物木材利用促進協定の国との協定数が10件となりました!」、https://www.rinya.maff.go.jp/j/riyou/kidukai/kyoutei_ 10. html#mac。
② 日本木質バイオマスエネルギー協会「木質バイオマス発電・熱利用をお考えの方へ」、https://jwba.or.jp/wp/wp-content/uploads/2022/09/hatudenneturiyou_ guidebook2022. pdf。

实现近期目标与远期目标的协同配合。上下一体是形成普通国民、产业界、学界、政府一体的固碳融合推进机制，从政策、产业、社会三个方面为实现"零碳社会"打下基础。

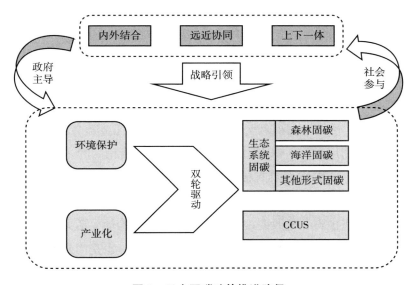

图 1　日本固碳政策推进路径

资料来源：笔者自制。

日本固碳政策的特点是发动社会各阶层共同参与固碳事业。在很多项目中，特别是在 CCUS 和生态系统固碳方面突出体现多元化参与主体的推动作用。主要的参与主体有政府、企业和国民，也就是国家作为一个整体，自上而下各司其职，全面推动固碳政策和具体行动。[①] 按照日本政府的规划，国家通过制定和推动《地球温暖化对策计划》《能源基本计划》等，从政策层面构建全球气候变暖对策的整体框架。在此基础上，对城市结构、社会经济活动和生活方式进行调整，通过教育提高国民环保意识。根据整体政策框架，通过规制、经济、信息、环境影响评价等政策手段，推动社会各界主动

---

① 環境省「地球温暖化対策計画」、2021、23 頁、https：//www. env. go. jp/earth/ondanka/keikaku/211022. html。

应对全球气候变暖，构建产业界、市民、学界、地方政府以及各种环保团体联动的格局。地方政府则负责统筹推进各方面具体的固碳政策，推进可再生能源利用、节能、脱碳型城市与地区建设、循环型社会发展以及向企业和居民提供各种信息等。①

企业根据自身的业务特点，自主推进减碳和吸碳作用的强化。企业是固碳产业化的主要推动力，利用自身提供的产品和服务的生命周期，降低环境负荷，减少温室气体排放量。例如，新能源产业技术综合机构（NEDO）委托多家日本企业，就将CO_2固定化为碳酸盐、混凝土制品、混凝土结构物等应用进行探索，委托项目时间为2020~2024年，委托金额高达40亿日元。② 这些制品由于利用量大，CO_2固定潜力高，而且固定化后的生成物稳定，因此在火力发电厂减碳方面具有极高的应用价值。这也充分体现了日本"政府主导、企业参与、分层推进"的固碳政策模式。

国民需要积极自觉地改变现有行为模式，逐渐推动生活方式朝着更加便利和可持续的方向发展，是环境保护的主要参与者，也是固碳产业的主要消费者。从保护地区环境、改变生活方式角度来说，这体现了日本国民自下而上推动政策的特点，正是普通市民对自身生活环境的关心和爱护，推动日本环保产业加速发展、社会共识快速凝聚。具体来说，把握自身能源消费量和温室气体排放量，推进向"COOL CHOICE"③ 生活方式转变；自觉选择节能住宅，使用节能和脱碳型商品，使用新能源汽车，多利用公共交通工具，使用绿电，推行"清凉商务装"和"暖装运动"，向脱碳型生活方式转变。④

---

① 環境省「地球温暖化対策計画」、2021、25 頁、https：//www. env. go. jp/earth/ondanka/keikaku/211022. htm。

② NEDO「炭酸塩やコンクリートへCO_2を固定化し、有効利用する技術開発 5テーマに着手—CO_2の再資源化（カーボンリサイクル）技術の早期実用化を目指す—」、https：//www. nedo. go. jp/news/press/AA5_ 101332. html。

③ 日本政府倡导的面向脱碳新生活的国民运动，包括提倡数字化生活、提供脱碳化的产品和服务、倡导低碳生活理念、提出具有地区特色的生活方式等。

④ 環境省「地球温暖化対策計画」、2021、27 頁、https：//www. env. go. jp/earth/ondanka/keikaku/211022. html。

日本推动固碳政策的主要框架是，在政府主导下通过产官学合作方式一体化推进，进而带动全社会共同参与，同时实现环境保护与产业化双轮驱动。具体推动路径：一是以产业为引领推动固碳事业发展；二是从国民环保意识教育开始，自下而上推动生活方式转变，进而助推固碳事业。其中政府统筹下的产业引领是固碳事业发展壮大的关键。通过产业化和商用化，一方面吸引企业投资以提升基础设施建设水平，另一方面逐渐降低相关产品和服务的成本，有利于新的生活方式尽快在社会上普及。与此同时，个人的作用不可忽视。个人的作用不仅是保护植被，以确保森林和海洋生态系统的固碳能力不断增长，而且，更重要的是，个人是固碳产业消费端的重要环节。例如，需要个人消费者更多选择木材进行建造，借此形成木材产业与森林固碳的良性循环；CCUS 产业的终端消费品是多种多样的，可能会产生一氧化碳、乙醇、淀粉、塑料、混凝土以及其他产品，这些产品需要得到消费者的认同才能逐渐走向生产生活的方方面面，带动固碳产业不断发展。在打好产业基础和社会基础的同时，政府居中统筹，做好政策供给和教育引导，带动整个社会不断向碳中和迈进，使得社会作为一个整体不断提升固碳水平。

二 日本推动固碳政策的主要措施

在政府主导的固碳政策框架下，日本在 CCUS 和生态系统固碳两个方面持续发力，政府、企业和国民积极迎合固碳领域发展趋势，不断推进技术研发和验证、商业化开发。

（一）CCUS 领域主要措施

1. 明确提出 CCUS 发展的技术目标和路线图

日本政府提出一系列技术研发和落地应用的目标，旨在早日实现 CCUS 技术的普及，以帮助各领域实现脱碳化。化石燃料领域的短期目标是，尽快实现 CCUS 技术的研发和验证，结合其他相关技术，努力构建化石燃料燃烧

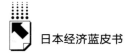

排碳循环利用的模型体系，以便早日实现 CCUS 技术的落地应用，争取在 2023 年之前实现 CCUS 商用规模的技术准备，加快该项技术普及的步伐。特别是面向 2050 年实现碳中和目标，提出要活用绿色创新基金，加速推进氢气与氨的混烧和专烧、CCUS 和碳循环技术的研发和应用。废弃物处理方面，日本的短期目标是通过导入 CCUS 技术，吸收废弃物在焚烧或厌氧发酵等处理过程中产生的碳排放，加速废弃物零排放进程；中长期目标是在 CCUS 技术等的加持下，到 2035 年实现火力发电的脱碳化，[①] 到 2050 年实现废弃物与资源循环领域的脱碳化甚至负碳化。

2. 在 CCUS 各细分领域积极布局

日本在政府主导、社会参与、分层推进的模式下积极推进 CCUS 技术开发，并且通过建设大型试验项目的方式推进 CCUS 技术落地应用。日本主要的技术布局在 CCU 和 CCS 两个方向，技术研发主体为政府、企业和研究机构等。

CCU 方面，商用化是 CCU 能够实现大发展的重要前提，特别是降低制造成本对 CCU 商用化的推进具有决定性意义，日本也一直致力于通过产业化推动 CCU 技术的商用化。例如，日本政府计划在 2030 年将 CO_2 吸收型混凝土的成本降至与现有混凝土相同价格（30 日元/千克），并通过公共采购扩大销售渠道。此外，日本还致力于通过在 2025 年日本国际博览会等活动中引入该项产品，增加国家和地方政府的公共采购。与此同时，地方政府和企业积极配合中央政府的布局开展技术验证和商用化开发。比如，日本佐贺市正在推进"废弃物+CO_2 回收"项目，致力于建设日本第一个设置 CO_2 分离装置的垃圾焚烧发电设施，将回收的 CO_2 销售给藻类培养商，进一步将其转换成化妆品和补品等制品。日立造船企业正在致力于推进回收 CO_2 制甲烷的工艺研发，将垃圾焚烧厂排出的 CO_2 与绿氢[②]进行化学反应，以获得甲烷，进而代替天然气。积水化学工业正在致力于开发用废物处理设施中分离

---

① 「G7"電力部門　大部分を2035 年までに脱炭素化"」、NHK、https：//www3.nhk.or.jp/news/html/20220528/k10013646931000.html。
② 对于用可再生能源制取的氢气，在制取过程中完全没有碳排放。

出的 CO_2 制造化学品的技术。其方法是首先用垃圾处理设施排出的 CO_2 与绿氢合成混合气体，然后用微生物触媒技术把混合气体转化成乙醇。川崎重工公司正在致力于进行从空气中回收低浓度 CO_2 的技术开发。技术关键在于利用特殊的固体吸收材料，实现以节能环保方式回收 CO_2。丰田中央研究所正在致力于用常温常压高效合成一氧化碳和氢气的混合气体，用 CO_2、水和太阳光实现高效率的碳循环。东芝公司正在探索用 CO_2、太阳光高效生产一氧化碳的技术。

　　CCS 方面，日本主要专攻封存和运输两大技术。封存方面，日本环境省牵头东芝、瑞穗银行、东京大学、三菱商事等 18 家机构组成技术联盟，进行 CCS 实证项目。该联盟致力于开发分离与回收、运输和封存的技术，总结出加速推动这些技术成果在日本社会落地的办法。环境省正在与经济产业省联合开展 CO_2 封存地调查工程。苫小牧 CCS 验证项目是日本在 CCS 方面最重要的实践（见表 1）。日本经济产业省、新能源产业技术综合机构（NEDO）和日本 CCS 调查株式会社自 2012 年至 2020 年在日本北海道苫小牧联合进行了日本第一次大规模的碳分离、回收和封存验证试验。该项目主要是将炼油厂的制氢装置产生的 52% 浓度的 CO_2 进行分离和回收，通过 1.4 千米的管道注入两个倾斜井，进而将 CO_2 分别注入距离海岸 1000~1200 米和 2400~3000 米的两个不同深度的海底储层中。该项目历时 9 年，截至 2019 年 11 月累计注入 CO_2 达 30 万吨，并且为今后的试验和应用积累了大量实验数据。总体而言，试验结果令人非常满意，验证了 CCS 技术的可行性和安全性，指出了在制氢、制氨、IGCC（整体煤气化联合循环发电）系统等领域使用 CCS 技术的可能性，而且通过信息公开使得该试验得到社会的理解和认可。[1]

---

[1] 経済産業省、新エネルギー・産業技術総合開発機構、日本 CCS 調査株式会社「苫小牧におけるCCS 大規模実証試験 30 万トン圧入時点報告書(「総括報告書」) 概要」、2020 年 5 月、https://www.meti.go.jp/press/2020/05/20200515002/20200515002-2.pdf。

表1　苫小牧 CCS 验证项目的实验目的和结果

序号	项目目的	结果概要
1	CCS 验证： 采用与实际应用相同的设施配备，进行 CO_2 分离与回收到封存的 CCS 全流程一体化试验	截至 2019 年 11 月，累计注入 30 万吨 CO_2，历时 3 年零 8 个月
2	CCS 安全性验证： 通过一系列操作验证 CCS 的安全性	进行了分离与回收到注入与封存的一系列操作，通过安全和环境管理、各种监测以及海洋环境调查，确认了 CCS 项目的安全性
3	CCS 理解： 通过信息公开、社会活动，广泛传播本项目信息，增进社会对 CCS 的理解	增进了社会对 CCS 项目的理解和包容，持续向本地区和全国提供项目信息。与此同时，持续推进国际合作与协商活动
4	CCS 实用化： 在获得实操技术的基础上推进项目实用化	在获得实操技术的同时，总结项目经验和未来面临的课题

资料来源：経済産業省・新エネルギー・産業技術総合開発機構・日本 CCS 調査株式会社「苫小牧における CCS 大規模実証試験 30 万トン圧入時点報告書(「総括報告書」) 概要」、2020 年 5 月。

　　日本民间企业紧跟发展趋势，积极开展 CCS 相关产业布局。目前在建的 CCS 项目中比较有影响力的有三个。一是由 JX 石油开发公司、ENEOS 公司和电源开发公司（J-POWER）三家公司组建了进行 CCS 封存项目调查的合资公司，共同探讨在北海道苫小牧地区实现 CCUS 的可能性。二是由出光兴产、北海道电力与石油资源开发（JAPEX）三家公司利用各自优势，共同探讨在北海道苫小牧开展 CCUS 项目的可能性。三家公司都通过入股日本 CCS 调查公司参与苫小牧 CCS 大规模验证试验项目。三是伊藤忠商事、三菱重工、INPEX 以及大成建设四家公司签署合作备忘录，决定共同探讨用船舶大规模输送 CO_2，进而形成广域 CCS 价值链的可能性；同时，携手推进 CO_2 封存地的选址作业。

　　日本还致力于通过推进海外合作弥补国内吸碳能力的不足。日本企业已经开始探讨将 CO_2 出口到合作国家，利用外国的封存地开展 CCUS 项目。例如，日本制铁、三菱商事、埃克森美孚三家公司签署合作备忘录，决定在澳大利亚等亚太地区共同构建 CCS 价值链。日本制铁在 2021 年发布的中长期经营计划中提出 2050 年实现碳中和的目标，为此致力于通过三家公司的合作，探讨将炼钢厂产生的 CO_2 通过海外地层封存的物理条件、技术、法律、商业等方面的可能性；三菱商事在 2022 年发布的《中期经营战略 2024》，致力于推进 CO_2 的海外输送和 CCS 价值链的形成；埃克森美孚利用自身优势，致力于通过开发低碳技术，向脱碳化困难的产业提供创新性的解决方案，为削减亚太地区排碳量做出贡献。日本还利用双边信用制度（JCM）推进 CCS 来源的国际信用制度构建，以实现碳排放权交易。例如，日本电源开发公司与 JANUS 公司正在对印度尼西亚 Gundih 天然气田开展 CCS 项目的可行性进行调查，预计调查结束之后可以进入项目导入阶段，该项目已经被纳入日本经济产业省"CCUS 国际合作事业"项目库。

运输方面，三菱重工正在研究液化 CO_2 运输船，已经于 2021 年末完成概念船的设计，于 2022 年 2 月与 CCUS 验证试验的项目委托方签署了液化 CO_2 运输实验船的建造协议，预计于 2023 年下半年交付。该船将被用于 NEDO 后续开展的一系列 CCUS 验证试验。[①]

（二）生态系统固碳领域主要措施

1. 通过产业化提高森林固碳水平

为解决森林以及相关产业遇到的各种问题，同时为应对气候变化做出贡献，日本每五年会制定一次"森林·木材产业领域研究·技术开发战略"。目前最新的战略是在 2022 年 3 月制定的，提出从促进森林功能的开发和森林产业技术革新两个方面推进森林固碳，提高森林固碳效率。

首先，提高林业技术水平。加强对无人机、激光测量和 GNSS（全球卫星导航系统）等技术的使用，提高林地选址和林业自动化水平。同时将以上技术进行搭配组合，研发新的造林体系。其次，利用 ICT 提高木材生产和

---

① 三菱重工「三菱造船、世界初となる CCUS を目的とした液化 CO_2 船舶輸送の実証試験船の建造契約を締結」、2022 年 2 月 2 日、https：//www.mhi.com/jp/news/220202.html.

流通管理等的效率，探索不同领域的技术，通过产学官合作促进知识共享和商业化，促进从采伐到再造林和育林的整体平衡发展，促进研究和技术研发。再次，面向 2050 年实现碳中和的目标，利用基因组信息培育新树种，开发碳封存能力较高的"精英树"。同时，通过采伐和造林连贯作业、低密度种植、种植精英树等降低造林成本以及缩短收获时间，研发育苗、精英树等技术，结合这些新技术和管理措施提高造林效率，切实实现增加森林蓄积量的目标。最后，出台各种支持政策，提高国民环保意识，鼓励民间多使用木材，让每个个体自下而上地自觉为森林固碳做出贡献。加强对非住宅领域、高层建筑物等木材使用，推进这类木材使用中减碳效果的科学知识积累，推动相关数据集成。加大力度开发木质纳米纤维素，增加木质生物质产品的附加值，提升产品耐久性和柔韧性，推进该项技术在食品、医疗、化妆品、造纸等方面更深入的应用。

2. 提升海洋生态系统固碳水平

根据《地球温暖化对策计划》，日本政府致力于加强对海藻场和滩涂等的保护，以增强海洋生态系统碳汇能力。基于此，日本政府积极推进多样的生态调查和保护项目，例如，2009 年，横滨市开展沿岸地区海边自然再生与新城市建设事业项目，支持自然海岸的保护与开发；2008 年，大分县开展保护潮泥滩计划。其他地区相继开展类似沿岸保护项目。珊瑚礁的碳汇能力不容忽视，日本积极开展保护珊瑚礁的行动，由环境省牵头于 2010 年制定了第一期"珊瑚礁保全行动计划"，推动多元主体参加保护活动，借此维持和提高珊瑚礁的碳汇能力，从 2022 年开始，该计划已经推进至第三期。同时，通过开发以水生植物为原料的功能性食品、生物质塑料等新材料，发展与海洋资源利用相关的新产业。研究和开发提高 CO_2 吸收效率和加速藻类生长的技术，以及进行提高藻类耐受力的品种改良。日本计划开展此类技术的大规模实证工作，努力在 2030 年前后将此类产品的价格从 1600 日元/升降到 100 日元/升，实现技术实用化。[1]

---

[1] 環境省「地球温暖化対策計画」、2021、68-69 頁、https：//www.env.go.jp/earth/ondanka/keikaku/211022.html。

三 日本 CCUS、生态系统的碳汇能力分析 与未来展望

日本在 CCUS 方面刚刚起步，与欧美差距较大，碳汇能力十分有限，但日本生态系统碳汇能力前景可观。日本官方将生态系统碳吸收源分成森林、农地（包含牧草地）、城市绿化、浅海生态系统四类。[①] 目前，日本官方的吸碳量统计中只包括森林、农地（包含牧草地）、城市绿化三类，并不包括浅海生态系统。从吸碳规模来看，主要的吸收源是森林，规模为每年千万吨级，而农地（包含牧草地）、城市绿化和浅海生态系统的吸碳规模都为每年百万吨级。

（一）CCUS 的碳汇能力与展望

CCUS 技术主要分为 CCS（碳捕获与封存）和 CCU（碳有效利用）两大部分，虽然日本在这两个方面都有一些前瞻性布局，但是总体上相较于西方发达国家和中国仍然有较大差距，表现为起步时间较早、推进较慢。

日本已开展的 CCS 项目中只有一个苫小牧项目，而且该项目在完成试验目标之后已经停止注入。目前，日本没有其他在建或正在运营的 CCS 项目。按照苫小牧项目的数据，可以认为日本目前的 CCS 碳汇能力为 10 万吨/年。2005 年，地球环境产业技术研究机构（RITE）报告的概算结果显示，日本的碳封存能力可达 1461 亿吨二氧化碳。[②] 目前，通过实际地质构造调查，日本已探明适合 CO_2 封存的储层有 11 个，预计总封存能力可达 160 亿吨。[③]

按照日本政府提出的计划，到 2050 年，日本年均二氧化碳封存量为 1.2

[①] 環境省「地球温暖化対策計画」、2021、64 頁、https：//www.env.go.jp/earth/ondanka/keikaku/211022.html。

[②] 経済産業省「地球環境連携・技術室、CCSの現状について」、2013、https：//www.meti.go.jp/committee/kenkyukai/sangi/ccs_ kondankai/pdf/001_ 03_ 00.pdf。

[③] 経済産業省「CCS 長期ロードマップ検討会最終とりまとめ（案）説明資料」、2023 年 1 月、https：//www.meti.go.jp/shingikai/energy_ environment/ccs_ choki_ roadmap/pdf/006_ 03_ 01.pdf。

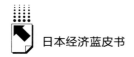

亿~2.4亿吨。① 日本计划在2030年以后真正推进CCS项目的开展，此前将着力推进降低相关成本、提升国民理解水平、推进海外CCS项目、进行CCS相关法律建设等前期和辅助工作，为CCS项目开展打好社会基础。同时，日本在2030年前还将着力推进CCS项目选址探讨、试验挖掘、封存量评价、挖掘和设备投资等涉及项目推进的具体工作。为了达成封存量目标，在2030~2050年的20年间，日本每年将增加封存量600万~1200万吨。

（二）森林碳汇能力分析

1.森林碳汇能力巨大

日本森林综合研究所对树木的吸碳量进行研究，认为吸碳量与树木地上部分的生物资源量、地上部分与地下部分的比例、树干的重量、碳占生物资源量等几个变量密切相关。例如，一棵35年生的杉树，平均直径为20厘米，平均高度为18米，树干体积为0.28立方米，其一年吸碳量可达68千克;② 40年生的杉树林一年每公顷吸碳量可达2.3吨。③ 截至2017年，日本森林总积蓄量达到52亿立方米，其中人工林为33亿立方米，约占6成。2020年，日本吸收CO_2总量达到4450万吨，其中森林吸收4050万吨（其中木质林产品带来的碳封存量达到285万吨），占总量的91%，④ 森林固碳是日本固碳的主要推动力。

如表2和表3所示，日本的森林固碳量峰值与碳达峰的时间一致，从2005年的3540万吨二氧化碳增至2012年的5270万吨二氧化碳，即在2013年碳达峰实现之前基本呈现上升趋势;2013年日本实现碳达峰之后，森林

---

① 経済産業省「CCS長期ロードマップ検討会最終とりまとめ（案）説明資料」、2023年1月、https：//www.meti.go.jp/shingikai/energy_environment/ccs_choki_roadmap/pdf/006_03_01.pdf。

② 森林総合研究所「温暖化対応推進拠点、木1本に固定されている炭素の量」、https：//www.ffpri.affrc.go.jp/research/dept/22climate/kyuushuuryou/。

③ 森林総合研究所「温暖化対応推進拠点、1年当たりの森林の林木（幹・枝葉・根）による炭素吸収の平均的な量」、https：//www.ffpri.affrc.go.jp/research/dept/22climate/kyuushuuryou/。

④ 林野庁『令和3年度森林・林業白書』、2022、18頁、https：//www.rinya.maff.go.jp/j/kikaku/hakusyo/。

固碳量呈现逐年减小趋势，从 2013 年的 5170 万吨二氧化碳减少到 2020 年的 4050 万吨二氧化碳。

表 2　碳达峰之前日本森林固碳量的变化

单位：百万吨二氧化碳

吸收活动	2005 年度	2006 年度	2007 年度	2008 年度	2009 年度	2010 年度	2011 年度	2012 年度	2013 年度
森林固碳对策①	-35.4	-37.2	-39.9	-44.6	-45.9	-48.4	-50.5	-51.6	-51.7
新造林·再造林	-0.3	-0.4	-0.4	-0.4	-0.4	-0.5	-0.5	-0.5	-1.5
森林减少	+2.4	+2.7	+2.4	+2.2	+2.6	+3.0	+1.6	+2.0	+2.0
森林经营活动	-37.5	-39.5	-41.9	-46.4	-48.1	-50.9	-51.6	-53.1	-52.2
农地土壤固碳对策②	NA	NA	NA	NA	NA	NA	NA	NA	-1.5
农地管理活动	NA	NA	NA	NA	NA	NA	NA	NA	-1.9
牧草地管理活动	NA	NA	NA	NA	NA	NA	NA	NA	+0.4
推进城市绿化等③	NA	NA	-0.7	-1.0	-1.0	-1.1	-1.1	-1.1	-1.2
生态恢复活动	NA	NA	-0.7	-1.0	-1.0	-1.1	-1.1	-1.1	-1.2
合计（①+②+③）	-35.4	-37.2	-40.6	-45.6	-46.9	-49.5	-51.6	-52.7	-54.3

注："+"表示排出，"-"表示吸收；"NA"表示数据缺失。

资料来源：「温室効果ガス排出量（確定値）について」、https://www.env.go.jp/earth/ondanka/ghg-mrv/emissions/。

表 3　碳达峰之后日本森林固碳量的变化

单位：百万吨二氧化碳

吸收活动	2014 年度	2015 年度	2016 年度	2017 年度	2018 年度	2019 年度	2020 年度
森林固碳对策①	-52.2	-49.8	-47.3	-47.6	-46.5	-42.8	-40.5
新造林·再造林	-1.5	-1.5	-1.5	-1.5	-1.4	-1.3	-1.2
森林减少	+2.0	+2.3	+2.3	+1.8	+1.8	+1.7	+1.7
森林经营活动	-52.7	-50.6	-48.1	-48.0	-47.0	-43.2	-41.0
农地土壤固碳对策②	-0.2	-1.0	-1.5	-2.5	-3.4	-2.6	-2.7
农地管理活动	-1.2	-1.7	-2.0	-2.8	-3.4	-2.7	-2.8
牧草地管理活动	+1.0	+0.7	+0.4	+0.2	+0.0	+0.2	+0.0
推进城市绿化等③	-1.2	-1.2	-1.2	-1.2	-1.2	-1.3	-1.3
生态恢复活动	-1.2	-1.2	-1.2	-1.2	-1.2	-1.3	-1.3
合计（①+②+③）	-53.6	-52.0	-50.1	-51.4	-51.1	-46.6	-44.5

注："+"表示排出，"-"表示吸收。

资料来源：「温室効果ガス排出量（確定値）について」、https://www.env.go.jp/earth/ondanka/ghg-mrv/emissions/。

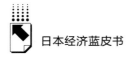

2.持续扩大森林蓄积量，未来森林碳汇能力有望大幅增加

近年来，日本森林蓄积量每年增长 8000 万立方米。[①] 根据日本森林·林业白皮书，日本森林蓄积量预计从 2020 年的 54.10 亿立方米增长到 2040 年 61.80 亿立方米；2019~2034 年，人工造林面积为 1020000 公顷，森林天然更新面积为 571000 公顷。[②] 随着森林蓄积量的增加，森林固碳量也会相应大幅增加。

（三）其他形式碳汇能力分析及未来展望

其他形式主要包括浅海生态系统、农地（包括牧草地）以及城市绿化。虽然目前日本环境省的碳吸收量统计不包括浅海生态系统碳汇，但是总体上浅海生态系统具有较强的碳汇能力。农地（包括牧草地）和城市绿化都具有每年百万吨级的碳汇能力。

1.海洋生态系统碳汇能力分析及未来展望

海洋生态系统包括浅海生态系统、深海生态系统和大洋生态系统。海洋生态系统具有非常强的碳汇能力，全球海洋每年吸收碳（碳元素量，下同）超过 20 亿吨，而人类活动的总排碳量超过 100 亿吨[③]，前者相当于后者的 1/5。1990~2021 年全球海洋年平均从大气吸收碳 20 亿吨，这一指标在近十年一直在变动中增长。[④]

浅海生态系统主要指水深 6~200 米的大陆架范围，主要包括海草场、海藻场、红树林和滩涂。有研究认为，海洋的碳吸收总量中 73%~79% 来自浅海海域。因此浅海生态系统是日本海洋生态系统碳汇能力的主要来源。有研究评估了日本浅海生态系统的碳汇能力，结果显示，浅海生态系统的二氧

① 日本学術会議・農学委員会・林学分科会「持続可能な林業・林産業の構築に向けた課題と対策」、2017、https：//www.scj.go.jp/ja/info/kohyo/pdf/kohyo-23-h170929-3.pdf。

② 林野庁『令和 3 年度森林・林業白書』、2022、57 頁、https：//www.rinya.maff.go.jp/j/kikaku/hakusyo/。

③ "100 亿吨排碳量"换算成 CO_2 约为 370 亿吨。

④ 気象庁「海洋による二酸化炭素吸収量（全球）」、2021、https：//www.data.jma.go.jp/kaiyou/shindan/a_2/co2_flux_glob/co2_flux_glob.html。

化碳的吸收量的平均值是 132 万吨/年，最高值是 404 万吨/年。从碳汇规模来说，与农地管理处于同等水平。有研究在考虑未来环保政策和技术进步的前提下，对日本浅海生态系统的面积增加情况进行预测估算，认为到 2030 年日本的浅海生态系统的二氧化碳吸收量可达 157 万吨/年，最高可达 518 万吨/年。[①]

2. 农地（包括牧草地）、城市绿化的碳汇能力及未来展望

如表 2 和表 3 所示，2020 年日本农地管理活动的二氧化碳吸收量为 280 万吨，推进城市绿化等的二氧化碳吸收量为 130 万吨，而牧草地管理活动的二氧化碳吸收量为 0。从趋势上看，农地管理活动具有一定的碳汇能力，自 2013 年有统计以来基本呈现上升趋势，但是总体规模在 300 万吨以下，与森林固碳对策规模不在一个数量级；推进城市绿化活动等在 100 万吨以上；而牧草地管理活动基本不能起到固碳效果，处于不排碳或者排放量在 100 万吨以下的状态。总体上，农地（包括牧草地）、城市绿化的碳汇能力的增长潜力不大，主要工作方向在于维持现有规模，保护其脆弱的生态环境。

四　结语

经过多年发展，日本固碳领域的政策和实践都取得一定进展，在政府主导的固碳政策框架下，社会各界上下一体共同推进，为 2050 年实现碳中和目标打下坚实基础。日本 CCUS 发展项目的优势在于，重视结合不同的使用场景挖掘技术的应用潜力，致力于通过产业化的方式推动 CCUS 发展。同时，日本重视 CCUS 领域的国际合作，牵头成立了亚洲 CCUS 网络，尝试开发 CO_2 船舶运输技术，给固碳事业"走出去"打下良好的基础。

日本得益于自身得天独厚的自然环境：森林资源非常丰富，森林吸碳量较高，同时社会对木质建筑材料的接受度较高，通过木质林产品实现的固碳

---

① 桑江朝比呂ほか「浅海生態系における年間二酸化炭素吸収量の全国推計」、『土木学会論文集 B2（海岸工学）』2019 年第 1 号、10-20 頁。

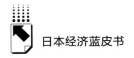

具备相当规模。日本非常重视木材产业的发展壮大，同时通过环保教育鼓励民众使用木质林产品，为提升森林固碳能力提供政策基础、产业基础和社会基础。海洋生态系统固碳也是一个非常重要且潜力巨大的领域，通过积极的人工干预，浅海生态系统碳汇能力将得到有效提升。

总体上，日本在固碳领域走在中国前面，特别是在固碳领域产业化方面积累了很多具体有效的措施，中国可以借鉴日本在 CCU 商品化、木材使用、木质生物质利用等领域的思路和措施，结合国情探索一条具有中国特色的固碳产业化之路。同时，提升国民环保认知是另外一条重要路径。特别是对 CCUS 这样比较专业的领域，普通百姓缺乏基本概念，需要政府做好知识普及和重大项目意义的解释工作，为后续商业化运营打好社会基础。

B.16
"双碳"背景下日本绿色交通物流业的
发展战略与启示*

包振山 刘吉双**

摘　要： 在"双碳"目标驱动下，交通物流业的绿色发展成为应对全球气候变暖及制约经济增长的重要课题。日本是能源消耗和碳排放大国，也是最早实现碳达峰的主要发达国家之一，并计划到 2050 年实现碳中和，其经验措施对我国具有较大的参考启示意义。本文基于对日本交通物流业的碳排放现状及主要做法、特征与经验，着重考察其降低碳排放的措施和经验，提炼对我国的政策启示。研究发现，日本的交通物流业于 2001 年已实现碳达峰，以电力、氢能和碳循环为主线的各项措施，强化政产学研合作与金融支持，政府多部门协作与地方协同布局，"政府-企业-居民"全方位、立体式、融合性合作，把握世界前沿技术理论与融入国际合作，清晰定位与明确的发展方式、路线等，为实现碳中和提供了重要保障。

关键词： 交通物流业　碳达峰　碳中和　碳循环　氢能

20 世纪 80 年代末，人类意识到温室气体排放带来的气候、环境问题对经济发展产生了严重的制约影响，并逐渐成为需要全球各国共同应对的紧迫

* 本文为国家社会科学基金重点项目"新时期农业转移人口土地承包权退出引导制度评估及路径优化研究"（项目编号：20AJL010）的阶段性研究成果。
** 包振山，经济学博士，盐城师范学院商学院副教授，全国日本经济学会理事，主要研究领域为日本流通经济。刘吉双，经济学博士，盐城师范学院商学院教授，主要研究领域为区域经济。

性课题。日本作为世界主要的能源消耗和碳排放大国，较早开始实施积极的低碳发展战略，例如，1989 年，设立了"保护地球环境阁僚会议"（部长会议）；1990 年，推出"防止全球变暖行动计划"；其后推出《全球气候变暖对策推进法》等相关政策法律，旨在创造经济和环境良性循环，[①] 推动产业经济绿色化发展。交通物流业是日本较早实现碳达峰的重要基础性产业，在改善民生、提升产业竞争力和助力地方创生等方面发挥重要的支撑作用，尤其是在少子老龄化日益严峻、国际经济不确定性增加、新冠疫情影响等背景下，依然发挥了促进经济持续增长和稳定民生的基础性功能。在应对全球气候变暖成为制约经济增长且成本不断攀升的时代背景下，为致力于促进交通物流业的绿色发展，脱碳化、零碳化一直是日本政府关注的重要课题。

近年来，中国交通物流业在快速发展的同时，也面临高成本、低效能、高碳排等问题。2020 年 9 月 22 日，中国国家主席习近平在第七十五届联合国大会一般性辩论会上向世界宣告，要争取在 2030 年实现碳达峰、2060 年实现碳中和。"双碳"目标的实现已成为中国经济高质量发展的重大战略任务。[②]党的二十大报告明确指出，"实现碳达峰碳中和是一场广泛而深刻的经济社会系统性变革"，[③] 交通物流业的绿色低碳发展也是探索中国式绿色现代化发展道路的题中之意。因此，本文尝试对"双碳"背景下的日本交通物流业绿色发展进行系统分析，探讨其绿色发展的实践、主要做法，归纳总结其发展实践的特征与经验，以期为中国交通物流业的绿色低碳发展提供参考和启示。

一　"双碳"背景下日本绿色交通物流业的发展现状

日本在《2050 年碳中和绿色成长战略》提出，为了在 2050 年实现碳中

---

① 杜江、秦雨桐：《日本迈向"碳中和"的困境及其实现路径》，《现代日本经济》2022 年第 3 期，第 66~80 页。

② 韩仁月、李润雨：《碳中和目标下日本促进能源转型的财税政策》，《现代日本经济》2022 年第 2 期，第 20~35 页。

③ 习近平：《高举中国特色社会主义伟大旗帜 为全面建设社会主义现代化国家而团结奋斗——在中国共产党第二十次全国代表大会上的报告》，中国政府网，https://www.gov.cn/xinwen/2022-10/25/content_ 5721685.htm。

和，要从能源供应、能源消耗及碳回收再利用三大方面布局碳中和政策，并率先通过在交通物流领域进行高效率的智能交通、绿色物流、交通网络的优化完善等，还要通过力争尽快普及新能源汽车、实现以智能道路建设为标志的基础设施的节能、研发电动汽车充电系统、推进港湾零排放等措施降低环境负担，做出交通物流业的"脱碳""零碳"贡献。

（一）绿色交通物流业对日本实现"双碳"目标的重要意义

日本是交通物流业最发达的国家之一，早在 20 世纪 50 年代后期就引入了"物流流通经济"的新概念，并在社会经济发展从人工化向机械化、数字化、绿色化转型的过程中，逐步实现物流合理化、高效化，形成了"国家+协会+企业+个人"的联动发展机制。[①] 自 20 世纪 90 年代实施绿色低碳发展战略以来，日本已于 2013 年实现碳达峰，其后碳排放量开始逐渐减少。2020 年 10 月，日本政府宣布要在 2050 年实现碳中和，并于当年 12 月制定了《2050 年碳中和绿色成长战略》，明确了能源、交通物流等 14 个领域为碳中和重点领域，提出要加快能源和工业生产的结构转型。[②] 2021 年 4 月，日本提出到 2030 年将温室气体排放量比 2013 年减少 46%，并向减少 50%的更高目标发起挑战。其中交通物流相关的温室气体排放量比 2013 年减少 35%（见表 1）。

据日本政府测算，来自交通物流业的碳排放占比高达 17%，仅次于电力部门（37%）和产业部门（25%），交通物流业是日本政府重点关注的节能降碳产业。为此，对交通物流及相关产业进行战略性布局，灵活运用促进绿色化发展的产业政策、金融手段、规制措施等，交通物流业已于 2001 年率先实现碳达峰，较日本整体实现碳达峰的 2013 年，提前了 12 年之多。

---

① 姜旭、王雅琪、胡雪芹：《以四方联动机制推动我国绿色物流发展——日本绿色物流经验与启示》，《环境保护》2019 年第 24 期，第 62~67 页。
② 李东坡、周慧、霍增辉：《日本实现"碳中和"目标的战略选择与政策启示》，《经济学家》2022 年第 5 期，第 117~128 页。

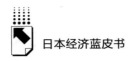
表 1　日本温室气体排放量、削减率及既定目标

单位：亿吨二氧化碳,%

温室气体排放、吸收量			2013 年排放实绩	2030 年排放量	削减率	既定目标
			14.08	7.60	46	26
能源消耗的碳排放			12.35	6.77	45	25
能源消耗的碳排放	产业类别	产业	4.63	2.89	38	7
		业务及其他	2.38	1.16	51	40
		家庭	2.08	0.70	66	39
		交通物流	2.24	1.46	35	27
		能源转换	1.06	0.56	47	27
非能源消耗的 CO_2、甲烷、N_2O			1.34	1.15	14	8
HFC 等 4 种氟利昂类气体			0.39	0.22	44	25
吸收源			—	0.18	—	0.37

资料来源：日本经济产业省「2050 年カーボンニュートラルに伴うグリーン成長戦略」、2021 年 6 月、https：//www. meti. go. jp/policy/energy ＿ environment/global ＿ warming/ggs/pdf/green ＿ honbun. pdf。

（二）日本绿色交通物流业的发展现状与特点

1. 率先实现碳达峰，并呈现明显的碳减排趋势

自 1990 年以来，全球主要发达国家的交通物流业碳排放量整体上呈现增多的趋势，其中加拿大、美国和欧盟在 2020 年的碳排放量值分别为 132、110 和 108（以 1990 年为基准），与此相反的是，其他发达国家在起伏增减中均有不同程度的减少。其中日本的碳排放量值在 1990~2000 年 10 年间呈现持续增多趋势，至 2001 年达到增长顶峰后，开始出现持续下降态势。交通物流业在 2001 年实现碳达峰，不仅是日本各产业经济中较早实现碳达峰的产业，而且使日本成为该领域较早实现碳达峰的国家。

日本在 2020 年的温室气体排放量为 11.5 亿吨，比 1990 年减少了 9.8%。其中碳排放量是 10.4 亿吨，占温室气体排放量的 90.6%，比 1990 年减少了 10%；碳吸收量为 5230 万吨，占温室气体排放总量的 4.5%。由

此可见，碳排放是日本温室气体的重要排放源，且其中的 94.7% 是由燃料的燃烧所产生的；碳吸收量的占比较低，仍具有巨大的发展空间。

分领域来看，2020 年能源产业的碳排放量与 1990 年相比增长了18.4%，与 2019 年相比减少了 2.8%。制造业与建筑业的碳排放量与 1990年相比减少了 33.2%，与 2019 年相比减少了 10.1%。交通物流业的碳排放量与 1990 年相比减少了 12.1%，与 2019 年相比减少了 10.5%。

日本交通物流业的碳排放量，自 1990 年开始出现连年增长的趋势，直至2001 年达到顶峰后出现了持续十多年下降的发展态势，2020 年减少至 1.85 亿吨（见图 1）。2020 年的日本交通物流业碳排放量中，约六成来自旅客运输，四成来自货物运输（见表 2），且两种不同运输方式的碳达峰时间略有差异。旅客运输的碳排放量在 2002 年达到峰值后，其后一直呈现总体下降的趋势，虽在 2008~2013 年暂缓下降，但从 2014 年开始连续 8 年持续减少，尤其是受2020 年新冠疫情影响，减少趋势更为明显。货物运输的碳排放量自 20 世纪 90年代中期开始减少后，其间虽有起伏增减，但整体上呈现持续下降倾向，尤其是自 2014 年以来连续 7 年减少。对于旅客运输和货物运输，私家车和货车

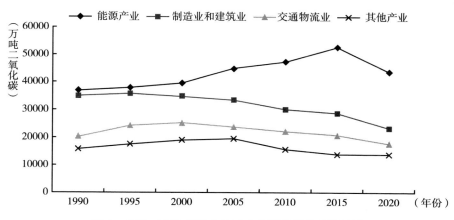

图1 1990~2020 年日本各产业使用燃料的碳排放量

资料来源：国立環境研究所システム領域地球環境研究センター・温室効果ガスインベントリオフィス（GIO）編『日本国温室効果ガスインベントリ報告書（2022 年）』、2022年、https：//www. nies. go. jp/gio/archive/nir/jqjm10000017uzyw - att/NIR - JPN - 2022 - v3. 0_J_ GIOweb. pdf。

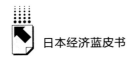

的碳排放量占比超过八成，其中来自汽油的碳排放量占一半以上，其次是轻油，这两种燃料的碳排放量占燃油碳排放量的近九成。

表2　2020年旅客、货物运输的碳排放量及占比构成

单位：万吨，%

		排放量	占比
旅客运输	总计	10400	56
	私家车	8440	46
	客车、出租车等	500	3
	火车	750	4
	轮船	330	2
	飞机	420	2
货物运输	总计	8050	44
	货车	7250	39
	火车	38	0.2
	轮船	660	4
	飞机	100	1

资料来源：国立環境研究所システム領域地球環境研究センター・温室効果ガスインベントリオフィス（GIO）編『日本国温室効果ガスインベントリ報告書（2022年）』、2022年、https://www.nies.go.jp/gio/archive/nir/jqjm10000017uzyw-att/NIR-JPN-2022-v3.0_J_GIOweb.pdf。

2. 初步形成碳中和端口

氢和氨是清洁能源产业的代表性能源，在实现碳中和目标中具有重要作用，日本政府将氢定位为实现碳中和的关键燃料，将氨定位为实现氢能社会的重要过渡期燃料。国际能源署早在2019年就提出，由于氢能在发电、运输、工业等领域均能为脱碳化做出重要贡献，因此要扩大氢能的利用，尤其是将工业集聚的港湾变成推广利用氢能的中枢。在进出口物流集聚地、高碳排放量的工业企业集聚港湾，要加强对大量稳定又廉价的氢和氨的输入和储存配送，通过提升脱碳化港湾功能，以期在2050年前完成港湾的碳中和目标。

为了提高氢和氨的使用，日本政府制定了"蓝氢""绿氢"计划，利用财政金融等政策手段加快研发利用速度，如企业强化技术开发及使用的

效果评估，政府确立氢和氨的供应运输方式和进口体制，政企协同在技术研发、配套设备建设、进口保障等方面，形成满足大量需求与供给相匹配的体制，通过规模化降低使用成本。为此，加大对氢和氨在高碳排放量的发电、钢铁、化学工业等企业中的使用（制造、运输和储存、利用）力度，采用新能源拖车、货车等进行装箱货物运输，降低港湾临海企业的碳排放量。

以导入智能交通、绿色交通工具等方式减少碳排放。汽车是碳排放的主要来源，是节能降碳的重点，日本政府已宣布到 2035 年停止销售燃油乘用车，到 2040 年停止销售燃油汽、卡车，并提供有助于解决地区问题的"出行即服务"（MaaS）系统。在推进汽车电动化的同时，强化道路等基础设施的自动化、公共交通的便利性、可持续移动服务等以促进节能降碳，确保 2030 年前将电动车使用成本降至燃油车水平。与此同时，推进实施自行车使用计划、完善自行车使用环境、优化自行车通行设施等替代汽车的使用，从而降低汽车的碳排放。政企合作加速促进碳捕获、利用、封存（CCUS）技术的研发普及，推进使用回收的碳种菜、养殖藻类生产生物质燃料等。

3. 促进交通物流高效化、低碳化

在交通物流领域，货车（营业用与自用）的碳排放量约占 7%。从碳中和及提高物流运输能力的角度看，推进向低碳排放运输车辆的转换和提高运输效率显得尤为重要。由于物流业是综合服务型产业，产业链上下游企业间的协同节能降碳非常重要，因此，在《关于能源使用合理化等法律》中，对能源使用量和能源使用原单位进行了明确的规定。但由于能源使用原单位改善有迟滞倾向，因此采取先对企业节能处理进行评价的方式，管控产业链以协同节能降碳。

推进绿色物流改造，基于仓库无人化作业程度的提高，通过减少照明等方式降低能源消耗；在冷冻冷藏仓库中导入节能型自然制冷剂机器以削减能源消耗量。发展数字化拼车和智能交通，采用交通流智能管控方式及使用双连接货车等，在提高运输效率的同时，缓解交通拥堵等问

题。使用无人机配送以提升人口稀疏地区的运输效率。在铁路车辆中开发使用更清洁的燃料电池，优化公共交通节点的车站运力，完善相配套的基础设施建设。制定环境友好型机场发展规划，加大对适用于机场的可再生能源研发力度，减少飞机的碳排放量。与此同时，加强航空交通系统的数字化、智能化，升级飞机搭载装置和航空管制系统。对接国际民用航空组织（ICAO）的未来计划，制定、实施《关于航空交通系统的长期展望》（CARATS），以数字技术优化缩短飞行路径等方式削减碳排放（促进导入 RNAV 路径）。

4. 促进飞机装备的电动化、轻量化、高效化

推进飞机装备及系统的电动化，将搭载辅助动力用和地面停留时电力补给用的蓄电池，扩大到飞行时的动力及内部系统，以更先进的技术提升蓄电池的使用性能。在国际上，以欧美的机体、发动机制造商为中心，围绕电动化技术的研发展开了激烈的竞争。日本企业在这些相关领域的关键技术上具有较高的竞争力，但亟须提升在飞机装备使用中的实效。

为实现航空领域的低碳化，除了搭载电动化技术外，氢燃料的利用也值得期待。但需要研发出能够用于航空的重量轻、安全有保障的氢气储存罐，以及攻克燃烧后的回收再利用等技术难题。从安全性和成本等角度考虑，仍需强化氢供给的供应链及配套设施建设。在机体及发动机材料方面，引进有助于轻量化、提高耐热性的新材料，在飞机结构（机身和主翼）和内部装饰中，将铝合金升级为碳纤维复合材料。用轻便且强度优异的碳纤维复合材料生产航空发动机的风扇零件，用耐高温的陶瓷基复合材料生产涡轮零件。

将生物质能等合成燃料运用到飞机产业，这种合成燃料是将二氧化碳和氢气合成制造的新型燃料，可以对排出的二氧化碳进行回收再利用，被视为无碳燃料。且这种合成燃料具有能量密度高、可移动性强的特征，被认为具有较大市场潜力。利用费托（FT）合成技术、微藻培养技术等提高生物质能即合成燃料利用率，至 2050 年将航空领域的碳排放量减少 50%。

二 "双碳"背景下日本绿色交通物流业发展 战略的主要措施

日本为实现碳中和，按照"环境-经济-社会"相协调的综合性发展目标，将在居民生活、城市建设与基础设施建设等相关的绿色交通物流基建、数字技术应用、港湾与海事等方面着手落实节能减排措施，具体的做法与措施体现在如下几个方面。

（一）推进节能循环型的智能化强韧生活，打造生活与城市建设相协同的碳循环体系

为实现碳中和目标，最大限度地发挥区域性碳循环利用成为重要课题。如家庭、业务等民生领域的碳排放量约占30%，为此，通过强化对住宅与建筑物的节能技术投入、扩大以交通物流为主的城市基础设施等方面的能源循环利用、促进城市建设向脱碳化和适应气候变化转变，从生活与城市建设两个方面推动能源的碳循环利用。[①] 主要做法如下：一是利用数字技术营造三次元都市空间，推进城市职能向集约化发展，构建紧凑型公共交通网络；二是扩建步行健康道路，改善自行车使用环境，降低居民出行对汽车的依赖程度；三是利用 AI 等新技术促进能源的使用最优化，提高能源资源使用效能；四是以市街区为单位推进城市绿化，在市区、离岛或农山渔村中打造脱碳发展先行示范区等；五是环保组织、团体积极倡导绿色低碳的活动，如全日本卡车协会自 2009 年起，在每年 11 月组织"环保驾驶强化月"活动，公益财团环保基金会推行"环保驾驶活动竞赛"等活动，号召更多物流从业者加入物流运输的节能降碳活动中。环保基金会致力于普及"绿色经营"制度，对积极采用环保驾驶和环保车辆的企业进行审查、认证、登记。

---

① 张季风：《日本经济结构转型：经验、教训与启示》，中国社会科学出版社，2016。

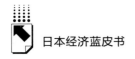

（二）完善绿色交通物流相关基础设施，营造与自然和谐共生的新地域

为促进环境与经济良性循环、保护生物多样性、发展观光旅游促进区域振兴等，日本政府提出要通过扩大绿色基础设施的官民合作平台，利用绿色基础设施治理河道，保护生物系统的稳定性，确保完善的水循环，扩大碳吸收源，防止热岛效应，运用绿色金融提升区域价值等方式，打造与自然和谐共生的新地域。主要做法如下：首先是利用绿色基础设施治理河道，健全生态系统的多样性，在防止发生自然灾害的同时扩大碳吸收源；其次是通过加强公共基础设施的绿化等降低热岛效应；再次是围绕联合国可持续发展目标（SDGs）与环境、社会和公司治理（ESG），利用绿色金融、各方资本促进区域振兴发展；最后是利用绿色基础设施的官民合作平台等扩建绿色基础设施，利用 ESG 投资、绿色金融等多种资本打造发展示范区，并以 2027 年横滨国际园艺博览会为契机，推广日本绿色示范发展经验。例如，货车企业积极推进车辆的更新换代，引进环保车辆并通过数字技术提高运输效率；日本政府创设专门的融资制度，帮助货车企业加快车辆的更新换代以减少碳排放等。

（三）构建适应汽车电动化的交通物流基础设施体系

交通物流领域的碳排放量中约 86% 来自汽车，且燃油动力汽车依然是新车销售的主力军，2019 年，以电动汽车为代表的新能源汽车的销量仅占新车销量的 40%。为此，日本提出要在 2035 年前实现乘用型新车销售达到100%电动化。为推动汽车的电动化及建设与其相适应的配套交通物流设施体系，其主要做法如下。一是推广普及大型客车、货车、出租车等实现新能源化，提高车辆燃油效率。例如，全日本卡车协会对环保型车辆引入怠速停止控制装置，以补差价等形式加大车辆使用燃料的 CNG 管道建设力度，推广使用混合动力车辆。在原有的 CNG 动力货车、混合动力货车基础上，导入电动货车和液化天然气（LNG）动力货车等，并给予相应的补助。二是持续改进电动车等的交通、物流服务，如开发普及能满足长距离运输需要的燃料电池、利用新技术优化智能驾驶的安全性和便利性，基于中心市区、老年人口聚居区、离岛、旅游胜地等不同交通需求，开发使用不同性能的电动车技术。三是推广普及与汽车电动化相适应的配套基础设施，如扩充 EV 充电设施，力争在 2025 年开发出与道路结构相适应的充电系统。四是强化在突发灾害时活用电动车的电池作为应急电力供应的职能，形成以电动车作为突发灾害时的移动式电源应急系统。

（四）创新数字化、绿色化的可持续发展交通物流服务

交通物流领域的碳排放量约占排放总量的 17%，为减少碳排放，除了促进汽车电动化外，还应强化与之相关的交通物流软硬件服务。其主要做法如下。一是将大数据收集分析能力运用到道路管控方面，利用 ICT、AI 等技术缓解交通拥堵，以完善三大都市圈环状交通网络为抓手，提升道路交通网络的便利性。

二是促进公共交通工具及自行车的使用。推广使用 LRT、BRT、电动汽车、燃料电池汽车等以减少碳排放，优化公共交通网络，提升公共交通工具的便利性，降低通勤、出行等对私家车的依赖，改善自行车使用的设施环境，提升自行车使用率。

三是推进绿色物流。通过物流 DX 提高货车装载效率、优化运输路线、精准供需匹配等，促进供应链运输的高效化并节约能源。优化物流网络，利用 ETC2.0 等提升货车运送效率。[①] 利用新信息技术提升运行物流管理支援、特殊车辆使用的效率。投入无人叉车、无人搬运车等无人化智能机器及加强利用太阳能发电，促进物流设施的低碳化，推进无人配送等。

四是在船舶、铁路、航空运输中推广使用新一代绿色技术。通过对节能减排船舶的引进、对 LNG 燃料船和氢燃料船的使用、利用包括 EV 船在

---

① 日本经济产业省「総合物流施策大綱（2021 年度～2025 年度）」、2001 年 6 月 15 日、https：//www.mlit.go.jp/seisakutokatsu/freight/content/001409564.pdf。

内的革新性节能技术等促进内航船舶的现代化及提高航运效率。加快氢燃料及电池在铁路车辆中的研发应用，加快节能铁路车辆及设施的使用。在飞机及其装备中导入使用低碳节能新技术，推进航行信息的数字化、飞机航行管控的高精度化、管制系统的高度化（AI 的活用等）、通信服务的大容量化。

五是构建强韧的能适应气候变化的交通、物流系统。为确保灾害发生时交通、物流的功能正常运行，应强化交通基础设施建设和地方运输局等一线管理部门的应对能力，提升运输经营者对灾害的协同应对能力。从灾害救助角度推进有计划的铁路停运、防止机场被孤立化等，有效把握灾害发生时的人流、物流并做出针对性的处置。

（五）推进以港湾为集聚中心的交通物流及设施绿色化

集聚在港湾的企业的碳排放量约占排放总量的 60%，推进港湾及集聚企业的脱碳化是日本政府关注的重点课题。为此，主要做法如下。一是推进形成碳中和端口（CNP）。以导入船舶怠速停止器、电动装卸货物机械和车辆、AI 终端数字化物流系统等方式推进形成 CNP。将积累的 CNP 经验向东盟、印度等国家或地区推广，力争成为世界港湾脱碳化发展的引领者。二是推进船舶的脱碳。加快研发使用氢、氨燃料的零碳排放船舶，整备氢、氨燃料等新一代能源的运输、储藏环境，构筑国际供应链。支持燃气船、燃气供给体系等技术的研发及生产，加大燃气使用的配套基础设施建设力度，利用数字技术提高日本造船的国际竞争力。接轨国际标准，促进符合国际海事组织（IMO）标准的节能脱碳新船的更新换代。利用船舶碳回收、液化碳海运技术的研发促进船舶领域的碳回收。三是加大海上风力发电投入力度。制定政府主导推动型方案，在港湾建设大型风力发电厂并加强管理，促进海上风力发电产业化发展，形成强韧的风电供应链，为后续向海外市场进军做准备。四是形成应对气候变化、保护生物系统多样性的循环型社会。强化对海岸环境、海洋环境及资源回收利用据点等的管控，构建广域性物流系统，推进对港湾的保护、再生及资源循环利用。

（六）促进实现交通物流基建全生命周期的碳中和

基础设施建设的碳排放量约占排放总量的 0.5%，其排放量虽然不大，但是交通物流业提升物流效率、降低能源消耗的重要基础。为促进交通物流基础设施的节能降碳，日本政府在制定基础设施建设可持续发展规划的基础上，着力拉长基础设施的使用时间，通过使用降碳材料及相关技术的研发等节能降碳。主要做法如下。一是推进道路照明灯 LED 化、开发使用新的道路照明技术等推进道路照明设施的节能降碳。二是将节能设备广泛应用到铁路、机场、港湾等设施建设中，如在铁路设施中应用节能设备提升铁路能源消费的效率；通过对机场设施 LED 化，机场车辆 EV、FCV 化，引入太阳能发电等，降低航空交通设施的碳排放；形成港湾 CNP 等。三是利用森林等绿化方式扩大碳吸收源。在《京都议定书》规定日本碳排放量削减 6% 的目标中，3.8% 是依靠森林的吸收来实现的。因此需要加大全民参与森林建设的力度，日本卡车协会还通过积极参加"美丽森林建设全国推进会议"等活动促进森林培育活动。

三 "双碳"背景下日本绿色交通物流业的
发展特征与经验

日本交通物流业在 2001 年实现碳达峰，相比日本整体实现碳达峰的 2013 年提前了 12 年，并率先向实现碳中和目标发起挑战。基于上述绿色化发展的相关举措分析，可以发现日本交通物流业的绿色化具有政产学研协同、强化合作、金融支持、国际贡献等特征与经验。

（一）政产学研一体化创新合作，助力交通物流业的绿色低碳发展

为促进实现经济与环境良性循环的"绿色成长战略"目标，加快变革性创新式研发及其实践应用尤为重要。在"绿色成长战略"确立的 14个重点领域中，日本制定了研究开发、实践验证、应用普及、市场商用

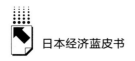
的实施计划和路线图。①

在"绿色成长战略"实施中，与日本国土交通省直接相关的三大领域分别是住宅与建筑产业，物流、人流、土木基础设施产业和船舶产业，另外相关的9大领域（海上风力、太阳能、地热产业，氢气、氨燃料产业，新一代热能产业，汽车、蓄电池产业，粮食农林水产业，飞机产业，碳循环利用材料产业，资源循环关联产业，生活方式关联产业）需要与各省厅协同，以共同致力于促进各领域的绿色化发展。

国土交通省牵头，在深化与民营企业等的合作基础上推进新技术的研究开发，通过构建灵活多样的官民协作框架加强研发合作，进行全社会广泛参与的统合型创新。从经济与环境良性循环的观点出发，为推进与创新相关的复合社会型系统集成，提高相关技术研发与应用的实施效果，以国土交通省为主体的政产学研一体化创新合作具有重要的统领作用。

面向碳中和的社会经济和产业结构变革与发展以及居民环保意识的提升，培育与之相关的具有成长力与竞争力的交通物流新产业、新服务，需要大学、科研院所等研发机构的协作与支撑，吸引中小企业的参与及对其需求的支持，各方协同推进政产学研一体化的深度合作。

在构建脱碳化社会过程中，社会对供应链及全生命周期的节能减排措施的呼声越来越高，在与交通物流业相关的服务方面，以推进跨行业、业种间的跨领域合作等方式，强化收集并公开供应链排放量的碳足迹。为构建气候变化型社会、自然共生型社会、资源循环型社会，特别是应对气候变化带来的灾害剧烈化、频繁化影响，非常有必要进一步强化与企业、大学等的政产学研合作。

（二）强化与地方的合作，打造交通物流业的绿色低碳示范样板

为实现区域碳中和目标，日本中央和地方协同规划区域脱碳路线图并付

---

① 日本国土交通省「グリーン社会の実現に向けた『国土交通グリーンチャレンジ』」、2001年7月、https://www.mlit.go.jp/policy/shingikai/content/001412775.pdf。

诸实施，计划到 2030 年，在市区、农山渔村或离岛中选出 100 个区域作为脱碳发展先行示范区。在示范区通过因地制宜地推广使用太阳能、风能等可再生能源，倡导居民家庭及商业设施节能减排，政府派专业人才赴各地进行相应的技术指导，鼓励居民购买环保产品等，形成以脱碳发展先行区为核心的示范效应，并尽最大可能发挥脱碳的"多米诺骨牌"效应。

在与地方强化合作打造示范样板的同时，设立"脱碳化基金"以对地方政府加大财政支持力度，通过在空间上节约能源、再利用能源等相关联的复合性措施，推进碳中和的生活与区域协调发展。在气候变化带来的灾害剧烈化、频发化影响等应对措施基础上，在推进建造脱碳城市的同时，鼓励地方政府通过引进太阳能发电等方式节能降碳，形成与自然和谐共生的地域空间。在平面空间层面推进绿色区域社会形成的过程中，从环境保护角度出发，在城市建设、区域交通等相关措施中加强各种规划、区域关联主体间的合作，促进地方公共团体内部各部门间的协同，借鉴区域示范样板区及人才培养经验，强化以区域交通物流管理部门为首的地方管理部门间的协作。

（三）倡导居民、企业绿色行动，助推多方参与的循环型交通物流业

从居民、消费者、使用者等利益相关方的角度出发，要求交通物流业的各利益主体都要采取与环境保护相适应的经济社会行动。为推进节能、能源循环利用等降低环境负荷的居民及企业的价值观念及行为的变化，在国家、都市、地区等多个维度，匹配新冠疫情影响下的生活方式、工作方式、健康保健等变化所产生的新需求，解决与少子老龄化相伴而生的各种问题，基于交通物流业生产性的提高、绿色低碳发展的强化等各种区域性、社会性课题，实施包括经济性激励政策在内的全社会广泛参与的循环型社会行动。

为实现碳中和、应对气候危机，实现与联合国可持续发展目标相匹配的全社会性可持续的生活质量改善、国民幸福指数提高及其意识的养成，促进形成"人人皆是主角"全民意识变化，避免陷入"环保意识悖论"。基于参与和合作的视角，有必要调整不适用于环境保护的经济社会行动。交通物流业

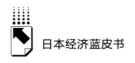

的消费者、企业、政府等利益相关方，从生活方式、生产方式、环保理念、社会治理方式等方面，朝着为适应环境与经济良性循环所需要的方式转变。

（四）数字、绿色等新技术赋能交通物流业实现碳中和

为实现交通物流业的碳中和，迫切需要加强对数字、绿色等新技术的研发及使用。在交通物流领域，推动城市、基础设施、交通、物流等实现数字化转型（DX），运用地理信息系统（GIS），构建跨领域的数据协作和数据开放平台，在提升交通物流业的效率、生产力的同时，谋求实现绿色发展的最优方式。

通过推进交通物流业及相关的管控数据的开放共享，促进与绿色相关的新产业、服务及适合普通居民使用的技术研发。与此同时，强化获取环境、气象等相关数据，推进对各种数据监测、措施的评估、效果验证、结果改善等的 PDCA 循环质量管理。充分利用新冠疫情应对经验的 ICT，并将该技术在远距离管控中实践应用，开展非必要不出行的节能减碳活动，进而促进交通物流业绿色发展。

（五）构建绿色金融体系，助推交通物流业绿色低碳转型

日本政府为实现交通物流业的碳中和目标，支持开展与之相关的创新活动，通过吸引民间资本、促进 ESG 投资等方式，发挥绿色金融的支持功能。如在融资上，日本银行出台专门为"脱碳企业"在贷款方面给予优惠的新政，针对"生产设备减排投资""风电、太阳能发电等投资""车辆电动化转型投资"等实施金融优惠。充分利用国内外日益扩大的环境、社会和公司治理（ESG）投资与地方公共团体和民间企业等的绿色资金，鼓励企业发行绿色债券，在企业治理上要求企业披露气候变化对业务影响的相关信息。以各种投资机构、平台为代表的民间投资主体，将 ESG 作为向交通物流业投资的重要考量依据。

日本交通物流企业积极加入 ESG 投资者团体"气候行动 100+"，通过与世界各高排放企业对话，推动企业对强化环境、社会与企业治理责任的投

资。各省厅政府部门加强协作，推进各部门在各领域制定并实施绿色发展的路线图，在提升交通物流业国际竞争力的同时实现脱碳发展。随着PPP、PFI等的推进，依托"社会资本整合重点计划"，促进各方承担相应的金融支持等相关责任。在日本政府为实现碳中和目标制定并实施的政策工具包中，积极利用财政金融手段，达到推动能源革命、产业转型、技术换代、提升交通物流业国际竞争力的目的[1]。

（六）参与交通物流业的国际绿色低碳合作，积极提高日本的贡献

从国际性规则制定的角度来看，为促进交通物流业碳中和所需的革新性技术发展并普及使用，形成全社会参与的全球气候变暖缓和措施、气候变化适应策略等，在此过程中可将日本碳减排技术推向海外市场，从而谋求国际性贡献。面向具有较大市场发展空间的亚洲及其他海外目标市场，日本积极利用与接受技术援助等的国家分享碳减排的联合信用机制（JCM），采取官民合作方式积极开拓国际市场。通过采用有助于脱碳化和应对气候变化的削减温室气体排放的技术，构筑应对暴雨等自然灾害日益频发的软、硬件兼备的防灾系统，在海外推进适应气候变化的基础设施建设，满足新兴国家对基础设施系统建设的新需求，致力于构建日本主导的"亚洲零排放共同体"，为实现环境与经济良性循环做出日本的国际贡献。

四 对我国绿色交通物流业发展的启示

党的二十大报告提出"人与自然和谐共生的现代化"[2]，其中绿色低碳发展是实现"双碳"目标的重要手段，交通物流业是碳排放的重要部门，日本交通物流业绿色发展经验为我国交通物流业的发展提供如下几点启示。

---

[1] 刘军红、汤祺：《日本碳中和战略及其前景》，《现代国际关系》2022年第4期，第18页。

[2] 《习近平：高举中国特色社会主义伟大旗帜 为全面建设社会主义现代化国家而团结奋斗——在中国共产党第二十次全国代表大会上的报告》，中国政府网，https：//www.gov.cn/xinwen/2022-10/25/content_5721685.htm。

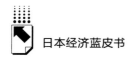

（一）贯彻绿色发展理念，强化政策引领交通物流业绿色发展

基于"双碳"目标，我国交通物流业的发展要深入贯彻新发展理念，使绿色发展、生态环境保护与交通物流业的发展相协调。可借鉴日本在交通物流业绿色发展中的相关做法，从政府层面制定绿色发展规划，实施区域协调发展战略，将先进省区市的"领头雁"效应与后发展省区市的"后发优势"相结合，发挥各地区的资源禀赋、经济区位、产业集群等独特优势，在统筹全国一盘棋的大战略下，强化相关主管部门及省区市间的协作。

借鉴日本《综合物流施策大纲》等政策的做法，在绿色发展理念下由中央政府统筹规划，加强中央与地方、主管部门与辅助部门、各省区市间的协作等，制定统一的绿色交通物流发展引领政策，出台明确的量化目标，构建起协调一致、操作性强的绿色交通物流政策体系。确保政策体系一方面能促进交通物流企业向绿色化发展转型，鼓励大中型交通物流企业通过合作、兼并等方式做大做强，促进中小企业发挥特色，提升个性化优势，构建全方位的绿色交通物流产业发展模式。另一方面，要完善绿色交通物流政策跟踪评价体系，利用经济奖励与惩罚等灵活方式，适时灵活评价政策实施效果，引导交通物流企业通过节能减排等技术升级实现绿色转型发展。

（二）构建政产学研用一体化的创新体系，强化技术赋能交通物流业绿色发展

交通物流业具有较显著的复合型服务产业特征，应重视绿色技术的创新与应用，提升绿色技术效率及绿色全要素生产率，如加大绿色物流技术、信息技术、照明技术等在交通物流业中的研发运用力度，促进其朝着智慧化、数字化、绿色化方向发展。日本政产学研合作模式在产业经济发展中发挥重要的促进作用。

借鉴日本交通物流领域的政产学研合作模式，从供给侧和需求侧两端发力，各级政府通过制定灵活高效的引导政策，营造宽松的技术研发创新环境，激发企业对技术研发的参与热情，加大投入力度。高校、科研院所发挥技术

研发优势，通过引进消化、自主创新等多种方式，促进从物流包装到物流仓储、运输方式、物流车辆再到交通物流基础设施、运营管理等全过程的技术研发及应用。企业采用减量化包装，提高仓储自动化、智慧化、高效化水平，优化交通物流网络，提高各种运输方式的融合协调性，加强对新能源汽车等绿色环保交通工具的研发应用，提高绿色交通物流企业信息化、标准化水平等。借助新一代信息技术的赋能作用，通过大数据技术分析、物联网运用等，构建绿色交通物流产业链，加强新材料、新能源、再制造利用等技术在交通物流领域中的应用，推动交通物流企业创新绿色低碳发展模式。构建政产学研用一体化人才培养体系，为交通物流业的绿色发展提供智力支持。

（三）完善绿色交通物流基础设施，构建绿色产业融合发展体系

交通物流业横跨交通运输、仓储、包装、机械设备和信息化等领域，覆盖商贸、快递、制造业等多个行业。将大数据、云计算、物联网等新一代信息技术应用到公路、铁路、港口及机场等交通物流基础设施中，通过制定物流基础设施绿色化的标准与评价制度，借鉴日本在交通物流业中的相关做法，通过仓库屋顶光伏发电、标准托盘循环共用、城乡物流共同配送、推广使用新能源车辆及物流设备、道路仓储等 LED 照明系统升级等措施，推动交通物流基础设施的节能、节地、节水、节材，开发和充分利用新能源，促进交通物流基础设施建设全生命周期的碳中和。

与此同时，基于绿色发展视角，实施差异化绿色发展政策，立足公路、铁路、水运和空运等交通物流设施的不同及各省区市、城乡间的差异，通过利用新技术，构建公路、港口等智能化交通物流基础设施服务平台，提升交通物流各环节数字化水平，合理利用和配置资源，完善城乡配送体系，打通城乡物流壁垒，促进资源要素有序合理流动，共建共享化、绿色化交通物流体系，助力乡村振兴、区域发展和美丽中国建设。

（四）利用绿色金融等手段，推动各利益相关方参与国际贡献

交通物流业的发展需要绿色金融的支持，两者客观上存在相互影响、相

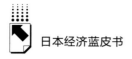

互促进的耦合关系。尤其是金融对交通物流业的基础设施建设、技术研发、车辆设备更新等的绿色发展具有基础性支持作用。可参考日本绿色金融对交通物流业的支持做法，综合运用金融资源错配优化的能力，利用国内外日益扩大的 ESG 投资、地方公共团体和民间企业等的绿色资金，构建多方参与的交通物流金融平台，加强交通物流金融信用体系建设，通过完善交通物流金融发展的政策环境、促进物流金融向供应链金融转变等发展方式，为更多企业提供灵活的投融资支持。

围绕新技术构建的国际规则，总结国际交通物流业的发展演进规律，与相关国家或地区沟通交流新标准、新规则的修订，在经济全球化的交通物流软环境构建中发挥主观能动性。利用中欧班列、国际港站等国际化载体，创新交通物流运营模式，以加速新技术的应用，加大物流新业态、新模式、新场景的创新力度，从软硬件两个方面参与到交通物流业的国际合作中，并做出富有中国特色的国际贡献。

B.17
"双碳"背景下日本低碳住房
与建筑的发展经验

蔡桂全*

摘　要： 日本住房和建筑的能源消耗占最终能源消耗的 30% 以上。为实现碳中和，提高房屋和建筑物的能源效率和实现脱碳化对日本而言至关重要。基于此，本文通过回顾日本住房和建筑行业的发展概况发现，虽然日本的住房和建筑领域在 20 世纪 80~90 年代便开始融入"节能""可持续"等理念，且逐步向低碳住房和建筑转型，但并未被纳入脱碳化的整体评价体系。为此，日本政府开始对低碳住宅和建筑行业进行更具体的规划和提升，对我国实现"双碳"目标具有现实的借鉴意义。

关键词： 日本住房与建筑　低碳住宅　碳中和

　　住房和建筑是年代、工艺与审美的集合，是一个时代科技与文化的缩影。在历史发展进程中，人们在适应环境和时代的同时，也改变了思维和建筑的方式。在战后日本经济逐步恢复的同时，住宅和建筑领域开始逐渐融入"节能""可持续"等先进环保理念。时至今日，日本在推动住房和建筑落实节能保温、高效节能设备等方面取得了良好的成效。

---
　　* 蔡桂全，经济学博士，清华大学公共管理学院博士后、助理研究员，主要研究领域为世界经济、社会保障等。

333

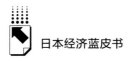

一 日本住房和建筑发展概况

战后日本经济实现迅速崛起，大量住房和建筑开始恢复重建。随后，日本住房政策开始转变为以提高住房质量为目标，并在不同经济时期有不同的鲜明特点。

（一）节能、可持续、低碳住房与建筑的兴起

在 1973 年第一次石油危机冲击之下，日本为了抑制油价上涨、企业生产成本上升对经济的负面影响，开始探索淘汰"高耗能、高污染"产业、减少对石油依赖的发展模式。随着日本对与住房和建筑行业息息相关的钢铁、石化、水泥、电力等耗能产业制定严格的节能目标，"节能"一词开始延伸到人们的住房和建筑领域。特别是在 1974 年制定以"新能源开发"为目标的"阳光计划"和 1978 年推出以"节能技术与提高能效"为目标的"月光计划"之后，部分住房和建筑行业的建筑师和环境工程研究人员在业内首先进行了"节能住房"的探索和尝试，通过在自家住房使用太阳能系统和被动式技术代替对传统"双高"能源的使用。

20 世纪 80~90 年代是日本尝试将"节能""可持续"等先进环保理念融入住房和建筑领域的重要时期。一方面，因为自 1980 年"可持续发展"概念被提出以后，日本颁布的《节能法》规定了建筑物的能源效率和节能标准是由建筑规划和表皮设计（玻璃规格、绝缘厚度等）等与绝缘性能有关的标准及建筑设备的能源效率、节约性能的标准结合而成的。另一方面，因为日本在 20 世纪 90 年代加入《联合国气候变化框架公约》，积极推动《京都议定书》议程以及设立了全球气候变暖对策推进本部、制定《全球气候变暖对策推进法》和颁布《全球气候变暖对策基本方针》等，树立起"环境大国"形象，包括住房与建筑在内的各项碳排放问题作为应对气候变化的系统性框架之中的重要议题得到日本各界的关注并引发一系列变革。1992 年，日本环境共生住房促进委员会开始提倡建设"环境共生住宅"，即

"从保护全球环境的角度出发，充分考虑能源与资源节约、废物利用并与周围自然环境融为一体的住宅"，推动"居住·城市·环境共生"的住房与建筑。1993 年和 1999 年，《节能法》关于住房和建筑行业的节能要求进一步强化。2002 年 6 月，日本明确提出超过 2000 平方米的新建商业建筑所有者需向当地政府提交建筑所采用的节能策略报告；2005 年，提出加强对住宅建筑和营建公司的能源效率计量检测的要求。2008 年，扩大针对建筑物提交节能策略报告的建筑对象范围。依据《住宅领跑者标准》，一年建造超过 150 栋房屋的营建公司需改善建造物能源绩效。

进入 2000 年以后，日本开始从"可持续发展"向"循环型社会经济"发展理念转变，所谓"循环"，从本质上来讲强调人类活动与生态环境的良性互动。为此，在住房和建筑行业同样适用"减量化"（Reduce）、"再使用"（Reuse）、"再生循环"（Recycled）的 3R 原则，日本面向未来的住宅和建筑有了更明确的发展方向。2001 年，日本制定了建筑环境效率综合评估体系（Comprehensive Assessment System for Building Environmental Efficiency，CASBEE），CASBEE 将建筑环境质量评估和建筑环境负荷评估分成两个类别。第一个类别包括三个方面，分别是室内环境、服务质量以及户外环境。其中，室内环境代表舒适、健康、安全的室内环境；服务质量代表长期使用的耐久性，包括长期使用时的基本性能、维护管理和服务能力；户外环境代表对城市景观和生态系统的考虑。第二个类别则包括能源、资源与材料以及户外三个方面。其中，能源代表节能与节水；资源与材料代表保护资源、减少浪费和再循环能力；户外则代表对全球环境与当地环境的考虑。此外，CASBEE 引入建筑环境质量与建筑环境负荷之比的概念，并根据建筑环境效率分数划分不同的评价等级，向住房和建筑提供科学的评价体系。2006 年 6 月，日本政府继续颁布《住房和生活水平基本法》，确定了日本住房和建筑从以前保证数量朝着提高质量发展的基本住房政策方向，还提出了"200 年住房愿景"的概念。其中"200 年"一词用来象征性地表示住房的长期寿命，表明要进一步提高住房和建筑的使用寿命的战略构想。在此基础上，日本实施了长寿命优质房屋认证系统、全生命周期减碳房屋认证系统和环境共生房屋认证系统的认证。事实上，日本建筑学会于 2005 年提出了把可持续和住房、建筑融为一体的"可持续住宅"，这种类型的住房和建筑是既要"节省能源和资源、建造材料可回收并最大限度地减少有毒物质的排放"，又要与"周围环境相协调，在维持和改善人类生活质量的同时具有保持当地生态系统能力的住宅"。这也标志着日本住房和建筑从功能性需求正式迈入一个融入节能环保等先进理念的新阶段，不断提高住房与建筑的节能效率，推动住宅与建筑的脱碳化进程自此成为日本的一项基本国策。

（二）住房与建筑的主要节能方向

日本住房与建筑的节能方向基本围绕三个方面展开：节能保温设计、高效供暖设备、降低一次能源供给的二氧化碳排放量。

首先，节能保温设计方面。日本住房和建筑采暖和制冷的能源消耗约占家庭能源消耗的 30%，所以减少采暖和制冷能源使用量是日本推进住宅节能最为重要的问题，换言之，实现住宅的节能保温是其关键。具体而言，就是要实现寒冷天气下室内暖气不外泄、炎热天气下室外热量不渗透的节能保温效果。要实现这种节能保温效果的关键在于隔热、太阳辐射和气密性。其中，隔热是指通过墙壁、地板、屋顶和窗户减少热量在住宅内外传递的过程。在冬季采暖时，室内温度高于室外，热量从室内向外移动。反之，在夏季使用制冷时，室内温度比室外低，热量从室外转移到室内。这种热量差的转移会造成能源浪费，因此需要尽可能地减少这种转移，提高能源加热和冷却的效率。为了更好地把握这种情况，住宅的保温性能用"外皮平均热贯流率"（UA 值）来表示。它的计算方法是将住宅外皮（住宅与外界空气接触的每个部分，如墙壁和窗户等）的热量损失相加，然后除以外皮面积，UA 值越小，意味着节能性能越好。此外，来自外部的太阳辐射是夏季提高室内温度的最重要影响因素。因此，在炎热的夏季，有必要通过屏蔽住宅的太阳辐射减少制冷所需的能量，减缓室温的上升。日本住宅的太阳辐射屏蔽性能由"冷却季节的平均太阳辐射热增益"（ηAC 值）来表示。该值是在整个外部围护结构上太阳辐射量与进入住宅的太阳辐射量的平均比值，数值越小，意味着节能性能越好。最后是气密性。由于热量会通过缝隙进出住房，因此采取气密性措施减少缝隙，以减少这种空气流动带来的热量传递。然而，仅仅加强气密性会使室内环境恶化，因此，需要在确保必要的通风量的同时防止空气流动过大，导致热能浪费。

如上所述，住房与建筑节能保温的关键在于"用高性能的隔热材料包裹整个住宅"，将热量保持在室内，并使室内的表面温度降低。同时，还要兼顾具备良好的"气密性"，不仅要通过封闭缝隙增加供暖效果，而且要通过更换所需的室内空气量保持室内的舒适度。为了达成这种效果，日本住宅和建筑采取许多节能保温设计，例如，采用区别于传统的木结构墙体建筑方法的保温方法，在外墙材料的内侧设置通风层，在内侧石膏板的背面加入防潮密度板，通过这种设计一方面可以减少垂直于墙面的热损失，另一方面该通风层具有排出积聚在外墙材料内侧和结构上多余水分的作用。此外，由于在冬季供暖时，大约60%的热量从窗户和其他开口处溢出，而在夏季制冷时，来自窗户和其他开口处的热量占比约为70%，[①] 因此日本住宅大多把窗扇改为木材或塑料，并使用双层玻璃进行隔热，或者在现有窗户的内侧安装新的内窗以避免门窗的热能损失。

其次，高效供暖设备方面。所谓高效供暖设备的效率可用供热设备产生的热量与运行设备所消耗的一次能源（如电力或天然气）的比例来表示。日本是传统的制造业强国，在"领跑者"制度的积极推动下，日本在高效供暖设备供给侧取得显著进展。在需求侧，在2009年5月15日日本开始实施家电环保积分制度后，日本国内民众购买电视机、冰箱、空调三类节能环保家电可以享受国家给予的一定补贴，由此大幅刺激了传统家电向节能家电的更新换代，进而降低家庭的能源消耗。

最后，降低住房和建筑所需一次能源供给的二氧化碳排放量方面。1993

---

① 板硝子協会ホームページ、省エネに関する調査提言、参考資料「住宅・建築物における省エネと"開口部"の重要性」、http：//www.itakyo.or.jp/kyoukai/iken4.html。

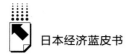

年，日本经济产业省开始实施"新阳光工程"，旨在建立日本太阳能光伏市场，太阳能技术也随之成为日本国家发展政策中重要的一环。为了加强太阳能在住房和建筑领域的应用，日本政府一直在政策上对普及家庭使用太阳能电池给予援助。自 1994 年开始，日本发放 90 万日元/千瓦的补助金，补贴金额接近太阳能光伏发电系统价格的一半。受日本国内经济形势影响，此项补贴制度于 2005 年中止，但是，日本政府于 2009 年再次恢复了面向家庭用途的太阳能发电补助制度，补助的价格变为 7 万日元/千瓦，仅相当于太阳能光伏发电系统价格的一成。所以，日本政府目前对太阳能发电设备的补助力度比较有限，造成普通民众家庭使用太阳能发电设备的积极性并不高。在此背景下，日本正在大力推广海上风电、氢能和氨燃料等清洁能源在发电部门的应用①以降低一次能源供给中的二氧化碳排放量，进而减少住房和建筑一次能源的碳排放量。

（三）住房与建筑的节能成效

日本住房与建筑自 20 世纪 80 年代融入节能理念以来，无论从日本国内发展的纵向变化还是与外国的横向比较来看，日本住房与建筑的节能已经取得一定的成效。1990~2004 年，建筑总能源消耗随着建筑面积的增加持续稳定增长；2005 年至今，虽然建筑面积持续增长，但单位面积建筑能耗开始下降。建筑单位面积能耗下降反映出日本长期以来采取的建筑节能措施取得了显著效果。②

从家庭能源消费量的变化看，其反映了住房能源消费的强度，是评价住房节能的一个重要指标。战后日本经济实现高速增长，人口数量不断增加，人民生活水平和生活条件不断改善，家庭能源消费强度也随之增加，尽管其间出现过 1973 年和 1979 年两次石油危机冲击，但整体而言，日本家庭能源消费强度保持增加态势，从 1970 年的 26.6 吉焦/家庭/年增至 2000 年的

① 刘平、刘亮：《日本迈向碳中和的产业绿色发展战略——基于对〈2050 年实现碳中和的绿色成长战略〉的考察》，《现代日本经济》2021 年第 4 期，第 14~27 页。
② 李怀等：《日本零能耗建筑发展现状》，《建筑科学》2017 年第 8 期。

47.0 吉焦/家庭/年，30 年间约增长了 80%。进入 2000 年后，随着一系列节能法律和节能措施出台，日本住房与建筑所使用的家电能耗开始下降，例如，"领跑者"标准促使家用电器的能源利用效率大幅提升。据统计，1980年日本住房与建筑中广泛使用的空调能效比（COP）[1] 约为 1.7，到 2018 年已提高近 2 倍，超过 5.0。此外，虽然家用冰箱的容量随着生活水平提升有所增加，但 2012 年的家用冰箱电耗比 1980 年缩减了约 60%，节能效果显著提升。在此背景下，家庭能源消费强度的变化趋势开始发生逆转，2010 年下降到 44.6 吉焦/家庭/年，增长率为 -0.5%。从截至 2018 年的数据来看，日本家庭能源消费强度已经下降到 38.0 吉焦/家庭/年，几乎下降至 1985 年的水平。

从 1980 年日本住房与建筑的能源结构来看，煤油占 29.3%，位居第一，之后依次是电力（占 27.7%）、城市煤气（占 21.9%）、液化石油气（占 19.5%）。随着环保理念不断普及，日本开始不断优化一次能源结构以减少一次能源的二氧化碳排放量，截至 2018 年，在住宅能源结构中，电力占 46.6%，城市煤气占 25.0%，液化石油气占 10.5%，煤油占 17.9%。换算下来，在这 38 年里，电力的年均增长率为 1.7%，城市煤气为 0.7%，液化石油气和煤油分别下降了 1.3% 和 1.0%。与此同时，家庭取暖能源消耗量从 1980 年的 9.4 吉焦/家庭/年下降至 2018 年的 9.2 吉焦/家庭/年，虽然下降的幅度不大，但煤油取暖的占比从 80% 下降至 53%，而电力取暖的占比增至 24%，住宅能源结构有了大幅改善。[2]

从国际比较来看，与西方发达国家相比，日本的实际能耗也是极低的。具体来看，能源消耗强度，美国大约是日本的 2.6 倍，而欧洲的英国、法国和德国是日本的 1.5~1.9 倍。尽管由于每个国家的气候条件、住房条件和生活方式不同，不可能做出一般性的评估，但在每个国家的供暖能源消耗强

---

[1] 空调能效比是制冷量与电动机的输入功率之比，能效比越高，制冷效率越高，相对来说就越节能。

[2] 中上英俊「家庭用エネルギー消費実態と公的統計」、『環境情報科学 = Environmental information science』2020 年第 2 号、73–76 頁。

度方面可以看到巨大的差异。此外，在用于供暖和制冷以及热水供应的热泵技术领域的国际比较中，日本的 COP 超过 6，与北美和欧洲制造的热泵空调 2.2~3.8 的 COP 相比，其通过变频器控制的产品的能源利用效率极高。[①] 通过应用这项技术，日本在短期内使用二氧化碳作为制冷剂的热泵热水器的效率得以迅速提高。

虽然日本住宅和建筑的节能技术取得了良好的效果，但长期以来，日本并没有采取强制性且具体性的减排方案。2009~2013 年，在金融危机、东日本大地震等一系列突发事件的影响下，日本碳排放量不降反增，从 12.51 亿吨增加到 14.1 亿吨。虽然日本通过森林固碳、碳交易等手段，超额完成了《京都议定书》设定的具体减排目标，但从日本各部门的碳排放量变化来看，归属于住房和建筑的能源消耗依旧占最终能源消耗的 30% 以上，与 1973 年第一次石油危机相比，2018 年工业部门的能源消耗下降了约 80%，而包括住宅在内的家庭部门能源消耗增加了约 1.9 倍，包括建筑物在内的商业和其他部门能源消耗增加了约 2.1 倍[②]，2019 年，日本商业和其他部门的二氧化碳排放量占日本按消费计算的总排放量的 17.4%，而家庭部门占 14.4%。除此以外，设计、材料和设备的制造以及新建筑和装修的建造所产生的碳排放量约占 9%，两者合计占 40% 以上。由此可见，日本住宅和建筑还存在巨大的减排空间。

二 碳中和驱动下住宅和建筑碳减排的目标与举措

2020 年 10 月，时任日本首相菅义伟公开宣布到 2050 年日本要实现碳中和的决定。在此背景下，2021 年 4 月 19 日以来，在国土交通省、经济产业省和环境省三个部门的合作下，全面审查可再生能源等法规的第五次工作组就

---

① 藤本博也「住宅の省エネルギー化に貢献する高断熱技術」、『科学技術動向』2008 年 12 月号。

② 経済産業省資源エネルギー庁「令和元年度エネルギーに関する年次報告(エネルギー白書 2020) 」、https：//www.meti.go.jp/press/2020/06/20200605002/20200605002-3.pdf。

如何提高住房和建筑的能源性能展开讨论。[①] 实现 2030 年温室气体排放量减少 46% 的目标，需要进一步节约能源。节约的能源量不是指需求的变化量，而是通过采取具体措施产生的减少效应的量。根据《第六次能源基本计划》，日本需采取具体措施确保住房和建筑部门节约能源 889 万吨，住房和建筑领域呈现史无前例的去碳化趋势。到 2030 年日本各部门能源减排目标见表 1。

（一）住房与建筑行业去碳化的前提条件

2021 年公布的《第六次能源基本计划》提到，"由于技术发展的可能性和不确定性，以及包括国际政治经济在内的形势变化的不确定性，要准确描绘 2050 年实现碳中和的社会并不容易，但基于现有技术，仍可以大胆描绘 2050 年实现碳中和的社会能源供需结构"。到 2050 年全面实现碳中和，意味着住宅和建筑领域也要进行全面的升级。譬如，提高住房和建筑的节能效率，进一步加强可再生能源的引进，对建筑材料、住房和建筑建造及其处置的生命周期中所排放的温室气体都要进行全面的考虑。必须承认的是，碳中和是一个系统性工程，住房和建筑领域的去碳化难以脱离日本整体的去碳化现状。为此，具体落实住房和建筑领域的去碳化，需要提前奠定以下三个基础。一是必须改变日本电力部门依赖石油和天然气的电力供给结构，只有在非碳化电源的基础上才能实现非电力部门的去碳化。二是中央政府、地方政府和其他公共机构应采取积极举措并落实具体责任。中央政府和地方政府等公共部门不仅需要主动采取彻底的节能措施，在公共部门以及公职人员所涉及的建筑中积极使用可再生能源，还要明确责任部门。三是必须改变公民和企业的意识和行为，让公民和企业了解节能的具体措施，并明确自身在实现碳中和过程中的责任和义务。

（二）住房与建筑行业去碳化的基本思路

日本提出"净零能耗住房"（Zero Emissions House，ZEH）和"净零能

[①] 国土交通省「脱炭素社会に向けた住宅・建築物の省エネ対策等のあり方検討会」、https：//www.mlit.go.jp/jutakukentiku/house/jutakukentiku_ house_ tk4_ 000188. htm。

表1 到2030年日本各部门能源减排目标

单位：万吨，%

交通部门 减排项目	减排量	占比	家庭部门 减排项目	减排量	占比	商业部门 减排项目	减排量	占比	产业部门 减排项目	减排量	占比	全部门削减总量 减排量	占比
累计	2306	37.2	累计	1208	19.5	累计	1376	22.2	累计	1350	21.6	6240	100
新一代汽车	990	16	领跑者制度提高节能	170	2.7	领跑者制度提高节能	342	5.5	产业照明	109	1.7		
			HEMS等	216	3.5	BEMS	239	3.9	产业电机变频器	283	4.5		
			高效照明	193	3.1	高效照明	195	3.1	低碳工业炉	374	6		
			既有住房隔热改善	91	1.5	改造建筑节能	143	2.3					
			新建住房和建筑的节能提升	253	4.1	新建筑物的节能提升	403	6.5				890	14.4
			高效热水器	264	4.3								
其他	1316	21.2	其他	21	0.3	其他	51	0.9	其他	584	9.4		

资料来源：基于2030年度能源供需预测（资源能源厅）资料制作而成。

耗建筑"（Zero Emissions Building，ZEB）等概念，意在引领住房和建筑的未来发展方向。前者是指通过节能措施使建筑物的一次能源消耗在能效标准基础上降低20%以上，并通过引入可再生能源等使建筑物的一次能源消耗降低100%或以上。后者是指通过节能措施使建筑物的一次能源消耗在能效标准基础上降低50%以上，并通过引入可再生能源等使建筑物的一次能源消耗降低100%以上。为促进住房和建筑彻底实现节能，日本政府要求2030年后的新建住房和建筑至少具备以下节能性能：一是2030年或以后建造的新住房，应符合ZEH标准的节能性能；二是新建建筑需进行严格审查，要保证其节能性能在严格审查的情况下仍符合标准。

（三）住房与建筑行业去碳化的基本措施

为了争取在2030年实现住房和建筑节能目标，日本政府相关部门与学界展开了激烈的讨论，并决定逐步加强住房和建筑节能和实现低碳化的措施。

1.加强节能标准更新，促使行业自下而上地采取节能升级举措

从住房与建筑的使用者和供应方角度来看，建筑所需的"成本—收益"结构是第一考虑要务，要实现自下而上地促使各层级对住房和建筑采取节能措施，其前提是改变节能措施的"成本—收益"结构。为此，日本政府计划将节能义务的范围扩大到住房和建筑领域，通过推动能效和节能标准的强制达标提高建筑要求。但是，鉴于一旦设定的标准过高，很可能导致消费者和供应商因为负担过重而使扩建和改造停滞不前，日本政府采用的节能义务标准仍以现行的能效和节能标准为基础，进而循序渐进地升级，不脱离实际。此外，日本政府还积极完善供应方的制度，通过支持非熟练操作人员提高技术能力，包括根据当地情况进行相关从业人员的在职培训，并向相关操作人员提供加强措施的信息等举措降低供给成本，使其简化并合理化。另外，日本政府还计划通过促使《提高建筑能耗性能法》的指导标准和长寿命优质房屋认证系统与ZEH标准相协调，提高ZEH和ZEB在整体建筑中的

占比。对于住房性能指标体系中的保温性能等级和一次能源消耗等级，分别设定与 ZEH 标准的节能性能相对应的高等级（保温性能分为 5 级，一次能源消耗分为 6 级）。具体而言，酒店、医院、百货公司、饭店、礼堂等建筑应该在现行节能标准基础上降低 30% 能耗。办公室、学校、工厂等建筑应该在现行节能标准基础上降低 40% 能耗。中央政府、地方政府和其他公共机构新建的政府建筑、学校设施、公共房屋等，原则上应符合上述节能标准。

2. 从上而下优化顶层设计与举措

为确保 2030 年以后新建住房和建筑的节能性能达到 ZEH 和 ZEB 标准，日本政府要求在住房和建筑的顶层设计中增加公寓比例，同时将适用于"住宅领跑者计划"出售的独立屋、出租屋和公寓的能耗标准提高到 ZEH 标准的节能水平。对于定制的独立式住宅，具体应对建筑材料和设备性能的改进程度、推广状况和成本降低情况进行审查。在这个方针指导下，日本政府还致力于打造 ZEH+（ZEH 的升级版）和 LCCM 住宅（生命周期负碳住宅）以推动整体能源利用效率提高，以此尽可能多地减少二氧化碳排放量和加强对可再生能源（如光伏发电）的使用，从而使建筑在包括建造、运营和处置期间在内的全生命周期实现碳中和。具体而言，首先是在现行能效标准的基础上，将不包括可再生能源的一次能源消耗减少 25% 以上。其次是扩大 LCCM 住宅的适用范围，从目前正在推动的独立式住宅扩大至低层公寓楼和建筑，通过推广积极且有效的节能技术进一步提高各种节能标准，形成良性循环。对此，要求经济产业省、国土交通省、环境省等部门在官方网站上介绍具体举措，并将其定位为住房性能指标体系中的较高等级。

3. 强化"领跑者""节能标识"等制度在住房和建筑行业的应用

"领跑者"制度是为了鼓励设备、建筑材料的制造商和进口商实现能源消耗效率目标，并要求其标明能耗效率，以突出目前商业化产品中的最佳能耗效率。在确保 2030 年及以后新建住房和建筑能够达到 ZEH 和 ZEB 标准的基础上，日本政府一方面要求继续提高 ZEH 和 ZEB 设备与设施的性能，促进其广泛使用，推广具有高隔热性能的窗户产品、构建性能标签体系等，通过"领跑者"制度这一通俗易懂的方式传递给消费者；另一方面，根据修订后的《节能法》第 86 条的规定，要求从事建筑销售或租赁业务的人员努力向公民说明其节能性能。此举不仅能够积极引导消费者选择节能性能高的住房和建筑，还可以促进供应方提高住房和建筑的节能效率，促进《住房质量保障法》规定的制度（住房性能指示系统）推广，并形成一种市场环境。

4. 政府主导优化既有住房和建筑存量的节能性能

对于既有的住房和建筑，日本政府采取主动鼓励公民和行业进行节能改造工程的方式实现减排目标。具体来看，首先，考虑为既有的住房和建筑制订节能改造计划，例如，在出租房推广安装双层玻璃与更换窗扇。其次，政府主导开发和推广节能性能优良、便于改造应用的建筑材料和施工方法，以促进节能改造，提高改造效果。最后，促进评估技术和方法的发展，以确保既有住房和建筑通过改造实现合理和有效的节能。对于没有抗震能力、节能性能明显偏低的存量房，除了在抗震改造的同时推进节能改造外，还要引导其重新建成具有节能性能的住房。对于抗震住房，要促进效果明显的节能改造，譬如，可以对热损失大的建筑开口处进行保温改造（如双层玻璃和双层窗帘），对日常使用的空间进行局部保温改造，实现高效和有效的节能翻新。中央和地方政府继续并扩大对节能改造的支持；鼓励地方政府通过详细的宣传提高公民判断住房与建筑现状的能力；同时加强制度建设，让消费者可以安心咨询和要求节能改造。

三　发展经验

日本住房与建筑的节能发展进程具有重要的参考价值。截至目前，中国采取了许多实现碳达峰与减排的政策、举措，但中日两国在实际政策和举措的安排上存在明显的差异。本文选择推动住房与建筑领域去碳化的法规建

设、建立科学的评价体系、制定详尽且可操作性强的发展规划以及多种节能制度并行等问题加以简单阐述。

（一）法规建设当先

日本十分注重住宅与建筑领域减排的相关法规建设，从 20 世纪 70 年代制定《节能法》以来，共进行了四次内容上的更新和修订。此外，《促进住宅品质保证法》《住宅品质促进法》《低碳城市推广法》《居住生活基本法》等法律法规的出台大力推动住房与建筑朝着节能低碳理念转型，此类法律法规对住宅的节能性和低碳化都做出了严格规定和具体要求。基于法律，日本不断制定和推广符合要求的节能技术应用和创新等操作性很强的具体规划与战略。相比之下，尽管中国出台了《中共中央　国务院关于完整准确全面贯彻新发展理念做好碳达峰碳中和工作的意见》《2030 年前碳达峰行动方案》两个重要文件，强调构建"组织领导—统筹协调—地方责任—监督考核"的组织框架，但总的来说，涉及住房和建筑领域的内容十分有限，应当加强法律的基础保障，尽快构建国家层面的相关法规体系。

（二）建立科学的评价体系

在日本政府不断推动"节能住宅""可持续住宅""低碳住宅"发展期间，日本学界对住宅和建筑的生命周期以及建设材料进行了科学的、系统的研究。在评价住房和建筑的节能、可持续等方面，构建了 CASBEE 和长寿命优质房屋认证系统、全生命周期减碳房屋认证系统和环境共生房屋认证系统。通过这些评价体系的设计，可以更加准确地评估住房与建筑的实际节能状态。根据日本的住房和建筑行业，如木制材料存在的寿命短等缺点得到了不断优化，因地制宜地鼓励提高住房质量。环保节能的住房和建筑在中国尚处于初始阶段，因此与之相关的评估标准和认证体系仍处于起步阶段。就目前中国用于住宅和建筑方面的环保相关评估标准而言，仅有《中国生态住区技术评估手册》、《绿色生态住宅小区建设要点与技术导则》和《百年住宅建筑设计与评价标准》三个针对住房和建筑的节能评估体系，认证系统方面尚处于空白状态，导致住房和建筑的评估体系无法适用于"双碳"目标驱动下具体的发展事业之中。参照日本经验，中国有必要根据住房与建筑的特点进一步细化关于住房与建筑的评估体系和设置认证系统，以便政府更好地把握住房和建筑行业去碳化的实际动态，进而提高可持续住宅建设的科学性。[①]

（三）制定详尽且可操作性强的发展规划

为了在 2050 年实现碳中和，日本政府做了整体的去碳化规划。其中，更是对住房和建筑这一当前日本碳排放量最大的领域进行了周密的减排规划。从规划的具体举措上可以看到，其不仅是自上而下的政府等公共部门的举措，还促进由下而上的个人、行业部门自主减排，日本政府并没有一蹴而就，而是充分考虑当前阶段的实际情况，采取循序渐进、逐步升级的手段加以推进。不仅如此，日本政府还通过对 ZEH 和 ZEB 等概念进行细致的定义，为住房与建筑未来发展确立了具体的方向，无论是降低一次能源的碳排放比例还是推动新能源使用比例等，都向住房和建筑的未来发展提供了具体的操作空间。

（四）多种节能制度并行

日本针对住房与建筑领域制定了多种节能制度。例如，《提高建筑能耗性能法》的目的是为大型住宅建筑商等设定具体目标，以提高其供应的独立式住宅、定制独立式住宅和出租公寓的节能性能（顶级标准），并鼓励其供应高于节能标准的住宅；《低碳城市促进法》是通过主管行政部门（县、市或区）对控制二氧化碳排放有贡献的建筑进行认证，使其在容积率和税收方面获得特别的、例外的"低碳建筑认证"；《住房质量保证促进法》设计了由第三方组织根据国家制定的共同规则对住房的性能进行评估和指示的"住房性能指示系统"。这一系列的制度安排都为日本住房与建筑去碳化事

---

① 孔俊婷、祁可、高桐：《日本可持续住宅建设的实践与启示》，《建筑节能》（中英文）2022年第 3 期，第 43~49 页。

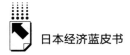
业，提供了衔接消费者和供应方、实现信息互通渠道、解决信息不对称问题的保障。不仅可以产生自下而上的减排主动性及其带来的减排效果，而且促使住宅与建筑行业在去碳化过程中完成由政府主导向市场主导的过渡。通过逐步实现市场的主体作用，创造更多的绿色资本，在去碳化的事业中形成低碳经济格局。

四　结语

长期以来，日本住房和建筑行业的发展过程都被视为中国住房和建筑行业发展的前车之鉴。20世纪90年代泡沫经济破灭以来，日本民众对住房的需求一直处于平缓的发展阶段，再加上老龄化程度不断加剧，日本住房与建筑的总需求难以重返昔日的繁荣。① 20世纪80年代，在日本对住房和建筑的功能性需求向"节能""可持续""低碳"等先进环保理念看齐并不断尝试融合的进程中，其住房和建筑相关的节能方向和技术虽日趋成熟，但与之相关的减排空间依旧很大，为此，日本如今针对该领域进行全方位的减排规划和努力。现阶段，中国的处境多少与日本有相似之处。一方面，房地产市场在繁荣发展30多年之后迎来了转折，尽管中国出台了多项政策刺激房市复苏，但实际效果还需时日观察。另一方面，中国的少子老龄化进程超出预期，人口规模已经出现负增长。在这种背景下，中国住房和建筑行业恐怕很难在总需求量上有较大的突破，为此，住房和建筑对能源增速的要求可能会有所降低。但是，住房和建筑去碳化的成效归根到底要建立在国家节能技术和新能源的整体发展阶段的基础之上，这是系统性去碳化工程中的一部分内容。就现阶段而言，日本能效水平仍远远领先于中国，截至2018年，中国的单位产值能源消耗量约为日本的5倍②，两者差距依然很大。中国当务之

---

① 外岡豊「住宅と業務建築における排出削減推進に向けて」、『日本不動産学会誌』2021年第1号、47-56頁。
② 資源エネルギー庁『エネルギー白書（2021年版）』、https://www.enecho.meti.go.jp/about/whitepaper/2021/pdf/2_1.pdf。

急是进一步在节能技术上不断取得进步。与此同时，可以借鉴日本推动住房和建筑的减排做法，完善相应的法律法规，建立全面的评价体系，出台多样的低碳住宅和建筑制度，进而对住房与建筑领域进行具体的减排规划，最终圆满实现"双碳"目标。

附　录　日本经济与中日经贸关系主要数据变化

表1　中日贸易额变化（中方统计）

单位：亿美元，%

年份	中国对日本出口		中国从日本进口		贸易总额		贸易差额
	金额	增长率	金额	增长率	金额	增长率	金额
1950	0.2	—	0.3	—	0.5	—	-0.1
1955	0.6	—	0.3	—	0.8	—	0.3
1965	1.9	—	2.6	—	4.5	—	-0.7
1970	2.2	—	5.8	—	8.1	—	-3.6
1975	14.0	—	24.0	—	38.1	—	-10.0
1980	39.9	—	49.2	—	89.1	—	-9.2
1985	57.0	—	142.4	—	199.3	—	-85.4
1986	47.5	-16.6	124.9	-12.2	172.4	-13.5	-77.5
1987	63.9	34.7	100.7	-19.4	164.7	-4.5	-36.8
1988	79.0	23.6	110.3	9.5	189.4	15.0	-31.3
1989	83.9	6.2	105.3	-4.6	189.3	-0.1	-21.4
1990	90.1	7.3	75.9	-28.0	166.0	-12.3	14.2
1991	102.2	13.4	100.3	32.2	202.5	22.0	1.9
1992	116.8	14.3	136.8	36.4	253.6	25.2	-20.0
1993	157.8	35.1	232.9	70.2	390.7	54.0	-75.1
1994	215.8	36.8	263.3	13.0	479.1	22.6	-47.5
1995	284.7	31.9	290.0	10.2	574.7	20.0	-5.4

续表

| 年份 | 中国对日本出口 | | 中国从日本进口 | | 贸易总额 | | 贸易差额 |
	金额	增长率	金额	增长率	金额	增长率	金额
1996	308.9	8.5	291.8	0.6	600.7	4.5	17.1
1997	318.4	3.1	289.9	-0.6	608.3	1.3	28.4
1998	296.6	-6.8	282.8	-2.5	579.4	-4.8	13.9
1999	324.1	9.3	337.6	19.4	661.7	14.2	-13.5
2000	416.5	28.5	415.1	22.9	831.6	25.7	1.4
2001	449.4	7.9	427.9	3.1	877.3	5.5	21.5
2002	484.3	7.8	534.7	25.0	1019.0	16.2	-50.3
2003	594.1	22.7	741.5	38.7	1335.6	31.1	-147.4
2004	735.1	23.7	943.3	27.2	1678.4	25.7	-208.2
2005	839.9	14.3	1004.1	6.4	1843.9	9.9	-164.2
2006	916.2	9.1	1156.7	15.2	2073.0	12.4	-240.5
2007	1020.6	11.4	1339.5	15.8	2360.1	13.9	-318.9
2008	1161.3	13.8	1506.0	12.4	2667.3	13.0	-344.7
2009	979.1	-15.7	1309.4	-13.1	2288.5	-14.2	-330.3
2010	1210.4	23.6	1767.4	35.0	2977.8	30.1	-556.9
2011	1482.7	22.5	1945.7	10.1	3428.4	15.1	-463.0
2012	1516.3	2.3	1778.3	-8.6	3294.6	-3.9	-262.1
2013	1501.3	-1.0	1622.5	-8.8	3123.8	-5.2	-121.1
2014	1493.9	-0.5	1629.2	0.4	3123.1	0.0	-135.3
2015	1356.2	-9.2	1429.0	-12.3	2785.2	-10.8	-72.9
2016	1292.7	-4.7	1456.7	1.9	2749.4	-1.3	-164.0
2017	1372.6	6.2	1657.9	13.8	3030.5	10.2	-285.4
2018	1470.5	7.1	1806.6	9.0	3277.1	8.1	-336.1
2019	1432.4	-2.6	1717.7	-4.9	3150.1	-3.9	-285.2
2020	1426.0	-0.5	1746.6	1.7	3172.5	0.7	-320.6
2021	1658.2	16.3	2055.2	17.7	3713.5	17.1	-397.0
2022	1729.3	4.3	1845.0	-10.2	3574.2	-3.7	-115.7

资料来源：1980 年及以前年份数据来自中国对外贸易部业务统计，转引自马成三《日本对外贸易概论》，中国对外经济贸易出版社，1991，第 268 页；1985~2022 年数据来自联合国商品贸易统计数据库（UN Comtrade）。各数据库和网站登录时间：2023 年 5 月 3 日。

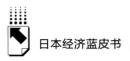
表2　日中贸易额变化（日方统计）

单位：亿美元，%

年份	日本对中国出口		日本从中国进口		贸易总额		贸易差额
	金额	增长率	金额	增长率	金额	增长率	金额
1950	0.2	—	0.4	—	0.6	—	-0.2
1951	0.1	-70.3	0.2	-45.1	0.3	-53.5	-0.2
1952	0.0	-89.7	0.1	-31.0	0.2	-43.5	-0.1
1953	0.0	657.8	0.3	99.3	0.3	120.9	-0.3
1954	0.2	320.7	0.4	37.3	0.6	74.9	-0.2
1955	0.3	49.7	0.8	98.1	1.1	82.6	-0.5
1956	0.7	135.9	0.8	3.6	1.5	38.1	-0.2
1957	0.6	-10.2	0.8	-3.8	1.4	-6.6	-0.2
1958	0.5	-16.3	0.5	-32.4	1.1	-25.5	0.0
1959	0.0	-92.8	0.2	-65.2	0.2	-78.5	-0.2
1960	0.0	-25.3	0.2	9.6	0.2	3.9	-0.2
1961	0.2	510.4	0.3	49.0	0.5	102.7	-0.1
1962	0.4	131.1	0.5	49.0	0.8	77.6	-0.1
1963	0.6	62.3	0.7	62.1	1.4	62.2	-0.1
1964	1.5	144.7	1.6	111.5	3.1	126.2	-0.1
1965	2.5	60.4	2.2	42.4	4.7	51.3	0.2
1966	3.2	28.6	3.1	36.3	6.2	32.3	0.1
1967	2.9	-8.5	2.7	-12.0	5.6	-10.2	0.2
1968	3.3	12.9	2.2	-16.8	5.5	-1.5	1.0
1969	3.9	20.1	2.3	4.6	6.3	13.8	1.6
1970	5.7	45.6	2.5	8.2	8.2	31.6	3.2
1971	5.8	1.6	3.2	27.3	9.0	9.5	2.6
1972	6.1	5.3	4.9	52.0	11.0	22.0	1.2
1973	10.4	70.7	9.7	98.3	20.1	83.0	0.7
1974	19.8	90.9	13.0	34.0	32.9	63.4	6.8
1975	22.6	13.8	15.3	17.3	37.9	15.2	7.3
1976	16.6	-26.4	13.7	-10.5	30.3	-20.0	2.9
1977	19.4	16.6	15.5	12.8	34.9	14.9	3.9
1978	30.5	57.3	20.3	31.2	50.8	45.7	10.2
1979	37.0	21.3	29.5	45.5	66.5	31.0	7.4
1980	50.8	37.3	43.2	46.3	94.0	41.3	7.5

续表

年份	日本对中国出口		日本从中国进口		贸易总额		贸易差额
	金额	增长率	金额	增长率	金额	增长率	金额
1981	51.0	0.3	52.9	22.4	103.9	10.5	-2.0
1982	35.1	-31.1	53.5	1.1	88.6	-14.7	-18.4
1983	49.1	39.9	50.9	-5.0	100.0	12.8	-1.8
1984	72.2	46.9	59.6	17.1	131.7	31.7	12.6
1985	124.8	72.9	64.8	8.8	189.6	43.9	60.0
1986	98.6	-21.0	56.5	-12.8	155.1	-18.2	42.0
1987	82.5	-16.3	74.0	30.9	156.5	0.9	8.5
1988	94.8	14.9	98.7	33.3	193.4	23.6	-3.9
1989	84.7	-10.6	111.6	13.1	196.4	1.5	-26.9
1990	61.2	-27.8	120.0	7.5	181.1	-7.8	-58.8
1991	85.9	40.5	142.0	18.4	227.9	25.8	-56.1
1992	119.3	38.9	169.3	19.2	288.5	26.6	-50.0
1993	171.6	43.9	204.4	20.7	376.0	30.3	-32.8
1994	186.9	8.9	274.8	34.5	461.8	22.8	-87.9
1995	219.9	17.6	360.2	31.0	580.1	25.6	-140.3
1996	218.9	-0.5	404.4	12.3	623.2	7.4	-185.5
1997	217.5	-0.6	418.8	3.6	636.2	2.1	-201.3
1998	200.9	-7.6	370.9	-11.4	571.7	-10.1	-170.0
1999	233.4	16.2	428.5	15.5	661.9	15.8	-195.1
2000	303.8	30.2	551.1	28.6	854.9	29.2	-247.2
2001	309.9	2.0	578.6	5.0	888.6	3.9	-268.7
2002	398.2	28.5	617.8	6.8	1016.1	14.3	-219.6
2003	574.2	44.2	754.7	22.2	1328.9	30.8	-180.6
2004	739.4	28.8	943.4	25.0	1682.8	26.6	-204.0
2005	800.7	8.3	1084.8	15.0	1885.5	12.0	-284.0
2006	927.7	15.9	1185.3	9.3	2113.0	12.1	-257.6
2007	1092.7	17.8	1279.2	7.9	2371.9	12.3	-186.5
2008	1249.0	14.3	1432.3	12.0	2681.3	13.0	-183.3
2009	1097.3	-12.1	1225.7	-14.4	2323.0	-13.4	-128.5
2010	1494.5	36.2	1532.0	25.0	3026.5	30.3	-37.5
2011	1620.4	8.4	1838.8	20.0	3459.2	14.3	-218.5
2012	1441.8	-11.0	1885.0	2.5	3326.9	-3.8	-443.2

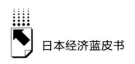

续表

年份	日本对中国出口		日本从中国进口		贸易总额		贸易差额
	金额	增长率	金额	增长率	金额	增长率	金额
2013	1294.0	-10.3	1809.8	-4.0	3103.8	-6.7	-515.8
2014	1263.6	-2.3	1812.9	0.2	3076.6	-0.9	-549.3
2015	1092.8	-13.5	1605.6	-11.4	2698.4	-12.3	-512.8
2016	1138.3	4.2	1565.5	-2.5	2703.8	0.2	-427.2
2017	1327.8	16.6	1645.4	5.1	2973.2	10.0	-317.6
2018	1440.3	8.5	1737.2	5.6	3177.5	6.9	-296.8
2019	1346.7	-6.5	1693.0	-2.5	3039.7	-4.3	-346.2
2020	1414.0	5.0	1638.5	-3.2	3052.5	0.4	-224.5
2021	1638.6	15.9	1856.6	13.3	3495.2	14.5	-218.0
2022	1445.4	-11.8	1888.6	1.7	3334.0	-4.6	-443.2

资料来源：1975 年及以前年份数据来自日本外务省"日中贸易额的变化（美元计价）"；1976 年及以后年份数据来自联合国商品贸易统计数据库（UN Comtrade）。各数据库和网站登录时间：2023 年 5 月 3 日。

表 3　中日双向投资

单位：亿美元，%

年份	日本对中国直接投资流量		日本对中国直接投资存量		中国实际利用日本外商直接投资		中国对日本直接投资流量		中国对日本直接投资存量	
	金额	增长率	金额	增长率	金额	增长率	金额	增长率	金额	增长率
1979~1985	—	—	—	—	8.3	—	—	—	—	—
1986	—	—	—	—	2.0	—	—	—	—	—
1987	1.8	—	—	—	2.2	10.0	—	—	—	—
1988	5.1	189.8	—	—	5.2	136.4	—	—	—	—
1989	6.9	33.7	—	—	3.4	-34.6	—	—	—	—
1990	4.1	-40.7	—	—	5.0	47.1	—	—	—	—
1991	2.3	-43.5	—	—	5.3	6.0	—	—	—	—
1992	5.3	128.7	—	—	7.1	34.0	—	—	—	—
1993	8.2	56.3	—	—	13.2	85.9	—	—	—	—
1994	17.9	117.6	—	—	20.8	57.6	—	—	—	—
1995	31.8	77.9	—	—	31.1	49.5	—	—	—	—
1996	23.2	-27.2	81.0	—	36.8	18.3	—	—	—	—

续表

年份	日本对中国直接投资流量		日本对中国直接投资存量		中国实际利用日本外商直接投资		中国对日本直接投资流量		中国对日本直接投资存量	
	金额	增长率	金额	增长率	金额	增长率	金额	增长率	金额	增长率
1997	18.6	−19.6	212.5	162.4	43.3	17.6	—	—	—	—
1998	13.0	−30.2	179.1	−15.7	34.0	−21.4	—	—	—	—
1999	3.6	−72.3	73.4	−59.0	29.7	−12.6	—	—	—	—
2000	9.3	159.1	87.0	18.5	29.2	−1.9	—	—	—	—
2001	21.6	131.1	100.4	15.5	43.5	49.1	—	—	—	—
2002	26.2	21.5	124.1	23.5	41.9	−3.6	—	—	—	—
2003	39.8	51.8	153.0	23.3	50.5	20.6	0.1	—	0.9	—
2004	58.6	47.3	202.1	32.1	54.5	7.9	0.2	107.6	1.4	56.2
2005	65.8	12.2	246.5	22.0	65.3	19.8	0.2	12.2	1.5	8.0
2006	61.7	−6.2	303.2	23.0	46.0	−29.6	0.4	130.0	2.2	48.6
2007	62.2	0.8	378.0	24.7	35.9	−21.9	0.4	−1.2	5.6	149.2
2008	65.0	4.5	490.0	29.6	36.5	1.8	0.6	50.2	5.1	−8.7
2009	69.0	6.2	550.5	12.3	41.0	12.4	0.8	43.5	6.9	35.9
2010	72.5	5.1	664.8	20.8	40.8	−0.5	3.4	301.9	11.1	59.6
2011	126.5	74.4	833.8	25.4	63.3	55.0	1.5	−55.8	13.7	23.6
2012	134.8	6.6	932.1	11.8	73.5	16.1	2.1	41.0	16.2	18.6
2013	91.0	−32.5	981.3	5.3	70.6	−4.0	4.3	106.1	19.0	17.2
2014	108.9	19.6	1044.1	6.4	43.3	−38.7	3.9	−9.1	25.5	34.2
2015	100.1	−8.1	1089.0	4.3	31.9	−26.1	2.4	−39.0	30.4	19.3
2016	95.3	−4.8	1087.3	−0.2	31.0	−3.1	3.4	43.1	31.8	4.8
2017	124.2	30.2	1190.3	9.5	32.6	5.3	4.4	29.1	32.0	0.4
2018	112.2	−9.7	1234.0	3.7	38.0	16.5	4.7	5.5	34.9	9.2
2019	120.2	7.2	1300.9	5.4	37.2	−2.0	6.7	43.8	41.0	17.4
2020	110.7	−7.9	1437.4	10.5	33.7	−9.3	4.9	−27.7	42.0	2.4
2021	122.8	10.9	1484.8	2.1	39.1	16.0	7.6	56.6	48.8	16.3
2022	91.8	−25.4	1425.7	−4.0	46.1	17.7	8.1	6.5	50.1*	2.7*

注：投资存量一般是指年末存量。＊速报值。

资料来源：（1）日本对中国直接投资流量和存量来自日本贸易振兴机构（JETRO）统计数据；（2）对于中国实际利用日本外商直接投资，1996年及以前年份数据来自中华人民共和国商务部《中国商务年鉴》，1997~2021年数据来自中国国家统计局"年度数据"；（3）对于中国对日本直接投资流量和存量，2003~2007年数据来自《中国对外直接投资统计公报》，2008~2021年数据来自中国国家统计局"年度数据"。各数据库和网站登录时间：2023年5月3日。

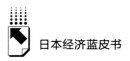

表 4　国民经济统计（1）

年 度	国内生产总值（GDP）名义 金额 十亿日元	名义 年增长率 %	实际 年增长率 %	国民总收入（GNI）名义 年增长率 %	实 年增长率 %	名义国民收入 金额 十亿日元	年增长率 %	国民收入 雇员名义报酬 金额 十亿日元	年增长率 %	人均GDP 千日元	人均雇员报酬年增长率 %
1955	9,135.6	—	—	—	—	6,973.3	—	3,548.9	—	97	—
1956	10,251.0	12.2	6.8	12.1	6.7	7,896.2	13.2	4,082.5	15.0	107	6.8
1957	11,756.0	14.7	8.1	14.5	8.0	8,868.1	12.3	4,573.0	12.0	122	5.8
1958	12,585.8	7.1	6.6	7.0	6.5	9,382.9	5.8	5,039.2	10.2	129	5.4
1959	14,766.0	17.3	11.2	17.2	11.1	11,042.1	17.7	5,761.2	14.3	150	8.9
1960	17,723.7	20.0	12.0	19.9	11.9	13,496.7	22.2	6,702.0	16.3	178	10.0
1961	21,432.2	20.9	11.7	20.9	11.7	16,081.9	19.2	7,988.7	19.2	214	14.4
1962	23,725.1	10.7	7.5	10.6	7.5	17,893.3	11.3	9,425.6	18.0	234	13.6
1963	27,868.8	17.5	10.4	17.4	10.4	21,099.3	17.9	11,027.3	17.0	272	12.9
1964	32,300.7	15.9	9.5	15.8	9.4	24,051.4	14.0	12,961.2	17.5	312	13.7
1965	35,876.8	11.1	6.2	11.1	6.2	26,827.0	11.5	14,980.6	15.6	343	10.6
1966	42,181.5	17.6	11.0	17.6	11.0	31,644.8	18.0	17,208.9	14.9	400	11.1
1967	49,349.9	17.0	11.0	17.0	11.0	37,547.7	18.7	19,964.5	16.0	463	13.1
1968	58,383.1	18.3	12.4	18.3	12.4	43,720.9	16.4	23,157.7	16.0	541	13.3
1969	69,130.0	18.4	12.0	18.4	12.0	52,117.8	19.2	27,488.7	18.7	633	16.4
1970	80,007.3	15.7	8.2	15.8	8.3	61,029.7	17.1	33,293.9	21.1	722	17.0
1971	88,083.4	10.1	5.0	10.2	5.1	65,910.5	8.0	38,896.6	16.8	781	14.0
1972	102,520.1	16.4	9.1	16.6	9.3	77,936.9	18.2	45,702.0	17.5	898	14.1
1973	124,013.8	21.0	5.1	20.9	5.0	95,839.6	23.0	57,402.8	25.6	1,070	22.2
1974	147,109.1	18.6	-0.5	18.4	-0.7	112,471.6	17.4	73,752.4	28.5	1,251	28.0
1975	161,889.5	10.0	4.0	10.2	4.1	123,990.7	10.2	83,851.8	13.7	1,361	12.7
1976	182,005.2	12.4	3.8	12.4	3.8	140,397.2	13.2	94,328.6	12.5	1,515	10.8
1977	201,982.0	11.0	4.5	11.0	4.6	155,703.2	10.9	104,997.8	11.3	1,666	9.9
1978	221,647.1	9.7	5.4	9.9	5.5	171,778.5	10.3	112,800.6	7.4	1,814	6.3
1979	239,322.4	8.0	5.1	8.0	5.1	182,206.6	6.1	122,126.2	8.3	1,942	5.9
1980	260,901.8	9.0	2.6	8.9	2.4	203,878.7	9.5	131,850.4	8.7	2,123	5.2
1981	277,609.8	6.4	4.0	6.3	4.1	211,615.1	3.8	142,097.7	7.8	2,246	6.4
1982	290,534.6	4.7	3.2	4.9	3.1	220,131.4	4.0	150,232.9	5.7	2,328	3.8
1983	304,560.5	4.8	3.8	4.9	4.1	231,290.0	5.1	157,301.3	4.7	2,417	2.3
1984	323,683.7	6.3	4.5	6.4	4.8	243,117.2	5.1	166,017.3	5.5	2,564	4.1
1985	345,283.9	6.7	5.5	6.8	5.7	260,559.9	7.2	173,977.0	4.8	2,731	3.7
1986	359,627.9	4.2	2.7	4.1	4.7	267,941.5	2.8	180,189.4	3.6	2,815	2.3
1987	381,358.3	6.0	6.1	6.3	6.1	281,099.8	4.9	187,098.9	3.8	2,965	2.2
1988	407,853.3	6.9	6.2	6.9	6.7	302,710.1	7.7	198,486.5	6.1	3,160	3.3
1989	435,192.7	6.7	4.0	7.0	4.2	320,802.0	6.0	213,309.1	7.5	3,378	4.3
1990	471,546.7	8.4	5.6	8.1	5.0	346,892.9	8.1	231,261.5	8.4	3,655	4.6
1991	496,377.7	5.3	2.4	5.2	2.8	368,931.6	6.4	248,310.9	7.4	3,818	4.1
1992	505,889.7	1.9	0.5	2.2	0.8	366,007.2	-0.8	254,844.4	2.6	3,883	0.5
1993	504,091.4	-0.4	-0.4	-0.4	-0.1	365,376.0	-0.2	260,704.4	2.3	3,865	0.9
1994	511,954.6	1.6	1.6	1.6	1.7	372,976.8	1.3	262,822.6	1.8	4,015	0.2
1995	525,304.5	2.6	3.2	2.7	3.6	380,158.1	1.9	267,095.2	1.6	4,113	0.9
1996	538,658.4	2.5	2.9	2.9	2.8	394,024.8	3.6	272,962.4	2.2	4,205	0.9
1997	542,500.5	0.7	-0.1	0.8	-0.1	390,943.1	-0.8	279,054.2	2.2	4,230	1.4
1998	534,567.3	-1.5	-1.0	-1.6	-0.9	379,393.9	-3.0	273,370.2	-2.0	4,161	-1.3
1999	530,297.5	-0.8	0.6	-0.7	0.6	378,088.5	-0.3	269,177.0	-1.5	4,121	-1.0
2000	537,616.2	1.4	2.6	1.6	2.7	390,163.8	3.2	270,736.4	0.6	4,165	-0.3
2001	527,408.4	-1.9	-0.7	-1.9	-0.8	376,138.7	-3.6	264,606.8	-2.3	4,081	-1.9
2002	523,466.0	-0.7	0.0	-0.9	0.8	374,247.9	-0.5	256,723.4	-3.0	4,040	-2.5
2003	526,222.6	0.5	1.9	0.8	2.1	381,555.6	2.0	253,616.6	-1.2	4,055	-1.4
2004	529,633.6	0.6	2.2	0.9	1.6	388,576.1	1.8	256,437.0	1.1	4,081	0.8
2005	534,109.7	0.8	2.2	1.3	1.6	388,116.4	-0.1	261,644.3	2.0	4,181	0.8
2006	537,261.0	0.6	1.3	1.0	1.1	394,989.7	1.8	265,771.5	1.6	4,201	0.2
2007	538,484.0	0.2	1.1	0.5	0.4	394,813.2	-0.0	267,280.1	0.6	4,207	-0.3
2008	516,174.0	-4.1	-3.6	-4.7	-4.9	364,368.0	-7.7	265,523.7	-0.7	4,031	-0.7
2009	497,366.8	-3.6	-2.4	-3.5	-1.3	352,701.1	-3.2	252,674.2	-4.8	3,885	-3.9
2010	504,872.1	1.5	3.3	1.7	2.6	364,688.2	3.4	251,154.8	-0.6	3,943	-1.0
2011	500,040.5	-1.0	0.5	-0.9	-0.6	357,473.5	-2.0	251,977.0	0.3	3,914	0.4
2012	499,423.9	-0.1	0.6	-0.1	0.6	358,156.2	0.2	251,431.0	-0.2	3,915	-0.5
2013	512,685.6	2.7	2.7	3.3	3.1	372,570.0	4.0	253,705.1	0.9	4,024	-0.2
2014	523,418.3	2.1	-0.4	2.4	0.1	376,677.6	1.1	258,435.2	1.9	4,114	1.0
2015	540,739.4	3.3	1.7	3.4	3.3	392,629.3	4.2	262,003.5	1.4	4,255	0.3
2016	544,827.2	0.8	0.8	0.4	0.8	392,293.9	-0.1	268,251.3	2.4	4,293	0.9
2017	555,721.9	2.0	1.8	2.1	1.3	400,516.4	2.1	273,710.4	2.0	4,386	0.5
2018	556,303.7	0.1	0.2	0.3	-0.3	402,268.7	0.4	282,424.0	3.2	4,400	1.2
2019	557,192.6	0.2	-0.7	0.2	-0.4	400,647.0	-0.4	287,994.5	2.0	4,418	0.8
2020	535,517.1	-3.9	-4.5	-4.2	-3.9	375,695.4	-6.2	283,663.7	-1.5	4,259	-0.7
2021	541,839.8	1.2	2.2	1.6	0.6	—	—	288,702.6	1.8	—	1.5
2021 年 4-6 月	133,879.3	6.1	7.3	6.5	6.3	—	—	75,123.7	2.9	—	2.1
2021 年 7-9 月	131,055.8	0.0	1.2	0.4	-0.3	—	—	68,420.3	2.3	—	1.6
2021 年 10-12 月	141,858.4	-0.9	0.4	0.4	0.4	—	—	82,720.5	1.0	—	1.2
2022 年 1-3 月	135,046.3	-0.1	0.4	0.7	-1.0	—	—	62,438.0	1.0	—	1.2

资料来源：内閣府『令和 4 年度　年次経済財政報告（経済財政政策担当大臣報告）—人への投資を原動力とする成長と分配の好循環実現へ—』（長期経済統計）、2022 年 7 月。

表 5　国民经济统计（2）

年度	民间最终消费支出（实际）		民间住宅投资（实际）		民间企业设备投资（实际）		民间库存变动（实际）	政府最终消费支出（实际）		公共固定资本形成（实际）		商品服务出口（实际）		商品服务进口（实际）	
	年增长率(%)	贡献度	年增长率(%)	贡献度	年增长率(%)	贡献度	贡献度	年增长率(%)	贡献度	年增长率(%)	贡献度	年增长率(%)	贡献度	年增长率(%)	贡献度
1955	—	—	—	—	—	—	—	—	—	—	—	—	—	—	—
1956	8.2	5.4	11.1	0.4	39.1	1.9	0.7	-0.4	-0.1	1.0	0.1	14.6	0.5	34.3	-1.3
1957	8.2	5.4	7.9	0.3	21.5	1.3	1.0	-0.2	-0.0	17.4	0.8	11.4	0.4	8.1	-0.4
1958	6.4	4.2	12.3	0.4	-0.4	-0.0	-0.7	6.3	1.2	17.3	0.9	3.0	0.1	-7.9	0.4
1959	9.6	6.3	19.7	0.7	32.6	2.1	0.6	7.7	1.4	10.8	0.6	15.3	0.5	28.0	-1.2
1960	10.3	6.7	22.3	0.8	39.6	3.1	0.5	3.3	0.6	15.0	0.9	11.8	0.4	20.3	-1.0
1961	10.2	6.6	10.6	0.4	23.5	2.3	1.1	6.5	1.1	27.4	1.6	6.5	0.2	24.4	-1.3
1962	7.1	4.5	14.1	0.6	3.5	0.4	-1.4	7.6	1.2	23.5	1.6	15.4	0.5	-3.1	0.2
1963	9.9	6.2	26.3	1.1	12.4	1.3	0.9	7.4	1.1	11.6	0.9	9.0	0.3	26.5	-1.4
1964	9.5	6.0	20.5	1.0	14.4	1.5	0.3	2.0	0.3	5.7	0.4	26.1	0.9	7.2	-0.4
1965	6.5	4.1	18.9	1.0	-8.4	-0.9	0.1	3.3	0.5	13.9	1.0	19.6	0.8	6.6	-0.4
1966	10.3	6.5	7.5	0.5	24.7	2.3	0.2	4.5	0.6	13.3	1.1	15.0	0.7	15.5	-0.9
1967	9.8	6.1	21.5	1.3	27.3	2.9	0.2	3.6	0.5	9.6	0.8	8.4	0.4	21.9	-1.3
1968	9.4	5.8	15.9	1.0	21.0	2.6	0.7	4.9	0.6	13.2	1.1	26.1	1.2	10.5	-0.7
1969	9.8	5.9	19.8	1.3	30.0	3.9	-0.1	3.9	0.4	9.5	0.8	19.7	1.0	17.0	-1.1
1970	6.6	3.9	9.2	0.7	11.7	1.8	1.0	5.3	0.6	15.2	1.2	17.3	1.0	22.3	-1.5
1971	5.9	3.4	5.6	0.4	-4.2	-0.7	-0.8	4.8	0.5	22.2	1.9	12.5	0.8	2.3	-0.1
1972	9.8	5.7	20.3	1.5	5.8	0.8	0.0	4.3	0.4	12.0	1.2	5.6	0.4	15.1	-1.1
1973	6.0	3.5	11.6	0.9	13.6	1.9	0.4	4.3	0.4	-7.3	-0.7	5.5	0.3	22.7	-1.8
1974	1.5	0.9	-17.3	-1.5	-8.6	-1.3	-0.6	2.6	0.3	0.1	0.0	22.8	1.5	-1.6	0.1
1975	3.5	2.1	12.3	0.9	-3.8	-0.5	-0.8	10.8	1.1	5.6	0.5	-0.1	-0.0	-7.4	0.7
1976	3.4	2.0	3.3	0.2	0.6	0.1	0.4	4.0	0.4	0.4	0.0	17.3	1.3	7.9	-0.7
1977	4.1	2.5	1.8	0.1	-0.8	-0.1	-0.2	4.2	0.4	13.5	1.2	9.6	0.8	3.3	-0.3
1978	5.9	3.5	2.3	0.2	8.5	1.0	0.1	5.4	0.6	13.0	1.2	-3.3	-0.3	10.8	-0.9
1979	5.4	3.2	0.4	0.0	10.7	1.3	0.2	3.6	0.4	-1.8	-0.2	10.6	0.9	6.1	-0.5
1980	0.7	0.4	-9.9	-0.7	7.5	1.0	0.0	3.3	0.3	-1.7	-0.2	14.4	1.2	-6.3	0.6
1981	3.1	1.6	-2.0	-0.1	3.1	0.5	-0.1	5.7	0.8	0.7	0.1	12.7	1.7	4.2	-0.6
1982	4.5	2.4	0.9	0.1	1.5	0.2	-0.5	3.9	0.6	-0.9	-0.1	-0.4	-0.1	-4.7	0.6
1983	3.2	1.7	-7.6	-0.4	3.9	0.7	0.2	4.3	0.6	0.1	0.0	8.7	1.2	1.9	-0.2
1984	3.2	1.7	0.4	0.0	9.7	1.6	0.2	2.4	0.4	-2.1	-0.2	13.6	1.8	8.1	-1.0
1985	4.3	2.3	4.2	0.2	7.7	1.3	0.3	1.7	0.2	3.3	0.3	2.5	0.4	-4.2	0.5
1986	3.6	1.9	10.1	0.5	6.4	1.1	0.5	3.5	0.5	6.5	0.5	-4.1	-0.5	7.6	-0.7
1987	4.7	2.5	24.5	1.2	8.9	1.5	0.5	3.7	0.5	10.4	0.8	1.2	0.1	12.7	-0.9
1988	5.4	2.8	5.7	0.3	19.3	3.4	-0.1	3.4	0.5	-0.2	0.0	8.7	0.9	19.1	-1.4
1989	4.1	2.1	-2.2	-0.1	7.7	1.5	0.2	2.6	0.3	3.8	0.3	8.7	0.8	14.9	-1.2
1990	5.0	2.6	1.5	0.1	11.2	2.2	0.2	2.6	0.3	4.0	0.3	7.0	0.7	5.4	-0.5
1991	2.4	1.2	-8.8	-0.5	0.4	0.1	0.3	3.5	0.5	4.0	0.3	5.4	0.9	-0.5	0.0
1992	1.4	0.7	-3.3	-0.2	-7.4	-1.5	-0.6	2.9	0.4	14.5	1.1	4.0	0.4	-1.8	0.1
1993	1.6	0.8	2.4	0.1	-14.3	-2.6	0.0	3.2	0.4	5.8	0.5	-0.0	-0.0	0.6	-0.0
1994	2.1	1.1	5.9	0.3	-0.4	-0.1	-0.1	2.4	0.4	-3.6	-0.3	5.4	0.5	9.4	-0.7
1995	2.4	1.3	-4.6	-0.3	8.4	1.3	0.4	3.4	0.5	7.2	0.6	4.1	0.4	14.6	-1.0
1996	2.4	1.3	12.0	0.7	5.9	1.0	0.4	2.0	0.3	4.1	0.3	6.5	0.6	9.1	-0.7
1997	-1.1	-0.6	-16.0	-1.0	2.4	0.4	0.4	1.3	0.2	-6.6	-0.6	9.0	0.9	-2.0	0.0
1998	0.3	0.2	-10.1	-0.5	-3.5	-0.6	-0.3	2.2	0.3	2.2	0.2	-3.8	-0.4	-6.6	0.6
1999	1.4	0.7	2.8	0.1	-1.6	-0.3	-0.6	3.7	0.6	-0.6	-0.1	6.1	0.6	6.6	-0.6
2000	1.4	0.8	1.0	0.0	6.1	1.0	0.7	3.6	0.6	-7.3	-0.6	9.7	1.0	10.3	-0.9
2001	1.9	1.0	-5.4	-0.3	-3.9	-0.6	-0.3	2.3	0.4	-5.3	-0.4	-7.6	-0.8	-3.2	0.3
2002	1.2	0.7	-1.3	-0.1	-3.0	-0.5	0.0	1.7	0.3	-4.8	-0.3	12.2	1.2	4.8	-0.5
2003	0.7	0.4	0.5	0.0	3.1	0.5	0.1	1.1	0.2	-7.3	-0.5	10.0	1.1	2.4	-0.2
2004	1.2	0.6	2.6	0.1	4.0	0.6	0.1	0.8	0.1	-8.1	-0.5	11.8	1.4	9.0	-0.7
2005	1.8	1.0	0.0	0.0	7.6	1.2	-0.2	0.4	0.1	-7.9	-0.4	9.4	1.2	6.0	-0.7
2006	0.6	0.3	-0.3	-0.0	2.3	0.4	0.1	0.6	0.1	-6.3	-0.3	8.7	1.2	3.6	-0.5
2007	0.7	0.4	-13.3	-0.6	-0.7	-0.1	0.2	0.6	0.1	-4.2	-0.2	9.5	1.5	2.5	-0.4
2008	-2.1	-1.2	-2.5	-0.1	-5.8	-0.9	0.0	-0.6	-0.1	-4.2	-0.2	-10.2	-1.8	-4.3	0.7
2009	0.7	0.4	-20.3	-0.8	-11.4	-1.8	-1.4	2.6	0.4	9.3	0.5	-9.0	-1.4	-10.5	1.7
2010	1.3	0.7	4.8	0.2	2.0	0.3	1.2	2.3	0.4	-7.2	-0.4	17.9	2.4	12.1	-1.5
2011	0.6	0.4	4.4	0.2	4.0	0.6	0.1	1.9	0.4	-2.2	-0.1	-1.4	-0.2	5.2	-0.7
2012	1.7	1.0	4.5	0.2	1.5	0.2	-0.3	1.3	0.3	1.1	0.1	-1.4	-0.2	3.8	-0.6
2013	2.9	1.7	8.6	0.3	5.4	0.8	0.3	1.6	0.4	8.5	0.4	4.4	0.6	7.0	-1.2
2014	-2.6	-1.5	-8.1	-0.3	2.7	0.4	0.3	0.9	0.2	-2.3	-0.1	8.9	1.4	3.9	-0.7
2015	0.7	0.4	3.1	0.1	3.4	0.6	0.2	1.3	0.3	-1.3	-0.1	1.1	0.2	0.4	-0.1
2016	-0.3	-0.2	4.3	0.2	0.8	0.1	-0.2	0.9	0.2	0.5	0.0	3.4	0.6	-0.5	0.1
2017	1.0	0.6	-1.8	-0.1	2.8	0.4	0.3	0.4	0.1	0.6	0.0	6.3	1.0	3.8	-0.6
2018	0.1	0.0	-4.9	-0.2	1.2	0.2	0.1	1.1	0.2	0.9	0.0	2.0	0.3	3.0	-0.5
2019	-1.0	-0.6	2.6	0.1	-0.6	-0.1	-0.1	1.9	0.4	1.7	0.1	-2.3	-0.4	0.7	-0.1
2020	-5.4	-3.0	-7.8	-0.3	-7.5	-1.2	-0.2	2.5	0.5	5.1	0.3	-10.2	-1.7	-6.5	1.1
2021	2.6	1.4	-1.6	-0.1	0.4	0.1	0.0	3.4	0.7	-9.4	-0.6	12.5	2.0	7.2	-1.2
2021年4-6月	6.7	3.7	-2.8	-0.1	3.4	0.5	-0.6	3.0	0.7	-1.9	-0.1	27.2	4.0	5.2	-0.9
2021年7-9月	0.3	0.2	0.1	0.0	1.2	0.2	2.0	2.0	0.4	-5.6	-0.3	15.8	2.4	11.4	-1.7
2021年10-12月	1.5	0.8	-0.9	-0.0	-0.2	-0.0	0.0	0.9	0.2	-11.6	-0.7	6.0	1.0	5.3	-0.8
2022年1-3月	2.0	1.0	-3.1	-0.1	-0.8	-0.2	0.9	2.1	0.4	-15.5	-1.0	4.4	0.8	7.2	-1.3

资料来源：内閣府『令和 4 年度　年次経済財政報告（経済財政政策担当大臣報告）—人への投資を原動力とする成長と分配の好循環実現へ—』（長期経済統計）、2022 年 7 月。

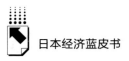
表6 国民经济统计（3）

年份	国内生产总值（GDP）名义 金额 十亿日元	国内生产总值（GDP）名义 年增长率 %	国内生产总值（GDP）实际 年增长率 %	国民总收入（GNI）名义 年增长率 %	国民总收入（GNI）实际 年增长率 %	名义国民收入 金额 十亿日元	名义国民收入 年增长率 %	雇员名义报酬 金额 十亿日元	雇员名义报酬 年增长率 %	人均GDP 千日元	人均雇员报酬年增长率 %
1955	8,897.3	–	–	–	–	6,772.0	–	3,456.0	–	94	–
1956	10,016.4	12.6	7.5	12.5	7.4	7,587.4	12.0	3,973.5	15.0	105	6.9
1957	11,543.1	15.2	7.8	15.1	7.7	8,790.1	15.9	4,480.9	12.8	120	5.2
1958	12,266.0	6.3	6.2	6.2	6.1	9,188.0	4.5	4,952.1	10.5	126	5.9
1959	14,022.2	14.3	9.4	14.2	9.3	10,528.7	14.6	5,590.8	12.9	143	7.5
1960	17,019.4	21.4	13.1	21.3	13.0	12,912.0	22.6	6,483.1	16.0	172	10.1
1961	20,556.0	20.8	11.9	20.7	11.8	15,572.3	20.6	7,670.2	18.3	206	13.2
1962	23,326.5	13.5	8.6	13.4	8.6	17,499.2	12.4	9,151.7	19.3	231	14.0
1963	26,697.0	14.4	8.8	14.4	8.7	20,191.9	15.4	10,672.5	16.6	262	13.1
1964	31,404.3	17.6	11.2	17.5	11.1	23,377.0	15.8	12,475.8	16.9	305	13.0
1965	34,938.7	11.3	5.7	11.3	5.7	26,065.4	11.5	14,528.2	16.5	336	11.8
1966	40,577.2	16.1	10.2	16.2	10.3	30,396.1	16.6	16,811.9	15.7	386	11.1
1967	47,551.5	17.2	11.1	17.2	11.1	36,005.3	18.5	19,320.1	14.9	448	12.0
1968	56,315.8	18.4	11.9	18.4	11.9	42,479.3	18.0	22,514.0	16.5	525	13.7
1969	66,153.4	17.5	12.0	17.5	12.0	49,938.3	17.6	26,500.7	17.7	609	15.8
1970	77,970.5	17.9	10.3	17.9	10.3	59,152.7	18.5	31,942.2	20.5	708	16.6
1971	85,790.8	10.0	4.4	10.1	4.5	64,645.1	9.3	37,867.7	18.6	764	14.9
1972	98,221.3	14.5	8.4	14.7	8.6	74,601.0	15.4	44,069.3	16.4	862	13.3
1973	119,592.9	21.8	8.0	21.8	8.1	91,823.1	23.1	55,235.8	25.3	1,035	21.6
1974	142,710.0	19.3	-1.2	19.1	-1.4	109,060.8	18.8	70,087.7	26.9	1,219	26.1
1975	157,681.5	10.5	3.1	10.6	3.2	121,025.9	11.0	81,678.2	16.5	1,330	16.2
1976	177,078.4	12.3	4.0	12.3	4.0	137,119.6	13.3	92,120.9	12.8	1,478	10.8
1977	197,328.4	11.4	4.4	11.5	4.4	151,395.2	10.4	102,896.8	11.7	1,631	10.0
1978	217,295.0	10.1	5.3	10.2	5.4	167,571.7	10.7	111,163.6	8.0	1,780	7.2
1979	235,518.6	8.4	5.5	8.5	5.6	180,707.3	7.8	120,120.3	8.1	1,915	5.9
1980	255,322.8	8.4	2.8	8.2	2.7	196,750.2	8.0	129,497.8	8.5	2,079	5.2
1981	273,857.6	7.3	4.2	7.1	4.2	209,047.2	6.3	140,219.9	8.3	2,219	6.5
1982	287,866.1	5.1	3.3	5.3	3.3	219,327.2	4.9	148,172.1	5.7	2,314	4.1
1983	300,825.9	4.5	3.5	4.6	3.6	227,666.8	3.8	155,782.0	5.1	2,390	2.4
1984	319,000.9	6.0	4.5	6.1	4.9	240,786.9	5.8	164,342.6	5.5	2,524	4.1
1985	339,925.7	6.6	5.2	6.7	5.3	256,338.4	6.5	171,887.9	4.6	2,693	3.4
1986	356,896.0	5.0	3.3	5.0	5.0	267,217.4	4.2	179,163.3	4.2	2,805	2.6
1987	373,189.4	4.6	4.7	4.8	5.0	276,729.3	3.6	185,400.9	3.5	2,901	2.3
1988	401,002.2	7.5	6.8	7.5	7.2	296,228.2	7.0	196,182.1	5.8	3,107	3.3
1989	429,350.6	7.1	4.9	7.2	5.2	316,002.5	6.7	210,203.2	7.1	3,333	3.9
1990	462,090.7	7.6	4.9	7.6	4.5	339,441.1	7.4	227,342.6	8.2	3,587	4.7
1991	491,874.3	6.4	3.4	6.4	3.5	363,375.7	7.1	245,595.0	8.0	3,787	4.4
1992	504,313.0	2.5	0.8	2.7	1.2	366,179.6	0.8	253,578.4	3.3	3,866	0.9
1993	504,552.6	0.0	-0.5	0.1	-0.4	366,975.1	0.2	259,075.4	2.2	3,877	0.5
1994	510,916.1	1.3	1.0	1.2	1.2	369,217.5	0.1	261,624.5	2.0	4,009	0.3
1995	521,613.5	2.1	2.6	2.1	2.9	377,736.2	2.3	266,002.9	1.7	4,086	1.2
1996	535,562.1	2.7	3.1	3.0	3.2	390,199.0	3.3	270,690.3	1.8	4,183	0.6
1997	543,545.4	1.5	1.0	1.6	0.8	394,664.2	1.1	278,751.3	3.0	4,239	1.7
1998	536,497.4	-1.3	-1.3	-1.4	-1.1	383,849.9	-2.7	274,572.1	-1.5	4,178	-1.1
1999	528,069.9	-1.6	-1.6	-1.6	-0.3	377,739.1	-1.6	269,252.2	-1.9	4,105	-1.3
2000	535,417.7	1.4	2.8	1.6	2.7	385,745.1	2.1	269,889.6	0.2	4,153	-0.2
2001	531,653.9	-0.7	0.4	-0.6	0.4	379,833.5	-1.5	266,603.6	-1.2	4,114	-1.5
2002	524,478.7	-1.3	0.0	-1.4	0.0	375,854.9	-1.0	257,433.1	-3.4	4,050	-2.8
2003	523,968.6	-0.1	1.5	0.1	1.5	379,296.3	0.9	255,180.0	-0.9	4,038	-0.9
2004	529,400.9	1.0	2.2	1.3	2.3	385,931.1	1.7	255,963.4	0.3	4,079	-0.1
2005	532,515.6	0.6	1.8	0.9	1.3	390,658.9	1.2	260,594.3	1.8	4,103	1.1
2006	535,170.2	0.5	1.4	0.9	0.9	392,040.4	0.4	265,191.6	1.8	4,121	0.2
2007	539,281.7	0.8	1.5	1.2	1.3	396,233.9	1.1	266,616.2	0.5	4,154	-0.5
2008	527,823.8	-2.1	-1.2	-2.5	-3.1	379,416.9	-4.2	266,805.9	0.1	4,067	-0.1
2009	494,938.4	-6.2	-5.7	-6.4	-4.3	348,968.2	-8.0	253,797.8	-4.9	3,823	-3.9
2010	505,530.6	2.1	4.1	2.3	3.5	362,501.8	3.9	251,175.0	-1.0	3,908	-1.2
2011	497,448.9	-1.6	0.0	-1.4	-1.0	356,058.0	-1.8	251,584.0	0.2	3,844	-0.1
2012	500,474.7	0.6	1.4	0.5	1.0	359,170.1	0.9	251,650.1	0.0	3,878	0.0
2013	508,700.6	1.6	2.0	2.3	2.5	369,919.6	3.0	253,333.1	0.7	3,948	-0.3
2014	518,811.0	2.0	0.3	2.3	0.3	373,996.7	1.1	257,520.7	1.7	4,038	0.8
2015	538,032.3	3.7	1.6	3.9	3.2	389,444.5	4.1	260,613.9	1.2	4,180	0.3
2016	544,364.6	1.2	0.8	0.7	1.3	393,196.6	1.0	267,401.2	2.6	4,218	1.0
2017	553,073.0	1.6	1.7	1.8	1.2	401,073.7	2.0	272,101.5	1.8	4,307	0.4
2018	556,293.8	0.6	0.6	0.7	-0.1	402,144.7	0.3	281,350.2	3.4	4,325	1.3
2019	558,491.2	0.4	-0.2	0.5	-0.0	399,701.7	-0.6	286,892.4	2.0	–	0.7
2020	538,001.6	-3.7	-4.5	-3.9	-3.9	376,471.1	-5.8	283,352.2	-1.2	–	-0.9
2021	541,940.4	0.7	1.7	0.9	0.9			288,104.4	1.7	–	1.5

资料来源：内閣府『令和4年度　年次経済財政報告（経済財政政策担当大臣報告）—人への投資を原動力とする成長と分配の好循環実現へ—』（長期経済統計）、2022年7月。

表7　国民经济统计（4）

年份	民间最终消费支出（实际）年增长率(%)	民间最终消费支出（实际）贡献度	民间住宅投资（实际）年增长率(%)	民间住宅投资（实际）贡献度	民间企业设备投资（实际）年增长率(%)	民间企业设备投资（实际）贡献度	民间库存增加（实际）贡献度	政府最终消费支出（实际）年增长率(%)	政府最终消费支出（实际）贡献度	公共固定资本形成（实际）年增长率(%)	公共固定资本形成（实际）贡献度	商品服务出口（实际）年增长率(%)	商品服务出口（实际）贡献度	商品服务进口（实际）年增长率(%)	商品服务进口（实际）贡献度
1955	–	–	–	–	–	–	–	–	–	–	–	–	–	–	–
1956	8.9	5.8	11.4	0.4	37.9	1.7	0.0	-0.2	0.0	-1.5	-0.1	17.4	0.5	26.9	-1.0
1957	8.1	5.4	6.8	0.2	27.5	1.6	1.2	-0.4	-0.1	10.3	0.5	11.4	0.4	22.8	-1.0
1958	6.3	4.2	14.0	0.5	-0.6	0.0	-1.3	4.6	0.9	17.7	0.9	5.2	0.2	-13.4	0.7
1959	8.4	5.5	9.9	0.4	23.1	1.5	0.5	7.5	1.4	11.8	0.7	13.0	0.5	22.8	-1.0
1960	11.0	7.3	27.9	1.0	44.4	3.2	0.5	4.4	0.8	15.0	0.8	12.8	0.5	23.1	-1.1
1961	10.4	6.7	12.8	0.5	27.8	2.6	1.2	5.4	0.9	22.8	1.3	5.3	0.2	26.4	-1.4
1962	7.5	4.8	15.6	0.6	6.2	0.7	-1.0	7.5	1.2	28.2	1.8	17.2	0.6	-1.2	0.1
1963	8.8	5.5	18.3	0.8	8.3	0.9	0.2	7.6	1.2	13.9	1.0	7.0	0.3	19.6	-1.0
1964	10.8	6.8	25.6	1.2	17.9	1.9	0.3	3.0	0.5	6.3	0.5	21.6	0.8	13.6	-0.8
1965	5.8	3.6	20.7	1.1	-5.7	-0.6	-0.4	3.1	0.4	10.0	0.7	23.8	0.9	5.6	-0.3
1966	10.0	6.3	6.0	0.4	14.5	1.4	-0.1	4.5	0.6	19.2	1.5	16.9	0.8	12.2	-0.7
1967	10.4	6.5	19.2	1.1	28.6	2.9	0.6	3.4	0.4	3.8	0.3	6.8	0.3	22.7	-1.4
1968	8.5	5.3	19.5	1.2	23.4	2.8	0.4	4.7	0.6	16.3	1.3	23.9	1.1	12.1	-0.8
1969	10.3	6.3	16.7	1.1	25.6	3.3	0.0	4.1	0.5	9.6	0.8	20.8	1.1	13.7	-0.9
1970	7.4	4.4	13.3	0.9	19.3	2.8	1.3	4.8	0.5	13.8	1.1	17.5	1.0	22.6	-1.5
1971	5.5	3.2	4.7	0.3	-2.5	-0.4	-0.4	4.9	0.5	18.6	1.5	16.0	1.0	7.0	-0.5
1972	9.0	5.3	18.0	1.3	2.3	0.3	-0.1	5.0	0.5	16.2	1.5	4.1	0.3	10.5	-0.8
1973	8.8	5.2	15.3	1.2	14.2	2.0	0.2	5.4	0.5	4.9	0.5	5.2	0.3	24.3	-1.9
1974	-0.1	0.0	-12.3	-1.0	-4.2	-0.6	0.5	-0.4	0.0	-11.8	-1.1	23.1	1.4	4.2	0.4
1975	4.4	2.6	1.2	0.1	-6.0	-0.9	-1.2	12.6	1.2	6.4	0.6	-1.0	-0.1	-10.3	1.0
1976	2.9	1.8	8.7	0.6	-0.1	0.0	0.2	4.2	0.4	2.5	0.2	16.6	1.2	6.7	-0.6
1977	4.0	2.4	0.5	0.0	-0.5	-0.1	0.0	4.2	0.4	9.5	0.8	11.7	1.0	4.1	-0.3
1978	5.3	3.2	5.6	0.4	4.5	0.5	-0.1	5.2	0.5	14.2	1.3	-0.3	-0.0	6.9	-0.6
1979	6.5	3.9	-0.9	-0.1	12.8	1.5	0.3	4.2	0.4	2.7	0.3	4.3	0.4	12.9	-1.1
1980	1.1	0.6	-9.2	-0.6	7.9	1.0	0.0	3.1	0.3	-4.8	-0.5	17.0	1.4	-7.8	0.7
1981	2.5	1.3	-2.7	-0.2	3.8	0.7	-0.1	5.4	0.8	2.8	0.3	13.4	1.8	2.4	-0.3
1982	4.7	2.4	-1.3	-0.1	1.2	0.2	0.1	4.6	0.6	-1.7	-0.2	1.5	0.2	-0.6	0.1
1983	3.4	1.8	-4.1	-0.2	2.6	0.4	-0.3	4.6	0.7	0.3	0.0	5.0	0.7	-3.2	0.4
1984	3.1	1.7	-2.0	-0.1	8.7	1.4	0.2	3.0	0.4	-1.2	-0.1	15.4	2.0	10.6	-1.2
1985	4.1	2.2	3.6	0.2	9.2	1.5	0.2	1.3	0.2	-1.1	-0.1	5.3	0.8	-2.6	0.3
1986	3.7	1.9	7.1	0.3	6.2	1.1	0.1	3.2	0.5	7.6	0.6	-5.0	-0.7	4.3	-0.5
1987	4.4	2.3	21.8	1.0	6.8	1.2	-0.2	3.6	0.5	9.0	0.7	0.1	0.0	9.4	-1.4
1988	5.2	2.7	12.2	0.7	17.4	3.0	0.2	3.3	0.3	3.3	0.3	6.7	0.5	19.0	-1.4
1989	4.9	2.5	-0.8	-0.0	11.7	2.2	0.0	2.5	0.3	2.4	0.2	9.6	0.9	17.8	-1.4
1990	4.8	2.5	-0.7	-0.0	9.2	1.8	0.2	3.5	0.5	4.1	0.3	7.4	0.8	8.2	-0.7
1991	2.2	1.1	-5.0	-0.3	5.5	1.1	0.2	4.0	0.5	1.9	0.1	5.4	0.6	-1.1	0.1
1992	2.3	1.2	-5.8	-0.3	-7.5	-1.6	-0.2	3.5	0.5	13.3	1.0	4.6	0.5	-0.7	0.1
1993	1.1	0.6	0.5	0.0	-12.3	-2.3	-0.1	3.5	0.5	8.3	0.7	0.8	0.1	-1.2	0.1
1994	2.3	1.2	5.9	0.3	-5.4	-0.9	0.0	3.8	0.6	-1.1	-0.1	4.4	0.4	8.3	-0.6
1995	2.5	1.3	-4.2	-0.3	7.6	1.2	0.4	3.8	0.6	0.5	0.0	4.2	0.4	13.0	-0.9
1996	2.0	1.0	10.9	0.6	6.0	1.0	0.1	2.3	0.4	5.7	0.5	4.8	0.4	11.8	-0.8
1997	0.6	0.3	-9.7	-0.6	3.6	0.6	0.1	1.6	0.2	-6.8	-0.5	11.1	1.0	0.5	-0.0
1998	-0.6	-0.3	-13.5	-0.7	-1.3	-0.2	-0.2	1.3	0.2	-4.1	-0.3	-2.4	-0.3	-6.8	0.6
1999	1.1	0.6	0.0	0.0	-4.8	-0.8	-1.0	3.5	0.6	6.0	0.5	2.0	0.2	3.7	-0.3
2000	1.5	0.8	1.3	0.1	6.0	0.9	0.6	3.9	0.6	-9.7	-0.8	13.0	1.3	9.6	-0.8
2001	2.1	1.1	-3.2	-0.2	0.2	0.0	0.1	2.4	0.4	-3.6	-0.3	-6.6	-0.7	1.2	-0.1
2002	1.3	0.7	-2.5	-0.1	-5.6	-0.9	-0.4	1.9	0.3	-4.7	-0.3	7.9	0.8	0.8	-0.1
2003	0.6	0.3	-0.5	-0.0	2.2	0.3	0.2	1.9	0.3	-6.9	-0.5	9.6	1.0	3.4	-0.3
2004	1.3	0.7	2.9	0.1	3.5	0.5	0.4	1.1	0.2	-9.0	-0.6	14.4	1.6	8.5	-0.8
2005	1.5	0.8	-0.1	-0.0	8.1	1.2	-0.2	0.8	0.1	-8.2	-0.5	7.1	0.9	5.9	-0.6
2006	0.9	0.5	0.4	0.0	2.1	0.3	-0.1	0.2	0.0	-4.9	-0.3	10.3	1.4	4.7	-0.6
2007	0.8	0.4	-9.6	-0.4	0.8	0.1	0.3	1.5	0.3	-5.3	-0.3	8.7	1.4	2.3	-0.3
2008	-1.6	-0.6	-6.2	-0.3	-2.9	-0.5	0.2	-0.1	-0.0	-5.0	-0.2	1.6	0.3	0.7	-0.1
2009	-0.9	-0.5	-17.8	-0.7	-13.0	-2.1	-1.6	2.0	0.4	6.6	0.3	-23.4	-4.0	-15.6	2.6
2010	2.3	1.3	-1.3	-0.0	-1.0	-0.1	1.0	2.2	0.4	-2.2	-0.1	24.9	3.1	11.3	-1.4
2011	-0.5	-0.3	6.9	0.2	4.0	0.6	0.2	2.2	0.4	-5.7	-0.3	-0.1	-0.0	5.7	-0.8
2012	2.0	1.2	2.3	0.1	3.1	0.5	0.0	1.7	0.3	0.6	0.0	-0.1	-0.0	5.5	-0.8
2013	2.6	1.5	8.2	0.3	2.7	0.4	-0.4	1.5	0.3	5.6	0.3	0.8	0.1	3.2	-0.5
2014	-0.9	-0.5	-3.1	-0.1	3.9	0.6	0.1	1.0	0.2	1.4	0.1	9.3	1.5	8.1	-1.5
2015	-0.2	-0.1	-0.4	-0.0	5.0	0.8	0.3	1.9	0.4	-4.0	-0.2	3.2	0.6	0.4	-0.1
2016	-0.4	-0.2	3.9	0.1	0.1	0.0	-0.1	1.6	0.3	2.4	0.1	1.6	0.3	-1.2	0.2
2017	1.1	0.6	0.5	0.0	2.4	0.4	0.0	0.1	0.0	0.6	0.0	6.6	1.1	3.3	-0.5
2018	0.2	0.1	-6.4	-0.2	1.9	0.3	0.2	1.0	0.2	0.6	0.0	3.8	0.7	3.8	-0.6
2019	-0.5	-0.3	4.1	0.2	0.1	0.0	-0.1	1.9	0.4	1.7	0.1	-1.5	-0.3	1.0	-0.2
2020	-5.2	-2.9	-7.9	-0.3	-6.5	-1.1	-0.1	2.3	0.5	3.9	0.2	-11.7	-2.0	-6.9	1.2
2021	1.3	0.7	-1.9	-0.1	-0.7	-0.1	0.1	2.1	0.4	-3.7	-0.2	11.8	1.8	5.1	-0.8

资料来源：内閣府『令和 4 年度　年次経済財政報告（経済財政政策担当大臣報告）—人への投資を原動力とする成長と分配の好循環実現へ—』（長期経済統計）、2022 年 7 月。

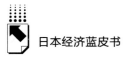

表8　国民经济统计（5）

年　末	国民总资产					国民财富	
	金额（十亿日元）	与名义GDP之比（%）	占比（%）			金额（十亿日元）	与名义GDP之比（%）
			实物资产（土地等除外）	土地等	金融资产		
1955	51,422.0	5.78	32.6	30.6	36.8	32,704.7	3.68
1956	60,322.2	6.02	31.8	29.8	38.4	37,103.0	3.70
1957	68,244.2	5.91	29.8	29.9	40.3	40,481.3	3.51
1958	76,193.1	6.21	27.0	30.6	42.4	43,752.0	3.57
1959	89,131.9	6.36	25.5	30.2	44.4	49,584.9	3.54
1960	107,840.0	6.34	23.7	31.7	44.6	59,819.6	3.51
1961	133,283.4	6.48	23.5	31.0	45.6	72,297.0	3.52
1962	156,357.7	6.70	22.3	31.3	46.4	83,461.1	3.58
1963	183,270.6	6.86	21.8	29.3	48.9	92,923.6	3.48
1964	213,870.8	6.81	21.5	29.1	49.4	107,292.4	3.42
1965	241,570.7	6.91	21.2	27.9	50.9	118,028.4	3.38
1966	280,648.7	6.92	21.2	27.8	51.0	137,212.2	3.38
1967	333,694.7	7.02	21.0	28.2	50.8	163,842.2	3.45
1968	394,566.2	7.01	20.7	29.4	49.9	197,671.5	3.51
1969	476,211.0	7.20	20.6	30.0	49.4	241,579.4	3.65
	499,408.6	7.55	19.6	28.6	51.7	241,682.8	3.65
1970	590,573.4	7.57	20.5	29.4	50.1	296,467.3	3.80
1971	702,445.3	8.19	20.0	29.8	50.2	352,859.8	4.11
1972	932,810.6	9.50	18.8	31.5	49.7	473,379.9	4.82
1973	1,178,254.6	9.85	20.6	32.0	47.4	624,072.1	5.22
1974	1,300,905.2	9.12	23.4	29.1	47.5	685,723.9	4.81
1975	1,438,800.4	9.12	23.1	28.1	48.7	739,585.8	4.69
1976	1,627,933.8	9.19	23.3	26.6	50.1	814,906.7	4.60
1977	1,781,916.0	9.03	23.2	26.0	50.8	883,505.2	4.48
1978	2,031,898.0	9.35	22.3	25.9	51.7	989,289.6	4.55
1979	2,335,455.9	9.92	22.7	27.0	50.3	1,166,035.8	4.95
1980	2,642,194.0	10.35	22.4	28.2	49.4	1,339,614.4	5.25
	2,864,276.8	11.22	21.2	26.1	52.7	1,363,008.4	5.34
1981	3,160,372.8	11.54	20.0	26.7	53.3	1,484,720.7	5.42
1982	3,416,324.6	11.87	19.3	26.5	54.2	1,575,452.3	5.47
1983	3,699,899.5	12.30	18.2	25.5	56.3	1,629,378.0	5.42
1984	4,006,993.9	12.56	17.5	24.4	58.1	1,699,381.1	5.33
1985	4,377,491.7	12.88	16.5	24.3	59.2	1,811,019.5	5.33
1986	5,094,260.6	14.27	14.4	26.3	59.3	2,113,913.1	5.92
1987	5,962,689.6	15.98	13.0	29.4	57.6	2,579,662.1	6.91
1988	6,716,329.3	16.75	12.2	28.9	58.9	2,836,726.9	7.07
1989	7,710,418.9	17.96	11.9	29.4	58.7	3,231,062.4	7.53
1990	7,936,547.0	17.18	12.6	31.2	56.1	3,531,467.2	7.64
1991	7,987,085.8	16.24	13.4	28.7	57.8	3,422,746.4	6.96
1992	7,804,398.3	15.48	14.3	26.6	59.1	3,265,515.1	6.48
1993	7,903,074.8	15.66	14.3	25.1	60.6	3,192,859.5	6.33
1994	8,044,314.4	15.74	14.3	23.9	61.8	3,150,014.4	6.17
	8,599,526.3	16.83	18.8	22.9	58.2	3,671,951.7	7.19
1995	8,738,157.0	16.75	18.8	21.6	59.6	3,617,050.6	6.93
1996	8,913,942.3	16.64	19.2	20.8	60.0	3,665,584.7	6.84
1997	9,046,789.9	16.64	19.3	20.1	60.6	3,688,583.5	6.79
1998	9,102,612.8	16.97	19.2	19.2	61.6	3,628,751.2	6.76
1999	9,321,407.0	17.65	18.8	17.9	63.3	3,507,170.9	6.64
2000	9,209,077.6	17.20	19.3	17.2	63.5	3,494,809.8	6.53
2001	9,022,142.3	16.97	19.6	16.6	63.9	3,440,413.9	6.47
2002	8,876,598.4	16.92	19.8	15.9	64.3	3,346,758.1	6.38
2003	8,963,281.9	17.11	19.8	14.9	65.3	3,285,006.8	6.27
2004	8,997,050.0	16.99	20.0	14.2	65.8	3,258,914.1	6.16
2005	9,383,038.3	17.62	19.5	13.4	67.1	3,269,476.1	6.14
2006	9,422,066.1	17.61	19.8	13.5	66.6	3,359,820.4	6.28
2007	9,288,605.7	17.22	20.6	14.1	65.4	3,469,616.5	6.43
2008	8,914,760.2	16.89	21.7	14.5	63.8	3,455,035.1	6.55
2009	8,810,874.2	17.80	21.2	14.1	64.8	3,373,238.4	6.82
2010	8,839,145.8	17.48	21.0	13.6	65.3	3,322,230.9	6.57
2011	8,809,884.0	17.71	21.0	13.3	65.6	3,293,039.1	6.62
2012	9,016,210.7	18.02	20.4	12.8	66.8	3,298,061.0	6.59
2013	9,572,789.9	18.82	19.7	11.9	68.4	3,354,625.3	6.59
2014	10,014,147.4	19.30	19.3	11.5	69.3	3,430,080.6	6.61
2015	10,292,858.7	19.13	18.9	11.2	69.9	3,426,254.9	6.37
2016	10,589,925.6	19.45	18.4	11.2	70.4	3,471,881.1	6.38
2017	11,038,075.8	19.96	18.0	10.9	71.1	3,520,415.1	6.37
2018	11,034,279.2	19.84	18.3	11.1	70.6	3,589,594.4	6.45
2019	11,361,665.6	20.34	18.2	11.0	70.8	3,679,188.5	6.59
2020	11,891,902.8	22.10	17.3	10.5	72.2	3,668,474.0	6.82

资料来源：内阁府『令和4年度　年次経済財政報告（経済財政政策担当大臣報告）—人への投資を原動力とする成長と分配の好循環実現へ—』（長期経済統計）、2022年7月。

表9　居民消费、工资、住宅统计

年　份	个人消费			工资		住宅	
	家庭储蓄率	新车初次登记、申报数（轿车）	轿车持有数（平均每100户）（年度末值）	春季工资上涨率	现金工资总额增长率	新房开工户数	
						数量	年增长率
	%	辆	辆	%	%	千户	%
1957	12.6	—	—	—	—	321	—
1958	12.3	49,236	—	—	—	338	4.0
1959	13.7	73,050	—	—	—	381	5.3
1960	14.5	145,227	—	—	—	424	12.6
1961	15.9	229,057	—	—	—	536	11.5
1962	15.6	259,269	—	—	—	586	26.4
1963	14.9	371,076	—	—	—	689	9.4
1964	15.4	493,536	—	—	—	751	17.5
1965	15.8	586,287	—	10.6	—	843	9.1
1966	15.0	740,259	9.8	10.6	—	857	12.1
1967	14.1	1,131,337	13.3	12.5	—	991	1.7
1968	16.9	1,569,404	17.6	13.6	—	1,202	15.7
1969	17.1	2,036,677	22.6	15.8	—	1,347	21.2
1970	17.7	2,379,137	26.8	18.5	—	1,485	12.1
1971	17.8	2,402,757	32.0	16.9	—	1,464	10.2
1972	18.2	2,627,087	38.8	15.3	—	1,808	-1.4
1973	20.4	2,953,026	42.3	20.1	—	1,905	23.5
1974	23.2	2,286,795	45.0	32.9	—	1,316	5.4
1975	22.8	2,737,641	47.2	13.1	—	1,356	-30.9
1976	23.2	2,449,429	55.0	8.8	—	1,524	3.1
1977	21.8	2,500,095	55.6	8.8	—	1,508	12.4
1978	20.8	2,856,710	60.8	5.9	—	1,549	-1.0
1979	18.2	3,036,873	64.1	6.0	—	1,493	2.7
1980	17.7	2,854,175	64.9	6.74	—	1,269	-3.6
1981	18.6	2,866,695	71.7	7.68	—	1,152	-15.0
1982	17.3	3,038,272	76.4	7.01	—	1,146	-9.2
1983	16.8	3,135,611	79.2	4.40	—	1,137	-0.5
1984	16.7	3,095,554	83.6	4.46	—	1,187	-0.8
1985	16.2	3,252,299	84.5	5.03	—	1,236	4.4
1986	15.4	3,322,888	91.3	4.55	—	1,365	4.1
1987	13.7	3,477,770	94.5	3.56	—	1,674	10.4
1988	14.2	3,980,958	104.1	4.43	—	1,685	22.7
1989	14.1	4,760,094	108.0	5.17	—	1,663	0.6
1990	13.5	5,575,234	112.3	5.94	—	1,707	-1.3
1991	15.1	5,416,437	114.2	5.65	—	1,370	2.7
1992	14.7	5,097,467	116.1	4.95	4.4	1,403	-19.7
1993	14.2	4,805,543	116.2	3.89	2.0	1,486	2.4
1994	12.3	4,860,586	118.6	3.13	0.3	1,570	5.9
1995	11.1	5,119,052	121.0	2.83	1.5	1,470	5.7
1996	9.5	5,394,616	125.1	2.86	1.1	1,643	-6.4
1997	9.7	5,182,296	127.8	2.90	1.1	1,387	11.8
1998	11.1	4,647,978	126.7	2.66	1.6	1,198	-15.6
1999	9.6	4,656,901	130.7	2.21	1.4	1,215	-13.6
2000	8.0	4,803,573	132.7	2.06	-1.5	1,230	1.4
2001	4.2	4,790,044	137.3	2.01	0.1	1,174	1.3
2002	2.7	4,790,493	143.8	1.66	-1.6	1,151	-4.6
2003	2.3	4,715,991	142.3	1.63	-2.9	1,160	-1.9
2004	2.0	4,768,131	134.3	1.67	-0.7	1,189	0.8
2005	2.7	4,748,409	139.1	1.71	-0.5	1,236	2.5
2006	3.2	4,641,732	140.2	1.79	0.8	1,290	4.0
2007	3.3	4,400,299	140.3	1.87	0.2	1,061	-17.8
2008	3.4	4,227,643	137.0	1.99	-0.9	1,094	3.1
2009	4.5	3,923,741	139.4	1.83	-0.3	788	-27.9
2010	3.3	4,212,267	136.9	1.82	-3.8	813	3.1
2011	3.6	3,524,788	141.8	1.83	0.6	834	2.6
2012	2.2	4,572,332	138.4	1.78	-0.3	883	5.8
2013	-0.1	4,562,150	128.6	1.80	-0.8	980	11.0
2014	-1.3	4,699,462	129.2	2.19	-0.2	892	-9.0
2015	-0.4	4,215,799	131.1	2.38	0.5	909	1.9
2016	1.4	4,146,403	125.2	2.14	0.1	967	6.4
2017	1.0	4,386,315	128.4	2.11	0.6	965	-0.3
2018	1.1	4,391,089	126.3	2.26	0.4	942	-2.3
2019	2.8	4,301,012	125.7	2.18	1.4	905	-4.0
2020	11.8	3,809,896	126.9	2.00	-0.4	815	-9.9
2021	9.7	3,675,650	127.2	1.86	0.3	856	5.0
2019 年 1 - 3 月	—	1,072,827	—	—	-0.9	949	5.2
2019 年 4 - 6 月	—	1,147,804	—	—	-0.1	920	-4.7
2019 年 7 - 9 月	—	1,171,103	—	—	-0.3	894	-5.4
2019 年 10 - 12 月	—	910,362	—	—	-0.1	865	-9.4
2020 年 1 - 3 月	—	961,780	—	—	0.7	857	-9.9
2020 年 4 - 6 月	—	769,022	—	—	-1.7	799	-12.4
2020 年 7 - 9 月	—	1,011,058	—	—	-1.2	806	-10.1
2020 年 10 - 12 月	—	1,038,352	—	—	-2.1	805	-7.0
2021 年 1 - 3 月	—	996,935	—	—	-0.3	835	-1.6
2021 年 4 - 6 月	—	981,398	—	—	1.0	865	8.1
2021 年 7 - 9 月	—	862,127	—	—	0.5	867	7.2
2021 年 10 - 12 月	—	836,947	—	—	0.0	855	6.1
2022 年 1 - 3 月	—	825,176	—	—	1.2(P)	873	4.9
2022 年 4 - 6 月	— P	841,904	—	—	—	—	—

　　资料来源：内閣府『令和4年度　年次経済財政報告（経済財政政策担当大臣報告）—人への投資を原動力とする成長と分配の好循環実現へ—』（長期経済統計）、2022年7月。

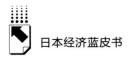

表 10　设备投资、工矿业生产统计

年　份	设备投资 设备投资与 名义GDP之比 %	工矿业生产					
		生产指数		出厂指数		生产者商品库存指数	
		2015年=100	年增长率 (％)	2015年=100	年增长率 (％)	2015年=100	年增长率 (％)
1960	18.2	13.6	24.8	13.4	22.9	13.4	24.3
1961	20.2	16.4	19.4	15.8	18.0	17.5	31.7
1962	19.2	17.7	8.3	17.2	8.2	20.9	20.6
1963	18.1	19.7	10.1	19.0	10.5	21.7	5.5
1964	18.3	22.8	15.7	21.8	15.0	25.9	19.4
1965	15.7	23.7	3.7	22.8	4.1	27.8	6.9
1966	15.8	26.9	13.2	25.9	13.7	28.3	2.2
1967	17.8	32.1	19.4	30.5	17.5	33.4	18.1
1968	18.7	37.0	17.7	35.3	16.2	40.7	25.3
1969	20.2	42.9	16.0	41.1	16.4	47.5	16.8
1970	21.0	48.9	13.8	46.4	13.0	58.1	22.5
1971	19.0	50.1	2.6	47.8	3.1	63.6	9.1
1972	17.5	53.7	7.3	52.0	8.6	60.4	-4.9
1973	18.5	61.7	17.5	59.4	16.1	62.4	3.7
1974	18.4	59.2	-4.0	56.2	-5.3	89.4	43.2
1975	16.4	52.7	-11.0	52.0	-7.5	81.5	-8.9
1976	15.1	58.7	11.1	57.4	10.3	87.4	7.3
1977	14.1	61.1	4.1	59.6	3.9	90.2	3.0
1978	13.7	64.9	6.2	63.1	5.8	87.7	-2.9
1979	14.9	69.7	7.3	67.4	6.7	90.6	3.3
1980	16.0	73.0	4.7	69.3	2.9	98.2	8.3
1981	15.7	73.7	1.0	69.7	0.6	94.7	-3.6
1982	15.3	74.0	0.3	69.3	-0.7	93.1	-1.5
1983	14.6	76.1	3.6	71.6	3.5	87.8	-5.2
1984	15.0	83.4	9.4	77.4	8.2	94.6	7.6
1985	16.5	86.4	3.7	80.2	3.4	98.0	3.5
1986	16.5	86.2	-0.2	80.6	0.5	96.8	-1.2
1987	16.4	89.2	3.4	83.7	3.9	93.9	-3.0
1988	17.7	97.8	9.5	91.2	8.7	98.9	5.4
1989	19.3	103.5	5.8	96.5	5.9	107.1	8.3
1990	20.0	107.7	4.1	101.3	4.8	106.4	-0.7
1991	20.1	109.5	1.7	102.7	1.5	120.7	13.4
1992	18.3	102.8	-6.1	97.5	-5.1	119.6	-0.8
1993	16.3	98.8	-4.5	94.7	-3.7	117.3	-3.5
1994	15.7	99.9	0.9	95.6	0.9	111.8	-4.6
1995	16.2	103.0	3.2	98.0	2.6	118.0	5.5
1996	16.5	105.4	2.3	100.7	2.7	117.6	-0.3
1997	16.8	109.2	3.6	104.7	4.0	124.7	6.0
1998	16.6	101.7	-7.2	98.8	-6.6	114.7	-7.4
1999	15.7	101.9	0.2	99.9	1.1	106.8	-6.9
2000	16.3	107.8	5.7	105.8	5.8	109.0	2.1
2001	16.0	100.5	-6.8	99.0	-6.3	108.2	-0.7
2002	15.0	99.3	-1.3	98.8	-0.2	99.5	-8.0
2003	15.0	102.2	3.3	102.2	4.0	96.7	-2.4
2004	15.1	107.1	4.9	107.2	4.8	96.6	-0.1
2005	16.2	108.6	1.3	108.7	1.4	101.1	4.8
2006	16.5	113.4	4.5	113.7	4.6	104.7	3.5
2007	16.5	116.7	2.8	117.1	3.1	106.0	1.3
2008	16.4	112.7	-3.4	112.4	-4.0	113.2	4.8
2009	14.8	88.1	-21.9	88.0	-21.7	93.3	-17.6
2010	14.2	101.8	15.6	101.6	15.5	95.5	2.4
2011	14.9	98.9	-2.8	97.8	-3.7	97.5	2.0
2012	15.2	99.6	0.6	99.0	1.2	102.6	5.2
2013	15.4	99.2	-1.3	100.7	-0.5	94.7	-5.0
2014	15.9	101.2	2.0	101.4	0.7	100.3	5.9
2015	16.2	100.0	-1.2	100.0	-1.4	98.0	-2.3
2016	15.9	100.0	0.0	99.7	-0.3	94.9	-3.2
2017	16.1	103.1	3.1	102.2	2.5	98.8	4.1
2018	16.5	104.2	1.1	103.0	0.8	100.5	1.7
2019	16.5	101.1	-3.0	100.2	-2.7	101.7	1.2
2020	16.0	90.6	-10.4	89.6	-10.6	93.2	-8.4
2021	16.0	95.7	5.6	93.7	4.6	97.8	4.9
2016年1-3月	15.8	99.7	-1.0	99.4	-1.7	100.4	0.2
2016年4-6月	15.9	99.0	-1.0	98.8	-1.1	100.1	1.2
2016年7-9月	15.9	100.3	0.3	99.8	-0.4	100.0	0.5
2016年10-12月	16.0	101.7	1.6	101.5	1.8	97.0	-3.2
2017年1-3月	16.1	101.3	2.4	100.7	2.1	98.9	-1.4
2017年4-6月	16.1	103.2	4.4	102.3	3.8	99.0	-1.0
2017年7-9月	16.1	103.2	2.5	102.4	2.3	99.1	-1.0
2017年10-12月	16.2	104.4	3.1	103.1	2.1	101.1	4.1
2018年1-3月	16.4	103.5	1.7	102.2	0.8	103.6	5.1
2018年4-6月	16.6	104.3	1.3	103.6	1.6	101.6	2.5
2018年7-9月	16.3	103.6	0.1	102.4	-0.3	102.0	3.5
2018年10-12月	16.7	105.0	1.3	103.4	1.0	102.9	1.7
2019年1-3月	16.6	102.8	-1.7	101.6	-1.6	103.4	0.2
2019年4-6月	16.5	102.8	-2.2	101.4	-2.6	104.4	3.0
2019年7-9月	16.9	101.7	-1.1	101.3	-0.2	103.3	0.9
2019年10-12月	16.1	98.0	-6.8	97.3	-6.5	104.0	1.2
2020年1-3月	16.5	98.0	-4.7	96.8	-5.2	105.1	2.8
2020年4-6月	16.4	81.5	-20.3	80.4	-20.3	100.8	-3.3
2020年7-9月	15.5	88.8	-13.0	87.8	-13.5	97.6	-5.7
2020年10-12月	15.5	93.9	-3.5	93.0	-3.5	96.0	-8.4
2021年1-3月	15.7	96.3	-1.2	94.5	-1.5	94.5	-100
2021年4-6月	16.1	96.5	19.8	95.7	18.6	95.7	-5.1
2021年7-9月	16.0	94.7	5.4	92.2	3.9	97.9	0.4
2021年10-12月	16.1	94.9	0.9	92.4	0.0	99.9	4.9
2022年1-3月	16.1	95.7	-0.6	92.9	1.2	100.9	6.8

资料来源：内閣府『令和 4 年度　年次経済財政報告（経済財政政策担当大臣報告）—人への投資を原動力とする成長と分配の好循環実現へ—』（長期経済統計）、2022 年 7 月。

表 11　工矿业指数、第三产业活动指数、企业收益、企业破产

年　份	工矿业指数		第三产业活动指数	企业收益		企业破产
	生产者商品库存率指数	制造业开工率指数		经常收益	销售额经常收益率	银行停止与其往来的处分者件数
	2015年=100	2015年=100	2010年=100	年增长率（%）	%	件
1955	–	–	–	32.5	2.8	–
1956	–	–	–	59.3	3.4	–
1957	–	–	–	9.6	3.1	–
1958	–	–	–	-22.7	2.4	–
1959	–	–	–	76.8	3.5	–
1960	–	–	–	40.7	3.8	–
1961	–	–	–	20.2	3.6	–
1962	–	–	–	-1.9	3.2	–
1963	–	–	–	25.5	3.3	–
1964	–	–	–	10.6	2.9	–
1965	–	–	–	-4.5	2.5	10,152
1966	–	–	–	42.2	3.0	11,058
1967	–	–	–	39.4	3.3	13,683
1968	67.6	.	–	19.5	3.4	13,240
1969	68.5	–	–	30.2	3.6	10,658
1970	72.2	–	–	13.7	3.4	11,589
1971	83.2	–	–	-17.4	2.6	11,489
1972	76.8	–	–	30.3	2.9	9,544
1973	64.8	–	–	78.9	3.8	10,862
1974	89.6	–	–	-27.3	2.2	13,605
1975	101.2	–	–	-32.6	1.4	14,477
1976	90.0	–	–	72.9	2.1	16,842
1977	91.3	–	–	8.0	2.1	18,741
1978	84.0	113.4	–	34.3	2.6	15,526
1979	77.6	120.1	–	31.9	3.0	14,926
1980	84.4	120.3	–	10.0	2.8	16,635
1981	88.4	114.8	–	-8.2	2.4	15,683
1982	88.8	111.4	–	-4.4	2.2	14,824
1983	84.5	112.9	–	12.3	2.4	15,848
1984	82.2	119.4	–	17.9	2.6	16,976
1985	85.7	119.6	–	3.9	2.6	15,337
1986	87.3	114.2	–	-1.6	2.5	13,578
1987	82.2	114.2	–	27.6	3.0	9,040
1988	77.8	120.8	–	25.6	3.4	7,819
1989	79.9	123.2	–	14.7	3.7	5,550
1990	78.9	124.5	–	-6.9	3.1	5,292
1991	84.3	121.9	–	-8.8	2.7	9,066
1992	92.5	111.9	–	-26.2	2.0	10,728
1993	93.6	106.2	–	-12.1	1.8	10,352
1994	89.9	105.8	–	11.9	1.9	10,246
1995	91.4	108.5	–	10.9	2.0	10,742
1996	92.3	109.6	–	21.9	2.4	10,722
1997	91.5	113.3	–	4.8	2.5	12,048
1998	100.9	104.8	–	-26.4	1.9	13,356
1999	92.3	104.5	–	17.7	2.3	10,249
2000	89.5	109.1	–	33.7	3.0	12,160
2001	98.7	100.8	–	-15.5	2.5	11,693
2002	91.2	101.9	–	-0.7	2.7	10,730
2003	86.8	106.4	–	12.6	3.0	8,189
2004	83.0	111.3	–	27.7	3.6	6,374
2005	85.2	112.7	–	11.8	3.9	5,489
2006	85.3	115.8	–	9.1	4.0	5,227
2007	85.4	116.8	–	3.6	4.0	5,257
2008	93.6	111.5	–	-26.3	3.0	5,687
2009	112.6	83.6	–	-35.3	2.3	4,568
2010	88.5	100.0	–	68.1	3.5	3,134
2011	95.7	95.7	–	-6.0	3.4	2,609
2012	100.2	97.8	–	8.8	3.8	2,390
2013	95.7	97.3	100.2	19.7	4.6	1,820
2014	97.2	102.8	99.6	10.9	5.0	1,465
2015	100.0	100.0	100.0	7.5	5.4	1,236
2016	101.0	98.5	100.6	1.5	5.5	1,062
2017	100.6	102.3	101.5	13.2	5.9	899
2018	104.6	103.1	102.8	3.7	5.9	762
2019	109.6	99.9	103.1	-3.5	5.9	751
2020	124.8	87.1	96.0	-27.3	4.7	432
2021	112.3	94.3	97.1	41.8	6.3	215
2016 年 4-6 月	102.6	96.9	100.1	-10.0	5.1	276
2016 年 7-9 月	101.6	98.6	100.5	11.5	5.9	272
2016 年 10-12 月	98.0	100.4	100.7	16.9	6.1	239
2017 年 1-3 月	100.2	100.7	100.8	26.6	6.0	237
2017 年 4-6 月	100.3	102.8	101.6	22.6	5.9	242
2017 年 7-9 月	99.6	102.5	101.6	5.5	5.9	219
2017 年 10-12 月	102.6	103.8	102.0	0.9	5.9	201
2018 年 1-3 月	104.3	102.2	102.2	0.2	5.8	195
2018 年 4-6 月	104.0	103.3	102.9	17.9	6.6	195
2018 年 7-9 月	105.0	101.9	102.5	2.2	5.7	199
2018 年 10-12 月	105.6	101.6	103.4	-7.0	5.3	173
2019 年 1-3 月	105.9	101.6	103.5	10.3	6.2	173
2019 年 4-6 月	107.3	102.1	103.6	-12.0	5.6	217
2019 年 7-9 月	109.3	100.2	104.4	-5.3	5.7	185
2019 年 10-12 月	114.6	95.6	101.2	-4.6	5.4	176
2020 年 1-3 月	117.1	94.6	100.1	-28.4	4.9	187
2020 年 4-6 月	142.1	75.3	90.0	-46.6	3.2	127
2020 年 7-9 月	124.0	85.1	95.8	-28.4	4.9	67
2020 年 10-12 月	114.6	92.6	98.0	-0.7	5.7	51
2021 年 1-3 月	109.7	95.4	97.0	26.0	6.0	46
2021 年 4-6 月	109.1	95.3	97.3	93.9	6.4	45
2021 年 7-9 月	114.2	90.5	96.8	35.1	6.0	71
2021 年 10-12 月	115.6	94.7	98.3	24.7	6.7	53
2022 年 1-3 月	118.2	93.2	97.4	13.7	6.6	63

　　资料来源：内阁府『令和 4 年度　年次経済財政報告（経済財政政策担当大臣報告）—人への投資を原動力とする成長と分配の好循環実現へ—』（長期経済統計）、2022 年 7 月。

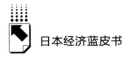

日本经济蓝皮书

表 12　人口、就业统计

年　份	人　口			就　业	
	总人口	平均家庭人数	合计特殊出生率	劳动力人口	劳动力参与率
	万人	人	%	万人	%
1960	9,342	4.13	2.00	4,511	69.2
1961	9,429	3.97	1.96	4,562	69.1
1962	9,518	3.95	1.98	4,614	68.3
1963	9,616	3.81	2.00	4,652	67.1
1964	9,718	3.83	2.05	4,710	66.1
1965	9,828	3.75	2.14	4,787	65.7
1966	9,904	3.68	1.58	4,891	65.8
1967	10,020	3.53	2.23	4,983	65.9
1968	10,133	3.50	2.13	5,061	65.9
1969	10,254	3.50	2.13	5,098	65.5
1970	10,372	3.45	2.13	5,153	65.4
1971	10,515	3.38	2.16	5,186	65.0
1972	10,760	3.32	2.14	5,199	64.4
1973	10,910	3.33	2.14	5,326	64.7
1974	11,057	3.33	2.05	5,310	63.7
1975	11,194	3.35	1.91	5,323	63.0
1976	11,309	3.27	1.85	5,378	63.0
1977	11,417	3.29	1.80	5,452	63.2
1978	11,519	3.31	1.79	5,532	63.4
1979	11,616	3.30	1.70	5,596	63.4
1980	11,706	3.28	1.75	5,650	63.3
1981	11,790	3.24	1.74	5,707	63.3
1982	11,873	3.25	1.77	5,774	63.3
1983	11,954	3.25	1.80	5,889	63.8
1984	12,031	3.19	1.81	5,927	63.4
1985	12,105	3.22	1.76	5,963	63.0
1986	12,166	3.22	1.72	6,020	62.8
1987	12,224	3.19	1.69	6,084	62.6
1988	12,275	3.12	1.66	6,166	62.6
1989	12,321	3.10	1.57	6,270	62.9
1990	12,361	3.05	1.54	6,384	63.3
1991	12,410	3.04	1.53	6,505	63.8
1992	12,457	2.99	1.50	6,578	64.0
1993	12,494	2.96	1.46	6,615	63.8
1994	12,527	2.95	1.50	6,645	63.6
1995	12,557	2.91	1.42	6,666	63.4
1996	12,586	2.85	1.43	6,711	63.5
1997	12,616	2.79	1.39	6,787	63.7
1998	12,647	2.81	1.38	6,793	63.3
1999	12,667	2.79	1.34	6,779	62.9
2000	12,693	2.76	1.36	6,766	62.4
2001	12,732	2.75	1.33	6,752	62.0
2002	12,749	2.74	1.32	6,689	61.2
2003	12,769	2.76	1.29	6,666	60.8
2004	12,779	2.72	1.29	6,642	60.4
2005	12,777	2.68	1.26	6,651	60.4
2006	12,790	2.65	1.32	6,664	60.4
2007	12,803	2.63	1.34	6,684	60.4
2008	12,808	2.63	1.37	6,674	60.2
2009	12,803	2.62	1.37	6,650	59.9
2010	12,806	2.59	1.39	6,632	59.6
2011	12,783	2.58	1.39	6,596	59.3
2012	12,759	2.57	1.41	6,565	59.1
2013	12,741	2.51	1.43	6,593	59.3
2014	12,724	2.49	1.42	6,609	59.4
2015	12,709	2.49	1.45	6,625	59.6
2016	12,704	2.47	1.44	6,678	60.0
2017	12,692	2.47	1.43	6,732	60.5
2018	12,675	2.44	1.42	6,849	61.5
2019	12,656	2.39	1.36	6,912	62.1
2020	12,615	−	1.33	6,902	62.0
2021	12,550	−	P 1.30	6,907	62.1
2019 年 1-3 月	12,664		−	6,851	61.5
2019 年 4-6 月	12,660		−	6,928	62.2
2019 年 7-9 月	12,663		−	6,945	62.3
2019 年 10-12 月	12,656		−	6,915	62.3
2020 年 1-3 月	12,639		−	6,857	61.9
2020 年 4-6 月	12,634		−	6,845	61.8
2020 年 7-9 月	12,626		−	6,878	62.1
2020 年 10-12 月	12,615		−	6,934	62.2
2021 年 1-3 月	12,607		−	6,883	61.8
2021 年 4-6 月	12,585		−	6,928	62.3
2021 年 7-9 月	12,568		−	6,934	62.4
2021 年 10-12 月	12,550		−	6,883	62.0
2022 年 1-3 月	12,531		−	6,844	61.9
2022 年 4-6 月	P 12,519		−	−	−

　　资料来源：内閣府『令和 4 年度　年次経済財政報告（経済財政政策担当大臣報告）—人への投資を原動力とする成長と分配の好循環実現へ—』（長期経済統計）、2022 年 7 月。

表 13　就业、劳动时间统计

年　份	就　　业						劳动时间
	就业人数	雇佣者人数	雇佣者占比	完全失业人数	完全失业率	有效求人倍率	总实际劳动时间
	万人	万人	%	万人	%	倍	小时
1959	4,335	2,250	51.9	98	2.2	—	—
1960	4,436	2,370	53.4	75	1.7	—	—
1961	4,498	2,478	55.1	66	1.4	—	—
1962	4,556	2,593	56.9	59	1.3	—	—
1963	4,595	2,672	58.2	59	1.3	0.70	—
1964	4,655	2,763	59.4	54	1.1	0.80	—
1965	4,730	2,876	60.8	57	1.2	0.64	—
1966	4,827	2,994	62.0	65	1.3	0.74	—
1967	4,920	3,071	62.4	63	1.3	1.00	—
1968	5,002	3,148	62.9	59	1.2	1.12	—
1969	5,040	3,199	63.5	57	1.1	1.30	—
1970	5,094	3,306	64.9	59	1.1	1.41	2,239.2
1971	5,121	3,412	66.6	64	1.2	1.12	2,217.6
1972	5,126	3,465	67.6	73	1.4	1.16	2,205.6
1973	5,259	3,615	68.7	68	1.3	1.76	2,184.0
1974	5,237	3,637	69.4	73	1.4	1.20	2,106.0
1975	5,223	3,646	69.8	100	1.9	0.61	2,064.0
1976	5,271	3,712	70.4	108	2.0	0.64	2,094.0
1977	5,342	3,769	70.6	110	2.0	0.56	2,096.4
1978	5,408	3,799	70.2	124	2.2	0.56	2,102.4
1979	5,479	3,876	70.7	117	2.1	0.71	2,114.4
1980	5,536	3,971	71.7	114	2.0	0.75	2,108.4
1981	5,581	4,037	72.3	126	2.2	0.68	2,101.2
1982	5,638	4,098	72.7	136	2.4	0.61	2,096.4
1983	5,733	4,208	73.4	156	2.6	0.60	2,097.6
1984	5,766	4,265	74.0	161	2.7	0.65	2,115.6
1985	5,807	4,313	74.3	156	2.6	0.68	2,109.6
1986	5,853	4,379	74.8	167	2.8	0.62	2,102.4
1987	5,911	4,428	74.9	173	2.8	0.70	2,110.8
1988	6,011	4,538	75.5	155	2.5	1.01	2,110.8
1989	6,128	4,679	76.4	142	2.3	1.25	2,088.0
1990	6,249	4,835	77.4	134	2.1	1.40	2,052.0
1991	6,369	5,002	78.5	136	2.1	1.40	2,016.0
1992	6,436	5,119	79.5	142	2.2	1.08	1,971.6
1993	6,450	5,202	80.7	166	2.5	0.76	1,912.8
1994	6,453	5,236	81.1	192	2.9	0.64	1,904.4
1995	6,457	5,263	81.5	210	3.2	0.63	1,909.2
1996	6,486	5,322	82.1	225	3.4	0.70	1,918.8
1997	6,557	5,391	82.2	230	3.4	0.72	1,899.6
1998	6,514	5,368	82.4	279	4.1	0.53	1,879.2
1999	6,462	5,331	82.5	317	4.7	0.48	1,842.0
2000	6,446	5,356	83.1	320	4.7	0.59	1,858.8
2001	6,412	5,369	83.7	340	5.0	0.59	1,848.0
2002	6,330	5,331	84.2	359	5.4	0.54	1,837.2
2003	6,316	5,335	84.5	350	5.3	0.64	1,845.6
2004	6,329	5,355	84.6	313	4.7	0.83	1,839.6
2005	6,356	5,393	84.8	294	4.4	0.95	1,830.0
2006	6,389	5,478	85.7	275	4.1	1.06	1,843.2
2007	6,427	5,537	86.2	257	3.9	1.04	1,851.6
2008	6,409	5,546	86.5	265	4.0	0.88	1,836.0
2009	6,314	5,489	86.9	336	5.1	0.47	1,767.6
2010	6,298	5,500	87.3	334	5.1	0.52	1,797.6
2011	6,293	5,512	87.6	302	4.6	0.65	1,789.2
2012	6,280	5,513	87.8	285	4.3	0.80	1,808.4
2013	6,326	5,567	88.0	265	4.0	0.93	1,791.6
2014	6,371	5,613	88.1	236	3.6	1.09	1,789.2
2015	6,402	5,663	88.5	222	3.4	1.20	1,784.4
2016	6,470	5,755	88.9	208	3.1	1.36	1,782.0
2017	6,542	5,830	89.1	190	2.8	1.50	1,780.8
2018	6,682	5,954	89.1	167	2.4	1.61	1,768.8
2019	6,750	6,028	89.3	162	2.4	1.60	1,732.8
2020	6,710	6,005	89.5	192	2.8	1.18	1,684.8
2021	6,713	6,016	89.6	195	2.8	1.13	1,708.8
2018 年 7-9 月	6,683	5,968	89.3	167	2.4	1.63	—
2018 年 10-12 月	6,712	5,982	89.1	169	2.5	1.63	—
2019 年 1-3 月	6,722	5,993	89.2	170	2.5	1.63	—
2019 年 4-6 月	6,738	6,023	89.4	162	2.3	1.62	—
2019 年 7-9 月	6,755	6,044	89.5	159	2.3	1.59	—
2019 年 10-12 月	6,783	6,053	89.2	160	2.3	1.58	—
2020 年 1-3 月	6,761	6,060	89.6	169	2.4	1.44	—
2020 年 4-6 月	6,671	5,964	89.4	186	2.7	1.20	—
2020 年 7-9 月	6,686	5,975	89.4	203	3.0	1.05	—
2020 年 10-12 月	6,723	6,021	89.6	210	3.0	1.05	—
2021 年 1-3 月	6,726	6,029	89.6	199	2.9	1.09	—
2021 年 4-6 月	6,710	6,014	89.6	200	2.9	1.11	—
2021 年 7-9 月	6,720	6,018	89.6	192	2.8	1.15	—
2021 年 10-12 月	6,693	6,004	89.7	188	2.7	1.17	—
2022 年 1-3 月	6,699	6,013	89.8	186	2.7	1.21	—

资料来源：内閣府『令和 4 年度　年次経済財政報告（経済財政政策担当大臣報告）—人への投資を原動力とする成長と分配の好循環実現へ—』（長期経済統計）、2022 年 7 月。

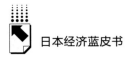

表 14　物价统计

年　份	国内企业价格指数		消费者价格指数	
	2020年=100	年增长率（%）	2020年=100	年增长率（%）
1955	–	–	16.5	-1.1
1956	–	–	16.6	0.3
1957	–	–	17.1	3.1
1958	–	–	17.0	-0.4
1959	–	–	17.2	1.0
1960	48.0	–	17.9	3.6
1961	48.5	1.2	18.9	5.3
1962	47.7	-1.8	20.1	6.8
1963	48.4	1.7	21.6	7.6
1964	48.5	0.0	22.5	3.9
1965	49.0	1.2	23.9	6.6
1966	50.1	2.2	25.1	5.1
1967	51.5	2.8	26.1	4.0
1968	52.0	1.0	27.6	5.3
1969	52.9	1.7	29.0	5.2
1970	54.7	3.4	30.9	7.7
1971	54.2	-0.9	32.9	6.3
1972	55.1	1.7	34.5	4.9
1973	63.8	15.7	38.6	11.7
1974	81.4	27.5	47.5	23.2
1975	83.6	2.8	53.1	11.7
1976	88.3	5.6	58.1	9.4
1977	91.2	3.3	62.8	8.1
1978	90.7	-0.5	65.5	4.2
1979	95.3	5.1	67.9	3.7
1980	109.6	15.0	73.2	7.7
1981	111.1	1.4	76.7	4.9
1982	111.6	0.4	78.9	2.8
1983	110.9	-0.6	80.3	1.9
1984	111.0	0.1	82.2	2.3
1985	110.2	-0.7	83.8	2.0
1986	105.0	-4.7	84.3	0.6
1987	101.7	-3.1	84.4	0.1
1988	101.2	-0.5	85.0	0.7
1989	103.0	1.8	86.9	2.3
1990	104.6	1.5	89.6	3.1
1991	105.7	1.0	92.6	3.3
1992	104.7	-0.9	94.1	1.6
1993	103.1	-1.5	95.4	1.3
1994	101.4	-1.6	96.0	0.7
1995	100.5	-0.9	95.9	-0.1
1996	98.9	-1.6	96.0	0.1
1997	99.5	0.6	97.7	1.8
1998	98.0	-1.5	98.3	0.6
1999	96.6	-1.4	98.0	-0.3
2000	96.6	0.0	97.3	-0.7
2001	94.4	-2.3	96.7	-0.7
2002	92.5	-2.0	95.8	-0.9
2003	91.6	-1.0	95.5	-0.3
2004	92.8	1.3	95.5	0.0
2005	94.3	1.6	95.2	-0.3
2006	96.4	2.2	95.5	0.3
2007	98.1	1.8	95.5	0.0
2008	102.6	4.6	96.8	1.4
2009	97.2	-5.2	95.5	-1.4
2010	97.1	-0.1	94.8	-0.7
2011	98.5	1.4	94.5	-0.3
2012	97.7	-0.8	94.5	0.0
2013	98.9	1.2	94.9	0.4
2014	102.1	3.2	97.5	2.7
2015	99.7	-2.3	98.2	0.8
2016	96.2	-3.5	98.1	-0.1
2017	98.4	2.3	98.6	0.5
2018	101.0	2.6	99.5	1.0
2019	101.2	0.2	100.0	0.5
2020	100.0	-1.2	100.0	0.0
2021	104.5	4.8	99.8	-0.2
2022	–	–		
2021 年 4-6 月	103.4	4.3	99.3	-0.8
7-9 月	105.6	5.8	99.8	-0.2
10-12 月	108.0	8.4	100.0	0.5
2022 年 1-3 月	110.3	9.2	100.7	0.9

資料来源：内閣府『令和 4 年度　年次経済財政報告（経済財政政策担当大臣報告）―人への投資を原動力とする成長と分配の好循環実現へ―』（長期経済統計）、2022 年 7 月。

表 15　国际经济统计（1）

年　份	进出口通关				进口商品比例
	出口数量指教		进口数量指数		
	2015年=100	年增长率（%）	2015年=100	年增长率（%）	%
1955	–	–	–	–	11.9
1956	–	–	–	–	15.9
1957	–	–	–	–	22.9
1958	–	–	–	–	21.7
1959	–	–	–	–	21.5
1960	3.9	–	4.7	–	22.1
1961	4.1	5.1	6.0	27.7	24.5
1962	4.9	19.5	5.9	-1.7	25.9
1963	5.5	12.2	7.0	18.6	24.5
1964	6.8	23.6	8.0	14.3	25.8
1965	8.7	27.9	8.1	1.3	22.7
1966	10.1	16.1	9.4	16.0	22.8
1967	10.4	3.0	11.5	22.3	26.8
1968	12.8	23.1	12.9	12.2	27.5
1969	15.2	18.8	15.0	16.3	29.5
1970	17.5	15.1	18.1	20.7	30.3
1971	20.9	19.4	18.1	0.0	28.6
1972	22.4	7.2	20.3	12.2	29.6
1973	23.5	4.9	26.1	28.6	30.6
1974	27.6	17.4	25.5	-2.3	23.7
1975	28.2	2.2	22.3	-12.5	20.3
1976	34.3	21.6	24.1	8.1	21.5
1977	37.3	8.7	24.8	2.9	21.5
1978	37.8	1.3	26.5	6.9	26.7
1979	37.3	-1.3	29.3	10.6	26.0
1980	43.7	17.2	27.7	-5.5	22.8
1981	48.2	10.3	27.0	-2.5	24.3
1982	47.1	-2.3	26.8	-0.7	24.9
1983	51.4	9.1	27.3	1.9	27.2
1984	59.5	15.8	30.1	10.3	29.8
1985	62.1	4.4	30.2	0.3	31.0
1986	61.7	-0.6	33.1	9.6	41.8
1987	61.8	0.2	36.2	9.4	44.1
1988	65.1	5.3	42.2	16.6	49.0
1989	67.5	3.7	45.6	8.1	50.3
1990	71.3	5.6	48.2	5.7	50.3
1991	73.1	2.5	50.0	3.7	50.8
1992	74.2	1.5	49.8	-0.4	50.2
1993	73.0	-1.6	52.0	4.4	52.0
1994	74.2	1.6	59.0	13.5	55.2
1995	77.0	3.8	66.3	12.4	59.1
1996	78.0	1.3	70.0	5.6	59.4
1997	87.1	11.7	71.2	1.7	59.3
1998	86.0	-1.3	67.4	-5.4	62.1
1999	87.8	2.1	73.9	9.6	62.5
2000	96.1	9.4	82.0	11.0	61.1
2001	87.0	-9.5	80.4	-2.0	61.4
2002	93.9	7.9	82.0	2.0	62.2
2003	98.5	4.9	87.8	7.1	61.4
2004	109.0	10.6	93.9	7.0	61.3
2005	109.9	0.8	96.6	2.9	58.5
2006	118.4	7.7	100.4	3.8	56.8
2007	124.1	4.8	100.2	-0.2	56.4
2008	122.2	-1.5	99.6	-0.6	50.1
2009	89.7	-26.6	85.3	-14.4	56.1
2010	111.4	24.2	97.1	13.9	55.0
2011	107.2	-3.8	99.6	2.6	51.6
2012	102.0	-4.8	102.0	2.4	50.9
2013	100.5	-1.5	102.3	0.3	51.7
2014	101.1	0.6	102.9	0.6	53.4
2015	100.0	-1.0	100.0	-2.8	61.6
2016	100.5	0.5	98.8	-1.2	66.0
2017	105.9	5.4	102.9	4.2	63.4
2018	107.7	1.7	105.8	2.8	61.9
2019	103.0	-4.3	104.6	-1.1	63.1
2020	90.9	-11.8	97.8	-6.4	66.7
2021	102.1	12.3	102.8	5.1	63.1
2020 年 1-3 月	97.1	-4.4	96.5	-6.0	62.0
2020 年 4-6 月	77.1	-20.7	99.6	3.2	68.7
2020 年 7-9 月	88.4	14.8	95.1	-4.5	68.2
2020 年 10-12 月	99.6	12.6	99.4	4.5	68.6
2021 年 1-3 月	102.4	2.8	102.3	2.9	65.6
2021 年 4-6 月	103.8	1.5	104.7	2.3	65.0
2021 年 7-9 月	100.5	-3.2	102.8	-1.8	62.2
2021 年 10-12 月	101.3	0.9	101.2	-0.6	60.4
2022 年 1-3 月	101.5	0.2	103.8	2.6	59.8

资料来源：内閣府『令和 4 年度　年次経済財政報告（経済財政政策担当大臣報告）―人への投資を原動力とする成長と分配の好循環実現へ―』（長期経済統計）、2022 年 7 月。

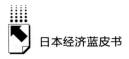

表 16　国际经济统计（2）

年　份	进出口通关		国际收支等			
	关税负担率	出口中日元结算占比	贸易收支	出口额	进口额	日元汇率
	%	%	亿日元	亿日元	亿日元	日元/美元
1955	—	—	—	—	—	360.00
1956	—	—	—	—	—	360.00
1957	—	—	—	—	—	360.00
1958	—	—	—	—	—	360.00
1959	—	—	—	—	—	360.00
1960	—	—	—	—	—	360.00
1961	—	—	—	—	—	360.00
1962	—	—	—	—	—	360.00
1963	—	—	—	—	—	360.00
1964	—	—	—	—	—	360.00
1965	—	—	—	—	—	360.00
1966	—	—	8,247	34,939	26,692	360.00
1967	—	—	4,200	37,049	32,849	360.00
1968	—	—	9,096	45,948	36,851	360.00
1969	—	—	13,257	56,190	42,933	360.00
1970	—	—	14,188	67,916	53,728	360.00
1971	6.6	—	26,857	81,717	54,860	347.83
1972	6.3	—	27,124	84,870	57,747	303.08
1973	5.0	—	10,018	98,258	88,240	272.18
1974	2.7	—	4,604	159,322	154,718	292.06
1975	2.9	—	14,933	162,503	147,570	296.84
1976	3.3	—	29,173	195,510	166,337	296.49
1977	3.8	—	45,647	211,833	166,187	268.32
1978	4.1	—	51,633	199,863	148,230	210.11
1979	3.1	—	3,598	222,958	219,360	219.47
1980	2.5	—	3,447	285,612	282,165	226.45
1981	2.5	—	44,983	330,329	285,346	220.83
1982	2.6	—	45,572	342,568	296,996	249.26
1983	2.5	—	74,890	345,553	270,663	237.61
1984	2.5	—	105,468	399,936	294,468	237.61
1985	2.6	—	129,517	415,719	286,202	238.05
1986	3.3	—	151,249	345,997	194,747	168.03
1987	3.4	—	132,319	325,233	192,915	144.52
1988	3.4	—	118,144	334,258	216,113	128.20
1989	2.9	—	110,412	373,977	263,567	138.11
1990	2.7	—	100,529	406,879	306,350	144.88
1991	3.3	—	129,231	414,651	285,423	134.59
1992	3.4	—	157,764	420,816	263,055	126.62
1993	3.6	—	154,816	391,640	236,823	111.06
1994	3.4	—	147,322	393,485	246,166	102.18
1995	3.1	—	123,445	402,596	279,153	93.97
1996	2.8	—	90,346	430,153	339,807	108.81
1997	2.5	—	123,709	488,801	365,091	120.92
1998	2.6	—	160,782	482,899	322,117	131.02
1999	2.4	—	141,370	452,547	311,176	113.94
2000	2.1	36.1	126,983	489,635	362,652	107.79
2001	2.2	34.9	88,469	460,367	371,898	121.58
2002	1.9	35.8	121,211	489,029	367,817	125.17
2003	1.9	38.9	124,631	513,292	388,660	115.94
2004	1.7	40.1	144,235	577,036	432,801	108.17
2005	1.5	38.9	117,712	630,094	512,382	110.21
2006	1.4	37.8	110,701	720,268	609,567	116.31
2007	1.3	38.3	141,873	800,236	658,364	117.77
2008	1.2	39.9	58,031	776,111	718,081	103.39
2009	1.4	39.9	53,876	511,216	457,340	93.61
2010	1.3	41.0	95,160	643,914	548,754	87.75
2011	1.3	41.3	-3,302	629,653	632,955	79.76
2012	1.2	39.4	-42,719	619,568	662,287	79.79
2013	—	35.6	-87,734	678,290	766,024	97.71
2014	—	36.1	-104,653	740,747	845,400	105.79
2015	—	35.5	-8,862	752,742	761,604	121.09
2016	—	37.1	55,176	690,927	635,751	108.77
2017	—	36.1	49,113	772,535	723,422	112.12
2018	—	37.0	11,265	812,263	800,998	110.40
2019	—	37.2	1,503	757,753	756,250	108.99
2020	—	38.3	30,106	673,701	643,595	106.73
2019 年 7-9 月	—	—	-921	189,996	190,917	107.31
2019 年 10-12 月	—	—	2,184	183,948	181,765	108.72
2020 年 1-3 月	—	—	5,826	181,491	175,665	108.79
2020 年 4-6 月	—	—	-14,721	144,875	159,597	107.61
2020 年 7-9 月	—	—	12,293	164,975	152,683	106.20
2020 年 10-12 月	—	—	24,360	180,664	156,304	104.49
2021 年 1-3 月	—	—	14,366	191,524	177,158	106.09
2021 年 4-6 月（P）	—	—	9,769	208,401	198,632	109.50

資料来源：内閣府『令和 4 年度　年次経済財政報告（経済財政政策担当大臣報告）—人への投資を原動力とする成長と分配の好循環実現へ—』（長期経済統計）、2022 年 7 月。

表 17　国际经济统计（3）

年　份	国际收支等						
	经常收支	经常收支与名义GDP之比	贸易服务收支	资本收支	投资收支	外汇储备	对外纯资产
	亿日元	%	亿日元	亿日元	亿日元	百万美元	十亿日元
1955	—	—	—	—	—	—	—
1956	—	—	—	—	—	467	—
1957	—	—	—	—	—	524	—
1958	—	—	—	—	—	861	—
1959	—	—	—	—	—	1,322	—
1960	—	—	—	—	—	1,824	—
1961	—	—	—	—	—	1,486	—
1962	—	—	—	—	—	1,841	—
1963	—	—	—	—	—	1,878	—
1964	—	—	—	—	—	1,999	—
1965	—	—	—	—	—	2,107	—
1966	4,545	1.2	—	—	—	2,074	—
1967	-693	-0.2	—	—	—	2,005	—
1968	3,757	0.7	—	—	—	2,891	—
1969	7,595	1.2	—	—	—	3,496	—
1970	7,052	1.0	—	—	—	4,399	—
1971	19,935	2.5	—	—	—	15,235	—
1972	19,999	2.2	—	—	—	18,365	—
1973	-341	0.0	—	—	—	12,246	—
1974	-13,301	-1.0	—	—	—	13,518	—
1975	-2,001	-0.1	—	—	—	12,815	—
1976	10,776	0.6	—	—	—	16,604	—
1977	28,404	1.5	—	—	—	22,848	—
1978	34,793	1.7	—	—	—	33,019	—
1979	-19,722	-0.9	—	—	—	20,327	—
1980	-25,763	-1.1	—	—	—	25,232	—
1981	11,491	0.4	—	—	—	28,403	—
1982	17,759	0.6	—	—	—	23,262	—
1983	49,591	1.7	—	—	—	24,496	—
1984	83,489	2.7	—	—	—	26,313	—
1985	119,698	3.7	106,736	—	—	26,510	—
1986	142,437	4.2	129,607	—	—	42,239	28,865
1987	121,862	3.4	102,931	—	—	81,479	30,199
1988	101,461	2.7	79,349	—	—	97,662	36,745
1989	87,113	2.1	59,695	—	—	84,895	42,543
1990	64,736	1.5	38,628	—	—	77,053	44,016
1991	91,757	2.0	72,919	—	—	68,980	47,498
1992	142,349	3.0	102,054	—	—	68,685	64,153
1993	146,690	3.0	107,013	—	—	95,589	68,823
1994	133,425	2.7	98,345	—	—	122,845	66,813
1995	103,862	2.0	69,545	—	—	182,820	84,072
1996	74,943	1.4	23,174	72,723	-3,537	217,867	103,359
1997	115,700	2.1	57,680	152,467	-4,879	220,792	124,587
1998	149,981	2.8	95,299	136,226	-19,313	215,949	133,273
1999	129,734	2.5	78,650	130,830	-19,088	288,080	84,735
2000	140,616	2.6	74,298	148,757	-9,947	361,638	133,047
2001	104,524	2.0	32,120	105,629	-3,462	401,959	179,257
2002	136,837	2.6	64,690	133,968	-4,217	469,728	175,308
2003	161,254	3.1	83,553	136,860	-4,672	673,529	172,818
2004	196,941	3.7	101,961	160,928	-5,134	844,543	185,797
2005	187,277	3.5	76,930	163,444	-5,490	846,897	180,699
2006	203,307	3.8	73,460	160,494	-5,533	895,320	215,081
2007	249,490	4.6	98,253	263,775	-4,731	973,365	250,221
2008	148,786	2.8	18,899	186,502	-5,583	1,030,647	225,908
2009	135,925	2.7	21,249	156,292	-4,653	1,049,397	268,246
2010	193,828	3.8	68,571	217,099	-4,341	1,096,185	255,906
2011	104,013	2.1	-31,101	126,294	282	1,295,841	265,741
2012	47,640	1.0	-80,829	41,925	-804	1,268,125	299,302
2013	44,566	0.9	-122,521	-4,087	-7,436	1,266,815	325,732
2014	39,215	0.8	-134,988	62,782	-2,089	1,260,548	351,114
2015	165,194	3.1	-28,169	218,764	-2,714	1,233,214	327,189
2016	213,910	3.9	43,888	286,059	-7,433	1,216,903	336,306
2017	227,779	4.1	42,206	188,113	-2,800	1,264,283	329,302
2018	195,047	3.5	1,052	201,361	-2,105	1,270,975	341,450
2019	192,732	3.4	-9,318	248,843	-4,131	1,323,750	357,015
2020	175,347	3.3	-7,250	153,955	-1,842	1,394,680	356,970
2019 年 7-9 月	44,950	3.2	-5,450	75,085	-1,986	1,322,581	—
2019 年 10-12 月	47,985	3.5	-313	22,439	-730	1,323,750	—
2020 年 1-3 月	46,026	3.3	-3,522	49,789	-711	1,366,177	—
2020 年 4-6 月	21,843	1.7	-24,638	15,875	-216	1,383,164	—
2020 年 7-9 月	41,113	3.1	1,997	51,340	-570	1,389,779	—
2020 年 10-12 月	64,101	4.6	16,362	36,951	-345	1,394,680	—
2021 年 1-3 月	51,136	3.7	5,563	50,964	-960	1,368,465	—
2021 年 4-6 月 (P)	51,983	—	-1,758	18,240	-353	1,376,478	—

资料来源：内閣府『令和4年度　年次経済財政報告(経済財政政策担当大臣報告)―人への投資を原動力とする成長と分配の好循環実現へ―』（長期経済統計）、2022 年 7 月。

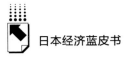
表 18　金融

年　份	货币存量（M2）平均余额		国内银行贷款约定平均利率	国债流通收益率	东证股价指数	东证股价时价总额（第一部）	股价收益率（PER）（第一部）
	亿日元	%	%	%		亿日元	%
1960	–	–	8.08	–	109.18	54,113	–
1961	–	–	8.20	–	101.66	54,627	–
1962	–	–	8.09	–	99.67	67,039	–
1963	–	–	7.67	–	92.87	66,693	–
1964	–	–	7.99	–	90.68	68,280	–
1965	–	–	7.61	–	105.68	79,013	–
1966	–	–	7.37	6.86	111.41	87,187	–
1967	297,970		7.35	6.96	100.89	85,901	–
1968	344,456	15.6	7.38	7.00	131.31	116,506	–
1969	403,883	17.3	7.61	7.01	179.30	167,167	–
1970	477,718	18.3	7.69	7.07	148.35	150,913	–
1971	575,437	20.5	7.46	7.09	199.45	214,998	–
1972	728,126	26.5	6.72	6.71	401.70	459,502	25.5
1973	893,370	22.7	7.93	8.19	306.44	365,071	13.3
1974	999,819	11.9	9.37	8.42	278.34	344,195	13.0
1975	1,130,832	13.1	8.51	8.53	323.43	414,682	27.0
1976	1,301,739	15.1	8.18	8.61	383.88	507,510	46.3
1977	1,449,873	11.4	6.81	6.40	364.08	493,502	24.2
1978	1,620,195	11.7	5.95	6.40	449.55	627,038	34.3
1979	1,812,232	11.9	7.06	9.15	459.61	659,093	23.3
1980	1,978,716	9.2	8.27	8.86	494.10	732,207	20.4
1981	2,155,266	8.9	7.56	8.12	570.31	879,775	21.1
1982	2,353,360	9.2	7.15	7.67	593.72	936,046	25.8
1983	2,526,400	7.4	6.81	7.36	731.82	1,195,052	34.7
1984	2,723,601	7.8	6.57	6.65	913.37	1,548,424	37.9
1985	2,951,827	8.4	6.47	5.87	1,049.40	1,826,967	35.2
1986	3,207,324	8.7	5.51	5.82	1,556.37	2,770,563	47.3
1987	3,540,364	10.4	4.94	5.61	1,725.83	3,254,779	58.3
1988	3,936,668	11.2	4.93	4.57	2,357.03	4,628,963	58.4
1989	4,326,710	9.9	5.78	5.75	2,881.37	5,909,087	70.6
1990	4,831,186	11.7	7.70	6.41	1,733.83	3,651,548	39.8
1991	5,006,817	3.6	6.99	5.51	1,714.68	3,659,387	37.8
1992	5,036,241	0.6	5.55	4.77	1,307.66	2,810,056	36.7
1993	5,089,787	1.1	4.41	3.32	1,439.31	3,135,633	64.9
1994	5,194,212	2.1	4.04	4.57	1,559.09	3,421,409	79.5
1995	5,351,367	3.0	2.78	3.19	1,577.70	3,502,375	86.5
1996	5,525,715	3.3	2.53	2.76	1,470.94	3,363,851	79.3
1997	5,694,907	3.1	2.36	1.91	1,175.03	2,739,079	37.6
1998	5,923,528	4.0	2.25	1.97	1,086.99	2,677,835	103.1
1999	6,162,653	3.2	2.10	1.64	1,722.20	4,424,433	–
2000	6,292,840	2.1	2.11	1.64	1,283.67	3,527,846	170.8
2001	6,468,026	2.8	1.88	1.36	1,032.14	2,906,685	240.9
2002	6,681,972	3.3	1.83	0.90	843.29	2,429,391	–
2003	6,782,578	1.7	1.79	1.36	1,043.69	3,092,900	614.1
2004	6,889,343	1.6	1.73	1.43	1,149.63	3,535,582	39.0
2005	7,013,739	1.8	1.62	1.47	1,649.76	5,220,681	45.8
2006	7,084,273	1.0	1.76	1.67	1,681.07	5,386,295	36.0
2007	7,195,822	1.6	1.94	1.50	1,475.68	4,756,290	26.7
2008	7,346,008	2.1	1.86	1.16	859.24	2,789,888	20.0
2009	7,544,922	2.7	1.65	1.28	907.59	3,027,121	–
2010	7,753,911	2.8	1.55	1.11	898.80	3,056,930	45.0
2011	7,966,101	2.7	1.45	0.98	728.61	2,513,957	21.0
2012	8,165,213	2.5	1.36	0.79	859.80	2,964,429	25.4
2013	8,458,837	3.6	1.25	0.73	1,302.29	4,584,842	31.8
2014	8,745,965	3.4	1.18	0.33	1,407.51	5,058,973	23.8
2015	9,064,060	3.6	1.11	0.27	1,547.30	5,718,328	23.8
2016	9,368,699	3.4	0.99	0.04	1,518.61	5,602,469	26.4
2017	9,739,925	4.0	0.94	0.04	1,817.56	6,741,992	29.3
2018	10,024,562	2.9	0.90	-0.01	1,494.09	5,621,213	19.5
2019	10,262,029	2.4	0.86	-0.02	1,721.36	6,482,245	23.0
2020	10,926,297	6.5	0.81	-0.02	1,804.68	6,668,621	27.8
2021	11,626,959	6.4	0.79	0.07	1,992.33	7,284,245	31.0
2021 年 1-3 月	11,407,446	9.5	0.80	0.12	1,954.00	7,226,304	31.4
2021 年 4-6 月	11,661,661	7.7	0.80	0.05	1,943.57	7,166,144	31.7
2021 年 7-9 月	11,690,288	4.7	0.80	0.07	2,030.16	7,451,576	33.1
2021 年 10-12 月	11,748,440	4.0	0.79	0.07	1,992.33	7,284,245	31.0
2022 年 1-3 月	11,811,999	3.5	0.79	0.21	1,946.40	7,085,234	22.0

资料来源：内閣府『令和 4 年度　年次経済財政報告（経済財政政策担当大臣報告）—人への投資を原動力とする成長と分配の好循環実現へ—』（長期経済統計）、2022 年 7 月。

表 19　财政（1）

年　度	一般政府财政平衡（与GDP之比）	中央政府财政平衡（与GDP之比）	地方政府财政平衡（与GDP之比）	社会保障基金财政平衡（与GDP之比）	租税负担率	国民负担率
	%	%	%	%	%	%
1956	1.4	—	—	—	19.5	22.8
1957	1.3	—	—	—	19.5	23.0
1958	-0.1	—	—	—	18.5	22.1
1959	1.0	—	—	—	18.0	21.5
1960	2.2	—	—	—	18.9	22.4
1961	2.4	—	—	—	19.5	23.3
1962	1.3	—	—	—	19.3	23.3
1963	1.0	—	—	—	18.7	22.9
1964	1.0	—	—	—	19.0	23.4
1965	0.4	—	—	—	18.0	23.0
1966	-0.4	—	—	—	17.2	22.3
1967	0.8	—	—	—	17.4	22.5
1968	1.2	—	—	—	18.1	23.2
1969	1.8	—	—	—	18.3	23.5
1970	1.8	0.0	-0.4	2.2	18.9	24.3
1971	0.5	-1.0	-1.0	2.5	19.2	25.2
1972	0.2	-1.1	-1.1	2.4	19.8	25.6
1973	2.0	0.4	-1.0	2.6	21.4	27.4
1974	0.0	-1.4	-1.3	2.6	21.3	28.3
1975	-3.7	-4.0	-2.1	2.4	18.3	25.7
1976	-3.6	-4.3	-1.6	2.3	18.8	26.6
1977	-4.2	-5.0	-1.8	2.7	18.9	27.3
1978	-4.2	-4.8	-1.7	2.4	20.6	29.2
1979	-4.4	-5.7	-1.4	2.6	21.4	30.2
1980	-4.0	-5.4	-1.3	2.6	21.7	30.5
1981	-3.7	-5.2	-1.2	2.8	22.6	32.2
1982	-3.4	-5.2	-0.9	2.7	23.0	32.8
1983	-2.9	-4.9	-0.8	2.7	23.3	33.1
1984	-1.8	-4.0	-0.6	2.8	24.0	33.7
1985	-0.8	-3.6	-0.3	3.1	24.0	33.9
1986	-0.3	-3.0	-0.4	3.1	25.2	35.3
1987	0.7	-1.9	-0.2	2.8	26.7	36.8
1988	2.2	-1.1	0.1	3.2	27.2	37.1
1989	2.6	-1.2	0.6	3.2	27.7	37.9
1990	2.6	-0.5	0.5	2.6	27.7	38.4
1991	2.4	-0.4	0.1	2.7	26.6	37.4
1992	-0.8	-2.4	-0.9	2.4	25.1	36.3
1993	-2.8	-3.6	-1.4	2.2	24.8	36.3
1994	-4.1	-4.3	-1.8	1.9	23.5	35.4
1995	-4.9	-4.4	-2.4	1.9	23.4	35.8
1996	-4.8	-4.0	-2.5	1.7	23.1	35.5
1997	-4.0	-3.5	-2.3	1.8	23.6	36.5
1998	-11.9	-10.7	-2.4	1.2	23.0	36.3
1999	-7.9	-7.3	-1.6	1.0	22.3	35.5
2000	-6.8	-6.4	-0.9	0.5	22.9	36.0
2001	-6.5	-5.7	-0.9	0.2	22.8	36.7
2002	-8.1	-6.6	-1.3	-0.2	21.3	35.2
2003	-7.4	-6.4	-1.3	0.3	20.7	34.4
2004	-5.3	-5.1	-0.7	0.5	21.3	35.0
2005	-4.1	-4.0	-0.2	0.1	22.5	36.3
2006	-3.1	-3.1	0.1	-0.1	23.1	37.2
2007	-2.9	-2.6	0.0	-0.3	23.7	38.2
2008	-5.4	-5.1	0.3	-0.5	23.4	39.2
2009	-10.1	-8.7	-0.2	-1.3	21.4	37.2
2010	-8.8	-7.4	-0.4	-1.0	21.4	37.2
2011	-8.9	-8.2	0.1	-0.7	22.2	38.9
2012	-8.1	-7.4	-0.1	-0.7	22.8	39.8
2013	-7.3	-6.7	0.0	-0.5	23.2	40.1
2014	-5.1	-5.2	-0.3	0.3	25.1	42.4
2015	-3.6	-4.4	0.0	0.9	25.2	42.3
2016	-3.5	-4.4	-0.1	1.1	25.1	42.7
2017	-2.9	-3.5	-0.1	0.7	25.5	43.3
2018	-2.4	-3.2	0.0	0.8	26.1	44.3
2019	-3.1	-3.8	0.1	0.7	25.8	44.4
2020	-10.0	-10.4	-0.1	0.4	28.2	47.9

資料来源：内閣府『令和 4 年度　年次経済財政報告(経済財政政策担当大臣報告)─人への投資を原動力とする成長と分配の好循環実現へ─』(長期経済統計)、2022 年 7 月。

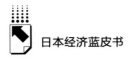

表20　财政（2）

年 度	国债发行		国债依存度（%）	国债余额	
	总额（亿日元）	赤字国债（亿日元）		金额（亿日元）	与名义GDP之比（%）
1958	0	0	0	0	0
1959	0	0	0	0	0
1960	0	0	0	0	0
1961	0	0	0	0	0
1962	0	0	0	0	0
1963	0	0	0	0	0
1964	0	0	0	0	0
1965	1,972	1,972	5.3	2,000	0.6
1966	6,656	0	14.9	8,750	0.6
1967	7,094	0	13.9	15,950	2.2
1968	4,621	0	7.8	20,544	3.4
1969	4,126	0	6.0	24,634	3.7
1970	3,472	0	4.2	28,112	3.8
1971	11,871	0	12.4	39,521	3.7
1972	19,500	0	16.3	58,186	4.8
1973	17,662	0	12.0	75,504	6.0
1974	21,600	0	11.3	96,584	6.5
1975	52,805	20,905	25.3	149,731	7.0
1976	71,982	34,732	29.4	220,767	9.8
1977	95,612	45,333	32.9	319,024	12.9
1978	106,740	43,440	31.3	426,158	16.8
1979	134,720	63,390	34.7	562,513	20.4
1980	141,702	72,152	32.6	705,098	25.0
1981	128,999	58,600	27.5	822,734	28.4
1982	140,447	70,087	29.7	964,822	31.1
1983	134,863	66,765	26.6	1,096,947	34.9
1984	127,813	63,714	24.8	1,216,936	38.0
1985	123,080	60,050	23.2	1,344,314	39.5
1986	112,549	50,060	21.0	1,451,267	40.7
1987	94,181	25,382	16.3	1,518,093	42.4
1988	71,525	9,565	11.6	1,567,803	41.9
1989	66,385	2,085	10.1	1,609,100	40.4
1990	73,120	9,689	10.6	1,663,379	38.7
1991	67,300	0	9.5	1,716,473	36.8
1992	95,360	0	13.5	1,783,681	36.2
1993	161,740	0	21.5	1,925,393	36.9
1994	164,900	41,443	22.4	2,066,046	39.9
1995	212,470	48,069	28.0	2,251,847	41.1
1996	217,483	110,413	27.6	2,446,581	45.4
1997	184,580	85,180	23.5	2,579,875	47.6
1998	340,000	169,500	40.3	2,952,491	55.2
1999	375,136	243,476	42.1	3,316,687	62.5
2000	330,040	218,660	36.9	3,675,547	68.4
2001	300,000	209,240	35.4	3,924,341	74.4
2002	349,680	258,200	41.8	4,210,991	80.4
2003	353,450	286,520	42.9	4,569,736	86.8
2004	354,900	267,860	41.8	4,990,137	94.2
2005	312,690	235,070	36.6	5,269,279	98.7
2006	274,700	210,550	33.7	5,317,015	99.0
2007	253,820	193,380	31.0	5,414,584	100.6
2008	331,680	261,930	39.2	5,459,356	105.8
2009	519,550	369,440	51.5	5,939,717	119.4
2010	423,030	347,000	44.4	6,363,117	126.0
2011	427,980	344,300	42.5	6,698,674	134.0
2012	474,650	360,360	48.9	7,050,072	141.2
2013	408,510	338,370	40.8	7,438,676	145.1
2014	384,929	319,159	39.0	7,740,831	147.9
2015	349,183	284,393	35.5	8,054,182	148.9
2016	380,346	291,332	39.0	8,305,733	152.4
2017	335,546	262,728	34.2	8,531,789	153.5
2018	343,954	262,982	34.8	8,740,434	157.1
2019	365,819	274,382	36.1	8,866,945	159.1
2020	1,085,539	859,579	73.5	9,466,468	176.8
2021	656,550	564,870	46.0	10,044,234	184.3

　　资料来源：内閣府『令和4年度　年次経済財政報告（経済財政政策担当大臣報告）—人への投資を原動力とする成長と分配の好循環実現へ—』（長期経済統計）、2022年7月。

Abstract

This book reviews and envisions the performance of Japan's macro economy from 2022 to 2023. In 2022, Japan's economy faced many difficulties. Although the macro economy continues to maintain a recovery tone, the value of real GDP has not yet reached the pre-pandemic level. Affected by factors such as high global inflation and rapid depreciation of Japanese yen, domestic prices in Japan have significantly increased, exerting huge pressure on household consumption and corporate investment. Due to the rising import prices, there has been a sustained deficit in foreign trade and a significant reduction in current account profits. The employment situation has improved and nominal wage income has increased. However, the wage sees a lower increase than inflation. Looking ahead, in the short term, with the normalization of economic activity and social life, there is a high possibility of a slow and sustained recovery of Japanese economy. However, the international political and economic situation poses great uncertainties on Japanese economy's recovery. In the medium to long term, the external economic environment is gradually improving, and the Japanese government is also making adaptive adjustments. However, the deep-seated structural problems of Japanese economy and society are difficult to solve and the long-term chronic decline of Japanese economy is difficult to reverse.

This book focuses on "Japanese 'Dual Carbon' Policy and Practice", and mainly consists of "General Report", "Situation Reports" and "Japanese 'Dual Carbon' Policy and Practice". Based on the general report, this book provides a comprehensive analysis of Japanese variable finance market, complicated and volatile industry systerm, labor market, unpredictable external economic relations, economic and social problems and future trends. On this basis, this book also

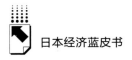
focuses on the analysis of hot issues such as the status quo and opportunities of Sino — Japanese economic and trade cooperation and RCEP's positive effects on supply chain and trade development. At the same time, it also conducted a specific and in-depth analysis of some projects such as lessons from Japan's realization of carbon peaking, realization path of carbon neutrality strategy, "GX policy", the development of nuclear power, offshore wind power, hydrogen energy, storage batteries and new energy vehicle, coal utilization efficiency, ecosystem carbon sink capability, green logistics and low-carbon housing, expecting to provide enlightenment and reference for the realization of China's carbon peaking and carbon neutrality goals. Sino — Japanese economic and trade cooperation has vast development space in many fields. Strengthening economic cooperation in "dual carbon" and various fields is of special significance to improvement of bilateral relations and Japan's economic recovery, as well as to the high-quality development of China's economy.

Keywords: Japan's Economy; Sino-Japanese Economic and Trade Relations; Carbon Peaking; Carbon Neutrality; "Dual Carbon" Policy

Contents

I　General Report

Abstract: In 2022, Japan's economy faced many difficulties. Although the macro economy continues to maintain a recovery tone, the pace of recovery is relatively slow. The real GDP has not yet reached the pre-pandemic level. Affected by factors such as high global inflation and rapid depreciation of Japanese yen, domestic prices in Japan have significantly increased, exerting huge pressure on household consumption and corporate investment. Due to the rising import prices, there has been a sustained deficit in foreign trade and a significant reduction in current account profits. The employment situation has improved and nominal wage income has increased. However, the wage increase is lower than inflation. The Kishida government has been adjusting "Japanese neo-capitalism" economic policy, putting more emphasis on fully economic recovery and sustained economic growth, and focusing on increasing investment in green transformation, digital transformation, technological innovation and cultivating start-ups. Looking ahead, in the short term, with the normalization of economic activity and social life, there is a high possibility of a slow and sustained recovery of Japanese economy. However, the international political and economic situation poses great uncertainties on Japanese economy's recovery. In the medium to long term, the external economic environment is gradually improving, and the Japanese government is also making adaptive

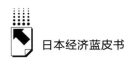
日本经济蓝皮书

adjustments. However, the deep-seated structural problems of Japanese economy and society are difficult to solve. Opportunities and challenges are coexisting. Strengthening Sino-Japanese economic and trade cooperation is of special significance to Japan's economic recovery, as well as for the high-quality development of China's economy.

Keywords: Japan's Economy; Inflation; Foreign Trade; Yen Exchange Rate; Economic Policy

Ⅱ Situation Reports

B.2 Japan's Fiscal and Financial Issue in 2022:
Tortuous and Vibrating *Liu Rui* / 033

Abstract: In 2022, in addition to the original budget, Japanese government has twice introduced economic stimulus measures and supplementary budgets to deal with the depreciation of the yen and rising prices, and to fully promote "New Form of Capitalism". In order to smooth out the sharp fluctuations in the financial market, The BOJ and the Japan's government implemented large-scale foreign exchange intervention in response to the depreciation of the yen, and adjusted YCC policy at the end of 2022. In 2023, Kazuo Ueda will be the new president of the BOJ. It is expected that the Bank of Japan will continue to maintain the loose monetary policy in the short term while preparing for the policy exit strategy, and may make some policy adjustments.

Keywords: Financial Budget; Supplementary Budget; Monetary Policy; Kazuo Ueda

B.3 Japanese Industry in 2022: Ups and Downs

Tian Zheng / 048

Abstract: In 2022, the development of Japan's manufacturing industry was "complicated and difficult". The development of production machinery, electronic components, and automobile industries rase and fall, and the raw materials and consumer goods industries continued to slump. In 2022, the development of Japan's service industry recovered. With the gradual easing of the impact of the epidemic, Japan's life service industry gradually recovered, and the producer service industry also recovered well. In 2022, Japan's industrial development faced the impact of external factors such as the conflict between Russia and Ukraine and the rise in international commodity prices. At the same time, it also faced new challenges such as digital transformation and green transformation. The Japanese government launched the "Economic Security Promotion Law", which focuses on ensuring the security of the supply chain, continued to accelerate the digital transformation of the social economy, continuously promoted the green transformation of industrial development, and created new growth points for Japanese industries. In 2023, the development of Japan's manufacturing industry still faces many uncertainties, while the service industry will achieve further recovery.

Keywords: Japanese Industry; Inflation; Supply Chain Security; Green Transformation; Digital Economy

B.4　Japan's Foreign Economic Relations in 2022: Light and Dark

Deng Meiwei / 065

Abstract: Affected by the COVID－19 and the Russia－Ukraine conflict, Japan has mixed results in foreign trade, investment, overseas production and operation of enterprises, and regional economic cooperation in 2022. Japan's foreign trade grew again, its import and export volumes to various major trading targets have increased. The income from foreign direct investment and the profitability of enterprises' overseas businesses also improved. Adjusting the supply chain, promoting localization of operations, and decarbonization continue to be the focus of Japanese enterprises' overseas business. However, the flow of Japan's foreign direct investment declined, the Russia－Ukraine conflict impede Japan－

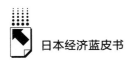
Russia economic and trade relations, and Japanese enterprises' overseas operations are affected by the geopolitical risks more and more. In the future, although the impact of the COVID-19 will be weakened, the impact of the Russia-Ukraine conflict, geopolitics and counter globalization on Japan's foreign economic relations will expand, and shaping a stable, safe and less dependent regional supply chain on China will remain the focus of Japan's foreign economic exchanges.

Keywords: Japan; Foreign Trade; Foreign Direct Investment; Overseas Enterprise Operation; Regional Cooperation

B.5 Japan's Labor Market in 2022: Shock Rebound

Xu Yuelei / 082

Abstract: The Japanese labor market shows a shock rebound in 2022, with a sustained increase in hiring, a continued decline in the complete unemployment rate, and a shock rise in the employment rate, but a heterogeneous recovery in employment across industries. In particular, after the shock of the epidemic, the Japanese short-term labor market exhibits the characteristic of sharing the labor market regulation function with formal employment and informal employment. The reason why the Japanese short-term labor market showed such characteristics is that the Japanese labor market model has changed. Moreover, the underlying logic of the Japanese labor market operation is to control the fluctuation of full unemployment rate and thus the fluctuation of economic growth rate in order to maintain the relatively stable economic development. The New Crown epidemic is in a sense an opportunity to change the hiring practices of Japanese companies and improve labor productivity. The future changes in the Japanese labor market deserve continuous attention and study.

Keywords: Formal Employment; Informal Employment; Labor Market; Japan; Employment Rate

　　Abstract: In 2022, despite the continuous impact of the COVID‒19, the multi field exchanges and practical cooperation between the two countries will continue to deepen. Economic and trade cooperation will maintain a stable momentum of development with the significant positive help of RCEP's entry into force, and non-governmental exchanges will also show positive trends. China Japan relations will enter the track of sustainable and steady development. However, the economic and trade relations between the two countries still face complex external environment and many uncertain sensitive factors. In 2023, under the influence of geopolitical conflicts, energy shortages, high inflation and other factors, the uncertainty of the prospects for world economic recovery is prominent, and many risks and challenges are faced. The year 2023 marks the 45th anniversary of the conclusion of the China-Japan Peace and Friendship Treaty. Standing at a new historical starting point, China and Japan should review the original mission of normalization of diplomatic relationships between two countries, stick to the philosophy of mutual achievement, reciprocity and win-win to make more contributions to creating another better 50 years for China-japan relationship.

　　Keywords: Sino-Japanese Economic and Trade Cooperation; RCEP; Sino-Japanese Treaty of Peace and Friendship; Service Trade; Third-party Market

　　Abstract: 2022, Japans trade with China totaled US $ 373. 5 billion, a decrease of 4. 6% compared to the previous year and once again turned into negative growth. 2022, Japan's direct investment in China was 1. 2039 trillion yen, accounting for 5. 1% of Japan's total outward direct investment. It ranked

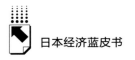

日本经济蓝皮书

third by country and region, second only to the United States and Australia. 2022, the operating performance of Japanese-owned enterprises in China has significantly deteriorated compared to 2021. However, the majority of enterprises still plan to continue their businesses in China, but they are cautious about exploring new businesses and expanding investment. With the official implementation of RCEP, Japanese enterprises are actively utilizing relevant preferential measures under the RCEP framework, with a utilization rate of 60% in both exports and imports. On the other hand, over half of Japanese-owned Enterprises in China plan to readjust their supply chains to cope with changes in the business environment.

Keywords: Japan-China Trade; Japanese Investment in China; Japanese-owned Enterprises in China; RCEP; Supply Chain Adjustment

Ⅲ　Japanese "Dual Carbon" Policy and Practice

B. 8　Japan's Path, Practice to Achieve Carbon Peaking Goal

Zhang Jifeng, Cai Guiquan and Li Haodong / 134

Abstract: Japan has not made a formal commitment to a specific carbon peaking target, but its efforts towards this goal have been demonstrated through its economic development practices over the past half century. In the early 1970s, Japan began implementing pollution control measures and restructuring its industries, with a focus on developing new energy sources and promoting energy-efficient technologies. These efforts laid a solid foundation for achieving carbon peaking. After joining the United Nations Framework Convention on Climate Change in 1993, Japan actively participated in global climate cooperation and played a key role in the establishment of the Kyoto Protocol, establishing itself as an "environmental leader". While Japan transitioned towards a low-carbon path, various interest groups engaged in competition and conflicts, but ultimately reached a compromise and promoted cooperation, advancing plans such as the circular economy and a low-carbon society. This culminated in the achievement of carbon peaking in 2013. Drawing on Japan's experiences and trajectory towards achieving carbon peaking and carbon neutrality goals, this article contends that Japan's carbon peaking measures were comprehensive. While emissions reduction was certainly critical, forest carbon sequestration and international carbon trading cooperation were also essential components. China can learn from Japan's practices by enhancing its legal framework, optimizing its industrial structure, reducing its coal dependence, improving energy efficiency, and strengthening its innovation capacity. At the same time, China needs to balance its economic development with carbon emissions reduction, foster international carbon trading cooperation with Japan and other countries, and work towards realizing its carbon peaking target by 2030.

Keywords: Carbon Peaking; Carbon Neutrality; Japanese Path; Global Climate Change

B.9 Japan's Practice and Path to Achieve the Carbon Neutrality

Goal   *Zhang Jifeng, Cai Guiquan and Li Haodong* / 161

Abstract: This paper analyzes the process of the carbon neutrality and its results based on the energy demand model (AIM/Enduse), and proposes inspirations and suggestions for China based on Japan's experience. After achieving the emission peak in 2013, Japan continued to take strict control measures to ensure a steady decline in carbon emissions year by year, and in 2020, Japan officially announced its goal of achieving carbon neutrality by 2050. Since then, policies such as the "Decarbonization Advance Zone" and "Zero Carbon Action 30" have been introduced to advocate the reduction of carbon emissions on the demand side, and at the same time, the "2050 Carbon Neutral Green Growth Strategy" further specifies the supply-side reform program focusing on the development of clean energy such as offshore wind power, hydrogen and ammonia fuel. Based on Japan's supply and demand-side measures and model results, this paper makes a preliminary judgment that Japan can achieve the carbon neutrality target on schedule in the absence of irresistible external shocks. Drawing upon an analysis of Japan's strategies and approaches in achieving the emission peak and

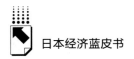

carbon neutrality objective, this report posits that China ought to draw upon the experiences of Japan and bolster the regulatory framework to attain the emission peak and carbon neutrality targets, augment energy efficiency, establish a low-carbon society, and foster emerging industries of new energies, such as hydrogen energy. Furthermore, China must reinforce its cooperation with Japan in the emission peak and carbon neutrality domain, envision future possibilities, stay grounded in the present reality, advance incrementally, and achieve the emission peak and carbon neutrality goal in a timely and effective manner.

Keywords: Carbon Peaking; Carbon Neutrality; Japanese Path; Global Climate Change

B.10 "GX Basic Policy" and a Shift of Japanese Nuclear
Power Policy   *Ding Hongwei, Li Zeting* / 180

Abstract: For achieving the goal of carbon neutrality in 2050, Japan needs to balance both climate change and industrial development to realize the green economy transformation. Its important precondition is stable energy supply. Since the Russia-Ukraine conflict, the rise in energy prices has brought enormous pressure to the Japanese economy, which relies on imports of energy. After winning the Senate election in July 2022, the ruling party in Japan began to change its energy policy direction, abandoning the principle of minimizing reliance on nuclear power after the Fukushima nuclear power plant accident. "Green Transformation Basic Policy" will restart nuclear power while continuing to develop renewable energy, which undoubtedly marks a historic shift in Japan's energy policy. The measures related to carbon pricing mechanism in this policy are worth studying. Before issues such as nuclear wastewater have been resolved and fully explored, the policy transformation and impact of restarting nuclear power and maximizing its utilization deserve our high attention.

Keywords: GX Basic Policy; Carbon Pricing; Renewable Energy; Nuclear Power

Abstract: Decarburization has become a trend worldwide. The main way to be carbon neutral is to use renewable energy to replace fossil energy. The offshore wind power will become an important power resource as its development can solve the problems of environment and energy security at the same time, and will bring huge indirect economic benefits. The Japanese government announces the offshore wind power as the main power among renewable energy as well as one of the key growth industry to achieve the decarburization goal by 2050. Based on a review of the current development and problem of Japanese offshore wind power, this paper summarizes the Japanese institutional arrangement on promoting the offshore wind power industry in terms of the improvement of legal construction for e-commerce operation, the description of developmental shared vision and the formulation of policies on strengthening competition.

Keywords: Renewable Energy; Offshore Wind Power; *The Law of Renewable Energy Sea Area*; Industrial Competitiveness

Abstract: "Hydrogen" and "hydrogen society" have become important keywords in the study of Japan's energy structure and energy industry. Based on the theory of multiple institutional logic, an analytical framework of energy logic, economic logic and environmental logic for the development of hydrogen in Japan is constructed. On this basis, through the systematic analysis of the historical evolution, stage characteristics, policy design and other contents of Japan's hydrogen development, the following conclusions can be drawn: First, Japan will

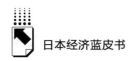

continue to make large economic investment out of the energy logic (dominant logic), even though the current hydrogen industry is difficult to bring short-term economic benefits; Second, the triple logic structure composed of energy logic, economic logic and environmental logic promote the change and evolution of Japan's hydrogen policy. Third, there exists a complex relationship between the three logics: coexistence of compatible coupling and contradictions and conflicts. In different development stages, facing different development demands, it has influenced the development of Japan's hydrogen strategy to varying degrees.

Keywords: Japan; Hydrogen; Economic Logic; Energy Logic; Environmental Logic

B. 13   Research on the Development Strategy of Japanese

Battery and New Energy Automobile Industry

Liu Hong, Zheng Chendi / 244

Abstract: The Japanese battery industry was at the peak of development at the end of the 20th century, and then gradually declined under the trend of global new energy transformation. Faced with the relative decline in the development of the Japanese battery industry and the realization of many opportunities for the development of the global battery industry under the background of " carbon neutrality", the Japanese government began to promote the strategic change to revive the development of the battery industry. Following the "Battery Strategy" in 2012, a new version of the "Battery Industry Strategy" will be launched in 2022. On the basis of summarizing the experience and lessons of the previous stage of battery industry development, the strategy re-defined the development goals of enhancing the international competitiveness of the battery industry, and Detailed implementation rules and a technical roadmap have been formulated, hoping to regain its former glory. The development of green economy has become an important trend. The battery industry and the new energy automobile industry are increasingly closely related. The coordinated development of the two will speed up Japan's realization of the goal of "carbon neutrality".

Keywords: Battery Industry; Carbon Neutrality; Green Development; New Energy Automobile Industry; Industrial Coordinated Development

B.14 Coal Utilization towards Japan's Carbon-Neutrality Goal: Present and Future *Chen Muwei* / 275

Abstract: As a country lacking in energy resources, Japan's coal supply is highly dependent on imports. Japan has not implemented a progressive abandonment policy in order to meet domestic demand for coal since the announcement of the "Carbon-neutral and Carbon-peak" policy. Instead, it is committed to striking a balance between reducing greenhouse gas emissions and ensuring the security of the energy supply chain. In essence, Japan pursues a "fade-out" policy that emphasizes de-carbonization but not de-coal. Meanwhile, Japan is working hard to reduce the carbon emissions of coal power through highly efficient combustion technology, multi-fuel firing technology, and CCUS, and to spread these improved technologies to other developing countries. However, to achieving a transition from carbon peak to carbon neutrality, Japan must address both technological and institutional issues. Japan is exploring a "just transition" path towards carbon neutrality to promote the sustainable development of the country's economy and society.

Keywords: Clean Coal Technology; Phasing out Coal; Just Transition; High-efficiency Power Generation; Multi-fuel Firing Technology

B.15 Analysis of CCUS and Ecosystem Carbon Sink Capacity in Japan *Li Haodong* / 293

Abstract: Japan's main approaches to carbon sequestration are divided into

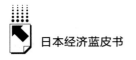
two categories: CCUS and ecosystem carbon sequestration. Although Japan took the lead in the field of CCUS, its development has been slow, and there is only one demonstration project in Tomakomai, and other projects are essentially in the stage of pre-feasibility study and preliminary test. Nevertheless, CCUS has huge potential for enhancing carbon sequestration capacity, and it can be expected that the related industries will have significant growth after the technology is improved. Ecosystems represented by forests and oceans have a large-scale inventory of carbon sequestration capacity, although their growth is not as robust as CCUS, but if they are properly protected and developed, they will play a crucial role in the field of carbon sequestration in the future, and at the same time, with the continuous improvement of industrial level, the exploitation technologies of wood, woody biomass, seaweed and other products will be continuously improved, and various products derived from CO2 conversion will also make production and life more sustainable and convenient. China can adopt Japan's practices in the domains of CCU marketization, wood consumption, and wood biomass valorization, and pursue a strategy of carbon sequestration industrialization that is tailored to its specific context and circumstances.

Keywords: CCUS; Forest Ecosystem; Shallow Sea Ecosystem; Carbon Fixation

B.16 Development Strategy and Enlightenment of Green Transportation Logistics in Japan under the Background of "Dual Carbon"   *Bao Zhenshan, Liu Jishuang* / 313

Abstract: Driven by the "double carbon" goal, the green development of transportation and logistics industry has become an important issue to deal with global warming and restrict economic growth. Japan is a large energy consumption and carbon emission country, is the first major developed country to reach the carbon peak, and plans to achieve carbon neutrality by 2050, its experience measures have great reference significance for China. Based on the carbon emission status, main practices, characteristics and experience of transport logistics in Japan, this study focuses on the measures and experience of reducing carbon emission, and extracts policy enlightenment for China. The study found that Japan's transport logistics had reached its peak in 2001, taking various measures as the main line of electricity, hydrogen energy and carbon cycle, strengthening the cooperation between government, industry, university and research and financial support, multi-department collaboration and local coordination layout, "government-enterprise-residents" all-round, three-dimensional and integrated cooperation, grasping the world's cutting-edge technology theory and integrating into international cooperation. Clear positioning and clear development mode and route provide important guarantee for achieving carbon neutrality.

Keywords: Transportation and Logistics; Carbon Peaking; Carbon Neutralization; Carbon Cycle; Hydrogen Energy

B.17 Experience on the Development of Low Carbon Housing and Buildings in Japan in the Context of "Dual Carbon"

Cai Guiquan / 333

Abstract: Energy consumption of housing and buildings in Japan accounts for more than 30% of final energy consumption. In order to achieve carbon neutrality, how to improve energy efficiency and decarbonize houses and buildings is an urgent issue in Japan. Based on this, this report reviews the development of the housing and building industry in Japan and finds that although housing and buildings in Japan have been integrated with the concepts of "energy conservation" and "sustainable development" since the 1980s and 1990s, and have been gradually transformed into low-carbon housing and buildings, However, they were not included in the overall evaluation system of decarbonization. For this reason, the Japanese government has started to make more specific plans and requirements for

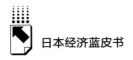日本经济蓝皮书

the low-carbon housing and construction industry, which is of practical significance for China to achieve the dual-carbon goal.

Keywords: Japanese Housing and Building; Low-carbon Housing; Carbon Neutrality

皮 书

智库成果出版与传播平台

❖ 皮书定义 ❖

皮书是对中国与世界发展状况和热点问题进行年度监测，以专业的角度、专家的视野和实证研究方法，针对某一领域或区域现状与发展态势展开分析和预测，具备前沿性、原创性、实证性、连续性、时效性等特点的公开出版物，由一系列权威研究报告组成。

❖ 皮书作者 ❖

皮书系列报告作者以国内外一流研究机构、知名高校等重点智库的研究人员为主，多为相关领域一流专家学者，他们的观点代表了当下学界对中国与世界的现实和未来最高水平的解读与分析。截至2022年底，皮书研创机构逾千家，报告作者累计超过10万人。

❖ 皮书荣誉 ❖

皮书作为中国社会科学院基础理论研究与应用对策研究融合发展的代表性成果，不仅是哲学社会科学工作者服务中国特色社会主义现代化建设的重要成果，更是助力中国特色新型智库建设、构建中国特色哲学社会科学"三大体系"的重要平台。皮书系列先后被列入"十二五""十三五""十四五"时期国家重点出版物出版专项规划项目；2013~2023年，重点皮书列入中国社会科学院国家哲学社会科学创新工程项目。

权威报告·连续出版·独家资源

皮书数据库
ANNUAL REPORT(YEARBOOK)
DATABASE

分析解读当下中国发展变迁的高端智库平台

所获荣誉

- 2020年，入选全国新闻出版深度融合发展创新案例
- 2019年，入选国家新闻出版署数字出版精品遴选推荐计划
- 2016年，入选"十三五"国家重点电子出版物出版规划骨干工程
- 2013年，荣获"中国出版政府奖·网络出版物奖"提名奖
- 连续多年荣获中国数字出版博览会"数字出版·优秀品牌"奖

皮书数据库　　"社科数托邦"
微信公众号

成为用户

　　登录网址www.pishu.com.cn访问皮书数据库网站或下载皮书数据库APP，通过手机号码验证或邮箱验证即可成为皮书数据库用户。

用户福利

- 已注册用户购书后可免费获赠100元皮书数据库充值卡。刮开充值卡涂层获取充值密码，登录并进入"会员中心"—"在线充值"—"充值卡充值"，充值成功即可购买和查看数据库内容。
- 用户福利最终解释权归社会科学文献出版社所有。

社会科学文献出版社 皮书系列
SOCIAL SCIENCES ACADEMIC PRESS (CHINA)

卡号：321132742985
密码：

数据库服务热线：400-008-6695
数据库服务QQ：2475522410
数据库服务邮箱：database@ssap.cn
图书销售热线：010-59367070/7028
图书服务QQ：1265056568
图书服务邮箱：duzhe@ssap.cn

法律声明

“皮书系列”（含蓝皮书、绿皮书、黄皮书）之品牌由社会科学文献出版社最早使用并持续至今，现已被中国图书行业所熟知。“皮书系列”的相关商标已在国家商标管理部门商标局注册，包括但不限于LOGO（ ）、皮书、Pishu、经济蓝皮书、社会蓝皮书等。“皮书系列”图书的注册商标专用权及封面设计、版式设计的著作权均为社会科学文献出版社所有。未经社会科学文献出版社书面授权许可，任何使用与“皮书系列”图书注册商标、封面设计、版式设计相同或者近似的文字、图形或其组合的行为均系侵权行为。

经作者授权，本书的专有出版权及信息网络传播权等为社会科学文献出版社享有。未经社会科学文献出版社书面授权许可，任何就本书内容的复制、发行或以数字形式进行网络传播的行为均系侵权行为。

社会科学文献出版社将通过法律途径追究上述侵权行为的法律责任，维护自身合法权益。

欢迎社会各界人士对侵犯社会科学文献出版社上述权利的侵权行为进行举报。电话：010-59367121，电子邮箱：fawubu@ssap.cn。

社会科学文献出版社